SALCIA
LANDMANN

Gepfeffert & Gesalzen

SALCIA
LANDMANN

GEPFEFFERT & GESALZEN

EIN STREITBARES
KOCHBREVIER

HERBIG

Illustrationen von Marietta Frommberger-Zimmermann

Erweiterte und neu durchgesehene Ausgabe

Schutzumschlaggestaltung:
Marietta Frommberger-Zimmermann, München
Gesamtherstellung: Welsermühl, Wels
Printed in Austria 1980
ISBN: 3-7766-1046-8

Dieses Buch widme ich meiner Großmutter,
der ich das Beste von meinem Kochwissen verdanke:
Sabina Gottesmann-Seemann,
geboren 1872 auf Gut Ostra am Dnjestr,
gestorben 1950 in St. Gallen

Inhaltsübersicht

Eine ausführliche Inhaltsangabe steht am Schluß des Buches

Zur Neufassung 1980

Als »Gepfeffert und gesalzen. Gericht über Gerichte – Ein streitbares Kochbrevier« 1965 erschien, löste es eine verblüffende Resonanz aus. Seriöse Zeitungen druckten ganze Stücke daraus ab, lobten es als neuartig, erhellend und erheiternd. Hunderte von Leserbriefen trafen bei mir ein. Besonders viele von heimwehkranken Ostflüchtlingen, die mein Lob auf die »Volkslieder« ihrer Heimatküche »tränentreibend« fanden. Andere Leser versicherten umgekehrt, noch nie hätten sie soviel und so unbeschwert gelacht wie dank meinem »Gericht über Gerichte«, sie empfahlen es als psychisches Wundermittel Kranken und Deprimierten. Wieder andere hatten meine Rezepte und Tips erprobt, waren hingerissen vom Ergebnis und spendeten nun ihrerseits bisher von ihnen sorgfältig geheimgehaltene eigene, herrliche Rezepte: das Beste daraus ging in die Neuausgabe ein. Auffallend viele Akademiker meldeten sich zu Wort, und zwar nicht nur Fachgelehrte der Chemie, einem Gebiet, das schließlich mit der Kochkunst manches gemeinsam hat, sondern auch Juristen, Ärzte, Theologen, Volkswirte, Altphilologen. Manche von ihnen waren offenkundig geniale Hobbyköche oder -bäcker oder brillante Kenner der Küchenhistorie und -folklore buchstäblich aller Weltteile. Ihr Witz, ihr Wissen und ihr Können hat die Neufassung wertvoll angereichert.

Ich hatte – auch darin Pionier – ein ganzes Kapitel den Freuden und Leiden des Pilzesammelns oder genauer:

der ›Pilzbesessenheit‹ gewidmet, die damals eine ganz seltene ›Krankheit‹ war, mittlerweile jedoch die Ausrottung zumindest der ›Edelpilze‹ in vielen stadtnahen Gebieten herbeigeführt hat. Ganz von selbst ergab es sich da, daß mir ›Pilznarren‹ aus ganz Europa und sogar Amerika schrieben. Manche teilten mit, wie sich auch aus ›mittelguten‹ Mischpilzen treffliche Gerichte zubereiten lassen. Wieder andere – Ostzonenbewohner – verrieten das Geheimnis, wie man nach uralten russischen und böhmischen Methoden auch praktisch ungenießbare Pilzarten in eine Delikatesse verwandeln kann. Alle diese Anweisungen und Rezepte gebe ich wortgetreu an den Leser weiter, desgleichen den Bericht über die hochinteressanten Experimente mit bestimmten Giftpilzen, die ein Biochemiker mit seinen Freunden zusammen durchgeführt hat.
Bei so zahlreichen Zuschriften konnte es natürlich nicht ausbleiben, daß sie einander manchmal im Inhalt kontradiktorisch widersprachen. Nun – in meinem Buch herrscht demokratischer Meinungspluralismus. Wann immer mir zwei oder mehr noch so radikal voneinander abweichende Thesen gleichermaßen plausibel, hörenswert oder wenigstens erheiternd erschienen, gewährte ich ihnen nebeneinander Raum in meinem – in diesem Sinne aber längst nicht mehr bloß ›meinem‹ – Buche. Mochte sich doch der Leser an diesen herrlich geschliffenen Kontroversen erfreuen, die Rezepte und Ratschläge in der eigenen Küche ausprobieren und selber entscheiden, welchen der Kontrahenten er recht geben, welchen anderen er seine Zustimmung verweigern wollte. Vielleicht mißfiel oder umgekehrt, gefiel ihm auch einfach alles, was sie vorbrachten? Nun – warum nicht? Anders

als in der formalen Logik, kann ja in der Kochkunst Antinomisches durchaus nebeneinander bestehen...
Ja, und schließlich gab es auch Leser, die mir teils belustigt und triumphierend, teils zornbebend (dann vor allem, wenn ich National- und Regionalgefühle verletzt hatte) nachwiesen, daß ich bei meinem durchaus nicht immer gutartigen Kreuzzug gegen allerlei Küchenvor- und -fehlurteile selber da und dort welchen aufgesessen war. Das hätte mir natürlich niemals passieren dürfen! Ich habe bereut, die Irrtümer teils eliminiert, zum andern Teil aber – wenn die Korrekturen und Vorwürfe sich gar zu unterhaltsam anhörten – sie mit diesen zusammen in die Neuauflage aufgenommen.
Auch sonst hat das Buch in der Neufassung etliche Abänderungen erfahren. Wir leben ja in einer Epoche hektischen Stilwandels in jedem, und folglich auch im gastronomischen Bereich. Als mein Buch vor fünfzehn Jahren erschien, war manches penetrante Küchenmode, was mittlerweile abgeklungen ist. Man war damals zum Beispiel den Amerikanern noch dankbar für die Waffen- und Wirtschaftshilfe, ohne die das ›Freie Europa‹ kaum wiedererstanden wäre, und man dehnte die Bewunderung alles Amerikanischen auch auf die – miserable – US-Küche aus, vernachlässigte und verachtete aus dieser Haltung heraus die guten eigenen alten Kochtraditionen. Hiergegen hatte ich mich in meinem Buch vehement zur Wehr gesetzt. Das hat sich seither radikal geändert. Zwar bleibt der freie Teil Europas im Ernstfall immer noch auf Amerikas Hilfe angewiesen. Trotzdem ist es üblich geworden, bei jeder Gelegenheit »Ami go home!« zu schreien. Dies hat natürlich auch auf die Bewertung der US-Kochkünste abgefärbt.

Hinzu kam noch, daß auch zahlreiche in Europa stationierte US-Soldaten beim ›Fraternisieren‹ mit hiesigen Mädchen dahinterkamen, um wieviel leckerer man in weiten Regionen Europas kochte als bei ihnen daheim. Besonders in US-Großstädten, wo die einzelnen europäischen Einwanderergruppen immer noch in gesonderten Quartieren beisammen leben, kam daher bei den Heimkehrern aus der Armee die Tendenz auf, sich wieder an die schon fast vergessenen Speisen ihrer europäischen Vorfahren zu erinnern.

Und in Europa selbst schwappt mittlerweile die seinerzeit von mir zumindest mit-initiierte Welle der Küchennostalgie nach allen Seiten über. Sie ist sogar schon ein wenig entartet. Denn was soll man zum Beispiel dazu sagen, daß neuerdings manche Kochbuchverlage mit den raffiniertesten Mitteln moderner Reproduktionstechnik altmodische Kochrezepte so edieren, als wären diese von orthographisch ahnungslosen Köchinnen in unbeholfener Schrift auf angeschmuddeltes, fettverflecktes und vergilbtes Papier aufnotiert und mit persönlichen Bemerkungen ergänzt worden? Etliche Verlage gehen sogar so weit, solche ›Nostalgie-Kochbücher‹ obendrein noch – ebenfalls nach alter Köchinnenmanier – in kariertes Kölsch einzubinden. Insofern also würde sich mein Einsatz für Urgroßmutters Küchenzettel heute erübrigen.

Jedoch: nicht alle altmodischen Speisen sind schon deshalb allein gut, weil sie sehr alt sind. Man muß auch hier die Spreu vom Weizen trennen. Das tun die neuen Nostalgie-Kochbücher nicht immer. Obendrein verfälschen sie manchmal die Rezepte durch modische Beitaten, die damals gewiß noch nicht üblich waren. In meinem Buch hatte ich auch auf die Schwächen alter Küchentraditio-

nen hingewiesen und nur Lohnenswertes mitgeteilt. Diese Auswahl verdient auch heute noch, nachgedruckt und nachgekocht zu werden.
Zudem ist trotz veränderter Einstellung zu den Amerikanern die von mir damals gerügte Unsitte, Speisen nur nach ästhetisch-künstlerischen statt nach kulinarischen Prinzipien zu komponieren, noch lange nicht abgeklungen. Dieses Kapitel habe ich daher beibehalten. Das rechtfertigte sich um so mehr, als Kenner Ostasiens mich darauf aufmerksam machten, daß auch dort die Platten nicht nur unter kulinarischen, sondern zugleich unter ästhetischen, farblichen Gesichtspunkten komponiert werden, daß dieses Prinzip aber dort, dank der hohen Kochbegabung und gesicherten Kochtradition der Bevölkerung, trotzdem zu trefflichen und leckeren Resultaten führt. Die von den Lesern hierzu angeführten Beispiele – sie sind natürlich gleichfalls in die Neuausgabe eingegangen – überzeugten davon . . .
Die erste Fassung meines streitbaren Kochbreviers erlebte rasch nacheinander mehrere Buch- und Taschenbuchausgaben in Deutsch und Holländisch, brachte mir Diplom und Medaille der Deutschen Gastronomischen Akademie ein und bereitete offenkundig vielen tausend Lesern Freude. Möge auch dieser dank dem fruchtbaren Leserdialog wesentlich erweiterten und verbesserten Neufassung ein ähnlicher Erfolg beschieden sein!

Dr. phil. Salcia Landmann
Winkelriedstraße 1

CH-9000 St. Gallen (Schweiz)

Wozu dieses Buch?

Kochbücher und Rezeptvorschläge gibt es wie Sand am Meer. Seit es ein wenig Sitte geworden ist, der Dame des Hauses statt Blumen und Konfekt ein kleines Kochbuch mitzubringen, vergeht kein Monat, ohne daß ein halbes Dutzend solcher Bändchen neu erschiene, eins wie das zweite so lieblich anzusehen wie eine Schachtel mit kostbaren Pralinees.

Und seit die Amerikaner die sensationelle Entdeckung gemacht haben, daß Speisen nicht zu schmecken, sondern bloß schön auszusehen brauchen, sind auch bei uns die Rezeptseiten in den Illustrierten und Kochbüchern so bunt und prächtig, daß kleine Kinder bei ihrem Anblick vor Freude kreischen.

Zugleich erklingt ringsum die Klage: Noch nie hat man in so vielen Häusern – auch in reichen! – so schlecht gegessen und gekocht wie heutzutage!

Ein Wunder ist es nicht. Denn früher einmal lernte die Tochter bei der Mutter kochen. Auf dem Lande draußen beherrschte sie dann die bäuerliche Kost der Gegend und in der Stadt die bürgerliche Küche. Die bäuerlichen Speisen waren etwas schwer und derb – nun ja, zur schweren Arbeit paßt massive Kost. Die städtisch-bürgerliche Küche wieder war ein wenig verflaust und kompliziert – je nun, man hatte Zeit und zudem Personal. Schlecht aber aß man weder da noch dort. Genauer: man aß nur schlecht bei übergroßer Not und Armut.

Heute nun sterben alle Traditionen, auch in der Küche.

Die Freiheit triumphiert. Ein jeder glaubt sich jetzt berufen, etwas Neues, noch nie Gehabtes zu erfinden – wie in der Kunst, so in der Küche.

Dazu kommt, daß niemand mehr zu Hause stillsitzt. Wenn einer glaubt, er könne sich die Ferienreise in den fremden Kontinent oder doch in das fremde Land nicht leisten, dann hat er nachher psychische Komplexe und zahlt dem Psychoanalytiker für ihren Abbau das Doppelte der eingesparten Reisespesen.

Beim Reisen aber kommt es zur Berührung mit der Kochkunst der Fremde und der Ferne. Was man dort draußen kennenlernte, will man dann auch am eigenen Kochherd ausprobieren.

Und obendrein gibt es noch die moderne Diätetik, welche von allen Seiten her verspricht und droht: Wenn du dies oder jenes issest oder meidest, wirst du gesund und kräftig wie ein Zuchtstier. Im andern Falle morden dich Krebs und gestörter Kreislauf.

Wie soll sich einer da im Küchensektor noch zurechtfinden? Wie erkennen, was exzellent, was akzeptabel, was preferabel, was miserabel ist?

So kommt es eben, daß man heute in der Küche – wie in der Kunst – den meisten Menschen jeden Unsinn andrehen kann. Versuchen Sie doch einmal, in irgendeiner Wochenzeitung unter einem möglichst neuen und attraktiven Namen – etwa ›Sanidrink‹ oder ›Lactiquirl‹ oder was weiß ich – eine Mixtur aus Milch mit Moselwein, Käse, Sellerie, Beefsteak Tatar und Apfelsinenscheiben vorzuschlagen! Es ist zehn gegen eins zu wetten, daß sich kein einziger Leser bei der Redaktion beschweren wird. Es werden vielmehr Tausende das Rezept notieren, den Drink fabrizieren und sogar goutieren.

Was aber läßt sich gegen solchen Mißstand tun?
Nun – sehr einfach! Die gleiche Freiheit, welche die Traditionen in der Küche mordet und den modernen Küchenzettel in ein wüstes Chaos wandelt, kann ihm auch wieder Form und Qualität verleihen. Denn Traditionen haben ja auch ihr Negatives. Sie bedeuten Bindung ohne Urteil und Kritik. So wird auch Miserables und Widersinniges oft durch Jahrhunderte weitergeschleppt. In der Wissenschaft so gut wie in der Küche. Auch davon werden wir in diesem Buch erzählen.
Tritt also an die Stelle der kritiklosen Tradition auf einer Seite und der zerfahrenen Ungebundenheit auf der andern nunmehr die klar urteilende Kritik, dann bringt die Freiheit nicht mehr Konfusion und Unfug, sondern statt dessen Maßstab und Segen. Sogar in der Küche.
Bleibt die Frage, wie man zu einem solchen klaren Urteil kommt. Natürlich, es gibt Hochbegabte und sogar Genies, wie in der Kunst, so in der Küche. Sie werfen einen Blick in eine Partitur – und hören die Komposition. Sie lesen das Rezept eines Gerichtes – und schmecken es bereits auf ihrer Zunge. Ja – sie schmecken es sogar im voraus ab. Sie merken schon beim Lesen sogleich, was da vielleicht zuviel ist und was zuwenig und was sich auf diese oder jene Weise verbessern läßt. Allerdings ist das Urteil sehr erschwert, sobald man fremden Werten und Welten gegenübersteht. Wie in der Kunst, so in der Küche. Jedoch: es geht auch dann fast immer.
Was aber tut der Nichtgeniale? Nun – er schult sein Urteil. Zwar gibt es Grenzen. Der Blinde kann nicht Bilder sehen, der taub Geborene die Musik nicht hören. Und auch in schönsten Weinbergregionen kommt manchmal einer auf die Welt, der einen sauren Krätzer von einem

Edelwein nur auf dem Flaschenetikett, nicht auf der Zunge unterscheiden kann.
Doch ist dergleichen selten. Meist fehlt der Maßstab nur, weil man es nie versuchte, ihn zu erwerben und zu schulen. Als wäre das so unerreichbar! Als setzte ein klares Urteil über ein Ragout ebensoviel voraus wie eine Formel der Atomphysik!
Versuchen wir es doch gemeinsam! Kommen Sie mit mir! Ins Restaurant und in die Küche! Wir werden wohl nicht immer gleicher Meinung sein. Wir werden uns auch streiten. Wir werden uns aber doch – so hoffe ich – nach unserm Rundgang als gute Freunde trennen.

Irrfahrten in die Fremde

Zwei Grenzen gibt es für das Küchenwissen, die sich nur mühsam überspringen lassen. Die des totalen Mangels an Begabung erwähnten wir bereits. Die zweite Grenze ist die der absoluten Fremdheit. Und hierzu weiß ich Ihnen eine reizende Geschichte, die sich wirklich zugetragen hat. Ich habe sie von einem deutschen Bohemien und Dichter, einem Mann von Bildung, Witz und Geist, in dessen Adern sich das Blut solider Schwaben mit dem von adeligen Hugenotten mischt. Genauso eint sich auch in seinem Sinn Pariser Schliff mit deutscher Gründlichkeit und Tiefe. Sogar in Küchenfragen. Seine Zunge, sein Geruchssinn sind unfehlbar. Eine rasche, kleine Kostprobe, ja schon ein Duft, ein kurzer Blick in einen Kochtopf genügen ihm, die Qualität und Art der Speise zu erkennen, jedes Gewürz herauszuriechen. Fast erinnert er an jenen Stationskommandanten in den »Abenteuern des braven Soldaten Schwejk«, der dem betrunkenen Wachtmeister befiehlt: »Hauchen Sie mich an!« – und dann mit scharfem und erprobtem Geruchssinn sofort geläufig analysiert: »Rum, Kontuschovka, Griotte, Nuß-, Weichsel- und Vanilleschnaps.« – Er ist ein Abenteurer, im Leben wie in Küchenfragen. Wo immer er je hinkommt – und er reist sehr viel –, setzt er sich gern in die kleinen, heimeligen Lokale, wo man die Speisen der Gegend serviert. Oder er forscht nach exotischen Gaststätten, wo Küchenkünstler aus Afrika und Asien amten.

Souvenir

Die ›Faulen Eier‹ Chinas

»Einmal«, erzählte er, »aß ich in Paris in einem chinesischen Restaurant. Dort war ich schon oft gewesen und hatte mir wiederholt die berühmten ›Faulen Eier‹ vorsetzen lassen. Bis jetzt war es mir nicht gelungen, ihnen auf den Geschmack zu kommen. Dennoch beschloß ich, noch einen letzten Versuch zu wagen. Den Schock bei der ersten Kostprobe hatte ich noch gut in Erinnerung. Also führte ich einen ganz kleinen Bissen zum Munde, biß zögernd zu ... und da, mit einem Male, überkam mich die Erleuchtung! Ganz plötzlich fühlte, schmeckte und verstand ich, warum Chinesen beim Erwähnen ihrer ›Faulen Eier‹ einen Blick bekommen wie im Opiumrausch. Wonnevoll schloß ich die Augen und kaute bedächtig, hingerissen... Aber mit einem Schlag stieg ein solcher Brechreiz in mir hoch, daß mir der Schweiß hervorbrach und mir schwarz vor Augen wurde. Bis heute weiß ich nicht, wie es mir damals gelang, das verschwiegene Lokal im Kellergeschoß zu erreichen, bevor die Revolte meines Magens losbrach.«

Als ich die erste Ausgabe dieses Buches schrieb, dachte ich daher, gestützt auf das Urteil und die Erfahrungen meines hugenottischen Freundes, Begeisterung oder Abscheu den ›Faulen chinesischen Eiern‹ gegenüber sei ein ebenso sicheres Unterscheidungsmerkmal zwischen Ostasiaten und Europiden wie die Hautfarbe und die besondere Augenform. Dann aber wurde ich eines Bessern belehrt, und zwar durch den aus Altösterreich stammenden Chemieprofessor G. S. im Nordwesten Deutschlands. Er schreibt:

»Es gibt Delikatessen, die bestialisch stinken. Die Chinesischen ›Schwarzen Eier‹ gehören aber nicht dazu! Es sei denn, sie sind wirklich verdorben. Ein ganz leichter Geruch nach Ammoniak, ja, den dürfen sie haben, aber mehr nicht! Und ich habe mehrmals mit Kollegen die Probe gemacht: Wer das erste Ei herunterkriegt, der wird süchtig danach; die andern geben vorher auf wie Ihr Freund in Paris.

Der Anblick ist wunderbar. Das einstige Eiweiß ist jetzt ein gelbliches ›Eibraun‹, und das ehemalige Eigelb hat die tiefgrüne Farbe und Struktur der Jade – prosaische Menschen sagen, es sehe wirklich so aus, als ob es verfault wäre. Wenn Sie es einmal kriegen können, halbieren Sie es oder schneiden Sie es in Stücke und übergießen Sie es mit etwas Sojasauce und Essig. Etliche Tropfen Sesamöl verfeinern es noch – aber nur das ›stinkende‹ Sesamöl, wie die Ostasiaten es selber verwenden, nicht das bis zur Geschmack- und Geruchlosigkeit gereinigte, das man mitunter in unsern Drogerien bekommt!

Die uralte stinkende Fischtunke Indonesiens

Und wenn wir schon bei stinkenden Spezialitäten sind«, so fährt er fort: »Kennen Sie die Nuok-Mam-Sauce? Eine indonesische Spezialität! Das Rezept für eine der vielen Varianten, die aber alle gleich ›gut‹ riechen, ist vereinfacht etwa so:

Man nehme einen Korb, fülle ihn mit gut gesalzenen rohen Fischen und hänge ihn an den Dachfirst. Das ist alles. Den Rest macht die indonesische Sonne. Unter den Korb stellt man eine Flasche, und wenn der Fisch bis auf die Gräten verschwunden ist, stöpselt man sie zu. Vor Gebrauch mit Wasser verdünnen, eventuell etwas Essig dazu und kleine Stückchen von rohen Karotten und Pimentkörner (= Neugewürz) hinein. Schmeckt großartig zu Fleisch oder Wurst! Aber, bitte, riechen dürfen Sie nicht daran!

Der stinkende Surstroemming Schwedens

Oder kennen Sie Surstroemming? Den kriegt man im nördlichen Schweden. Es ist Hering (= Stroemming), den man in Büchsen unter solchen Bedingungen einlegt, daß er ›sauer‹ (= sur) wird. Dies ist eine sehr schamhafte Umschreibung für einen Prozeß, den wir sonst als ›Verfaulen‹ bezeichnen. Die Dosen schwellen denn auch an, bis sie fast zerplatzen – einige tun dies auch, weshalb man Surstroemming nicht ins Flugzeug mitnehmen darf. Bei dem Unterdruck in der Gepäckkabine platzen die Dosen nämlich ganz bestimmt, und dann stinkt das Gepäck aller Passagiere, nicht nur jenes des ›Übeltäters‹!

Man öffnet die Dosen nach etwa einem halben Jahr, nachdem man vorher einen ›Schutzanzug‹ angelegt hat (ungelogen! Ich habe diese Prozedur selber mit angesehen!), und zwar sehr vorsichtig, denn beim ersten Anstich spritzt eine Fontäne bis zum Plafond. Der Doseninhalt ist mehr oder weniger flüssig geworden, und der Geruch ist deshalb so pestilenzialisch, weil auch die Gräten – also, sagen wir es ruhig – verfaulen, und die enthalten viel Phosphor. Das Phosphin, das entsteht, stinkt genauso (es ist ja auch der ›riechende‹ Bestandteil im Azetylen) wie eine alte Karbidlampe.

Mit viel Zwiebel und viel Schnaps genossen, ist es aber durchaus eine interessante Delikatesse. Man war allerdings zunächst erschrocken, als ich gleich mit Surstroemming anfangen wollte. Man hat mir empfohlen, erst einmal mit einem bestimmten Gericht aus Lachs zu beginnen, der in die Erde eingegraben wird und dann langsam zu ›duften‹ beginnt, zum ›Eingewöhnen‹ für Mitteleuropäer sei dies ganz gut. Ich habe aber dieses Vorstadium übersprungen und lebe trotzdem immer noch ...«

Das ›Garum‹ der alten Römer

Soweit der altösterreichische Chemieprofessor G. S. Mir aber kam da in den Sinn, daß doch auch die alten Römer eine Tunke aus – vermutlich faulig – vergorenen Fischen kannten, mit der sie die faden Kohl- und Gerstegerichte ihrer tugendhaften Frühzeit würzten: das Garum. Vermutlich hatten sie diese Sauce nicht selbst erfunden, sondern von den weit kultivierteren und raffinierteren Etruskern übernommen, die dann – vielleicht eben ihrer differenzierteren Lebensart wegen – von den Römern so gründlich besiegt und unterdrückt wurden, daß wir heute zwar mühelos ägyptische Hieroglyphen nicht nur lesen, sondern auch verstehen können, der etruskischen Sprache gegenüber jedoch völlig ratlos dastehen, obwohl sie in lateinischen Buchstaben geschrieben wurde. Die harten Römer selbst haben, zu Herrschern eines Weltreichs aufgerückt, nach Art von prahlerischen Neureichen ihren Speisezettel nur um pures, kostspieliges Allotria angereichert wie Pfauenhirne, Nachtigallenzungen, vergoldete Schaugerichte und dergleichen mehr ...

Vermutlich gab es Garum in vielen Varianten. Eines der Bereitungsrezepte scheint sich aber dank der altrömischen Besatzungsmacht Süddeutschlands, diesseits vom Limes, bis auf den heutigen Tag erhalten zu haben: Der weit über die engere Umgebung hinaus bekannte Chef eines Rastatter ›Nostalgie-Restaurants‹ versichert glaubhaft, seine Mutter habe noch gewußt, wie man Garum herstellt, und sie hätten immer welches im Hause vorrätig gehabt und genauso verwendet wie die Chinesen ihre Sojasauce.

Er selber serviert seinen Gästen kein Garum mehr, wohl aber die sehr alten Fischgerichte, die er in den Küchennotizen eines nahen Klosters fand. Sie stammen noch aus der Zeit vor der Verbreitung der Kartoffel in diesen Regionen, man reichte folglich Nudeln dazu. Es schmeckt, wie ich mich überzeugen konnte, sehr gut zusammen ...

Mao Zedongs Hunan-Rettich

Und da wir mit der Erwähnung der Sojasauce ohnehin wieder bei Ostasien angelangt sind, sei hier noch ein weiterer fachkundiger Leser zitiert, Dr. W. B., Sinologe in Taipeh. Er schreibt:

»Nach dem Lesen dieses köstlichen Buches glaube ich zu wissen, daß Sie den Hunan-Rettich (ich schicke Ihnen gleichzeitig eine Kostprobe), mit dem ich Ihnen eine Freude machen möchte, mit der historisch gebildeten Zunge kosten werden, wenn ich Ihnen sage:

Hunan-Rettich, in großen Mengen verzehrt, gehörte als Beikost zu jeder Mahlzeit Mao Zedongs. Die Provinz Hunan, aus der auch Mao stammt, hat in der Geschichte einige bekannte Soldaten und Revolutionäre hervorgebracht, weshalb sie gelegentlich das ›Preußen‹ Chinas genannt wird – ein freilich etwas klumpfüßiger Vergleich.

Aber kosten Sie! Und Sie werden den Funken des Feuers schmecken, das Mao nicht nur in seinem Lande entzündet hat. Ein spargelessender Mao wäre nie Revolutionär geworden! Wäre das nicht einer philosophischen Betrachtung wert?«

Gleichzeitig traf bei mir ein übelriechendes kleines Päckchen ein, das eine kleine, offenkundig von Dr. W. B. eigenhändig abgefüllte und verschlossene Büchse Hunan-Rettich enthielt. Die Sauce war ausgeflossen, der Postbote hielt sich, als er mir die Gabe überreichte, die Nase zu. Dr. W. B., dem ich – nicht ohne Hemmungen; seine Begeisterung war so mitreißend! – dies mitteilte, meinte, während des langen Transportes sei der köstliche Hunan-Rettich offenbar ›vergammelt‹, ich bekäme eine zweite Probe. Sie kam an, unbeschädigt und tadellos verschlossen. Geöffnet, roch sie jedoch genauso wie die erste. Ich konnte mich nicht einmal aufraffen, davon zu kosten...

Doch hören wir zu, was Dr. W. B. noch weiter zur Ostasienküche zu sagen hat.

Ostasien contra Frankreich

»Ein weiterer Hinweis zur philosophischen Anregung: Chinesische Menus bestehen, je nach Anzahl der Gäste, aus 5–25 Gerichten, die schubweise auf den Tisch kommen. Sie zeichnen sich untereinander durch gegensätzlichen Geschmack aus: neben dem Süßen steht Pfeffriges ebenso wie Mildes und Saures. Wechselweise kann ein Nur-Fleischgericht neben einem Nur-Gemüsegericht stehen, Fisch irgendwo zwischendrin. Viele Gerichte sind auch Farbkombinationen, zum Beispiel ein Rührei mit fast schwarzen Pilzen, Tomatenschnitzeln und einigen grünen Erbsen.« (Anmerkung der Buchautorin: Diese Bemerkung richtet sich gegen mich, denn ich hatte der amerikanischen Küche vorgeworfen, ästhetisch-optische Aspekte auf Kosten der geschmacklichen in den Vordergrund zu schieben. Allerdings dürfte bei den kulinarisch hochbegabten Ostasiaten diese gleiche Beachtung der Farbkomposition trotzdem nicht zu ›Küchenmesalliancen‹ führen wie in den USA und neuerdings oft auch bei uns.) – Doch lassen wir wieder Dr. W. B. zu Worte kommen:

»Der Reiz der chinesischen Küche« – so fährt er fort – »basiert eben auf dem Reiz des Konträren. Demgegenüber gründet die französische Küche (als die kultivierteste des Abendlandes und deshalb als einzige mit der kultiviertesten des Morgenlandes in Vergleich zu setzen) auf einer wohlabgestimmten Folge des Geschmacks von der Eingangssuppe bis zum süßen Ende inklusive der Weine. Hier die Symphonie des Gleichklangs, dort die der (scheinbaren) Dissonanz – beides offensichtlich als Harmonie empfunden! Welch unterschiedliche Welten!« –

Die Chinesen und die Milchprodukte

Nun hatte ich aber in der Erstausgabe im Kapitel über die »Grenzen des Fremdverstehens in der Küche« gerade im Zusammenhang mit ostasiatischen Spezialitäten erwähnt, daß die Aversion vieler Chinesen gegen Milchprodukte, die ihnen offenbar genauso widerlich seien wie uns die chinesischen ›Faulen Eier‹, möglicherweise nicht auf unterschiedlicher Geschmacksausrichtung beruhe, sondern auf physiologischen Tatsachen. Irgendwo hatte ich nämlich gelesen, daß den erwachsenen Ostasiaten ein bestimmtes, für die Verdauung von Milch und deren verschiedenen Derivaten unerläßliches Magensekret fehle, weshalb es falsch sei, Hungernden in jenen

Regionen zum Beispiel Milchpulver zu schicken. Auch hierzu bezieht Dr. W. B. Stellung:

»Sie haben es trefflich verstanden, Hohn und Spott über die amerikanische Küche auszugießen, und damit natürlich jedem aus dem Herzen gesprochen, der noch seinen Geschmackssinn beisammen hat. Gleiches gilt für Ihre Abrechnung mit den verschiedensten Formen des Aberglaubens. So mischt sich denn in die Tatsache, daß Sie sich selbst einen Bären haben aufbinden lassen, eine Prise Schadenfreude, für die ich untertänigst um Verzeihung bitte. Denn trotz dem von Ihnen erwähnten Magensekret zum Verdauen von Milchprodukten, das den erwachsenen Ostasiaten angeblich fehlen soll, setzen sich Milchspeisen jeder Art in China neuerdings in erstaunlichem Ausmaße durch. Ich habe hier eine Reihe von Studenten (20–26jährig), von denen viele zum Frühstück statt Tee Milch trinken und Butter auf Brot essen. In jedem größeren Lebensmittelgeschäft finden sich neben den einheimischen Milchprodukten australische – und sogar köstliche Delicado-Butter aus Schleswig-Holstein sowie viele Sorten Käse aus der Schweiz! Also bitte: Bären abbinden!« – (Das habe ich für die Neuausgabe natürlich getan.)

Soweit Dr. W. B. zur Küche Ostasiens. –

Grenzen des Fremdverstehens in der Küche

Wir sind aber abgeschweift und ausgeschweift. Kehren wir zu unserer Frage zurück, wieviel ›Fremdverstehen‹ man sich selbst und andern zumuten kann.

Und da möchte ich meinen: Vor allem Gästen gegenüber ist etwas zuviel Vorsicht ratsamer als allzu interessante

Exkursionen ins Exotische. Prof. G. S. mit seinem unbegrenzten Fremdverstehen ist nicht die Regel.
Und die Moral von der Geschicht'? – Versuchet allzu Fremdes nicht! – Oder meinetwegen könnt ihr es auch von Zeit zu Zeit versuchen. Aber versteift euch nicht zu sehr, wenn Zunge und Magen euch den Dienst verweigern!
Soll das nun heißen, daß der Schwabe am besten daran tut, immer und ewig nur Spätzle zu essen, der Berner seine Röschti, der Kieler seine Rote Grütze oder Meerfisch mit ›Langer Sauce‹? – Nebenbei: Kennen Sie ›Lange Sauce‹? Nein? Dann seien Sie froh! ›Lange Sauce‹ ist nämlich eine Mischung aus Milch, gehackter Petersilie und Zitronensaft. Die Milch gerinnt von der Zitronensäure auf der Stelle zu weißen Fetzen, die in einer blassen Molke schwimmen, zusammen mit der Petersilie. Schon der Anblick allein schlägt alle ›Faulen Eier‹, man braucht da gar nicht erst zu kosten! – Aber zurück zum Thema: Soll das also heißen, daß man sich beim Essen und vor allem beim Selberkochen lieber nur an Landläufiges und Bekanntes halten soll? – Durchaus nicht! Kosten kann man auch beliebig Fremdes, das sagten wir bereits. Doch muß man nicht nur wissen, wo die eigenen Grenzen für das Fremdverstehen in der Küche liegen, man muß noch manches mehr beachten.

Brevier für ausländisches Kochen

Wenn du seit langer Zeit in einem fremden Lande lebst, Sprache und Leute kennst, Kochbücher und Bekannte in der Landessprache konsultieren kannst, dann brauchst du keinen Rat von uns. Dann bist du dort ja fast daheim. Wir sprechen hier einzig von jenen, die eine fremde Küche ganz von außen her, als wirklich Fremde, mehr nur aus Neugier und en passant erproben und erlernen wollen. Für diese also gilt:

Kochbücher mit fremden Rezepten
Mißtraue den Kochbüchern für ausländische Küchen, die eigens für dich – also für den Fremden – verfertigt worden sind! Oft sind sie von Leuten geschrieben, die von der betreffenden Küche genausowenig wissen wie du selber. Die Autoren haben sich irgendwo flüchtig orientiert. Vielleicht bei Zufallsbekannten. Bestenfalls beim Koch des Restaurants, in welchem sie gerade aßen. In einzelnen Fällen führt das zwar zu einem ganz guten Resultat. Dann nämlich, wenn der Koch zufällig selber sehr viel kann und zudem spürt, daß der fragende Gast ein Kenner und Schlemmer von respektablem Ausmaß ist. Dann kann es ausnahmsweise einmal geschehen, daß dem Koch das Herz ein wenig weich wird und er einige von seinen Geheimnissen ausplaudert.
Doch wie oft kommt es schon zu einer solchen Konstellation? Nicht viel öfter als zu einer Sonnenfinsternis! Und viel Verlaß ist auch dann nicht auf die preisgegebenen Rezepte. Wer sagt dir nämlich, daß der Koch dir nicht trotz aller Rührung gerade jene paar Nuancen vorenthält, auf die es eben ankommt? Hand aufs Herz – führst du dich selber in solchen Fällen besser auf? Wenn deine Gäste wissen wollen, warum deine Saucen und Salate soviel besser schmecken als anderswo – sagst du es ihnen ganz genau? Warum also soll der fremde Koch es tun? Vielleicht, wenn du eine attraktive Frau bist, um deiner schönen Augen willen? Ist er ein Spanier oder Italiener, dann wird er sich bei deinen Komplimenten sicherlich

gebärden, als schmelze ihm das Herz im Leibe. Er wird dir in den meisten Fällen dennoch, mit einer Stimme, bebend vor Gefühl, den größten Bären aufzubinden suchen.

Und viel verläßlicher sind die Rezepte auch dann nicht, wenn jener Koch sie schwarz auf weiß notiert und für die Leser aus der Fremde drucken läßt. Denn er kann sich sagen: »Ach was! Die wissen ohnehin nicht, worauf es ankommt!« Und er wird lieblos und ungenau dosieren. Zumal die meisten Köche es ohnehin nicht schätzen, wenn die Konkurrenten ihre Rezepte in die Hand bekommen, nachlesen und kopieren können.

Rezepte für inländische Küche

Ich höre schon den Einwand: Warum soll das viel anders sein bei Kochbüchern, die einer für die eigenen Landsleute schreibt? – Sehr einfach: er fürchtet, sich zu blamieren. Wenn sein Buch nicht garantiert in fremde Länder weiterwandert, sondern von Hans und Grete im Nachbarhaus gelesen wird, riskiert der Autor, daß ihn die nächste beste Hausfrau anruft und ihm sagt: »Du, auf diese Weise werden die Kartoffelpuffer aber kleistrig und ungenießbar!« Wenn einer also über die Küche seiner Heimat für inländischen Gebrauch ein schlechtes Kochbuch schreibt, dann kann man sich darauf verlassen: er tut es nicht aus Witz und Bosheit und Nachlässigkeit, sondern wirklich nur, weil er nicht kochen kann!

Verliebt ins Ausland

Es taugen also im allgemeinen weder die Kochbücher dessen, der im betreffenden Lande einheimisch ist, jedoch nur für Fremde schreibt, noch die des Landesfremden, der auf der Reise da und dort etwas aufschnappt, kaum oder gar nicht selber ausprobiert und seinen lieben Landsleuten dennoch andrehen will – es taugen am meisten die Bücher solcher, die zunächst als Fremde in das betreffende Land hinkamen, sich darein verliebten und jahrelang dort sitzenblieben, und zwar nicht in Hotels, sondern im engen Kontakt mit der Bevölkerung. Dann kann es sogar vorkommen, daß einer mit dem geschärften Auge des zugleich Außenstehenden und Liebenden die ›Volkslieder‹ jener Küche fast genauer ›singt‹ und begreift als mancher Autochthone.

Nicht nur in Küchenfragen ist das so. Auch in der Literatur. Das liebevollste Bild vom Preußentum malte Fontane, der Franzose; dem Wien der Donaumonarchie hat der Jude Schnitzler das schönste Denkmal gesetzt.

Ein Kochbuch dieser Art kenne ich über die römische Küche. Geschrieben hat es ein abenteuernder deutscher Gelehrter, der dann in Brasilien im Urwald hauste, als armer Student jedoch früher einmal lange in Rom gelebt hat, im Hause einer einfachen Frau aus dem Volke. Sein Buch ist zugleich voll von historischen Rückblicken auf die Lebensweise und Küche der Römer in der Antike, und es hat – als Lektüre wie auch in kulinarischer Hinsicht – kaum seinesgleichen. Es ist dies derselbe Altphilologe Alexander Lenard, der auch eine Anzahl moderner Kinderbücher in ein makelloses Latein übersetzt hat.

Das also ist der erste Punkt des Kochbreviers für fremde Küche.

Der ausländische Gast

Der zweite Punkt: Setze nie dem Ausländer die Speisen seiner Heimat vor! Wie gut du sie auch kochst – so gut

wie seine Mutter oder seine Tante wirst du seine Lieblingsspeisen ja doch nicht treffen! Und außerdem ist er nicht ins Ausland gefahren, um dort die Küche seiner Heimat zu erleben! Setze ihm lieber die Spezialitäten deiner eigenen Gegend vor! Sind sie nicht gar zu eigenartig und ausgefallen, dann wird dein Gast sie ganz bestimmt genießen.
Weißt du dagegen aus Erfahrung, daß Fremde die Küche deiner Gegend nicht sehr schätzen, dann setze ihnen Neutrales, international Bekanntes vor!
Ferner: Koche nichts, was du nicht selber in dem betreffenden Lande mehrfach gegessen hast! Ein Kochrezept ist keine mathematische Formel. Es erlaubt und fordert immer ein wenig Freiheit, Variation, auch Korrektur. Der Kochende muß wissen, wie das Ergebnis aussehen und wie es schmecken soll. Das gilt übrigens nicht nur für Speisen der Fremde, sondern auch für die des eigenen Landes!
Und koche nur das, was dir selber im Ausland gut geschmeckt hat! Nasi Goreng aus Südostasien oder japanisches Konfekt aus gezuckertem Wasserreis – hast du das schon gekostet? Hat es dir und den Deinen wirklich gut geschmeckt? Wenn nein, dann laß andere Leute in Ruh' damit!

Ausländische Substanzen

Sehr wichtig: Koche nichts Fremdes, wenn du die Substanzen dafür nicht auch zu Hause in bester Qualität bekommen kannst! Versuche, wenn du fern von jeder Meeresküste wohnst, zum Beispiel nicht, die Bouillabaisse, die berühmte Fischsuppe der Marseillerinnen, anstatt mit lebendfrischem Meergetier mit Fischen aus den

Flüssen, aus der Tiefkühltruhe oder gar mit dem Inhalt von Konserven zu fabrizieren!
Hüte dich überhaupt vor jederlei Ersatz! Versuche also auch nicht, zum Beispiel den Sauerrahm, der für viele Speisen Osteuropas unerläßlich ist, durch süßen Rahm mit einem Schuß Zitrone oder Essig zu ersetzen! Dergleichen verändert und verdirbt den Geschmack eines Gerichtes weit radikaler, als du glaubst!
Ja, die Schwierigkeiten fangen schon weit früher an: Parmesan zum Beispiel, den man haben muß für fachgemäße Zubereitung von Spaghetti, bekommt man heute zwar auch an vielen Orten nördlich der Alpen. Oft aber schmeckt er schlechter als im Süden. Ich bin nicht Käsefachmann, kann daher nicht sagen, woran das liegt. Ob man den Parmesan bei uns zu kurz, zu lang, zu warm oder zu kalt zu lagern pflegt oder ob er vielleicht auf dem Transport falsch behandelt wird – in jedem Falle ist er im Norden meist in Konsistenz und auch Geschmack verändert, anders als in seiner Heimat, sehr viel sandiger und fader.

Politik und Kochkunst

Dann: Laß dich bei der Wahl deines Auslandsrepertoires nicht von politischen Sympathien und Antipathien leiten! Ich erinnere mich noch gut an die Flut ungarischer Kochbücher und Rezepte gleich nach dem Aufstand in Budapest im Jahre 1956. Jeder im Westen tat plötzlich, als könne er nicht leben ohne paprizierte Fleischragouts. Wagte einer zu sagen: »Ich mag keinen Paprika!«, dann wurde er schier der bolschewistischen Haltung verdächtigt.
Tatsächlich gibt es aber auch in Ungarn selber viele, die

Paprika nicht lieben und, wenn überhaupt, nur milde Sorten nehmen. Und es wäre spannend, einmal der Frage nachzugehen, wo und warum man gerne scharf gewürzte Speisen aß und ißt...

Und hier eben, bei meinem Versuch, in der ersten Auflage dieses Buches, die Neigung etlicher Völker rund um die Welt zum überscharfen Würzen, wenigstens partiell, auf prähistorische Verwandtschaft der betreffenden ethnischen Gruppen und Rassen zurückzuführen, waren mir Fehler unterlaufen, auf die vor allem ungarische Leser sauer reagierten.

Hinzu kam noch, daß ich aus dem altösterreichischen Ostgalizien stamme, aus dem wunderschönen Städtchen Zólkiew bei Lemberg (heute Lwow), das jetzt zur Sowjetunion gehört, wo aber das Geburtsschloß des polnischen Nationalhelden und Türkenbesiegers König Jan Sobieski immer noch unzerstört dasteht. Dort pflegte man damals herrlich zu kochen, jedoch nur nach polnischen, ostjüdischen, ruthenischen und rumänischen Rezepten, und nicht nach ungarischen, von denen man nur das »Pörkölt« kannte, das man aber, nach Art oder vielmehr Unart aller Nichtungarn, fälschlich ›Gulyas‹ nannte. Aus einem mir unbekannten Grunde hielt man dort nicht viel von der Kochkunst der Magyaren, und dieses ungerechte Vorurteil hatte ich ungeprüft für mein Buch übernommen. Zwar hatte ich die Zubereitung des Pörkölt (Gulyas) korrekt präsentiert, meine despektierlichen Bemerkungen zur magyarischen Küche brachten mir aber folgende Reaktion des in England lebenden Exilungarn B. B. ein:

Der beleidigte Ungar:

»Zunächst glaubte ich, daß ich es mit einem Schweizer zu tun habe, und ausgerechnet mit einem aus St. Gallen (da wußte ich noch nicht, daß Sie eine Frau sind). Altes Ressentiment – dachte ich: Meine Vorväter haben auf einem ihrer Raubzüge auch St. Gallen erreicht, dort den berühmten Klosterwein ›ausgesoffen‹ und vielleicht auch manch ein eingeborenes Mädchen geschwängert. Daher kommt, so habe ich geglaubt, Ihre Aversion gegen die Ungarn, obwohl in diesem Falle auch Sie selbst von ihnen abstammen könnten.

Dann fiel mir Ihr nicht gerade schweizerisch klingender Vorname auf (kein unbedingt zutreffendes Indiz).

Mein nächster Gedanke war: Sie sind von einem Volk, das von den Magyaren lange Zeit unterdrückt wurde. In diesem Fall hätte ich Verständnis für Sie aufgebracht, denn auch ich kann nicht gerade freundschaftlich an die Rumänen, Serben und Kroaten, Ukrainer und Slowaken denken, die nunmehr seit fast drei Jahrzehnten mein Volk erniedrigen. Dann erfuhr ich, daß auch dies ein Irrtum war...

Eine ganze Fülle Köstlichkeiten aus Ungarn könnte ich aufzählen, aber das wäre nur verlorene Mühe. Ich möchte Sie auch nicht davon überzeugen, daß es die ungarische Küche jederzeit mit der französischen und jeder andern aufnehmen kann. Zu den orientalischen Genüssen, die Sie in diesem Buch breittreten, kann ich nicht Stellung nehmen (nicht meine Geschmacksrichtung). Um so mehr aber zur ungarischen Küche... Zutiefst empört gebe ich Ihnen Ihr Druckerzeugnis zurück und empfehle Ihnen, die Blätter in dünne Streifen zu schneiden, in Ihrem Rosensirup (S. 416) 1/2 bis 3/4 Stunde zu garen und dann langsam in den Ausguß zu schütten. Mit freundlichen Ekeln Ihr B. B.«

Meine Fehlurteile über die Magyarenküche ziehe ich also hiermit ausdrücklich und nachdrücklich zurück. Nach wie vor protestiere ich aber gegen jede Politisierung der Küche. Wer spezifisch ungarische Gerichte liebt, sollte sie unbedingt auch weiterhin zubereiten und genießen, ganz gleichgültig, wie sich die Magyaren politisch verhalten haben oder verhalten werden. Wer ungarische Spezialitäten umgekehrt verabscheut, soll sich durch noch so bewundernswerten Heroismus des ungarischen Volkes nicht zu ihnen zwingen. Dasselbe gilt natürlich auch für alle anderen ›Fremdspeisen‹. Als einzige Regel muß hier gelten: Man sollte seinen Speisezettel nur aus dem Repertoire von Nationen ergänzen, die kochbegabter sind als die eigene. Und damit kommen wir zu einem neuen Punkt:

Nationen mit und ohne Kochbegabung

Überlege dir, bevor du dich auf eine fremde Küche einlässest, genau, ob es die Küche eines Volkes ist, das gut zu essen und zu leben weiß! Wenn ja, und wenn es außerdem ein altes Kulturvolk ist mit langer Küchentradition – wie etwa die Chinesen, die Franzosen, die Italiener –, dann kannst du seinen Speisezettel fast völlig durchprobieren und, wenn du dir das nötige Material zu Hause gut beschaffen kannst, auch beibehalten. Im andern Falle triff sorgfältig Auswahl!

Japanküche

Nimm an, es rät dir einer, es mit Japanspeisen zu versuchen, obwohl du nie in Japan warst. Wenn du es wirklich wagen willst, dann suche zunächst über Land und Volk alles zu erfahren, was zum Verständnis seiner Küche beiträgt. In unserem Falle ist es etwa folgendes:

Die Japaner sind ungemein sauber – also werden sie schwerlich unappetitliche Gerichte panschen. Japan ist eine Insel – also wird es in japanischen Speisen viel Getier und Pflanzen aus dem Meere geben. Das Land ist übervölkert – folglich bleibt wenig Raum für Wald und Weide. Wild wie auch Schlachtvieh können demnach im Küchenzettel Japans nur schwach vertreten sein. Gemüse und Zerealien werden, neben Fisch und Algen, in den Speisefolgen dominieren müssen.

In Japan gibt es ferner viele Sekten und Religionen, die den Fleischgenuß verbieten. Sehr aparte und reich variierte Fleischgerichte wird man also auch aus diesem Grunde nicht erwarten können.

Das Huhn ist erst sehr spät von China nach Japan gekommen, Geflügel und Eier kennt man dort erst seit kurzer Zeit. Die Japanküche wird also nicht, wie jene der Chinesen, Hunderte von leckeren Huhn- und Eierspeisen kennen.

Und ferner wird man, weil eben Eier in der Japanküche keine große Rolle spielen, kaum viele süße Speisen aus Japan übernehmen können oder wollen: denn die besten von ihnen enthalten eine Menge Eier! In der Tat kann man japanische Süßigkeiten dem Europäer kaum empfehlen: gesüßte Quetschkartoffeln, zur Zwiebelform gepreßt und mit einer eingemachten Kirsche in der Mitte, gelten dort als delikater Nachtisch!

Dafür aber machen sich des Japaners hohe und strenge Kultur, sein Sinn für Schliff und für Nuancen, in einer Anzahl fettfreier, einfacher und doch herrlich schmekkender Saucen bemerkbar. Japanische Saucen kann man daher sehr empfehlen!

Vielmehr: man könnte sie empfehlen, wenn es die Möglichkeit gäbe, sie bei uns nachzuahmen. Denn was hilft es, daß die Saucen gut sind und daß wir auch die Rezepte kennen? Die nötigen Substanzen und Gewürze sind in Europa nicht überall zu haben...

Soviel zu den Problemen beim Adaptieren fremder Kochkunst. – Habt ihr aber etliche gute und leicht nachahmliche fremde Rezepte gesammelt, habt ihr sie vielfach durchprobiert, und schmecken sie euch, den Euren und euren Freunden, dann wiederholt ruhig endlos euer Auslandsrepertoire! Es schadet gar nichts, wenn die Leute sagen: »Bei Meiers gibt es zwar immer Minestrone – aber besser als in Mailand; und Kaiserschmarren – viel feiner als in Wien!«

Griechische Weinwickel

Ich kannte zum Beispiel ein junges Gelehrtenehepaar mit wenig Geld. Der Mann, Archäologe, hatte lange sehr bescheiden in Griechenland gelebt und dort in einfachen Dorfschenken billige Volksspeisen gegessen. Darunter die Weinwickel, deren Rezept er mit in den Norden brachte. Man kann sie natürlich nur während der Jahreszeiten zubereiten, in denen der Weinstock frische, grüne, straffe Blätter trägt.

Solche Blätter werden also sehr sauber gewaschen, vier bis sechs Stück pro Person. Manche überbrühen die Blätter, doch ist es nicht unbedingt nötig. Dann nimmt man für vier Personen eine große Tasse Reis, ebensoviel zerhackte Zwiebeln, ein wenig Hackfleisch ferner – wenn man hat. Das alles wird in etwas Öl rasch angedünstet,

dann gewürzt und etwas abgekühlt. Manche kochen die Mischung kurz, bevor sie sie in die Blätter füllen, andere lassen den Reis roh. Doch wenn er roh bleibt, ist eines zu beachten: die Blätter dürfen nur schwach und locker gefüllt sein! Der quellende Reis darf sie nicht sprengen.
Passendes Gewürz – Dill, wenn man hat, und Petersilie – wird beigefügt. Dann kommt ein kleiner Löffel voll von dieser Mischung in jedes Blatt, worauf man es zu einer hübschen breiten Rolle formt. Nun kommt in eine breite Pfanne roter Griechenwein hinein; dann werden die Wickel alle hineingelegt, schön nebeneinander und, wenn der Platz nicht ausreicht, auch aufeinander. Zudekken. Langsam gar kochen. – Manche fügen zum Wein auch eine Prise Zucker. Die Speise gewinnt dadurch. Nach Belieben heiß oder kalt servieren.
Inzwischen habe ich erfahren, daß manche Griechen solche Wickel nicht in Wein, sondern in einer Mischung aus Öl und Wasser dämpfen. Ich möchte aber meinen: in Wein sind sie pikanter.
Diese Speise also, dazu ein wenig Weißbrot, einen roten Balkanwein und etwas Obst zum Nachtisch, gab es im Hause jenes Archäologen, sooft man eingeladen war. Es schmeckte immer. Und wie alle guten alten Volksgerichte verleidete es überhaupt nicht...
Der junge arme Gelehrte ist in der Zwischenzeit schon längst zum Ordinarius aufgerückt. Dörfische Griechenkost und Balkanwein, den man in Kneipen offen verkauft, gibt es nicht mehr bei ihm. Heute geht es höchst standesgemäß zu in seinem Hause. Aber wem macht das schon Freude? Teure Cocktailbissen, Geflügel und Champagner bekommt man schließlich vielenorts und auch im anonymen Restaurant.

Wer aber damals in dem Haus verkehrte, vor Jahrzehnten, der denkt noch heute mit stiller Rührung an die Weinrouladen.

Gefüllte Weinblätter mit Sauerrahm

In Südeuropa konsumiert man weniger Milch, Rahm und Butter als bei uns weiter nördlich. Der Grund ist sehr einfach: Auf den jämmerlich entwaldeten, verdorrten Halden jener Regionen fühlen sich nur noch Schafe und Ziegen wohl, nicht aber Kühe. Nun ergibt Kleinviehmilch zwar pikanten Käse, schmeckt aber als Trinkmilch nur mäßig, als Rahm zu scharf, als Butter miserabel. Es ist daher verständlich, daß die Griechen ihre delikaten Weinwickel lieber einfach in etwas Wein garen und allenfalls mit zerschlagenem Ei, dem sie Zitronensaft beifügen, übergießen.

Von einer Kärntnerin, deren Vater aus Rußland und deren Mutter vom Balkan stammt, habe ich aber folgendes, ebenfalls sehr einleuchtende Rezept für Weinwickel erhalten, bei dem Sauerrahm unerläßlich ist:

Hammelfleisch, Zwiebeln und Petersilie fein hacken, mischen, mit oder ohne Fettzugabe mit etwas Salz und Pfeffer dämpfen, halbrohen Reis beifügen, mischen, in gebrühte Weinblätter füllen. In breiter Pfanne mit dickem Boden dicht nebeneinanderlegen, mit reichlich Knochen- oder Hühnerbrühe übergießen, Deckel auflegen, bei schwacher Hitze langsam gar kochen, bis keine Flüssigkeit mehr da ist. Zu diesem Zweck eventuell zuletzt die Pfanne aufgedeckt lassen. Dann Sauerrahm darüber und sofort servieren.

Gut zu wissen: In Gegenden, wo man keinen Wein anbaut, kann man sich eingemachte Weinblätter in Dosen

besorgen. Wer hierzu keine Lust hat, kann das Gericht statt mit Weinblättern auch mit den großen dunkelgrünen Blättern des Mangold zubereiten.
Da man Wein- oder Mangoldwickel mit Sauerrahm nur weiter nördlich kennt als in Griechenland, in kühleren Landstrichen also, werden sie nicht kalt, sondern nur kochend heiß serviert. Sie sind aber – sieht man vom teuren Sauerrahm ab, von dem man jedoch nur ein paar Löffel voll braucht – genauso billig und zugleich lecker wie die Weinwickel der Griechen.

Wer keine Fremdkost mag ...
Machst du dir aber wenig aus fremder Küche, oder ziehst du es vor, sie nur dort zu genießen, wo sie daheim ist, im Ausland also und nicht bei dir zu Hause, dann lasse dich nicht einschüchtern von der Fremdkostmode! Laß ruhig alle deine Freunde Pizza napoletana oder Pilaw nach Balkanart bereiten, und halte dich an die einheimische Kost, die du von den Eltern und Großeltern her kennst und liebst! Nicht nur für dich und die Deinen – auch für deine Gäste. Die meisten von ihnen werden deine alten Heimatspeisen sehr genießen.
Es sei denn, du stammst aus einer Gegend, in welcher kulinarische Mißgeburten von der Art des ›sächsischen Gemüsepuddings‹ zu Hause sind. Nebenbei: Weißt du, was das ist? Es ist ein erstarrter Mehlpapp mit Gemüsefetzen aller Art darin! – Oder es sei, du lebst in einem Ort in Schwaben, wo Spätzle so sehr zum festen Küchenritual gehören, daß man sie täglich zweimal und sogar zu Reis und zu Kartoffeln dazuserviert. So jedenfalls hat es mir ein exilierter Schlesier, der jetzt in Schwaben auf dem Lande lebt, berichtet. In diesem Falle also halte dich,

wenigstens, wenn Fremde zu dir kommen, lieber an internationale Kost!
Mittlerweile hat mir ein entrüsteter Schwabe geschrieben, daß man im Schwabenlande Spätzle mit Salzkartoffeln esse, sei eine Verleumdung. Man esse zu Spätzle nur kalten pikanten Kartoffelsalat, und das schmecke zusammen sehr lecker! – Nun: Wohl bekomm's!

Wenn die Begabung fehlt

Gleich zu Beginn erzählten wir die kleine Geschichte von dem deutschen Dichter und Chinas ›Faulen Eiern‹. Das war die Geschichte der Grenzen des Fremdverstehens in der Küche sogar bei einem kulinarisch Hochbegabten.
Nachfolgendes dagegen passierte jenem gleichen Dichter mit einem kulinarisch Unbegabten:
»Das war«, so erzählte er, »kurz nach Hitlers Machtantritt. Ich hatte meine Stellung beim Radio freiwillig aufgegeben und wußte nicht, wohin mit mir. Da traf ich einen Freund in gleicher Lage. – ›Schlaf bei mir!‹ sagte er. ›Ich hüte einem verreisten Nazibonzen seine neue Villa.‹ – Ich – nichts wie hin! Die Villa war ein Paradies. Auch Äpfel gab es in dem großen Garten, die uns, genau wie die vom Paradiese, verboten waren – weil sie nicht uns gehörten. Dennoch aßen wir sie. Wir lebten fast nur von diesen Äpfeln und ein wenig Brot.

Der Weinkeller des Juden
Die Villa hatte vorher einem Juden gehört – was mochte aus ihm geworden sein? Jedenfalls war er ein Mann gewesen, der gut zu leben wußte. Das sah man an den Weinen im Keller unten, die wir bald entdeckten. Lange blickten wir traumverloren auf die staubbedeckten Flaschen. Dann schauten wir uns gegenseitig in die Augen. Dann, wie auf ein Kommando, griffen wir beide zu ... Von da an wanderten täglich einige volle Flaschen aus dem Keller in die Höhe; leer wanderten sie in den Keller

zurück. Bis eines Tages ein Telegramm vom jetzigen Besitzer der Villa vor uns dalag: ›Ankomme morgen abend.‹ Uns beiden wurde flau. Wir stiegen miteinander hinunter in den Keller. Da lagen noch zwei volle Flaschen – das war alles. Wieder schauten wir uns in die Augen. Dann griffen wir zu – ein letztes Mal.
Als die Flaschen leer waren, holten wir aus der Küche zwei große leere Eimer und gingen in die Altstadt. Mit vollen Eimern kamen wir zurück. Im einen war ein weißer, im andern ein roter Wein, beide verschnitten, getauft und völlig ungenießbar. Aber billig! Und in den Taschen hatten wir Siegellack in allen Farben: Rot, Grasgrün, Blau und Gold, und viele Korken.
Und nun begann die saure Arbeit. Wir füllten alle leeren Flaschen, verkorkten sie, dann kam der Siegellack darüber. Jede ›Sorte‹ wurde anders zugesiegelt: ein Teil mit unsern Siegelringen, der Rest mit Hilfe der fremden Kupfer- und Nickelmünzen, die ich von Auslandreisen her im Täschchen bei mir trug – viel anderes war nicht mehr drin. Dann legten wir die Flaschen zurück in die Gestelle, kratzten aus allen Kellerecken Schmutz und Staub zusammen, nahmen aus der Küche oben auch ein wenig Mehl dazu und puderten die Flaschen gründlich damit ein.

Der Nazi und der Wein

Der Hausherr kam. Er war gerührt, wie gut wir ihm das Haus gehütet hatten. Er lud uns auf der Stelle ein: zu einem Glas von seinem besten Wein. Wir wehrten bescheiden ab – umsonst! Er eilte in den Keller, kam herauf, den Arm voll Flaschen, ließ uns das Etikett von jeder einzelnen bewundern. Wir sagten ›Ah!‹ und ›Oh!‹. Er öffnete mit Andacht und viel Vorsicht eine Flasche, goß die paar ersten Tropfen in sein Glas, dann schenkte er uns ein. Wir hoben alle drei die Gläser, setzten sie an die Lippen – uns beiden wurde auf der Stelle sterbensübel. Die rote Brühe schmeckte nach nichts als Säuren und scharfen Chemikalien. Das mußte jeder merken! Ängstlich und verstohlen schielten wir seitlich nach dem Hausherrn. Er strahlte. ›Mmm!‹ machte er, ganz hingerissen. ›Mmm!‹ machten wir, so gut wir konnten. Dann standen wir auf, obwohl uns schwach war in den Knien, und nahmen Abschied. Zwar schlug der Hausherr vor, wir sollten über Nacht noch bei ihm bleiben. Wir gingen aber lieber und legten uns, als dann die Nacht hereinbrach, im Park auf harte Bänke, wie Vagabunden. Die Nacht war kalt und feucht. Wir wußten beide nicht, was aus uns werden sollte. Wir schliefen dennoch gut.«

Die Fliege im alten Wein
Diese Geschichte vom Nazi und vom Wein des Juden ist nicht erfunden. Doch gibt es eine alte Anekdote, in welcher ein jüdischer Gastwirt mit einem ähnlichen Weinverstand der Gäste rechnet:
Das war in Ostgalizien, vor dem Ersten Weltkrieg. Drei angetrunkene Gutsbesitzer fuhren bei der Dorfschenke vor, riefen den jüdischen Wirt heraus – nichtjüdische Wirte gab es dort sozusagen keine – und befahlen: »Wein her, Jud'! Aber nur vom allerbesten!«
»Das feinste vom Feinen!« versprach Jankel, der Wirt, und eilte in den Keller.
Nach wenigen Minuten kommt er mit einer Flasche, die ganz bedeckt ist von Staub und Spinnweb. Er zieht sie auf – bs! –, eine lebendige Fliege schwirrt aus dem Flaschen-

hals heraus. Empört scheucht der Jude sie fort und sagt streng zu ihr: »Poschla won! Ty starucha!«[1]

Soviel von den Grenzen der Erkenntnis, die es nicht nur in der Metaphysik gibt, sondern, wie man sieht, auch im Kulinarischen. Aber wir straucheln nicht nur an solchen letzten Grenzen. Es gibt noch vieles andere, das unsern Maßstab und unser Urteil trübt. Zum Beispiel Vorurteile. Oder Aberglauben. Ja, Sie haben ganz recht gelesen: Aberglauben. Zweifeln Sie daran? Ich werde es Ihnen beweisen:

[1] »Fort mit dir, du Alte!«

Vom Küchenaberglauben

Die bespuckten Küchengeister

Ein englischer Kolonialbeamter erzählt in seinen Memoiren:

»Wir hatten in Indien einen eingeborenen Koch. Seine indischen Spezialitäten schmeckten unvergleichlich. Oft baten Gäste um ein Rezept – jedoch, wie alle vollendeten Köche, kochte er zwar mit Präzision und Feingefühl, aber ganz ohne irgendwelche feste Maßeinheiten, rein aus dem Handgelenk. Doch hatte er nichts dagegen, wenn man ihm zusah beim Kochen. So kam denn eines Tages eine Gruppe meiner Gäste in die Küche, um zuzuschauen, wie er ein bestimmtes, sehr pikantes und leichtes indisches Ölgebäck bereitete.

Und da sahen wir also: Erst spuckte unser Koch dreimal in die glühend heiß gemachte Pfanne – dies geschah, so erklärte er, um böse Geister zu bannen, die das Gelingen der Speise vereiteln konnten. Hernach mischte er den elastischen Teig. Dann formte er kleine Kugeln, indem er kleine Stücke vom Teig abzupfte und zwischen seinen Händen rollte. Inzwischen hatte er in der Pfanne Öl erhitzt. – ›Jetzt‹, sagte er freundlich, ›müssen die Kuchen in das Öl hinein!‹ – Das machte er so, daß er die Teigbällchen einzeln in die Achselhöhle schob, ihnen durch Anpressen des Oberarmes an den Brustkorb die rechte Form und Dicke gab und sie dann mit einem eleganten Achselruck direkt in die Pfanne schleuderte...

Wir versuchten ihn dazu zu bewegen, in Zukunft die Ku-

chen lieber mit dem Nudelholz [Walkholz] auszurollen. Er erklärte sich schließlich einverstanden, obwohl er nicht einsah, warum uns so viel daran lag, da doch die Kuchen auf diese Weise immer gut gerieten.
Auf das Spucken aber wollte er auf keinen Fall verzichten. Denn seine Küchenehre stand und fiel mit dem Gelingen seiner Speisen; die Geister nicht zu bannen schien ihm zu riskant.«

Das weggeworfene vierte Ei

Und nun eine kleine Geschichte aus Afrika, ebenfalls aus den Memoiren eines Kolonialbeamten, wenn auch eines andern:
»Wir hatten einen guten schwarzen Koch. Er beherrschte die Küche Frankreichs bereits vollkommen, als wir ihn engagierten. Denn er hatte vorher bei Franzosen gedient und war von der Köchin dort angelernt worden. Er arbeitete rasch, exakt und appetitlich. Seine Omeletten zum Beispiel waren schlechthin vollendet: flaumig und federleicht.
Nur eines war uns unbegreiflich: sooft er das vierte Ei für die Omelette aufschlug, stutzte er, roch daran und warf es mit der Gebärde tiefen Ekels beiseite. Wir fragten ihn, warum er das tue. – Weil die Köchin es ihm so vorgemacht hätte, erklärte er. Wir versuchten ihn aufzuklären: Die Köchin habe es doch sicher nur getan, weil das vierte Ei zufällig faul war? – Nun, meinte er, davon habe sie kein Wort gesagt. Und die Omelette sei doch immer gut herausgekommen auf diese Weise – oder nicht? Wir möchten ihn daher in Ruhe lassen. Er wage nicht, auch nur das mindeste an dem Rezept zu ändern ...«
Beide Geschichten und Dutzende von dieser Art erzählt

man sich mit Spott und Herablassung und im Gefühl, daß es dergleichen nur bei Primitiven geben kann und niemals in der Küche der Europäer. Ist das so sicher? Sehen wir doch einmal näher zu:

›Gerichtetes‹ Kuchenrühren

Da wäre zum Beispiel die interessante Vorschrift, man müsse Kuchenteig länger als eine halbe Stunde pausenlos in einer Richtung rühren. Mag sein, es ist nicht reiner Aberglaube. Mag sein, daß man auf diese Weise die Luft tatsächlich ein wenig intensiver und gleichmäßiger in den Teig hineinarbeitet.

Aber haben Sie schon je versucht, eine halbe Stunde lang mit einer oder auch mit beiden Händen eine Kreisbewegung immer in der gleichen Richtung zu vollziehen? Haben Sie es ausgehalten? Ich nicht. Ich pflege von Zeit zu Zeit die Richtung zu wechseln. Der Teig ist mir trotzdem noch nie mißraten.

Am besten ist es allerdings, wenn man sich eine elektrische Teigrührmaschine kauft. Das vereinfacht das Problem. Denn die Maschine nimmt Ihnen nicht nur die anstrengende Arbeit des Rührens ab, sondern sie rührt in jedem Falle immer nur in ein und derselben Richtung.

Eingekochte Früchte – mit und ohne Küchenaberglauben

Die Stiele der Johannisbeeren

Haben Sie schon einmal einen gefühlvollen Roman aus dem neunzehnten Jahrhundert gelesen? Wenn ja, dann sind Sie sicher gelegentlich darin auf die oft wiederkehrende, reizende Szene gestoßen, wie ein junges, frisches Mädchen an einem hellen Sommermorgen in der offenen Gartenlaube mit einer Silbergabel Riesenmengen von Johannisbeeren von den Stielen abstreift. Ein entzückendes Genrebild: die roten glitzernden Beeren in den großen Körben, das nette junge Mädchen in der gestärkten hellen Schürze mit den gestickten Passen und Rüschen. Und welch ein Sinnbild hausfraulicher Tugend! Auch Rilke, der sentimentale Jungmädchenstimmung liebte, konnte es sich nicht versagen, eine solche Szene in seinen ›Malte Laurids Brigge‹ einzubauen. Und nun: Kann mir irgend jemand auf der ganzen Welt erklären, was es für einen Sinn hat, die Beeren, die man nachher zu Gelee verkochen wird, vorher in stunden-, wenn nicht tagelanger mühevoller Arbeit von den zarten grünen Schwänzchen zu befreien? Die Masse wird ja nachher ohnehin durch ein Tuch filtriert oder in Sieben ausgepreßt!

Aber ich habe weit herumgefragt: die Frauen pflegen noch heute, genau wie damals, die Beeren, die sie nachher filtrieren wollen, vorher ›abzustrupfen‹ – so nennt man in der Schweiz die Prozedur.

KIRSCH
ERDBEERE
Zucker

Glasklares Gelee aus roten Johannisbeeren

Darf ich Ihnen ein Rezept verraten, wie Sie in unvorstellbar kurzer Zeit und ohne solches stundenlange ›Strupfen‹ der Beerenstiele das schönste, rosigste, festeste Gelee erzielen?

Sie setzen die gut gewaschenen, abgetropften, aber wie gesagt nicht ›abgestrupften‹ Johannisbeeren in großen Töpfen auf ein kleines Feuer. Die Töpfe muß man vorher sehr gut spülen, und man darf sie innen nicht trockenreiben. So vermeidet man eher das gefürchtete Ansetzen und Anbrennen der Früchte. Zudecken und leise kochen lassen, bis alle Beeren weich und aufgeplatzt sind und Saft abgeben.

Und nun auspressen! Man kann das natürlich auch auf altmodische, langsame Weise tun, indem man einen Küchenhocker mit den Füßen nach oben hinstellt und an den vier Beinen ein sauberes, dünnes weißes Baumwolltuch so festbindet, daß es in der Mitte eine leichte Mulde bildet. In diese Mulde schüttet man die Beeren und läßt sie viele Stunden lang abtropfen, am besten während einer ganzen Nacht. Auf diese Weise erhält man ein wunderschönes, glasklares Gelee, jedoch ziemlich viel Rückstände in dem Tuche drin.

Die Rückstände der Beeren

Sparsame Hausfrauen pflegen diese Rückstände noch separat zu einer dicken Konfitüre einzukochen. Sie ist aber grob und körnig und setzt eben voraus, daß man sich vorher die Mühe nahm, die Beeren ›abzustrupfen‹. Besser ist es daher, dafür zu sorgen, daß nur wenig Reste bleiben, und diese wegzuschütten. Das geht dann zwar auf Kosten der Glasklarheit der Gallerte. Aber wo steht es geschrieben, daß sie nicht ein wenig trüb sein darf? Und dafür geht es auf diese Weise wirklich überraschend schnell:

Trübes Expreßgelee von roten Johannisbeeren
Sie brauchen hierfür entweder ein Salatsieb mit sehr feinen Löchlein oder ein feingelochtes Drehsieb, wie man es für Suppen und Gemüse zu verwenden pflegt. Rostfrei muß das Sieb in jedem Falle sein. Sonst schmeckt die Konfitüre nachher abscheulich nach Metall.
Portionenweise wird nun die weichgekochte Beerenmasse im Sieb über einer großen Schüssel ausgepreßt. Wenn Sie das Salatsieb hierfür verwenden, dann drücken und pressen Sie die Masse kräftig mit einem Holzlöffel oder der runden Rückseite einer großen Aluminiumkelle. Im Gemüsedrehsieb jedoch dreht man wechselnd vor- und rückwärts, und nicht zu gewaltsam. Denn es geht ja nicht darum, alle festen Rückstände durch die feinen Löcher durchzupressen – was ohnehin nicht gelingen würde –, es geht nur darum, möglichst rasch ein Maximum an Flüssigkeit aus den zerkochten Früchten herauszudrücken. Je stärker man die Masse preßt, desto trüber wird nachher das Gelee. Und es schlüpfen manchmal auch ein paar Körnchen durch die feinen Löcher. Aber was schadet das?
Nun füllen Sie die durchgesiebte Masse in die Kochtöpfe zurück, und zwar portionenweise: mehr als ein Kilo, höchstens eineinhalb, dürfen Sie mit dem Zucker nicht auf einmal kochen. Glauben Sie ja nicht, daß Sie Zeit gewinnen, wenn Sie die Beeren in größeren Portionen eindikken wollen! Denn wenn Sie festes Gelee – und nicht eine Art von Suppe – erzielen wollen, dann muß doch etwas

vom Wassergehalt der Beeren verdampfen! Dies aber geht desto schneller, je größer die Verdampfungsoberfläche im Verhältnis zur Masse im Topfe ist. Sind folglich mehrere Kilo Fruchtsaft im Kochtopf, dann dauert es endlos, bis die Masse die rechte Dicke hat. Und erst noch hat man dann die Sorge, daß die passierten Beeren bei dem langen Kochen die schöne Rosenfarbe verlieren oder gar anbrennen könnten.
Also: 1 Kilo Früchte in den Topf, nicht mehr, dazu, ganz nach Belieben, 700 bis 1000 Gramm Zucker. Auf nicht zu großer Flamme kochen! Gut überwachen, damit die Masse weder überkocht noch anbrennt! Bei einiger Übung erübrigt sich die berühmte Geleeprobe, die bekanntlich darin besteht, daß man einen Tropfen der Masse auf einem Tellerchen auskühlen läßt und feststellt, ob er dann noch fließt oder schon wunschgemäß erstarrt. Sobald nämlich der Inhalt des Topfes nicht mehr fröhlich sprudelt, hochsteigt, überschäumt, sondern nur noch mühsam große, dicke Blasen wirft wie kochender Honig oder faulig gärender Morast, kann man die Flamme löschen. Denn dann ist bei allen Früchten, die überhaupt gelieren, der beste Augenblick erreicht. Verlängertes Kochen wird keine schönere Gallerte erzeugen, sondern ein viel zu dickes Mus, womöglich mit karamelisiertem Farbton und Nachgeschmack.

Zweierlei Gelee

Mein Vorschlag, Beeren für Gelee durch ein Drehsieb (Passe-vite) zu treiben, statt sie nur durch ein Tuch abtropfen zu lassen, fand viel Echo, besonders bei jenen Zahlreichen, die keinen eigenen Obst- und Beerengarten haben. Denn solche Luxusmethoden wie Gewinnung

von glasklarem rubinleuchtendem Gelee durch bloßes Abtropfenlassen der Masse, die hierbei auf keinen Fall gepreßt werden darf, lassen sich ja nur rechtfertigen, wenn die Früchte fast nichts oder gar nichts kosten und im Überfluß vorhanden sind. Es meldete sich aber ein Jurist zum Wort, Dr. M. K., früher Militärattaché in Warschau, seit jeher passionierter Koch und vor allem Zukkerbäcker, und präsentierte den idealen Kompromiß:
»Ich schlage vor, das eine zu tun und das andere nicht zu lassen. Das heißt also: erst einmal den Fruchtsaft ohne eine Spur vom trüben Satz eine ganze Nacht lang durch ein feines Mulltuch abtropfen zu lassen, daraus Urgroßmutters schönes ›Sonntagsgelee‹ zu bereiten und in kleine Gläser abzufüllen. Hält man sie gegen die Sonne, dann leuchten sie, je nach verwendeter Frucht, wie Rubine, Topase, Amethyste. Und nunmehr den Rest für eine Paste ohne Häute und mit sehr wenigen oder auch gar keinen Kernen durch das Drehsieb pressen. Für beide Prozeduren müssen die Beeren natürlich vorher weich gekocht werden, was bei ihrer zarten Konsistenz sehr wenig Zeit erfordert und folglich kaum Aromaverlust zur Folge hat. Versuche mit rohen, zermanschten Beeren lassen sich bei den heutigen Obstpreisen nicht mehr verantworten.«
Dr. M. K.s Vorschlag, auf diese Weise nebeneinander glasklares und trübes Gelee aus ein und derselben›Kochmasse‹ herzustellen, hat mir eingeleuchtet. Und zwar nicht nur für Beeren, sondern auch – und vor allem – für unreife Äpfel und für Quitten, die, ohne ihre ›Trübstoffe‹ im Glas gegen das Licht gehalten, tiefgolden leuchten wie edler Cognac. Solches ›Edelgelee‹ schmeckt auch in der Tat noch etwas delikater als die trübe, feste

Paste. Und es eignet sich seiner Schönheit und Leuchtkraft wegen auch besonders gut, zu Würfeln zerschnitten, mattfarbene Süßspeisen zu dekorieren. – Einstweilen stehen wir aber noch bei den pastenartigen Gelees aus Beeren.

Gelee in Joghurtgläsern

Diese dicke, duftende Flüssigkeit fülle ich mit Hilfe von Trichter und Kelle in kleine Joghurtgläser.
Ich höre Ihre Frage: Warum Joghurt- und nicht Geleegläser, die man eigens hierfür fabriziert? Nun, sehr einfach: Ich stelle das schöne, feste Gelee gern direkt im Einmachglas auf den Tisch. Große Gläser kommen also nicht in Frage. Die kleinen Geleegläser aber, die man im Handel bekommt, verbinden alle eine sehr geringe Höhe mit einer viel zu großen Oberfläche. Sie sind daher schwierig abzudecken und im Schrank einzuordnen.
Vielleicht aber entschließt sich doch einmal eine Glasfabrik, auch kleine Gläser für Gelee in einer praktischeren Form herzustellen? Es wird an Abnehmern bestimmt nicht fehlen!
Die gefüllten Gläser mit Plastikfolie abdecken und kühl und dunkel aufbewahren.

Gelee aus Himbeeren und Johannisbeeren

Noch duftender, milder und zarter wird das Gelee, wenn man pro Kilo Johannisbeeren eine Handvoll Himbeeren beifügt. Die Kombination ist uralt und bewährt, wir brauchen uns nicht lange bei ihr aufzuhalten.
Doch gibt es für Himbeeren noch eine zweite, weniger bekannte und dabei weit feinere Verbindung in einer

Konfitüre. Von ihr erzählen wir dann ganz am Schluß des Buches.

Gelee aus Stachelbeeren

Nach der genau gleichen Methode können Sie auch Gelee aus Stachelbeeren kochen. Sie sparen sich auch hier die Arbeit des Entstielens. Auch den Blütenansatz brauchen Sie von den Beeren bestimmt nicht wegzuschneiden. Und das Gelee von Stachelbeeren schmeckt noch delikater, voller, zarter als das aus Johannisbeeren. Zudem sieht es ganz bezaubernd aus: bois de rose oder, wenn die Beeren keine roten Wangen hatten sondern grüne, hell honigfarben.

Merkwürdigerweise wissen nur sehr wenige, daß man aus Stachelbeeren ein wundervolles Gelee bereiten kann, mit wenig Arbeit und obendrein für wenig Geld. Voraussetzung ist allerdings, daß Sie nicht allzu reife Früchte wählen. Denn je reifer die Frucht, desto voller, runder ist zwar ihr Aroma. Gleichzeitig aber verliert sie an Gelierkraft. Aus überreifen Stachelbeeren erhalten Sie daher keine Gallerte, sondern eine Art von dickem, herrlich duftendem und schmeckendem Honig.

Weiße Johannisbeeren

Wir sind zwar vom Küchenaberglauben ausgegangen. Nun stehen wir aber schon eine ganze Weile beim Einmachtopf mit Früchten. Bleiben wir gleich noch ein Weilchen dabei! Und da wir schon daran sind, Beeren einzudicken, mögen noch ein paar weitere Ratschläge und Rezepte hier angefügt werden: Weiße Johannisbeeren schmecken an sich zarter, süßer, sanfter als die roten. Nehmen Sie trotzdem lieber rote! Zunächst der wunderhübschen Farbe wegen: die Konfitüre aus weißen Beeren bleibt ein wenig fad im Kolorit. Und außerdem: die roten gelieren bedeutend besser!

Schwarze Johannisbeeren

Dagegen gelieren die schwarzen Johannisbeeren noch weit stärker als die roten. Wenn Sie also nicht eine hartgummiartige Paste haben wollen, sondern ein streichbares Gelee, dann tun Sie gut daran, der Masse gleich von Anfang an pro Pfund ein bis zwei Tassen Wasser beizumengen. Das rechtfertigt sich auch deswegen, weil diese schwarzen Beeren fast so intensiv schmecken wie ein künstlich hergestelltes Konzentrat.

Saft von schwarzen Johannisbeeren

Solchen Saft zu trinken ist heute große Mode. Man kauft ihn im Laden zu ziemlich hohen Preisen. Und er schmeckt mild und eher fade. Kennt man die fulminante Gelierkraft der schwarzen Johannisbeeren, dann fragt man sich: Wie kommt es, daß der Saft so flüssig bleibt? Vermutlich ist er ganz enorm verdünnt mit Wasser – ich nehme an: so etwa im Verhältnis von einer Taube auf ein Pferd.

Wenn der Saft nun aber wirklich so stark verdünnt ist, dann fragt man sich doch wieder: Wie kommt es, daß er überhaupt nicht schimmelt oder gärt? Es gibt nur eine mögliche Erklärung: Stoffe sind ihm beigesetzt, die künstlich konservieren, Antibiotika oder Chemikalien. Dann allerdings stellt sich die dritte Frage: Ist er nach solchen Prozeduren wirklich noch so enorm gesund, wie man behauptet?

Paste aus Waldhimbeeren mit unreifen Äpfeln
Eine Leserin aus einer ländlichen deutschen Gegend, Frau D. K., schreibt:
»Wenn mein Himbeergelee auch nicht an Ihre Paradies-Konfitüre aus Himbeeren und hellroten Weichseln heranreicht, so ist es doch eine Köstlichkeit, deren Rezept ich gern an Ihre Leser weiterreiche:
Zu vollreifen, stark aromatischen Waldhimbeeren mische ich einige unreife hinzu, füge der Beerenmenge ein Drittel ihres Gewichtes an unreifen Äpfeln bei und bereite aus dieser Mischung eine nicht ganz glasklare Fruchtpaste. Die Äpfel braucht man nicht zu schälen, sondern nur zu waschen, zu zerschneiden und vom Kerngehäuse zu befreien. Da Äpfel etwas längere Kochzeit brauchen als die zarten Beeren und da kürzere Kochzeit das Aroma besser schont, pflege ich die Apfelstücke zuerst anzudünsten und die Beeren erst dann beizufügen. Dann die Fruchtmasse durch ein feines Sieb oder Passe-vite (Drehsieb) pressen, mit gleicher Menge Zukker durchkochen und in kleine Gläser abfüllen.
Gut zu wissen: Wenn Sie keine Waldhimbeeren auftreiben können, versuchen Sie lieber gar nicht erst, diese Paste einzukochen! Es wäre verlorene Mühe, auch die beste Gartensorte hält dem Vergleich mit Waldhimbeeren nicht stand!«
Das Rezept von Frau D. K. hat mir sehr eingeleuchtet. Bloß: Wie viele von uns kommen noch in die Lage, größere Quantitäten Waldhimbeeren einzusammeln? Und dann: Im Gegensatz zu den praktisch immer madenfreien Waldbrombeeren wimmeln die Waldhimbeeren meist von Maden. Natürlich sind sie, wie alle anderen festen Bestandteile der Fruchtmasse, dann im Gelee nicht

mehr drin. Aber es bleibt ein Unbehagen – mag es auch auf einem bloßen Vorurteil beruhen: Schließlich kann man sich von großen Waldmaden sogar tadellos ernähren, und von den alten Römern weiß man, daß sie bestimmte Maden sogar als Leckerbissen servierten.
Restlos bejahen kann man jedoch die Ausführungen des bereits früher zitierten Juristen und Militärattachés in Warschau.

Zucker contra Powidl

Er schreibt: »Nie jedoch sollte man darauf verzichten, den Früchten für Konfitürezwecke mindestens gleichschwer Zucker beizufügen. Bei den homöopathischen Quantitäten Konfitüre, die wir ›Westler‹ je Nase täglich zum Frühstück verzehren, spielt das minimale Plus an Kalorien auch bei voll ›durchgezuckerter‹ Konfitüre wirklich keine Rolle. Aber merkwürdigerweise herrscht im Konfitüresektor ein altes Vorurteil, das Sie in Ihrem Buch vergessen haben zu geißeln: Man will immer noch den ›teuren‹ Zucker sparen, obgleich er heute weit billiger ist als die Früchte.«
Soweit Dr. M. K. Ich möchte mich hiermit seiner Meinung voll anschließen und damit in eins zur Abwechslung einmal nicht ein hochmodernes, sondern ein uraltes Rezept angreifen: das für Zwetschgenmus, im Hessischen, wie ich mir habe sagen lassen, ›Quetschenhuing‹ genannt und weiter östlich ›Powidl‹. Seit die erste Auflage meines Buches erschien, ist ja, wie gesagt, Küchennostalgie große Mode geworden, in eins damit schwärmen heute viele vom ›Powidl‹, mit dem ihnen Großmutter, als sie noch kleine Hosenmätze waren, ihr Graubrot für die Zwischenmahlzeit zu bestreichen pflegte. Zum

Bestreichen von Broten, die man frei aus der Hand, womöglich beim Herumrennen und Spielen, verzehren will, eignet sich solches altmodische Zwetschgenmus in der Tat vortrefflich. Darüber hinaus jedoch bietet es uns Heutigen kaum Vorteile der üblichen Konfitüre gegenüber.

Denn was ist Zwetschgenmus? Vollreife Früchte, entkernt, aber nicht weiter kleingeschnitten, ganz ohne den (damals teuren!) Zucker in großen Kupferkesseln auf kleinster Flamme unter ständigem Umrühren zu einem homogenen Brei verkocht. Auf Bauernhöfen geschah dies früher oft während der Nacht: man löste sich beim Überwachen der kleinen Flamme und beim Dauerrühren ab. Gegen Morgen war dann das Mus ziemlich dick und nicht mehr, wie zu Beginn, amethystfarben, sondern braunviolett. Es duftete auch ein bißchen karamelisiert. Manchenorts kochte man es der besseren Haltbarkeit wegen so dick ein, daß man nachher Scheiben davon abschneiden konnte. Andernorts begnügte man sich mit einer dichten, musigen Substanz.

›Altmodisch‹ gekochte Früchte

In jedem Fall schmeckt Powidl kaum mehr nach frischen Zwetschgen, bestenfalls haftet ihm ein wenig der Duft von Dörrobst an. Unsere zuckerreichen Kurzkoch-Konfitüren sind delikater. Wer seinem gekochten Obst unbedingt ein ›altertümliches‹ Aroma anzaubern will, dem empfehlen wir eine andere Methode:

Man pflegte früher, sofern man genügend Geld hierfür hatte, Kompotte und Marmeladen gern mit exotischen Beitaten zu würzen: das Apfelmus mit einem Stücklein Zitronenschale und ein paar Gewürznelken, bei Birnenkompott – besonders solchem aus etwas faden Sorten – kam außerdem noch ein Stück Zimtstange hinzu. Besonders gegen Winterende gibt es schon seit Jahren billige, festfleischige Sorten von Birnen, grasgrün, groß und rundlich, die roh ziemlich geschmacklos sind, mit Gewürzen zum Kompott gekocht sich jedoch mit einem Mal in eine Delikatesse verwandeln. Damit nicht einzelne Stellen der Früchte gar zu penetrant nach den exotischen Beitaten schmecken und riechen, pflege ich für diesen Zweck erst einmal Wasser, Zucker und Gewürze für sich allein gründlich durchzukochen, dann die festen Bestandteile herauszufischen und jetzt erst die Obststücke in die wieder erhitzte Flüssigkeit hineinzulegen und zu kochen.

Dieselben Beitaten eignen sich auch dazu, Quitten- und Zwetschgenpasten ein unvergleichliches Aroma zu verleihen. Gewürze in einem Mulltüchlein mitkochen und dann entfernen! Die Methode ist vor allem dann zu empfehlen, wenn man die dicke Quittenpaste nicht als Brotaufstrich verwenden, sondern zu Weihnachtskonfekt – kleine Rhomben, Quadrate, Würstchen – verarbeiten will. Rezepte für das Einkochen und ›Nachtrocknen‹ der Quitten für solche Zwecke liefert jedes alte Kochbuch in Fülle.

Gut zu wissen für Liebhaber ›altmodischer‹, also marmeladeartiger, zu Mus zerkochter Konfitüren: Bei Aprikosen und Zwetschgen spart man Arbeit und Kochzeit, wenn man die entkernten Früchte nicht erst, wie üblich, grob zerschneidet, sondern einfach durch den Fleischwolf dreht und dann erst diese bereits recht musige Masse mit gleichviel Zucker aufs Feuer stellt. Bis zur üblichen Gelierprobe eingekocht, ergeben Quitten und

Zwetschgen eine so steife Paste, daß man die Gläser sogar auf den Kopf stellen kann, ohne daß der Inhalt ausrinnt. Solche Konfitüren kann man, in hübsche Würfel zerschnitten, auch ohne Brot zu einem Nachtisch aus Schlagrahm (bei Diät: Magerquark) mit einem zierenden Stück Konfitüre darauf verwenden.

Traubenhonig

Und nun noch etwas, was ebenfalls nicht viele Frauen wissen: Weintrauben ergeben gleichfalls ein wundervolles Gelee, das sich mit wenig Arbeit rasch erstellen läßt. Allerdings gelieren nicht alle Trauben gleich gut. Mit sehr süßen, zarten, hellen Sorten geht es überhaupt nicht. Man erreicht mit ihnen nur eine honigartige Konsistenz wie mit überreifen Stachelbeeren. Mit Starrsinn und Ausdauer ist da nichts zu wollen. Versteift man sich und kocht den Traubenhonig noch länger, dann wird er schließlich so dick und fest, daß Messer und Löffel zerbrechen, wenn man versucht, mit ihnen die erkaltete Masse zu durchstoßen. Gallerte wird aus solchem Honig nie.

Jux-Rezept für tessinische ›Amerikaner-Trauben‹

Am raschesten und besten geliert jene billige blaue Traubensorte, die man vor allem in der Südschweiz, im Tessin, anbaut und, zumindest in der Schweiz, einfach ›Amerikaner-Trauben‹ nennt und an ihrem ganz eigenartigen, schwer beschreibbaren, penetranten Duft und Geschmack erkennt. Das Gelee aus diesen Trauben ist auch rasch und mühelos bereitet – vorausgesetzt, man richtet sich nicht nach jenem Rezept für Traubenkonfitüre, das man zwar immer wieder in hochseriösen Kochbüchern findet, das aber eher anmutet wie ein Aprilscherz oder eine besonders komische Beschäftigungstherapie für müßige Frauen. Es lautet – ich habe es wirklich nicht erfunden, sondern abgeschrieben! – so:

»Jede Traubenbeere einzeln von Hand so ausquetschen, daß sich Schale und Inhalt trennen, hierauf den ›Traubeninhalt‹ durchkochen und von den Kernen absieben, jetzt der Flüssigkeit die aufbewahrten Schalen wieder beifügen und die Mischung, wie üblich, mit Zucker zu Ende kochen . . .« Ich habe einige Damen, die ihre Tessiner Traubenkonfitüre nach dieser Anweisung zubereiten, gefragt, warum sie das tun. Die Antwort lautete, daß die Schalen der Vitamine wegen unbedingt der Marmelade wieder beigefügt werden sollen!

Nun – ich weiß nicht, ob Traubenschalen überhaupt Vitamine enthalten und, wenn ja, ob diese Vitamine beim gründlichen Durchkochen der Masse mit Zucker nicht ohnedies zerstört werden. Aber ich möchte meinen: Kein Vitamingehalt der Welt rechtfertigt ein solches arbeitsintensives Allotria, noch gar in einer Zeit, da die meisten Frauen berufstätig sind! An solche Küchenspäße dürfen wir erst wieder denken, wenn wir, zu ostblockalen Funktionärsgattinnen aufgerückt, über das ostblockale, spottbillige Hauspersonal verfügen können . . .

Vernünftige Leute bereiten aus Weintrauben nicht Marmelade, sondern Gelee, und zwar machen sie es so:

Blitzgelee aus tessinischen ›Amerikaner-Trauben‹

Man wäscht die Trauben gründlich. Im Gegensatz zu Stachel- und Johannisbeeren werden sie ja während des Sommers mit giftigen Chemikalien gespritzt! Dann zupft man die Beeren rasch von den allergröbsten und größten verholzten Stielen – die feineren Stielchen können ruhig bleiben. Nun fährt man weiter wie bei den sauren Gartenbeeren: Man kocht die Trauben zunächst ohne Zucker weich, preßt sie in säurefesten Sieben so stark wie möglich aus – doch ohne die Kerne zu zerstoßen und zu zerreiben – und kocht die ausgepreßte Masse kiloweise mit 700 bis 1000 Gramm Zucker genauso ein wie alle Konfitüren. Wenn sich die Masse ›setzt‹, nicht mehr so lebhaft steigt und sprudelt und nur noch dicke Blasen wirft, dann ist sie fertig.

Das zarte, dunkelviolette Gelee schmeckt sehr exotisch, eigenartig. Es werden sich in Ihrer Familie und unter Ihren Freunden rasch zwei Parteien bilden, die sich, im Hinblick auf das Traubengelee, radikal bekämpfen. Die einen schütteln sich vor Abscheu schon beim leisen Duft von solcher Konfitüre, die andern lassen sie auf ihrer Zunge ganz verzückt zergehen, vertilgen ganze Gläser ohne Brot dazu, löffeln sie zum Trost und zur Beruhigung in schlaflosen Nächten.

Emphase und Abscheu von ähnlichem Ausmaß habe ich sonst nur im Zusammenhang mit dem Konsum von Amphibien, Reptilien, Insekten und Larven angetroffen, die, sonst Notnahrung ›unterentwickelter‹ Völker, im Wirtschaftswunder-Deutschland, verpackt in hübsche Büchsen, zu hohen Preisen gehandelt werden.

Wir sind vom Küchenaberglauben ins Marmeladekochen hineingeraten. Kehren wir eilig zurück zum Aberglauben! Sie werden aber sehen – er führt uns stracks zurück zum Einmachtopf für Früchte.

Das ›bittere‹ Orangenschalenfutter

Lesen Sie einmal in einem beliebigen dicken, alten bürgerlichen Kochbuch unter dem Stichwort ›Orangenmarmelade‹ nach! Regelmäßig – jedenfalls bin ich bis heute auf keine Ausnahme gestoßen –, regelmäßig also heißt es da, man möge sich hüten, die Früchte zusammen mit der ganzen Schale einzukochen. Denn dann werde – so steht geschrieben – die Konfitüre bitter. Man müsse, um das zu vermeiden, erst einmal die Früchte schälen, dann die weiße Innenschicht der Schale sorgfältig entfernen – denn sie allein sei Träger der Bitterkeit –, und nun erst dürfe man beginnen, Schalen und Fruchtfleisch, beide getrennt, in kleine Stücke zu zerschneiden. Ja – und die Kerne, die man nicht essen kann, müßten in einem Mullsäcklein mitgekocht werden, weil sonst die Konfitüre nicht geliere ...

Was den Gelierstoff in den Kernen angeht, so will ich mich nicht streiten. Vielleicht enthalten die Kerne wirklich etwas mehr davon als die restliche Frucht. Zwar – ob es deshalb lohnt, sie in einem Lappen mitzukochen, ist fraglich. Denn ich möchte meinen: Entweder geliert die Masse auch ohne die paar Kerne – oder dann hilft das bißchen Gelierstoff aus den Kernen auch nicht viel weiter. Ich für meinen Teil ziehe es vor, die Kerne einfach wegzuwerfen. Zumal alle Zitrusfrüchte bei richtiger Behandlung ohnehin sehr steif gelieren.

Wenden wir uns dem andern Teile des Rezeptes zu, der Behauptung nämlich, daß die weiße Innenschicht der Schale bitter schmecke. Das läßt sich ohne Mühe kontrollieren. Schneiden Sie also ein Stücklein der weißen, pelzigen Innenseite der Orangenschale heraus und kauen Sie es gründlich! – Nun, schmeckt es bitter? – Ach

wo! Es schmeckt genau wie feuchte und sterile Watte! Woher also kommt der leicht bittere Geschmack, den die Orangenmarmelade in der Tat zu haben pflegt? Auch das können Sie selber herausbekommen! Kauen Sie einmal ein Stücklein der farbigen Außenrinde der Frucht! Sie werden sehen: es schmeckt ein bißchen bitter. Diese Außenrinde aber können Sie ja doch nicht wegwerfen, denn sie – und sie allein! – ist der Aromaträger, dem die ganze Marmelade ihren Weltruhm dankt. Und diese Bitterkeit stört gar nicht, sie steigert den Wohlgeschmack.
Manche suchen die Bitterkeit zu mindern, indem sie die Schalen erst einmal gründlich kochen, dann nicht minder gründlich spülen. Dabei verschwindet tatsächlich etwas von dem Bitterstoff – zugleich mit ihm jedoch entschwindet das Aroma der Konfitüre.
Wenn Sie in Zukunft also Orangenmarmelade kochen, können Sie sich die ganze Riesenarbeit sparen, die Schalen auszukratzen, obwohl sich viele Frauen so ängstlich an die Vorschrift halten, als wäre es ein religiöses Ritual. Sie ist jedoch nicht sinnvoll, beruht vielmehr auf einem reinen Aberglauben: dem von der Bitterkeit der Innenschicht der Schale.

Giftstoffe der Orangenschale

Mit meinen Ausführungen über das weiße ›Innenfutter‹ der Orangenschalen erklärte sich der bereits zitierte Chemieprofessor G. S., auf den wir bald noch ausführlicher zurückkommen, nicht einverstanden. Er fragt: »Wann, kochana Pani (polnisch: liebe Dame), wurde Ihr ›dickes, altes, bürgerliches Kochbuch‹ geschrieben? Die Schalen der Orangen und Zitronen enthalten nämlich wirklich einen Bitterstoff – eigentlich eine ganze Reihe davon, und gute Kollegen von mir haben in Rechowoth (Israel) jahrelang darüber gearbeitet. Da diese Stoffe nicht nur bitter sind, sondern auch Zellgifte, hat man sich schon vor Jahrzehnten bemüht, solche Sorten zu züchten, die arm und ärmer sind an diesen Bitterstoffen. Und so schmeckt heute das Weiße der Schalen nicht mehr bitter, sondern nur mehr fade. Aber vor hundert Jahren!?«

Ich ziehe also alles zurück, was ich über die Kochbücher unserer Urgroßmütter zu diesem Punkt behauptet habe, und nehme dankbar zur Kenntnis, daß es den Pflanzenbiologen Israels gelungen ist, Orangen mit ›giftfreiem‹ Schalenfutter herauszuzüchten. Aber mein Vorwurf gegen alle, die noch heute nach den obsolet gewordenen Anweisungen Urgroßmamas ihre Konfitüren aus verschiedenen Zitrusfrüchten herstellen, bleibt gültig...

Und wissen möchte ich doch, was man sich früher dabei dachte, wenn man aus den Schalen diverser Zitrusfrüchte – einschließlich deren weißem Futter – kandierte Früchte in Form ganzer Fruchtscheiben oder sogenanntes Zitronat und Orangeat herstellte, bei dem ebenfalls das ganze ›Futter‹ jeweils mit dabeibleibt. Oder soll man annehmen, daß man zu diesem Zweck die Schalen zuvor sehr gründlich auskochte und das Kochwasser wegschüttete? Das wäre möglich, aber in diesem Fall rinnen nicht nur eventuell giftige Bitterstoffe, sondern auch der Hauptanteil des pikanten Aromas mit in den Abguß. Was aber wären bestimmte weihnachtliche Leb- und Honigkuchen ohne solche intensiv duftenden Zitrusbeigaben noch wert?! –

Doch zurück zu unserer Konfitüre. Wenn Sie also mit einem Minimum an Mühe eine sehr gute Orangenmarmelade kochen wollen, dann machen Sie es so (ich habe Ihnen ja gesagt, daß wir vom Küchenaberglauben unfehlbar wieder zum Einmachtopf gelangen werden!):

Orangenmarmelade

Wählen Sie eine blonde Sorte mit festem Fleisch und dikker Schale. Die ›Jaffa-Orangen‹ eignen sich am besten, denn sie sind außerdem noch ganz besonders aromatisch. Aus Blutorangen erhalten Sie nicht halb so hübsche Marmelade. Und außerdem gelieren die zarten Früchte mit dem roten Fleisch zu schwach.

Nehmen Sie nur frisch geerntete Früchte, am besten gleich zu Anfang der Saison, pralle, mit fester Schale, nicht solche, die schon schlaff und runzlig sind ›wie die Wangen eines alten Generals‹. Dieser Vergleich stammt nicht von mir, sondern vom jiddischen Dichter Scholem Alejchem. In einem seiner Bücher erzählt er von einer Orange, die von der jüdischen Gemeinde eines bettelarmen Städtchens in der Ukraine zu einem bestimmten Festtag gemeinsam erstanden wird und die dann wochenlang von Haus zu Haus wandert, weil jeder Hausherr über der Frucht in seiner eigenen Wohnung den Segen sprechen möchte. – Zwar schmecken solche ein wenig überlagerten Orangen manchmal besonders süß – doch ihre Schalen taugen nicht für Marmelade: sie haben die Gelierkraft eingebüßt und werden beim Kochen auch nicht mehr richtig weich.

Die Frucht muß also straff und frisch sein. Und sie darf natürlich keinen Überzug besitzen aus Paraffin und erst recht keinen Fäulnisschutz aus Gift! Können Sie keine Früchte mit garantiert ›baumreiner‹ Schale kriegen, dann ist es besser, auf die Marmelade zu verzichten.

Denn Waschen hilft nur gegen Schmutz, nicht gegen Gift und isolierenden Überzug!

Vorbehandlung der Früchte

Die Früchte gründlich waschen, den harten Stielansatz und eventuelle violett aufgedruckte Schriftzüge herausschneiden, die Früchte grob zerschneiden und entkernen. Sie können, wenn Sie wollen, die Früchte auch jetzt schon mit einem ganz scharfen Messer in sehr feine Scheiben schneiden – es ist jedoch nicht nötig.

Einstweilen aber kochen Sie die Scheiben oder Stücke noch nicht, sondern Sie legen sie, knapp überdeckt mit kaltem Wasser, in eine große Schüssel aus Steingut oder Porzellan. Mindestens vierundzwanzig Stunden so stehen lassen, und wenn das Wetter kühl ist, auch sogar noch länger! Natürlich werden Sie die Früchte mit einem Holzbrett oder großen Pfannendeckel vor Staub, Schmutz und Fliegen schützen.

Bitte, halten Sie dieses lange Stehenlassen der ungekochten Früchte nicht auch für eine Art von Küchenaberglauben! Es ist bestimmt sehr sinnvoll: die Orangenscheiben sollen nämlich fast schon ein wenig gären, ehe man sie kocht. Denn die Innenseite der Schale ist zwar nicht bitter, aber wenn Sie die Früchte nicht auf diese Weise vorbehandeln, kann es endlos dauern, bis diese weiße Schicht so weich und glasig-durchsichtig wird, wie es für eine schöne Marmelade unerläßlich ist. Kocht man jedoch die Masse nicht so lange, bis sie aussieht wie goldenes flüssiges Glas, dann sieht sie nicht nur häßlich aus mit ihren vielen weißen, trüben Fetzen, sondern sie neigt auch zum raschen Schimmeln!

Nach ein bis drei Tagen also kochen Sie die zerschnitte-

nen Früchte samt dem Einweichwasser bis zur Glasigkeit. Hatten Sie vorher keine Zeit, die Früchte fein zu schneiden, dann müssen Sie jetzt die weichen Stücke noch durch den Fleischwolf treiben.
Nun fügen Sie 700 bis 1000 Gramm Zucker pro Kilo Fruchtmasse hinzu und kochen die Marmelade kiloweise kurz, aber gründlich durch. Sie wird sehr steif, sie duftet intensiv und schmeckt ganz herrlich.

Varianten der Orangenkonfitüre
Manche fügen etliche Zitronen bei – Zitronen haben aber ein ganz anderes und eigenartiges Aroma, sie überdecken und verfälschen den Orangenduft.
Andere wieder setzen Bitterorangen zu. Das kann man natürlich. Wissen aber möchte ich, warum dann vorher die vermeintlich bittere Innenseite der Schale mit so viel Mühe weggekratzt werden soll! Zudem erhält man die Bitterorangen nicht immer und nicht überall.
Und außerdem ist sowohl das Leben wie die Marmelade aus Zitrusfrüchten auch ohne eigens beigefügten Bitterstoff nach meiner Meinung genügend bitter.

Zitronenmarmelade
Dagegen können Sie auf die genau gleiche Weise auch aus Zitronen Marmelade kochen. Sie geliert noch weit stärker als die aus Apfelsinen. Sie wird so steif und fest, daß man sie fast nur mit dem Messer schneiden kann. Sie duftet so orientalisch, so intensiv und eigentümlich, daß Sie mit ihr Ähnliches erleben werden wie mit dem Gelee aus den Tessiner Trauben: Anhänger und Gegner der Konfitüre werden sich unversöhnlich gegenüberstehen.
Doch auch die intensivsten Liebhaber von Zitronen-

marmelade werden sich weigern, sie jeden Tag zu essen. So wie man auch die meisten sehr stark parfümierten Tropenfrüchte, im Gegensatz zu Äpfeln oder Pflaumen, nicht täglich sehen, riechen, essen mag.
Dagegen wird man auch die Gegner der Zitronenmarmelade leicht dazu bringen, sie als Konfekt zu essen. Solches Konfekt kann man fast aus allen Früchten machen. Es ist zudem eine besonders verläßliche und haltbare Art, Früchte zu konservieren.

Fruchtkonfekt

Gelees und Konfitüren halten sich desto besser und länger, je weniger Wasser sie enthalten, das ist klar.
Am besten halten sie sich daher in jener Form, die man in Osteuropa früher so sehr liebte: als echtes Fruchtkonfekt. Es läßt sich leicht zu Hause zubereiten, auch aus Zitronen. Hier die allgemeine Regel für Fruchtkonfekt:
Wenn du Gelees oder Konfitüren aus kleingehackten, in der Maschine durchgedrehten oder ausgepreßten Früchten einkochst, dann lasse einfach einen letzten Rest der Masse etwas länger kochen. Ständiges Rühren und sorgliches Überwachen ist unerläßlich, damit nichts anbrennt. Ist es eine Konfitüre, die gerne spritzt, dann hülle einen dicken feuchten Lappen um die Hand, die den Kochlöffel führt. – Ja – und koche nicht so lange, bis die Masse anfängt, braun zu werden und nach Karamel zu duften! Der Fruchtgeschmack muß ganz intakt sein.
Willst du dagegen Karamels bereiten, dann nimm nicht Früchte, sondern, außer Zucker, noch Milch und Butter oder aber Rahm. Rezepte gibt dir jedes dicke Kochbuch zur Genüge.
Und ferner: Glaube nicht, daß du den Kochprozeß abkür-

zen darfst, indem du künstliche Geliermittel beifügst! Behandelt man eine jede Frucht, wie ihre Eigenart es fordert, dann ist bei Konfitüren und Gelees solche Nachhilfe von außen völlig überflüssig. Und hier, beim Konfekt, ist ein Geliermittel doppelt deplaciert: die Masse soll ja besonders dicht sein, damit sie nicht nachher jede Hülse und Unterlage sofort durchfeuchtet!
Diese dicke, herrlich duftende Paste streichst du auf flache Schüsseln oder Platten aus Porzellan und wartest, bis sie ganz erkaltet ist. Hernach schneidest du sie in hübsche Würfel oder kurze, dicke, kleine Stangen, die du in grobem Grieß- oder noch besser Hagelzucker wälzest. Dann legst du sie in kleine, weiße, plissierte Kapseln aus Papier – man bekommt sie in jeder großen Papeterie.
Das ist ein haltbares und sehr schmackhaftes Konfekt. Aus Quitten hast du es vielleicht schon selber zubereitet. Zitronenkonfekt schmeckt noch aparter. Man kann aber auch viele andere Früchte dafür verwenden und hat dann Konfekt in allen Farben: Gelb und Orange, Rosa und Dunkelrot, Braun und Violett. Geleebonbons kannst du natürlich auch im Laden fertig kaufen. Doch die bestehen meist nicht aus Früchten, sondern aus fabrikfertiger Gallerte, chemischer Farbe und künstlichen Aromastoffen.

Und nun zum Abschluß noch eine besonders leckere Konfitüre, von der Sie, falls Sie nicht aus dem Schweizer Kanton Aargau stammen, wohl kaum je gehört haben werden: es ist dies die

Rüebli-Konfitüre
Rüebli – das sind gelbe Rübchen, Karotten. Da man Karotten das ganze Jahr über bekommt, hat diese Marme-

lade den Vorteil, daß man sie zu jeder Jahreszeit einkochen kann. Es ist also ein Idealrezept für alle, die vielleicht ihren Jahresbedarf falsch kalkuliert haben und nun plötzlich, noch vor Beginn der neuen Früchtesaison, vor fast geleerten Regalen stehen. Vermutlich war das Ganze ursprünglich als Sparrezept gedacht, denn Karotten sind billiger als die meisten Früchte und zudem so kompakt, daß sie beim Kochen nichts von ihrer Substanz einbüßen im Gegensatz zu vielen Früchten mit hohem Wassergehalt. Dennoch schmeckt die Konfitüre, wie gesagt, herrlich. Und es macht Spaß, kleine Gläser von ihr als Versucherle an Freunde zu verschenken – niemand kommt dahinter, woraus die Köstlichkeit bereitet ist! Obendrein hat die Konfitüre noch eine wunderschöne, rotgolden leuchtende Farbe ...

Ich habe mich vergeblich bemüht, herauszukriegen, wie die alten Schweizer die Rüebli zu einem Brotaufstrich verarbeitet haben. Letztlich ist es aber auch unwichtig, denn vermutlich sparten sie hierbei sehr am damals teuren Zucker, der heute billiger ist nicht nur als praktisch alle Früchte, sondern auch als die meisten Gemüse und also auch als die Karotten. Ich gebe daher nachfolgend mein selbsterfundenes Hausrezept preis. Sie werden mit dem Resultat zufrieden sein:

Je kg Karotten (ich kaufe immer sehr dicke, damit ich mit dem Abschaben rasch fertig bin!) 3 unbehandelte Zitronen, 1 Stück Zimtrinde, mehrere Gewürznelken, wenn man will: Ingwerpulver. Gleich viel Zucker wie Fruchtmasse. Je kg Zucker 1 Teelöffelchen voll kristalliner Zitronensäure. Nach Belieben entweder Gelierzucker verwenden oder aber gewöhnlichen Zucker mit einem Zusatz von Geliersubstanz (Pektin oder wie das Präparat

heißen mag; man bekommt es fertig abgefüllt in kleinen Portionsbeutelchen). –
Karotten sauber abschaben, in grobe Stücke zerschneiden. Zitronen grob zerschneiden, entkernen. Gewürze (den pulverisierten Ingwer natürlich ausgenommen) in Mulltüchlein eingebunden beigeben. Das Ganze – einstweilen ohne den Zucker – in einen großen Kochtopf füllen, mit kaltem Wasser knapp überdecken, aufkochen, zugedeckt auf kleiner Flamme weichkochen. Von Zeit zu Zeit umrühren und überwachen, damit nichts anbrennt. Falls nötig, noch ein wenig Wasser beifügen.
Dann die Gewürze entfernen, die Gesamtmasse (natürlich samt dem Wasser) abwiegen, gleichviel Zucker beifügen, desgleichen den Gelierstoff (das nötige Quantum pflegt auf der Packung angegeben zu sein) und die kristalline Zitronensäure hineinrühren. Durchkochen. In kleine Gläser abfüllen. Verschließen.
Verzicht auf künstlichen Gelierstoff ist nicht ratsam, weil Karotten überhaupt nicht gelieren. Zitronen ergeben zwar an und für sich ein wundervoll festes Gelee, aber 3 Stück je kg Karotten genügen nicht, der Konfitüre eine etwas festere Konsistenz zu verleihen. Und diese wenigen Zitronen genügen auch nicht, der Konfitüre jenes leichte Säurearoma zu spenden, das sogar noch die süßesten Früchte abgeben und ohne welches der Brotaufstrich denn doch gar zu süßlich und fade wäre. Schließlich birgt ja sogar der sprichwörtlich süße Honig Ameisensäure. Zudem verhindert beigefügte Säure – egal welcher Art – das allzu rasche Auskristallisieren einer sehr süßen Marmelade.
Die Rüebli-Konfitüre duftet eigentümlich exotisch und parfümiert und schmeckt so gut, daß man sie mit Ver-

gnügen auch ganz ohne Brot auslöffelt. Sie eignet sich auch hervorragend dazu, anstelle von etwas Zucker einem naturreinen (also nicht mit Früchten oder andern Substanzen vermischten) Joghurt beigemengt zu werden.

Ich kann mir auch denken, daß man diesen Brotaufstrich früher einmal nicht mit Zucker, sondern mit Bienenhonig einkochte. Gerade zu Karotten harmoniert der Honigduft gar nicht übel...

Konservierungsprobleme

Zucker oder Honig?

Altmodisch und in vieler Hinsicht hocherfreulich ist die Konservierung in sehr viel Zucker. Wir haben uns nicht ohne Grund so lange bei ihr aufgehalten.

Noch sehr viel älter ist natürlich das Konservieren in reinem Bienenhonig. Und sicher ist es an sich bekömmlicher. Jedoch: der chemisch ausgebleichte, weiße Zucker hat, mag er für die Gesundheit auch ein wenig fragwürdig sein, doch kulinarisch den einen großen Vorteil, daß er nur süß ist und nichts darüber hinaus. Und dadurch hebt er den Eigengeschmack der Früchte ganz anders als der echte Bienenhonig, der durch sein Aroma das der Früchte stört.

Als ich an der Erstausgabe meines Buches saß, war gerade die Mode aufgekommen, den schneeweißen ›Fabrikzucker‹ zu verteufeln. Gesundheitsfanatiker lehnten ihn strikt ab, besorgten sich aus dem Reformhaus den ›gesunden‹ bräunlichen, klebrig-bröckligen ›Naturzukker‹, brachten, wenn man sie einlud, ein Tütchen von dem Zeug mit, süßten damit den angebotenen Tee oder Kaffee und überließen der Dame des Hauses, statt ihr Blumen oder Pralinees mitzubringen, den Rest aus dem Tütchen großmütig als Gastgabe. Auch bei mir stand im Küchenregal jahrelang ein solches Tütchen herum – jetzt, beim Osterreinemachen, habe ich es wiederentdeckt und seinen Inhalt auf den Kompost geschüttet. Hierzu ermuntert hat mich eine Zuschrift des bereits im

Zusammenhang mit den möglichen Giftstoffen in der Orangenschale zitierten Chemieprofessors G. S., der sich nicht nur hierzu, sondern auch zu meinem Mißtrauen gegenüber ›chemisch gebleichtem Zucker‹ und überhaupt zu jeder Art von ›chemischer Konservierung‹ ausführlich geäußert hat. Er war nicht der einzige Berufschemiker, der sich durch meine Ausführungen gekränkt und verärgert fühlte. Zunächst aber stellt er sich vor:

Altösterreich kontra Deutschland

»Ich bin Österreicher, den das Schicksal in gastronomisches Entwicklungsland geschleudert hat! Ein Land, in welchem der Fleischhauer bei dem Ausdruck ›Kuttelfleck‹ nur unwissend die Achseln zuckt und dann, nach einer Erklärung, fragt: ›Was für einen Hund haben Sie denn?‹ Ist Ihnen schon aufgefallen, daß sich ›Deutsch‹ und ›Österreichisch‹ nirgends so stark unterscheiden wie in den Ausdrücken für das Essen? Karfiol, Fisolen, Paradeiser, Topfen, Agraseln, Beuschl, Ribisl (Blumenkohl, grüne Bohnen, Tomaten, Quark, Stachelbeeren, Lunge + Herz + Milz – in Hamburg ›Hundefutter‹ –, Johannisbeeren) und noch vieles mehr. In diesen Worten merkt man doch deutlich, daß Österreich einmal ein Vielvölkerstaat war und das Beste von allen assimiliert hat. Ich kenne zwar die alte Monarchie nur noch aus Schilderungen, und ich bin weit davon entfernt, gar ihre alten politischen Dummheiten anzuhimmeln – aber sagen Sie selbst: War es nicht eine vernünftige Idee, Agrarland und Industrie zu koppeln, in einem Land heißblütige Polen und schwerfällige Älpler vereint zu haben? In den letzten Jahren bin ich sehr viel in Länder des ›alten Österreich‹ gereist, und man hat sich dort überall weh-

mütig beklagt, daß es kein so ›Vereintes Europa‹ mehr gibt, wie es die Donaumonarchie ja letztlich war...
Ich habe einmal die boshafte Bemerkung gelesen, die deutsche Küche sei deshalb so schlecht, weil im Dreißigjährigen Krieg die ganzen alten Rezepte vernichtet worden seien. Schön – aber welcher Krieg hat dann so lange erst die Engländer heimgesucht?«
Chemieprofessor G. S. ist aber nicht der einzige Leser aus den Regionen der alten Donaumonarchie, dem der Speisezettel der generell weniger auf unbeschwerten Lebensgenuß ausgerichteten ›Reichsdeutschen‹ offenbar nicht zusagt. L. G. schreibt aus Prag:
»Ihre Breitseite gegen die norddeutsche Küche fand meine volle Zustimmung, wenn ich auch gerechterweise zugeben muß, daß ich in Norddeutschland innerhalb von fünf Jahren mindestens fünfmal gut gegessen habe. Aber noch heute träume ich manchmal von der Hamburger Aalsuppe. Dann kommt stets meine Frau angerannt und fragt besorgt, ob sie den Arzt rufen soll. Ich glaube, daß ich in meinem Leben außer einem Luftangriff nichts Schlimmeres erlebt habe. Dagegen ist sogar die Kieler ›Lange Sauce‹ direkt ein Leckerbissen...«
Und siehe da – auch ein Norddeutscher stimmt in die Jeremiade über die norddeutsche Küche mit ein, zur Abwechslung einmal kein Chemiker, sondern ein einschüchternd gelehrter Fachmann der komperativen indoeuropäischen Linguistik und zugleich großartiger Pilzkenner und Hobbykoch, Dr. H. D., dem dabei außer seinen persönlichen immensen Erfahrungen in Wald und Küche auch noch zugute kommt, daß er die einschlägige Literatur in buchstäblich allen indoeuropäischen Sprachen konsultieren und zitieren kann. Im Abschnitt

über Pilze wird noch ausführlich von ihm die Rede sein. Hier die paar Sätze, mit denen er sich vorstellt:

»Da ich Ihren Abscheu vor dem Konservenmißbrauch teile (manchmal muß man allerdings wohl leider doch – faute de mieux – auf Konserven zurückgreifen) und auch nicht viel von den ›Errungenschaften‹ der anglo-amerikanischen Küche halte, aber auch nicht von preußisch-sächsischen Mehlpapp-Reichseinheitssaucen oder von geschmacklich farblosem ›Schwammgummibrot‹, erlaube ich mir, in der Anlage zu diesem Brief einige Ergänzungen und Korrekturen mitzuteilen, in der Hoffnung, damit der edlen und altehrwürdigen Hedyphagetik (meine eigene Wortschöpfung, hergeleitet von griechisch Hedyphagetika = Delikatessen, Schlemmereien) ein klein wenig zu dienen...«

Gerade in dieser Hinsicht ist der von der Ostgrenze Deutschlands stammende Chemiker H. B. ganz anderer Meinung. Er schreibt:

»Übel nehme ich Ihnen dagegen die Abwürdigung deutscher und gar nordostdeutscher Küche. Da haben Sie mir ganz gehörig auf die Zehen getreten – die eigentlich schon lange nicht mehr vorhanden sind!« (Das bezieht sich auf seine schweren Kriegsverletzungen, denen er leider nachträglich doch noch erlegen ist.) In anderen Punkten pflichtet er mir bei. Er schreibt:

Die medizinischen ›Küchenweisheiten‹

»Ja, Galle über alle, die zu Modetorheiten in der Küche beitragen! Das reicht bis in die medizinische Ernährungswissenschaft hinein, die als Wissenschaft noch lange nicht auf festen Füßen steht! Kaum waren die ersten Vitamine entdeckt, da begann ein richtiger Rohkostfimmel. Den kann ich übrigens schon wegen der Eigenheiten meines Verdauungstraktes nicht mitmachen: von den Kohlarten vertrage ich nur Chinakohl als Salat. Und dann dieser Kult ums kostbare Gemüsewasser! Man ging ja so weit, Kartoffelkochwasser so lange aufzuheben, bis es selber durch stinkende Gärung die unlösbare Frage nach seiner Verwendung klar beantwortete: Ausguß!

Sehr richtig, daß man zu Gemüse nur möglichst wenig Wasser nehmen sollte. Bloß: Ich tue das Fett gleich zu Anfang mit dran. Das ermöglicht erst, das Wasser so knapp zu halten, daß man an der Grenze erfreulicher Bräunung dem Ziel entgegenfährt.

Kaum war die Vitamin-F-Wirkung ungesättigter Fettsäuren entdeckt, da ging eine wahre Hexenjagd auf die gesättigten Fettsäuren los. Und dann trat gar das verderbenbringende Cholesterin auf die Modebühne, aus keinem andern Grund als dem, daß da wieder mal Einzelerkenntnisse überschätzt und mißdeutet wurden.

Gelungene Heimatgerichte dagegen können tränentreibend wirken. Bloß: Wo die nötigen Zutaten hernehmen und nicht stehlen? Schon ganz gewöhnliche Salzheringe sind mancherorts schwer aufzutreiben.«

So unterschiedlich aber die beiden Chemiker – der österreichische und der nordostdeutsche – die norddeutsche Küche beurteilen mögen – in Konservierungsfragen sind sie sich einig. Professor G. S. schreibt:

Das gefährliche Rauchfleisch

»Daß aber Konserven mit gesundheitsschädlichen Konservierungsmitteln haltbar gemacht seien, ist ein Vorurteil von Ihnen. Zumindest heute. Als die Sache mit den

erlaubten und verbotenen Konservierungsmitteln aufkam, hat man schließlich nur mehr 5 (fünf!) als unschädlich zugelassen.
Und eine Art des Konservierens wollte man zunächst überhaupt verbieten: das Selchen (Räuchern). Denn beim Selchen werden vom Fleisch so viele cancerogene (krebserzeugende) Stoffe aufgenommen, die sich beim Schwelen des Holzes im Rauch anreichern, daß man es nicht mehr verantworten wollte, diese Art der ›Selbstvergiftung‹ weiterhin zuzulassen. Daß man in Deutschland doch noch sein Rauchfleisch und seine geselchte Wurst essen kann, verdankt man einzig und allein der sehr langen Tradition, die das schon zur heidnisch-germanischen Zeit bei uns übliche Selchen hat. Wer für ›natürliche‹ Kost schwärmt, muß sich also klar sein, daß ein über ›natürlichem‹ Feuer geräuchertes Stück Fleisch viel, viel gesundheitsschädlicher ist als ein Essen, das zum Beispiel mit Sorbinsäure konserviert wurde. Und daß Säuglinge den Spinat, mit dem sie traditionsmäßig geschoppt werden, ausspucken, ist auch eine gesunde Reaktion: im Spinat ist so viel Oxalsäure, daß man kleine Kinder damit vergiften könnte! Die paar Vitamine, die das Kind braucht, könnte man ihm anders viel ›gesünder‹ beibringen!«
Und H. B. fragt:
»Was haben Sie gegen ›chemische‹ Konservierungsmethoden einzuwenden? Sie vergessen, daß schon Kochsalz, gereinigter Rohrzucker und Essigsäure Chemikalien sind. Und Pökelfleisch lassen Sie gelten, ohne an den ›bösen‹ Salpeter in der Pökellauge zu denken. Rauchfleisch und Rauchwürste schmecken Ihnen ebenfalls, obwohl in deren Rändern sogar jenes Benzpyren in ge-

ringsten Spuren zu finden ist, dessen krebserzeugende Wirkung bei deutlich größeren Mengen bekannt ist. Da hat es schon mal Wissenschaftler gegeben, die mit ähnlichen Bedenken vorm scharfen Anbraten von Fleisch warnten. Ich will doch aber, damit mein Braten schön saftig herauskommt, das Fleisch erst mal rundum schließen. Soll ich also jede Karbonade in den Mülleimer werfen, die durch Unachtsamkeit leider etwas karbonisiert aus der Pfanne kam? Sie sehen also, daß der Umgang mit Chemie in der Küche viel weiter reicht, als man gemeiniglich denkt. Eigentlich ist er so alt wie die Kochkunst selbst, die auf vielfältige chemische Veränderungen der Nahrung abzielt, um Geschmack und Verdaulichkeit zu verbessern. Das meinte bereits Brillat-Savarin.« –
Doch zurück zum künstlich gebleichten Zucker. Hierzu schreibt der bereits mehrfach erwähnte Chemieprofessor G. S.:

Zucker und Cholesterin

»Warum halten Sie eigentlich den chemisch ausgebleichten Fabrikzucker für möglicherweise gesundheitsschädlich? Beim ›Bleichen‹ wird ja nichts am Zucker verändert, sondern man entfernt nur dunkle Beimengungen, die geschmacklich und geruchlich nicht in den Zucker gehören. Es ist also der gleiche Vorgang wie das Waschen der Hände mit Seife nach dreckiger Gartenarbeit. Die Hände werden doch durch das Waschen auch nicht schlechter! Übrigens ist das mit dem Cholesterin auch beinahe ein Aberglaube! Tatsache ist nur, daß in den Arterien älterer Menschen Ablagerungen auftreten, die zum Teil aus Cholesterin bestehen und aus Verbindungen, die damit nahe verwandt sind. Man hat daher eine Zeitlang geglaubt, diese ›Arterienverkalkung‹ unterbinden oder wenigstens verzögern zu können, wenn man Cholesterin aus der Nahrung wegließ, weil man herausgefunden hatte, daß bei übermäßiger Gabe von Cholesterin tatsächlich bei Menschen und Tieren solche Ablagerungen auftreten.

Aber: Man hat sich inzwischen überzeugt, daß der menschliche Körper pro Tag viel, viel mehr Cholesterin selber synthetisiert, als aus der normalen Nahrung aufgenommen wird! Das Schlimme ist nicht die Zufuhr von Cholesterin, sondern die im Alter verlorengehende Fähigkeit, dieses Cholesterin richtig abzubauen oder auszuscheiden!

Und so haben die Mediziner, die im Aufstellen von Theorien immer sehr schnell sind, jetzt einen neuen Sündenbock entdeckt: den Zucker! Viel Zucker, täglich genossen, soll jetzt die wahre Ursache der Arteriosklerose sein! Trösten Sie sich, gnädige Frau, in ein paar Jahren wird wieder etwas anderes der Grund sein, dann dürfen Sie wieder Ihren Zucker genießen. Also warum nicht gleich jetzt schon? Fettes Fleisch oder Schmalz ist ja, Gott sei Dank, der herrschenden Lehrmeinung nach auch wieder ein wenig erlaubt!«

Nun: mag auch beides nicht oder nicht mehr als viele andere Speisen zur Arterienverkalkung beitragen, so gibt es trotzdem einen Grund, sowohl zuviel Zucker wie sehr fettes Fleisch zu meiden: an unerwünschten Körperrundungen sind beide sicher nicht ganz unschuldig!

Was aber speziell den braunen ›Gesundheitszucker‹ aus dem Reformhaus angeht, so gibt es noch einen zusätzlichen Grund, auf ihn zu verzichten. Nicht nur ist er häßlich gelbbraun, klebrig – statt sandartig rieselnd – und sehr viel teurer als der gebleichte ›Normalzucker‹, sondern man gewinnt ihn, wie ich inzwischen gehört habe, obendrein noch dadurch, daß man den Zucker zunächst einmal auf fabriküblich Weise bleicht und säubert und dann erst einen Teil der Schmutzstoffe wieder beifügt. Wäre die Reinigungsprozedur also gesundheitsschädlich, so blieben einem ihre Auswirkungen bei diesem bräunlichen ›Naturzucker‹ auch nicht erspart. Es gibt aber noch weit penetranteren und vor allem gefährlicheren Küchenaberglauben!

Vom Pilzaberglauben und vom Zauberwald

Den tollsten Küchenaberglauben finden wir aber im Zusammenhang mit Pilzen. Ich gebe zu, die Pilze sind unheimlich, für den Kenner sowohl wie für den, der nichts von ihnen weiß.
Haben Sie schon einmal versucht, Pilze in geschlossenen Gefäßen zu transportieren? Beim Öffnen schlägt Ihnen eine Wärme entgegen wie von einem tierischen Lebewesen! Oder haben Sie schon davon gehört, daß Pilze den Asphalt der Straße sprengen können? Man glaubt es nicht, bevor man es mit eigenen Augen sah! Was keine Baumwurzel und kein unterirdischer Quell vermag – und in beiden steckt doch gewaltige Kraft! –, das bringt ein Pilz zuwege, der so zart und weich ist, daß man ihn mit der bloßen Hand zu Brei zerquetschen kann! Oder vielmehr: Nicht er selber kann es, sondern die Atmungswärme und die Gase, die er rings um sich verströmt.
Doch Pilze, mit und ohne Aberglauben, sind derart eigenartig und erregend, daß wir uns einen kleinen Seitensprung – Exkurs und Exkursion – in ihre Welt erlauben wollen.

Vom Pilzzauber

Von den Leuten, die man im Herbst im Walde trifft, halten sich manche brav an den gebahnten Weg, führen vielleicht ein Kind an der Hand, einen Hund an der Leine, freuen sich an dem tiefen Grün, dem goldnen Rot und

Gelb, der reinen Luft, der Ruhe und streben friedlich dem Gasthaus auf der nächsten Lichtung zu.
Von ihnen soll hier nicht die Rede sein.
Es gibt andere, die klettern kreuz und quer durch Dorngestrüpp und Bäche, hinein in Schluchten und über Grate, schreiten behutsam und im Zickzack, äugen nach links und rechts, tragen Körbe, Eimer, große Tüten. Manche von ihnen wirken trotzdem ganz vernünftig und normal. Dann kann man jede Wette eingehen: sie suchen Beeren oder Holz.

Pilzgänger

Andere aber spähen mit fiebrigem Blick in jeden faulen Strunk, ins Moos, unter die modrigen Blätter am Boden. Sie ziehen die Luft vorsichtig sichernd durch die Nüstern, rennen in plötzlicher Aufregung mit gezücktem Messer zu irgendeinem kleinen hellen Fleckchen auf der Erde, schütteln gramvoll enttäuscht den Kopf, schleichen weiter, bücken sich auf einmal und heben irgend etwas ganz nah an Auge und Nase heran. Sie drehen es hin und her, knabbern es vorsichtig ein wenig an, kauen, spucken aus, kratzen sich zweifelnd am Kopf. Und plötzlich knien sie, vor Freude bebend, mitten in den Dreck, pflücken, sammeln, das Antlitz verklärt von einem für den Zuschauer ganz unfaßbaren Glück – kurz, sie benehmen sich wie leicht Verrückte. Doch jeder, der sich auskennt, weiß: sie suchen Pilze...

Der Städter und die Pilze

Solcherart Verrückte findet man nie in ländlicher Umgebung, wo Pilze seit Jahrhunderten gegessen werden und ihre Kenntnis daher selbstverständlich ist, wo folglich

Pilze jedem so ›geheuer‹ sind wie einem Westler Radio und Telephon. Die Pilzekstase erfaßt nur den Städter, vor allem jenen, der den Pilz als Kind kaum kannte und ihn erst später sozusagen neu entdeckte, der sich die Kenntnis über Pilze umständlich und mit Mühe langsam zusammenklaubt. Bei guten Freunden vielleicht zunächst, die ihm allerlei alten gefährlichen Pilzaberglauben anzuhängen suchen: Von dem Silberlöffel etwa oder von der Zwiebel, die, mitgekocht, durch ihre Verfärbung den Giftgehalt erweisen sollen. Und mancherorts glaubt man bis heute, daß kleine Tintenpilze aus Hundeurin entstehen. Und warum nennt man die Riesenkreise aus Pilzen in Wald und Feld und Wiese ›Hexenringe‹? Weil man einst wirklich glaubte, daß Pilze sprossen, wo bei Nacht die Hexen ihre Ringelreihen tanzten!
Allmählich aber findet der Städter vielleicht den Weg zu einem Pilzkontrollbeamten, steht stundenlang neben ihm und schaut aufgeregt zu, wie dieser von zwei fast gleichen Pilzen den einen als giftig in den Abfallkübel fegt, den andern zögernd (wegen der für Laien tödlichen Gefahr der Verwechslung) für das Essen freigibt. Oder er erlebt, wie der Kontrolleur zwei andere Pilze, den einen groß, den andern klein, den einen grün, den andern violett, mit voller Sicherheit für eine und dieselbe Sorte erklart.

Täublinge

Bei Täublingen passiert dies letztere vor allem. Das sind kräftige, hübsche Pilze von verschiedenster Größe und Hutfarbe, mit nicht sehr hohem Stiel und wachsartig brüchigen, weißen bis rahmfarbenen Lamellen unter dem bunten Dach. Es gibt eßbare unter ihnen, die herr-

lich duften und schmecken; andere, die man zur Not genießen kann; und schließlich bittere, stinkende oder pfefferscharfe, die niemand gerne essen wird – es sei denn in der Hungersnot. Regelrecht giftig ist kein Täubling. So ist es denn kein Unglück, daß man die vielen Sorten nur mit Mühe voneinander unterscheiden kann und daß zudem noch jede einzelne der Sorten von Jahr zu Jahr, von Wald zu Wald in Größe und in Farbe ganz unglaublich variiert. Der Laie zerbricht sich da nicht lange seinen Kopf: die Kostprobe – die aber nur bei Täublingen und Röhrlingen ohne Bedenken gestattet werden darf! – zeigt ihm rasch, ob der Fund genießbar ist. Nicht sehr geübte Pilzkontrolleure sind manchmal von den vielen Kostproben an scharfen Täublingssorten heiser wie aufgeregte Möwen.
Strenge Fachleute aber begnügen sich natürlich nicht mit einer Zungenprobe. Und da wir uns doch ohnehin bereits auf einem Seitensprung, auf einem Pilzausflug befinden, möge uns zusätzlich eine kleine Täublingsanekdote gestattet sein. Ein Franzose, Georges Becker, ein passionierter Pilzfachmann, teilt sie uns in seinem kleinen Buche mit, das sich sehr reizvoll »La vie privée des champignons« (Das Privatleben der Pilze) betitelt:

Die Täublingstollheit
Die merkwürdige Variabilität der Täublinge hat zur Folge, daß die gewiegtesten Experten sich nicht einig sind, welche Exemplare zur gleichen Art zu zählen sind und welche andern man vielleicht doch besser zu zwei verschiedenen Arten rechnet. Fragt man daher einen Täublingsfanatiker, wie viele Täublingsarten existieren, dann kann die Antwort unglaublich variieren, von astronomi-

schen Ziffern bis zur kleinsten zweistelligen Zahl. Nun nimmt bekanntlich ein Zank desto wildere Formen an, je nutzloser, praktisch gleichgültiger sein Gegenstand ist. Selten im Laufe der Geschichte haben Gelehrte sich so fürchterlich gestritten wie im Mittelalter darüber, wie – viele Engel auf einer Nadelspitze Platz finden können. Über den physischen Umfang eines Engels regt sich wohl heute keiner mehr auf. Doch wenn es darum geht, einen Täubling wissenschaftlich zu bestimmen und einzuordnen, beschimpfen sich ehrbare Mykologen – das sind Pilzfachleute – plötzlich in strafbarer Form.
Und einen gab es unter ihnen – so wenigstens behauptet es Georges Becker –, den die Täublingsfrage wie ein wahrer Wahnsinn packte. Jeden, der nicht seiner Meinung war, hätte er gern erschlagen. Wo immer man in seiner Wohnung hingriff, faßte man Täublingshüte an, die entstielt flach auf Tablaren lagen und ihre Sporen in hübschen Sternenmustern aus den Lamellen unter sich verstreuten. Niemand durfte in der Wohnung etwas berühren, verschieben oder gar den Staub wegwischen. Er hätte doch dabei auch einen Täublingskopf verschieben können! Berge von Briefen und Artikeln über Täublinge, voll von Beschimpfungen der ›Ketzer‹, wuchsen neben Bergen von Abhandlungen mit mittelalterlich-scholastisch-scharfsinnigen Argumenten und Widerlegungen. Riesenschachteln mit mikroskopischen Präparaten standen in allen Ecken und Regalen.

Pilze als Ehegefahr

Der Mann hatte eine Frau und Kinder. Einst hatte er seine Familie geliebt – jetzt erschien sie ihm nur noch als Störung und Gefahr bei seiner Pilzforschung. Die Gattin war ganz reizend – er schaute sie gar nicht mehr an. Mißtrauen war das einzige Gefühl, das er für sie noch hatte: wer weiß – am Ende wischte sie doch einmal heimlich in seinem Zimmer Staub? In ihrer Verzweiflung wandte die Arme sich schließlich an den Psychiater. Der sah nur eine Möglichkeit, den Mann zu heilen: Internierung und Elektroschock.

Tatsächlich half der Schock. Als der Mann wieder heimkam, war es, als sei er aus einem Traum erwacht. Pilze waren ihm plötzlich ganz egal. Und fragte man ihn nach irgendeinem Täubling, dann pflegte er verächtlich zu entgegnen: »Es gibt Verrückte, die unendlich viele Arten unterscheiden. Aber es gibt ja kaum ein Dutzend!« ...

Kehren wir nun zurück zum Städter, der, weit entfernt von solcher Pilzverrücktheit, den Weg zur Orientierung sucht. Nachdem das Tun des Kontrolleurs ihn gründlich verwirrt und eingeschüchtert hat, wird er sich schließlich Pilzfachbücher kaufen. Und diese tragen dann das Ihre dazu bei, den Armen noch mehr zu erregen und zu verwirren. Denn mag auch die Botanik im ganzen eine pedantisch-nüchterne Wissenschaft sein – Pilzkunde im speziellen ist ein wildes, unheimliches Abenteuer.

Das Geheimnis der Pilzfortpflanzung

Was soll man etwa dazu sagen, daß man bis heute noch nicht genau weiß, wie Pilze sich vermehren? Man kennt die kleinen Samenzellen, die ›Sporen‹, die der Pilz ringsum verstreut. Aber genügt schon eine einzelne, auf feuchten Humus gefallene Spore, damit sich ein neues Pilzmyzel aus ihr entwickelt? Oder müssen zwei solcher Zellen sich hierfür vereinen? Und dürfen diese zwei von ein und demselben Pilze stammen, oder sind Verwandtenehen hier unfruchtbar? Neuerdings gibt es eine Theorie, nach welcher bei manchen Pilzen nicht nur zwei, sondern sogar vier ein wenig voneinander verschiedene Sporen sich vereinen müssen, damit ein neues Pilzgeflecht sich in der Erde bilde!

Der Steinpilz ein Eunuch!
Und was soll man von der These halten, daß sich der Steinpilz überhaupt nicht durch seine Samenzellen, seine Sporen, fortpflanzt, sondern allein durch Fetzen seines unterirdischen Myzels, welche von Waldtieren rein durch Zufall da- und dorthin verschleppt werden? All die Milliarden Sporen, die der Steinpilz seit Millionen Jahren Herbst für Herbst verstreut, wären demnach nichts als nutzloses Relikt einer früheren Form der Fruchtbarkeit?! – Wie ist es möglich, daß man von all dem nichts Genaues weiß?

Der Kaiserling und Fliegenpilz und Kardinal
Und weiter: da ist der Fliegenpilz. Fliegen sterben an ihm, wie schon sein Name sagt, und manchen Menschen hat sein Gift ins Grab gebracht.
Einmal sogar einen römischen Kardinal: Das war in Versailles, im siebzehnten Jahrhundert. Offenbar hatte der Kirchenfürst – ganz zu Unrecht! – kein Vertrauen zu der Küche der Franzosen. So brachte er, als er den König von Frankreich besuchen kam, sein eigenes Küchenpersonal mit aus Rom. Sein Koch ging Pilze suchen. Aus dem trockenen Süden kannte er den Kaiserpilz, der bei uns im feuchten Norden nur selten vorkommt. Es ist ein wunderschöner naher Vetter vom Fliegenpilz, von ihm nur

dadurch unterschieden, daß Stiel und Lamellen bei ihm nicht schneeweiß sind, sondern hell goldgelb. Schon die alten Römer hatten den Kaiserling gegessen und so geliebt und hochgeschätzt, daß sie ihm eben den Namen ›caesareus‹, der Kaiserliche, gaben.
Der Koch fand Fliegenpilze, die er vorher nie gesehen hatte. Er glaubte, dem Kirchenfürsten Kaiserlinge zu servieren – doch er servierte ihm den Tod.

Der vieldeutige Fliegenpilz
Aber wird nicht dennoch immer wieder behauptet, daß man diesen gleichen Giftpilz, den Fliegenpilz, in manchen Gegenden von Österreich ganz ohne Schaden konsumiere? Oder sollte da umgekehrt eine Verwechslung mit dem bekömmlichen Kaiserling vorliegen?
Sicher jedoch liegt keine Verwechslung vor bei jenen Sibiriern, die Fliegenpilze bei Festen zu sich nehmen statt Alkohol, den sie sich dort, im kalten Norden, nur schwer beschaffen können: Sie essen Fliegenpilze, um sich an ihnen einen Rausch zu holen wie vom Schnaps! Was aber ist das für ein Gift, welches den einen tötet, den zweiten berauscht, dem dritten aber so wohl bekommt, als wären es Kartoffeln? Ist am Ende ein und derselbe Pilz je nach der Gegend verschieden giftig? Hängt das am Boden, am Klima?

Der Nebeltrichter
Wir kennen jedenfalls die Tatsache, daß der hübsche, dicke silbergraue Nebeltrichter mit seinem merkwürdig abstoßenden Parfüm schon seit Jahrhunderten in München Herbst für Herbst in Riesenmengen verkauft und gern gegessen wird – in der Schweiz aber hat dieser selbe

Pilz oft übelste Magenverstimmung verursacht. Zufällige Empfindlichkeit des Essers? Warum dann aber nur bei Schweizern, nicht bei Münchnern? Oder ist eben der Pilz doch chemisch anders komponiert, je nach Gegend, Standort, Jahrgang?

Fliegenpilzgifte in Deutschland und Sibirien

Es könnte sein. Es würde jedenfalls die eigenartige Geschichte erklären von den russischen Gelehrten, die, lange vor dem Ersten Weltkrieg, mit unendlicher Mühe ein Gift aus dem Fliegenpilz herausdestillierten und es ›Muscarin‹ (musca = Fliege) benannten. Preußische Biologen analysierten daraufhin ganze Kisten voll von deutschen Fliegenpilzen – sie fanden nicht die Spur von Muscarin! Und dabei war dies damals das einzige, das allereinzige Pilzgift gewesen, das man genau zu kennen glaubte!

Pilzdüfte

Zweideutig wie der Giftgehalt des Pilzes ist sein Duft. Nie gab es oder gibt es eine feine Küche ganz ohne Pilze. Chinesen und Japaner mischen Pilze in ihre teuersten, erlesensten Gerichte. Und auch Brillat-Savarin, Frankreichs größter Küchenautor, sieht in Trüffeln, Morcheln, Champignons letzte Verfeinerung der feinsten Speisen. Aber riechen Pilze wirklich gut? Kann man bei ihnen im gleichen Sinne von Wohlgeruch sprechen wie bei einem reifen Apfel, einer Aprikose? Sie riechen lockend, das ist sicher. Doch haftet dem Pilz, dem Sohn der Fäulnis, des Moders, des sonnenlosen Dunkels, stets ein leichter Hautgout an wie von angefaultem Eiweiß.

Warum aber duften gerade die tödlichsten Pilze, jene

Amanitasorten, deren Gift ganz langsam, erst nach Tagen, in Blut und Nerven eindringt und den Körper unter Folterqualen zerstört, so neutral und angenehm? Warum sehen sie so hell und appetitlich aus? Nichts warnt an ihnen. Sie schmecken gar nicht übel, und auch der Magen rebelliert nicht, ahnt kein Unheil.

Der Hexenpilz

Und umgekehrt sind gerade die ›unheimlichsten‹, die für das harmlose Gemüt so ›verdächtig‹ aussehenden Pilze vollkommen giftfrei! Der Hexenpilz zum Beispiel, an Größe und Gestalt dem Steinpilz ähnlich, jedoch tief weinrot, braun, orange und gelb an Stiel und Hut, mit weißem Fleisch zwar, das aber, angeschnitten, sich auf der Stelle dunkelblau verfärbt; beim Kochen jedoch wird es schiefergrau! Nur roh genossen wirken etliche seiner Varianten ein wenig giftig.

Phallus impudicus

Oder der Phallus impudicus, ein großes, morchelähnliches Gebilde, an der spitzen Kapsel oben mit einer grünen, klebrigen Sporenmasse überzogen, die langsam abtropft und den Pilz gespenstisch blaß zurückläßt. – »Seine Gestalt«, so sagt der Psychoanalytiker im »Zauberberg« von Thomas Mann, »ist die der Liebe, sein geruch aber der des Todes.« – In der Tat sieht der Pilz so aus, daß er orgiastischen Kulten als Symbol dienen könnte; riechen aber tut er penetrant nach Aas!

Das ›Hexenei‹ als Liebeszaubermittel

Doch nicht von Anfang an riecht dieser Pilz nach übelster Verwesung. Zunächst liegt er einfach auf der Erde in Gestalt eines Hühnereis – ›Hexenei‹ nennen ihn die Bauern in diesem Stadium – und ist ganz geruchlos. Schneidet man das ›Ei‹ entzwei, so findet man darin, in Gallert eingebettet, die ganze Morchel fertig vorgebildet. Mancherorts ißt man solche Eier, trotz des abscheulichen Namens, und man behauptet, sie schmeckten delikat. Andernorts wieder gilt der ganze Pilz als Zaubermittel für die Liebe.

Der Pfeffermilchling

Und habt ihr je schon einen Pfeffermilchling im sommerlichen Wald gefunden? Schneeweiß ist er und groß und fest. Bricht man ihn durch, dann weint er unschuldsvoll milchweiße Tränen. Leckt man ihn aber an, verbrennt man sich die Zunge! Manche freuten sich zunächst darüber. Sie träumten davon, hier einen billigen einheimischen Ersatz für echten Pfeffer gefunden zu haben. Man brauchte den Pilz doch nur zu dörren, dann im Mörser zu weißem Pulver zu zerreiben! – Ja, Kuchen! Getrocknet schmeckt der Pilz so mild wie Stroh und Watte! Und kocht man ihn, so wird er plötzlich grün und fad und etwas bitter!

Tintenpilze

Und der weiße Porzellantintling? Erst steht er schlank und vornehm da wie ein halbgeschlossener kostbarer Damensonnenschirm aus Spitze, hochragend, seidenglänzend. Dann, eines Tages, fängt er an zu tropfen, schwarz jedoch und nicht weiß, tropft immer weiter, löst sich zuletzt in lauter schwarze, dicke Tinte auf...

Totentrompeten

Und die Totentrompeten? Plötzlich, im frühen Herbst, stehen sie da am Boden zu Hunderten, die kleinen, schmalen, schwarzen Trichter. Geistertrompeten! Im frischen Zustand sind sie fast geruchlos. Dörrt man sie aber, dann duften sie mit einem Male so erregend wie die Morchel!

Edelreizker

Und gar der Edelreizker! Fleischfarben, nackt und feucht leuchtet er aus der schwarzen Bodennässe uns entgegen, vergießt aus jeder Wunde rotes Blut. Und wälzt man ihn in Mehl und Ei und bäckt ihn dann in heißem Fett, so hat man kleine Wiener Schnitzel, zarter und feiner als aus Kalbfleisch.

Anistrichter

Oder es kommt vor, daß es, mitten im nordischen Pilzwald, plötzlich nach Anis und exotischen Gewürzen duftet. Wie ist das möglich? Man schaut sich um – richtig, da steht der Spender der arabischen Gerüche, der Anistrichter, ein kleiner, türkisgrüner, feuchter Pilz, hübsch anzusehen, jedoch kaum genießbar.

Der Gallenröhrling

Und steht da nicht der schönste, dickste Steinpilz? Doch warum ist er gar so blaß? Und warum unterm hellen Hut so rosa überhaucht? Man beißt hinein – natürlich! Nicht der Steinpilz ist es, sondern sein bitterer Doppelgänger, der Gallenröhrling. Ein einziger davon verdirbt das schönste Pilzgericht.

Doch scheinbar nicht für jeden Gaumen! Professor August Klein, der Autor eines leider längst vergriffenen hübschen Pilzbuches, berichtet, wie er im Walde einen traf, der sammelte die Gallenpilze. Der Autor warnte freundlich. Jener aber sprach: »Bitter nennen Sie das? Es schmeckt wie Mayonnaise!« (Inzwischen hat man herausbekommen, daß Diabetiker den Bitterstoff des Gallenpilzes nicht schmecken können! Der Mann war also zuckerkrank!)

Giftfreier Pilzmord: Hallimasch!
Übrigens morden Pilze nicht allein durch Gift und morden nicht nur Mensch und Tier. Sie morden Pflanzen. Vom Hausschwamm, dem Schrecken aller Hausbesitzer, soll hier nicht die Rede sein. Er ist bescheiden, frißt nur ›Aas‹, wenn man so sagen will: nur totes Holz, gefällte Bäume.

Aber es gibt den Hallimasch. Er ist ein hübscher, nicht sehr großer, nußbrauner Pilz, die helle Freude aller, die Pilze suchen. Denn er schmeckt gut in jeder Form: gekocht, gedörrt, in Essig konserviert, in schwacher Salzlauge säuerlich gegoren. Und wenn er kommt – er tut es gegen Mitte des Oktober –, dann kommt er nicht vereinzelt. Ganz plötzlich ist der Wald, wohin man blickt, bedeckt mit Riesenbüschen von Hallimasch. Er steht am Boden, sofern sich dort, wenn auch verdeckt von Erde, nur etwas Holz befindet. Er überkleidet Strünke, er leuchtet von den Stämmen und Ästen lebendiger Bäume zu uns herab. Dem Sammler hüpft das Herz vor Freude. Dem Förster aber krampft es sich zusammen. Denn nicht umsonst klingt in dem alten deutschen Namen des Pilzes die Silbe ›Hel‹ auf: Hölle, Unterwelt. Der Hallimasch verbreitet die dicken Stränge seines Pilzmyzels unter der

Rinde lebender Bäume wie ein Krebsgeschwür. Wälder, von denen er radikal Besitz ergreift, sind dem Tod geweiht.

Und wer dies weiß und nicht nur Pilze, sondern auch die Wälder liebt, der kann die leuchtendbraunen, schweigsam mordenden Kolonnen des Hallimasch nicht ohne Grauen sehen.

Und dabei sind die Hallimasche doch so schön! Vor allem in der Jugend, wenn die Hüte des Pilzes sich noch nicht ausgebreitet haben und wie goldbraune, dicke Bernsteinkugeln zu Tausenden von allen Seiten aus dem Waldesdunkel blinken!

Schnecklinge

Doch lassen wir den finstern, stillen Mörder! Gehn wir in einen andern Wald!

Da streifen wir nun kreuz und quer herum, spähen in jede Ecke – nichts!

Zwei Tage später aber, tief im Waldesdunkel, sind plötzlich herrlich leuchtende Rabatten aufgeblüht, rosa und rahmweiß. Blumenbeete? Nein, Pilze! Schnecklinge! Wunderhübsch anzusehen, auch eßbar – aber der Geruch! »Wie Wanzen«, sagt das Pilzbuch ...

Mönchsköpfe

Ein andermal schaut man in die finstere Tannenschlucht hinunter – aber die ist auf einmal gar nicht mehr so finster! Da leuchten Hunderte von Suppentellern aus reinstem Elfenbein! ›Mönchsköpfe‹ nennt man sie, weil sie zunächst, in ihrer Jugend, schlanken Dominikanern gleichen. Dann aber entfalten sie sich auf ihren hohen, hellen Stielen zu Riesentrichtern, duften und schmecken ganz unwiderstehlich fein, bleiben aber bei noch so langem Kochen ziemlich zäh.

Pilze im Walde – wann, wo, warum?
Natürlich merkt man sich den Ort, die Jahreszeit, geht nächstes Jahr dorthin – und findet nichts! Ist es vielleicht zu früh, zu trocken, zu kalt, zu naß? Man weiß es nicht. Und Jahr für Jahr eilt man zum selben Platze – nun ja, mitunter findet man da einen Schneckling, einen Riesentrichter. Aber vereinzelt, kümmerlich, nicht öfter und nicht schöner als an jedem andern Ort. Weshalb? Warum die Überfülle damals und der Mangel heute? – Niemand, weder der Fachmann noch der Laie, weiß etwas darüber.

Pilzwald als Venusberg
Will man sich da noch wundern, wenn Menschen, die sich rückhaltlos auf Pilze eingelassen haben, ihrem Geheimnis verfallen, von ihm bezaubert, verzaubert und nie mehr losgelassen werden wie weiland Tannhäuser im Venusberg? Daß sie, kaum ziehen die ersten Silbernebel des frühen Herbstes übers Land, in jeder freien Stunde im Wald verschwinden, alles darob vergessen: Geschäft, Familie, Wissenschaft und große Liebe? Daß sie die zivilisierten Sitten mit einem Mal verlieren und dreckbespritzt, zerkratzt auf allen vieren das Gebüsch durchkriechen?
Versuchet ja nicht, sie zurückzuhalten! Es würde nicht gelingen! Laßt sie laufen! Sie werden mit dem ersten Schneefall, wiederum friedlich und normal geworden, zu ihrem gewohnten Leben zurückkehren.
Und tröstet euch inzwischen mit dem, was sie nach

Hause bringen! Ihr werdet Freitag, statt nur Fisch und Zwiebelkuchen, nunmehr Ragouts und herrliche Pasteten mit Pilzen auf dem Tisch vorfinden; euer bescheidener Kartoffelsalat, jetzt mit Essigpilzen aufgeputzt, wird aussehen wie im Grandhotel; und eure Suppen werden duften, als hättet ihr den teuersten Pariser Koch im Hause!...

Beim Küchenaberglauben haben wir begonnen. Dem Aberglauben rund um Pilze haben wir uns dann gewidmet. Nun sind wir tief im deutschen Märchenwald gelandet.
Marsch, zurück in die Küche! Aber es sei uns doch vergönnt, auch hier noch eine kleine Weile bei den Pilzen zu verharren!

Was mache ich mit Pilzen?

Wer sich im Laden seine Pilze holt, womöglich Champignons, die man in Kellern züchtet und sauber, frei von Maden, in normierter Größe in kleine Kartons abgefüllt, verkauft – der wird gar nicht verstehen, was wir mit unserer Frage meinen. Denn er holt ja die Pilze nur, wenn er schon vorher weiß, was er mit ihnen machen will.
Es gibt doch aber eben nicht nur die Champignons aus Kellerzucht. Es gibt – wir haben lang und breit davon erzählt – die Pilzkenner und fast immer zugleich -Fanatiker, die die Schwämme in den Wäldern sammeln!

Das Pilzfieber
Einige wenige mag es unter ihnen geben, die prinzipiell nur solche Mengen und Sorten nehmen, die sie für ihre nächste Mahlzeit daheim verwenden wollen. Die meisten aber werden, sowie sie nur den Wald betreten, vom Pilzfieber gepackt!
Es packt nicht nur den Kenner, leider! Es packt auch solche, die von Pilzen keine Ahnung haben! Sie raufen alles aus, was sich nicht wehrt, und präsentieren es voll Stolz in riesigen Behältern dem nächsten Pilzkontrollbeamten. Der sitzt dann da, Stunden um Stunden, klaubt und sortiert und unterrichtet, mühsam beherrscht, mit der Geduld des Heiligen – es sei denn, er ist selber pilzverrückt und tut es gern. Dann ist nach Kant sein sittliches Verdienst, trotz großer Plage, allerdings gleich Null. Oft schrumpfen Riesenberge von Pilzen, die so ein Laie mit-

bringt, bei der Kontrolle auf ein erbärmliches Häuflein zusammen, das kaum noch lohnt, der Küche zugeführt zu werden. Und das ist für die Hausfrau und Köchin manchmal gut.

Der Pilzkenner

Allein: es gibt auch Kenner. Solche, die genauestens wissen, welche noch so unbekannten Pilze man dennoch essen kann. Für den Beamten der Kontrolle sind sie kein Problem. Er sieht sie selten. Wenn sie je zu ihm kommen, dann nur mit Einzelpilzen, ausgefallenen Sorten, die sich nur in den größten und teuersten Nachschlagewerken finden lassen.

Jedoch die Köchin und die Hausfrau – die haben nichts zu lachen! Sie stehen nach dem Wochenende in der Küche Bergen von Pilzen gegenüber – alle eßbar! Und kaum ein Dutzend von ihnen paßt in ein Mischgericht zusammen. Der eine schmeckt nur, wenn man ihn gründlich auslaugt und ebenso gründlich nachher in viel Wasser auskocht; der zweite ist so zäh, daß man nur feingehackte Klopse aus ihm machen kann; der dritte schmeckt am besten in Ei gewälzt, paniert und dann in Öl gebacken wie ein Wiener Schnitzel; der vierte will ganz sanft in saurem Rahm geschmort sein; der fünfte taugt nur, wenn man ihn mit viel Gewürz in Essig einlegt – was also soll die arme Hausfrau tun? ...

Ich kenne ein junges nettes Ehepaar. Die Frau liebt wirklich ihren Mann – nur nicht im Herbst! Vor allem nicht an den September-Montagmorgen, wenn sie ihres Gatten Sonntagsfunde aus dem Pilzwald vor sich sieht! Drum, wollen Sie sich mit den Pilzen ärgerliche Arbeit sparen, dann hören Sie auf mich, und machen Sie es so:

Milchlingsprobleme

Wahr ist zwar, daß man von den rund zweitausend Pilzarten unsrer Wälder mehrere hundert ungefährdet essen kann. Das aber heißt noch lange nicht, daß alle diese Sorten wirklich schmecken.

Nehmen wir nur einmal die große Gruppe der Milchlinge – das sind Pilze, die beim Anschnitt irgendeine Art von Saft verträufeln. Eßbar sind die meisten, tödlich giftig keiner. Man soll das wissen und sich merken – aber nur für Hungerzeiten!

Rezepte für Brätling und Reizker

Hören wir nur einmal, was ein französischer Pilzfanatiker behauptet! »Les lactaires«, sagt er, »sont tous abominables, même celui qu'on appelle ›Le Délicieux‹«, zu deutsch: Die Milchlinge sind samt und sonders scheußlich, selbst jener, den man den ›Deliziösen‹ nennt. Mit dem ›Deliziösen‹ meint er den Edelreizker, der lateinisch ›Lactarius deliciosus‹ heißt.

Und auch den vielenorts beliebten Brätling nimmt er nicht aus. Warum auch sollte er? Beide Pilze, Reizker wie Brätling, riechen und schmecken schließlich nicht nach ›Pilz‹. Dem Brätling haftet an angequetschten Stellen sogar der Geruch von faulem Hering an.

Dennoch tut der Franzose beiden Pilzen unrecht! Gekocht oder gedünstet, zumal vermischt mit andern Sorten, schmecken diese beiden Pilze in der Tat abscheulich, das ist wahr. Läßt man die Hüte aber ganz, wälzt man sie dann in Milch, in Mehl, in Ei, in Semmelbröseln oder, viel einfacher, nur in Omelettenteig und brät sie dann im Fett rasch goldbraun, dann schmecken sie, gewürzt mit ein paar Tropfen Zitronensaft, zu einem knusprigen Stück

Weißbrot oder zu körnigem Wasserreis ganz herrlich, ergeben ein sehr gutes Abendessen.
Und Reizker eignen sich auch ganz vortrefflich zu Essigpilzen, ein Genuß für ausgebrannte Kehlen, die prächtigste Ergänzung zu einem scharfen Schnaps! Wir kommen noch darauf zurück.

Pfeffermilchlinge mit Natron
Und alle andern Milchlinge? Sehr einfach: Leben Sie in Zeiten des Wohlstandes, dann werfen Sie sie weg! Herrscht aber Not, dann schneiden Sie die Pilze in grobe Stücke, um festzustellen, ob sie frei von Maden sind, und kochen sie in recht viel Wasser, vielleicht mit einer Prise Natron. Das Wasser darf beliebig heftig sprudeln. Milchlinge haben alle festes Fleisch und werden nicht zu Brei. Kochwasser abschütten und Pilze gründlich spülen! Den Pfeffermilchling entbittert Natron unfehlbar. Ob es bei allen andern Sorten gleich gut hilft, ist nicht so sicher. Kosten Sie nach dem Kochen! Schmecken die Pilze jetzt erträglich, dann mischen Sie sie mit ein paar zerschnittenen Kartoffeln, Zwiebeln und Mayonnaise zu Salat. Es ist ein derbes und kommunes Essen. Aber zu einer derben warmen Wurst, mit einem heißen Tee danach, mag es wohl angehn.

Eine Bitte an die Pilzkenner aus dem Osten!
Hilft auch das Abkochen mit einer tüchtigen Prise Natron nichts oder nicht viel, dann läßt sich der Pilz vielleicht noch dadurch genießbar machen, daß man ihn in einer intensiven Salzlake konserviert oder in einer leichten Salzlösung, welche die Gärung nicht verhindert, sauer werden läßt. Hierfür kennt der slawische Osten

eine Reihe von Rezepten und Methoden. Die neuere westliche Pilzliteratur bietet meist nur Anweisungen für das Einsäuern vorgekochter Pilze. Wissen möchte ich aber dies: Kraut, Gurken, rote Rüben – sie alle werden roh ins Salz gelegt. Warum also ist es nötig, die Pilze vorzukochen? Vielleicht nur deshalb, weil sie durch ihren hohen Luftgehalt roh an die Oberfläche steigen und folglich auf der Stelle verderben würden? Geht es nur um das technische Problem, wie man die rohen, federleichten Pilze dennoch unter Wasser drückt? Das ließe sich schon machen.

Oder würden roh eingelegte Pilze faulen, statt zu gären? Tatsächlich sind mir zwei Versuche, die Pilze roh zu säuern, fehlgeschlagen. Die Pilze zersetzten sich nach ein paar Tagen und rochen höllisch. Vielleicht aber habe ich nicht die geeigneten Sorten für die Prozedur gewählt, oder die Lauge war zuwenig konzentriert?

Lieber Leser: Falls Sie aus dem Westen stammen, dann haben Sie vermutlich Sauerpilze aus dem Salz Ihr Lebtag nie gesehen und gegessen.

Falls Sie aber im waldreichen Osten von Europa aufgewachsen sind und Auskunft wissen, dann, bitte schreiben Sie mir doch! Ich werde Ihr Rezept an die Leser weiterleiten! [Geschieht bereits in dieser Auflage!]

Essigpilze

Bekannter ist bei uns und auch in Polen die Methode, Pilze in Essig einzulegen. Man macht das so:

Die Pilze, es muß natürlich eine feste Sorte sein – in Polen nimmt man hierfür am liebsten den rosiggelben Edelreizker –, die Pilze also werden möglichst ganz gelassen. Man trennt nur Hut und Stiel. Ist es ein gutes Pilzjahr, dann wirft man, vor allem bei den Reizkern, die Stiele besser fort. Denn sie sind hohl und nur mit Mühe auf Maden hin zu kontrollieren. Ist es ein schlechtes Pilzjahr, so daß man keine Pilzsubstanz verschwenden kann und will, dann nimmt man eben auch die Stiele. Man spaltet sie der Länge nach und kontrolliert, so gut es geht. Kleinere Hüte läßt man unzerteilt. Die großen werden halbiert oder geviertteilt.

In Polen pflegt man nun die Pilze in kochendem Salzwasser ein paarmal aufwallen zu lassen. Dann nimmt man sie heraus, spült sie mit kaltem Wasser sehr sauber ab und schichtet sie, abwechselnd mit kleinen ganzen Zwiebelchen oder mit Zwiebelscheiben, ferner Pfefferkörnern, Nelken und andern passenden Gewürzen, in Gläser, die man mit einer Mischung aus Wasser und Essig – halb zu halb genügt, noch schärfer ist nicht nötig! – auffüllt. Drei Wochen stehenlassen! Mit oder ohne ein Stück Schwarzbrot ißt man solche Pilze zu scharfem Schnaps. Es ist in vieler Hinsicht eine brillante Zusammenstellung: belebend und rezent.

Essigpilze haben den großen Vorteil, sehr schön auszusehen und sozusagen endlos zu halten. Sie eignen sich auch gut zum Dekorieren von Salaten. Kartoffelsalat zum Beispiel, sonst fad und farblos anzusehen, gewinnt durch aufgestreute oder als Kranz herumgelegte Essigpilze sehr an Schönheit.

Nicht aber an Bekömmlichkeit und Wohlgeschmack! Man braucht sich da nichts vorzumachen: ein Essigwasser, das konzentriert genug ist, den Pilz verläßlich zu konservieren, ist auch scharf genug, um Kehle, Magen, Darm zu reizen.

Sterilisierte Pilze

Und da wir dauernd vom Konservieren der Pilze sprechen, höre ich Ihre Frage: Warum nicht einfach in leichtem Salzwasser in luftdicht verschlossenen Gläsern so lange erhitzen, bis der Inhalt ganz steril ist?

Das kann man natürlich. Nur braucht es bei Pilzen, wie bei allem, was Eiweiß enthält, sehr große Sorgfalt, sehr lange Kochzeit und einen völlig sicheren Verschluß. Sonst kann es übelste Vergiftung geben!

Es fragt sich nun: Lohnt solche Prozedur bei Pilzen, die ohnehin nicht sehr gut riechen oder schmecken? Und nur von ihnen ist ja hier die Rede!

Und aus dem gleichen Grunde lohnt auch nicht das Dörren solcher Pilze. Dörren lohnt nur bei wirklich guten Sorten mit fülligem und typischem Aroma.

Dörrpilze

Dörren ist mühsam. Vor allem, wenn man keinen speziellen Ofen dafür hat. – Man macht es so:

Pilze, die nicht von Natur aus ziemlich fest und trocken sind, muß man in feine Scheiben schneiden. Im andern Falle kann man ganze Hüte trocknen oder grobe Stücke. Diese Stücke muß man dann auf Packpapier, auf ausgespanntem Mull oder auf feinem Drahtnetz schön ausbreiten. Sonne, vor allem starke Sonne, soll nicht auf die Pilze fallen. Sonst kann es leicht geschehen, daß sie nicht trocknen, sondern fast kochen und auf der Stelle faulen. Die meist sehr schwache Sonne im späten Herbst ist allerdings nicht sehr gefährlich.

Gefährlicher ist Feuchtigkeit und Nässe. Zum Pilzetrocknen braucht es trockene Luft, das ist ja klar. Die letzte Spur der Feuchtigkeit entlockt man dann den Pilzen, indem man sie noch ganz zuletzt in nächste Nähe eines Ofens legt oder hängt.

Ich pflege die Pilze zum Trocknen gern auf Fäden aufzureihen, je nach Sorte unzerschnitten oder auch in Scheiben. Und solche ›Perlenschnüre‹ mit Pilzen hängen den ganzen Winter über in meinem Zimmer. Nicht in der Küche! Der Kochdampf würde die Pilze erweichen und verderben!

Jedoch: das Trocknen lohnt wie gesagt nur bei Sorten mit faszinierendem Aroma. Sonst hat man dürre kleine Schnitzel oder Fetzen ohne Geschmack, die kaum verwendbar sind. Denn mit dem Nährwert ist es bei Pilzen nicht weit her. Eiweiß enthalten sie, das stimmt. Aber ein Gutteil davon ist von Chitin – das ist der gleiche Stoff, aus dem auch Käferpanzer sind und den es sonst bei Pflanzen niemals gibt! – fest umschlossen und daher unverdaulich. Aromalose Pilze sind daher – man soll sich's merken! – außer in Notzeit kaum zu brauchen.

Dagegen lohnt das Trocknen bei Sorten mit feinem Duft nicht nur – es hebt sogar beträchtlich das Aroma. Warum – das weiß ich nicht.

Pfifferlinge

Doch merken Sie sich eins: der Pfifferling, der Eierschwamm, zählt nicht zu diesen feinen Sorten! Man überschätzt ihn; erstens, weil er nie von Maden befallen ist, zweitens, weil er ein festes Fleisch hat, das auf Transporten mit der Bahn nicht leidet, und drittens, weil er sich mit keinem Giftpilz verwechseln läßt. Das sind schon Tugenden, gewiß. Doch sie genügen nicht. Sein Fleisch ist nämlich nicht nur fest und haltbar, es ist auch zäh, sogar in frischem Zustand. Einmal gedörrt, bleibt es für immer wie ein Leder. Und viel Aroma hat es auch nicht, dies ganz im Gegensatz zum Mönchskopf, der mit seinem zähen Fleisch doch einen wundervollen Duft verbindet.

Stein- oder Herrenpilze
Wirklich hochfein ist von den Röhrlingen – das sind die Pilze mit einem porösen Polster unterm Hut – zuletzt doch nur der Steinpilz, nicht umsonst in Österreich der Herrenpilz genannt. Die andern Röhrlinge – der Maronenpilz, der Birkenpilz, Rotkappe, Sandpilz und wie sie alle heißen – taugen nicht halb soviel, mögen die Pilzkochbücher sie noch so loben. Immerhin, die meisten Röhrlinge schmecken nicht schlecht. Für ihre Zubereitung wählt man am besten die der Slawen in Europas Osten.
Vermutlich werden Sie jetzt sagen: Warum slawische Rezepte? Die Franzosen verstehen doch ganz allgemein viel mehr vom Kochen! Zudem sind sie es und nicht die Russen oder Polen, die sogar herausgefunden haben, wie man einen Pilz – den Champignon – planmäßig züchtet!

Champignonzucht in Frankreich
Die Champignonzucht ist die Erfindung der Franzosen, das ist wahr. Obzwar sie nicht die einzigen sind, die herausgefunden haben, wie man Pilze züchtet. Chinesen und Japaner können es schon seit Jahrtausenden. Sie züchten zwar nicht Champignons, aber gleichfalls Blätterpilze, und sogar sehr gute. – Nebenbei: Sie wissen doch, was Blätterpilze sind? Das sind jene Sorten, bei denen die Sporen – das sind die Samen des Pilzes – unter dem Hut in fächerförmigen Lamellen – eben in ›Blättern‹ – sitzen und nicht in einem Polster aus schmalen Röhr-

chen wie beim Steinpilz. – Röhrlinge fortzupflanzen ist bis heute nicht gelungen. Man weiß ja – wir haben weiter oben schon davon berichtet – bei den meisten von ihnen nicht einmal genau, wie sie sich überhaupt vermehren. Berichte, wonach es doch geglückt sein soll, Steinpilze fortzupflanzen, erweisen sich regelmäßig nur als gelungene Versuche, ein bereits vorhandenes Pilzmyzel an einer anderen Stelle anzusiedeln.

Franzosen also haben in Europa die Champignonzucht erfunden. Folgt nun daraus, daß man in Frankreich von den Pilzen mehr versteht als im gesamten Osten? Nein. Was daraus folgt, ist nur, daß es in Frankreich nicht so viele Pilzwälder gibt wie bei den Russen. Und überhaupt ein Klima, in welchem Pilze nicht so gut gedeihen wie in Osteuropa. In Rußland Pilze züchten – das wäre nackter Unsinn! Sie wachsen dort in reichstem Ausmaß ›wild‹ auf Schritt und Tritt.

Pilzrezepte Frankreichs

Allerdings nicht die Trüffeln! Die gibt es nicht in regenreichem Klima. Die aber kann bis heute niemand züchten. In Frankreich wachsen Trüffeln, auch in Italien und Nordafrika. Und dennoch sind im allgemeinen die Pilzrezepte Westeuropas nicht besonders lecker. Im Süden Frankreichs dämpft man Pilze in Öl und mit Tomaten, Zwiebeln, Knoblauch. Das ist nicht schlecht. Doch bleibt vom feinen Pilzaroma dabei nicht viel übrig.

Im Norden Frankreichs ißt man neben dem Zuchtchampignon fast nur den Maipilz, der zwar frei wächst, dem Champignon jedoch in Farbe und Gestalt sehr gleicht.

Man schneidet die Champignons in Frankreich blättrig, dämpft sie in wenig Butter an, gibt etwas Salz dazu und etwas frischen Rahm. Manche träufeln ein wenig Zitronensaft hinein. Und sozusagen alle schütten etwas Mehl und Petersilie in die Sauce.

Und hier eben, liebe Leser, zeigt sich, daß die Franzosen trotz ihrer hohen Kochtalente doch ›Pilzlaien‹ sind. Denn Petersilie schmeckt und riecht zwar angenehm und Pilze auch. Jedes für sich genommen ist vortrefflich. Beider Aroma jedoch hebt sich gegenseitig nicht, ergänzt sich nicht – es stört sich höchstens und hebt sich gegenseitig auf! Was also soll die Mischung?

Und was noch schlimmer ist: mitunter fügen die Franzosen bei Pilzgerichten nicht nur die kleine Prise Mehl zum Rahm, die auch schon überflüssig ist, sondern, um gleich den ganzen Rahm zu sparen, dünsten sie ihre Champignons einfach in einer Tunke aus Mehl und Milch und Fett! Die Tunke wird nicht besser und nicht delikater, wenn man sie schönklingend ›Sauce Béchamel‹ benennt.

Pilze osteuropäisch zubereitet

Und nun frage ich Sie: Ist nicht zehnmal besser das, was die Polen und die Russen tun? Sie schneiden Zwiebeln klein, schütten sie in die Kasserolle zu zerlassener Butter, lassen eine Weile dämpfen, auf kleiner Flamme. Denn bräunlich darf die Zwiebel für das Pilzgericht nicht werden. Höchstens blaßgelb. Dann kommen die Steinpilze hinein, in Scheibchen geschnitten. Hat man darunter ältere Exemplare, dann entfernt man vielleicht die allzu schwammig gewordene Röhrenschicht unter dem Pilzhut. Denn mag dies auch der eiweißhaltigste Teil des Pilzes sein – zu alte und weiche Röhrchen sind schwer zu säubern oder nach Maden und andern Schmarotzern zu durchsuchen.

Die Scheibchen kommen also zu den gedämpften Zwiebeln in den Topf. Schwach salzen. Zudecken und schmoren lassen. In einer Viertelstunde höchstens sind die Pilze gar. Jetzt ein paar Löffel Sauerrahm hinein! Aber bitte, wirklich sauren, nicht süßen, frischen!

Sauerrahm

Eine andere Frage ist es, wie Sie sich Sauerrahm verschaffen wollen. Denn vielenorts erhält man Rahm nur noch pasteurisiert und ›süß‹. Läßt man ihn ein paar Tage stehen, dann wird er folglich nicht mehr, wie der rohe, sauer, sondern schlecht und bitter.

Oder wollen Sie versuchen, die Rahmschicht von der rohen Milch zu schöpfen und dann durch Stehenlassen in der Wärme anzusäuern? Seit aber nicht mehr der bäuerliche Milchmann uns mit Milch beliefert, sondern die Molkerei, kann ich die Milch so lange stehenlassen, wie ich will – es bildet sich da keine Rahmschicht! Und außerdem wird Molkereimilch – jedenfalls die, die ich bekomme – überhaupt nicht sauer, auch nicht nach vielen Tagen. Läßt man sie lange stehen, dann fängt sie schließlich an zu bullern und zu brodeln, riecht erst alkoholisch und dann faulig. Welche Methoden der modernen Milchbehandlung in den Molkereien der Grund sind für solch anormales Milchverhalten – das weiß ich nicht.

Man hat mir nun gesagt, daß es an vielen Orten Sauerrahm zu kaufen gibt. Aber bekommt man in den Läden wirklich Rahm von roher Sauermilch und nicht von Joghurt, der aus gekochter Milch bereitet und mit Hilfe bestimmter Stoffe und Bakterien künstlich angesäuert wird? Ich weiß es nicht.

Auf jeden Fall: Vollendet schmecken Pilze nur in rohem

Sauerrahm. Haben Sie keinen, und haben Sie keine Bauernmilch, aus der er sich bereiten läßt, dann nehmen Sie eben den gekauften, auf welchem Wege er auch gesäuert worden sein mag! Und gibt es an dem Orte, wo Sie wohnen, auch diesen nicht, dann bleibt nichts übrig, als süßen Rahm zu nehmen und dazu ein paar Tropfen Zitronensaft. Nur: All das ist Ersatz und nicht das Rechte!
Zu einem solchen Pilzgericht gehört, wenn Sie es in der ›orthodoxen‹ Form genießen wollen, Schwarzbrot aus Sauerteig mit frischer Butter. Und essen tut man solche Pilze stets mit Löffeln, nie mit Gabeln!
An solche Herrenpilze in Sauerrahm knüpft sich in unserer Familie eine Anekdote:

Der ›pilzvergiftete‹ Kosakenoffizier

Das war im Ersten Weltkrieg, im Jahre 1915. Meine Großeltern lebten damals in Zólkiew, einer wunderschönen kleinen Stadt mit altem Königsschloß, nicht weit von Lemberg. Der Ort gehörte zwar zur alten Donaumonarchie, war aber jetzt, im Kriege, besetzt von Russen. Der Großvater wohnte in einer komfortablen Villa und bekam daher als Einquartierung den Kommandanten, einen adligen Russen von Bildung und Kultur. Man war sehr glücklich, ihn im Hause zu haben. Denn durch seine Gegenwart war man vor rohen Übergriffen durch gewöhnliche Soldaten restlos geschützt.
Nicht geschützt war man jedoch vor Mißverständnissen. Eines Abends kam der Kommandant nach seinem Abendessen im Casino früh nach Hause. Um in sein Zimmer zu gelangen, mußte er durch den Eßraum der Familie gehen, die eben bei der Mahlzeit saß. Er grüßte höflich – und blieb plötzlich mit witternden Nüstern und auf-

leuchtenden Augen stehen: er hatte Steinpilze in Sauerrahm gerochen! Sehr artig bat er, man möchte ihm doch einen Teller voll in seinen Raum hinüberschicken. Natürlich wurde ihm der Wunsch erfüllt. Es schmeckte ihm. Der Diener kam und bat für seinen Herrn um einen zweiten vollen Teller, dann um einen dritten...

Mitten in der Nacht erwachte der Offizier mit starkem Bauchweh. Durch seinen Diener ließ er den Großvater wecken und ihm sagen, daß, falls man ihn vergiftet hätte und er an der Vergiftung stürbe, am nächsten Morgen die ganze Familie erschossen würde.

Es wurde für die Meinen eine schwere Nacht. Das Pilzgericht war giftfrei und frisch gewesen – das war sicher. Frei von Pilzgift sowohl wie erst recht von andern Giften. Aber wußte man denn, wo und was der Kommandant zuvor an andern Orten in der Stadt gegessen hatte? Und war es nicht auch möglich, daß er, ganz unabhängig von jedem Gift, von einer Todeskrankheit befallen worden war? Wie sollte es dann gelingen, die Unschuld der Gastgeber nachzuweisen?

Am andern Morgen war der Offizier wieder vollkommen frisch und munter.

Am Abend kam er, heiter und freundlich wie immer, wieder herein und wollte wieder einen Teller Pilze.

Da aber wurde die Großmutter, sonst ein Engel an Güte, streng und böse und sagte: »Nein!«

Warum erzähle ich Ihnen diese Anekdote? Um Ihnen klarzumachen, wie ungemein verlockend die Herrenpilze in solcher Zubereitung duften und auch schmecken. Glauben Sie mir: Nie wäre dies passiert mit Champignons in Mehl und Petersilie!

Steinpilze in Gerstensuppe

Dies – also mit etwas Zwiebeln und in Sauerrahm – ist die feinste Form, den königlichsten aller Pilze, den Steinpilz, zu bereiten. Am zweitfeinsten schmeckt der Pilz in der Gerstensuppe. Man macht sie so:

Zerschnittene Zwiebeln und Pilze werden mit dem nötigen Quantum Gerste in etwas Butter sachte angedünstet. Dann kommt das Wasser und ein wenig Salz hinzu. Und das ist alles. Langsam und lange kochen lassen, auf kleiner Flamme.

Zuletzt in jeden Suppenteller auf die Suppe ein kleines Stücklein frische Butter legen. Und wieder essen Sie eine Scheibe Schwarzbrot aus Sauerteig dazu, mit etwas frischer Butter, genau wie zu den Pilzen im Sauerrahm. Nachher vielleicht ein wenig Obst der Jahreszeit – Äpfel und Birnen oder Pflaumen also –, und Sie haben wundervoll genachtmahlt.

Pilzmischgerichte mit Tomaten

Ein Tip noch, für den Fall, daß Sie ein Mischgericht aus ganz kommunen Pilzsorten bereiten wollen, für die der Rahm Sie reut:

Dämpfen Sie in einem guten Fett oder Öl die Pilze mit zerschnittenen Zwiebeln zusammen etwas an, und fügen Sie etliche kleingeschnittene Tomaten bei. Womöglich abgeschälte. Legt man die Tomaten einen Augenblick in kochendheißes Wasser, dann läßt die Haut sich – wenn die Früchte reif sind – in der Regel leicht abziehen. Haben Sie nicht die nötige Geduld hierfür, oder ist die Zeit zu knapp, dann kommt die Schale eben mit hinein. Sie wird sich zwar unvermeidlich von den Früchten lösen und kleine, harte, papieren schmeckende Röllchen bilden.

Aber in einem derben Gericht nimmt man das schon in Kauf.

Pilzpasteten

Ich weiß, es gibt unendlich viele und komplizierte Pilzgerichte. Von den mikroskopisch kleinen Trüffelstücklein, die man bestimmten Fleischspeisen und Pastetenmassen beifügt, soll hier nicht die Rede sein: da sind die Pilze nicht ein Gericht für sich, sondern nur Würze.
Aber es gilt zum Beispiel als Delikatesse, Pilze in weißer Sauce in Blätterteigpastetchen einzufüllen. Das ist nicht schlecht. Doch wenn Sie mich fragen: mir schmecken die Pilze besser ohne Blätterteig, nur mit ein wenig schwarzem Brot dazu.

Pilztoastbrötchen

Als hochfein gelten auch Scheiben von Toastbrot oder Zwieback, bestrichen mit Pilzen in dicker weißer Sauce und im Ofen bräunlich überbacken.
Doch gilt im Grunde von Pilztoastscheiben dasselbe wie von Pilzpasteten: die Pilze schmecken besser ohne Toast, einfach in Sauerrahm bereitet. Der dicke Kleister, der nötig ist, damit die Pilze auf den Brötchen kleben bleiben, ist überflüssig und nicht delikat. Und außerdem erfordert das Gericht viel Arbeit.

Pilzklopse

Deutsche Pilzbücher empfehlen auch häufig Klopse aus Pilzen. Man macht sie so:
Fein zerhackte rohe Pilze und kleingeschnittene Zwiebeln werden mit eingeweichter und ausgedrückter Semmel oder mit Semmelmehl zusammen gut vermischt, mit

Salz und Pfeffer kräftig abgeschmeckt, mit etwas Ei gebunden. Aus der Mischung formt man mit feuchten Händen Kugeln oder dicke Plätzchen, die man in Mehl oder in Semmelbröseln wälzt und dann im heißen Fett knusprig herausbäckt. Das ist nicht übel, aber ich würde meinen: Warten wir damit bis zur nächsten Hungersnot – möge sie nie mehr kommen!
Sie werden vielleicht einwenden, daß wir dann, in der Hungersnot, auch keine Eier haben werden, um die Masse zur Einheit zu ›binden‹? Nun – dann binden wir eben mit gekochtem Mehlpapp! Es macht bei solchen Klopsen für den Geschmack kaum einen Unterschied.

Für Trockenpilze möchte ich noch zwei besonders gute Mischgerichte nennen, das eine – Kascha mit Pilzen – aus Osteuropa, das andere – Risotto con funghi – aus Italien. Beide kann man als Beilage zum Fleisch servieren. Sie sind aber so gut und sättigend, daß sie für sich allein als Hauptgang völlig ausreichen.

Kascha mit Pilzen

›Kascha‹ heißt russisch wörtlich ›Brei‹. Die Ruthenen und Polen bezeichnen aber als Kascha den Buchweizen, und zwar durchaus nicht nur, wenn er zu Brei zerkocht ist, sondern auch den rohen. Die Buchweizenkörner, die aussehen wie kleine dreiseitige Pyramiden, bekommt man bei uns im ›Westen‹ nur in Reformhäusern, und man zerkocht ihn meist zu einer unansehnlichen Pappe. Die Ruthenen, Polen und Ostjuden dagegen essen ihre Kascha flockig wie Wasserreis, der aber weit fader schmeckt. Es ist jedoch nicht ganz einfach, Kascha trokken und körnig zuzubereiten. Man macht dies so:

Kascha quillt etwa gleich stark wie Reis. Man braucht also auf eine Tasse Kascha rund 2 Tassen heißes Wasser. Da Kascha viel verlockender schmeckt als Reis, muß man die Portionen etwas reichlicher bemessen. Je Person rechne ich eine schwache Tasse roher Kascha.

Nun aber die Hauptsache: Um die Kascha körnig zu bekommen, müssen Sie auf je 2–3 Tassen roher Kascha 1 ganzes Ei oder 1 Eiweiß opfern. Die Prozedur ist folgende: Sie schütten die trockene, rohe Kascha in den Kochtopf, fügen das zerschlagene Ei (oder Eiweiß) hinzu und rühren gründlich, bis die ganze Masse etwas durchfeuchtet ist. Nun wird der Topf auf eine schwache Flamme gesetzt. Weiterrühren, bis die Körner die Feuchtigkeit der Eier aufgenommen haben und, nunmehr überzogen von einer unsichtbaren hauchfeinen Eiweißschicht, wieder anfangen, auseinanderzufallen. Weiterrühren, bis die Körner trocken sind wie Sand in der Sonne und aus dem Topf ein deutlich sichtbarer Dampf aufsteigt, zusammen mit einem wundervollen Duft, der an leicht angeröstete Haselnüsse erinnert. Die ganze Prozedur dauert nur wenige Minuten. Salzen und pfeffern.

Inzwischen hat man das Wasser aufgekocht. Man fügt es dem schwach kochenden Gericht etappenweise bei, der nächste Guß kommt jeweils erst hinein, wenn der vorherige von den Körnern aufgesogen ist. Die Kascha quillt sehr rasch, hat eine etwas kürzere Garzeit als der Reis.

Und nun kommt noch etwas sehr Wichtiges: Den vollen Wohlgeschmack entwickelt die Kascha erst, wenn man sie noch ›abtrocknet‹. Das fertige Gericht wird zu diesem Zweck entweder noch eine Zeitlang auf einen Topf mit kochendem Wasser gestellt oder, noch besser, ins schwach geheizte Ofenrohr geschoben. Zuletzt sind die

Körner braunviolett, trocken, sehr aromatisch. – Sehr wichtig: Nicht nur salzen, sondern unbedingt auch pfeffern! Nur dann entfaltet die Kascha ihr volles Aroma. Für ›Kascha mit Pilzen‹ hat man eine Handvoll zerhackte Zwiebeln in Fett oder Butter glasig geröstet und eine Handvoll getrocknete, gewaschene Pilze im Kochwasser für die Kascha vorher gründlich durchgekocht. Alles sorgfältig mischen und zusammen fertigmachen.

Risotto con funghi

›Funghi‹ heißt wörtlich ›Pilze‹, die meisten Italiener reservieren den Ausdruck aber für die Steinpilze. Es gibt für diese sehr gute italienische Spezialität viele Rezepte. Hier das vorzügliche meiner Schwiegertochter Anna:

Je Person 1 kleine Tasse Reis, und zwar von einer zerkochenden Sorte. Doppelt soviel Hühnerbouillon (notfalls aus Würfeln), auf je 2 Tassen Reis 1 ›Brieflein‹ Safran. Unbestimmtes Quantum gehackte Zwiebeln, Öl, Trokkenpilze, Salz.

Die Zwiebeln in reichlich Öl andünsten, Reis zugeben und unter Rühren anrösten. Farbe soll er aber nicht annehmen.

Trockenpilze (nur sehr aromatische!) kurz waschen, mit dem für den Reis nötigen Kochwasser (gut doppelt soviel wie Reis) und dem Safran zusammen aufkochen, Reis und Zwiebeln hinein, langsam gar werden lassen. Das dauert, je nach Reissorte, etwa 20 Minuten oder etwas länger. Zuletzt soll noch ein klein wenig Flüssigkeit im Topf sein. Notfalls, wenn das Gericht sonst gar zu trokken würde, ein bißchen Bouillon noch zusätzlich beifügen. Das Gericht für sich allein, ohne weitere Beilagen, servieren.

Pilzverrückte – herhören!

Pilz-›Allergie‹

Als ich mein Buch damals schrieb, war Pilzjagd noch nicht so wie heute Massenmode. Im Gegenteil. Einige Leser – darunter eine sudetendeutsche Lehrerstochter M. F. – schrieben mir griesgrämig, das sei ja alles recht und schön. Aber wenn man so wie sie gegen Kriegsende in einer einsamen Waldregion gestrandet sei und sich dann jahrelang fast nur von frischen, eingemachten oder getrockneten Pilzen habe nähren müssen, werde einem schon vom bloßen Anblick oder Duft, sogar der feinsten Edelsorten, völlig übel. Zeitweise hätten sie mit Pilzen buchstäblich alle Gerichte gestreckt und gewürzt: die Suppen, Knödel, Breie, Salate. Nun seien sie – und wie sie die ganze Dorfgemeinschaft – gegen Pilze allergisch bis ans Lebensende. Pilze könnten nämlich, anders als Brot, gründlich verleiden!

Pilzsucht-›Infektion‹

Meine Ausführungen über Pilze fanden aber Anklang bei den Massenmedien, wurden in Zeitungen und Kalendern nachgedruckt und im Rundfunk präsentiert. Das blieb nicht ohne Folgen. Für zahlreiche bisher blutige Pilz-›Laien‹ wurde der Text zum gefährlichen Stimulans. Bald schon schrieben sie mir, ›es‹ habe sie nun gleichfalls ›gepackt‹. Sie seien bereits so exklusiv nur noch auf Pilze ausgerichtet, daß sie überall, auch mitten in der Stadt, welche erspähten und ernteten! Und das ist in der Tat ein eindeutiges und tief bedenkliches Symptom der Pilzsucht-›Infektion‹!

Mittlerweile ist diese Art von Besessenheit – die man vielleicht als ›Mykologitis‹ bezeichnen könnte – längst zu einer Massenpsychose ausgeartet, welche die gesamte Pilzflora Mitteleuropas tödlich bedroht. In Stadtnähe sind die Edelsorten weitgehend ausgerottet, und auch ganz abgelegene waldreiche Regionen mußten sich zu strengen Schutzgesetzen entschließen, die das Pilzesammeln entweder ganz verbieten oder nur gegen hohe Taxen und obendrein bloß an bestimmten Wochentagen und in kleinsten Quantitäten gestatten ...

Natürlich geht keine Mode nur aus einer einzigen Wurzel hervor. Von den Millionen, die heute auf Pilzpirsch ausziehen, haben sicher nur wenige Tausende von meinem Buch auch nur gehört. Trotzdem: Ich habe als Pionier den Trend mit-initiiert, und wenn es eine Sonderhölle für jene gibt, die ökologisches Unheil direkt oder indirekt mitverursacht haben, dann ist mir dort sicher eine Extraloge reserviert. Obwohl ich selber die Folgen meiner passionierten Pilzpropaganda am meisten bedaure: Wie oft finde ich schon um sieben Uhr früh meine geheimsten Pilzreviere von inkompetenten Konkurrenten lieblos durchwühlt, zertrampelt, kahlgeerntet!

Die Pilz-›Genies‹

Es stießen aber auch etliche auf mein Buch, die dem Pilzwald nicht nur wie ich seit Jahrzehnten intensiv verfallen waren, sondern verschiedene Pilzsorten nach exquisiten selbsterfundenen und selbsterprobten Rezepten zubereiteten und über Pilze und deren Gifte zum Teil noch weit mehr wußten als die meisten Pilz-Kontrollbeamten. Einiges davon sei hier dem Leser wörtlich mitgeteilt. Besonders gute Pilz-Kochrezepte schickte Prof. H. K. aus Wien, ein Volkswirt, der sich sowohl in der Stadt wie auf Auslandsreisen nur der öffentlichen Verkehrsmittel bedient, für seine Pilzpirsch aber eigens einen Mercedes angeschafft hat. Das hindert ihn natürlich nicht, so wie jeder ›Pilznarr‹ nicht nur in einsamen Waldklüften, sondern an den unmöglichsten Stellen, auch mitten im Stadtzentrum und zu jeder Jahreszeit, Pilze zu erspähen. Da er nicht nur delikat duftende und schmeckende Supersorten sammelt, hat er sich schon früh über die Aufbereitung bunt gemischten Sammelgutes Gedanken gemacht. Sie waren von beachtlichem Erfolg gekrönt. Prof. H. K. schreibt:

Pilztorte à la Prof. H. K.

»Der Eigengeschmack, auf den Sie bei Ihren Rezeptvorschlägen soviel Wert legen, ist selbst bei den Edelpilzen nicht jedermanns Sache, und vollends nicht eine halbe Woche lang, wenn die Ausbeute übers Wochenende reichlich war. Dazu kommen dann noch manche sammelnswerte Pilze – Nebelkappe, Maskenritterling, Hallimasch und viele andere, den süßlich schmeckenden Perlpilz nicht ausgenommen –, deren Eigengeschmack eigentlich Grund genug sein müßte, sie stehenzulassen. In all diesen Fällen empfehlen sich Zubereitungsarten, die den Eigengeschmack zurückdrängen oder auf die Gewürzstufe reduzieren.

Da bereite ich zum Beispiel aus vorgetoasteten und kräftig mit Knoblauch eingeriebenen Weißbrotscheiben (zur Abwechslung auch aus rohen dicken Kartoffelscheiben) in der Champion-Pfanne eine Art Tortenboden, be-

lege ihn nach Gusto einmal mit Schinken, ein andermal mit Chesterkäse, ein drittes Mal mit Lachs(ersatz)scheiben, häufe darauf dick die mit Zwiebeln und/oder grünen Paprikaschoten vorgedünsteten Pilze, decke die Pfanne eine Zeitlang zu und lege kurz vor dem Ende der Dünstzeit einige Scheiben Paradeiser (Tomaten) auf. Vielleicht schlage ich dann noch 2–3 zerquirlte Eier darüber und bestreue mit Schnittlauch, Petersilie, geriebenem Rettich oder Kren (Meerrettich). Sicher erschlage ich so den ›Eigengeschmack‹, aber begeisterten Beifall habe ich für alle Varianten dieser ›Pilztorte‹ noch immer eingeheimst.« –
Ein wenig in die gleiche Richtung geht übrigens auch die Pilz-Pitta meiner Schwiegertochter Anna, einer Juristin, die nicht grundlos in unsere Familie eingeheiratet hat: Sie zählte schon als Kind zur Gilde der ›Pilz-Verrückten‹. Anna legt eine längliche oder runde Kuchenform mit Blätter-, Mürbe- oder Brotteig aus, füllt fertig zubereitete Mischpilze darüber, deren Rahmsauce sie eventuell mit etwas Béchamelmasse (Mehlpapp aus Butter, Mehl, Milch) andickt und im Ofen bäckt, bis der Teig schön goldbraun ist. –
Doch dies nur als Zwischenbemerkung. Nun zurück zum Pilzrepertoire des Wiener Volkswirts.

Die panierten Pilze des Volkswirts Prof. H. K.

»Ein zweites treffliches Rezept für Pilze mit wenig oder mit absonderlichem Duft und Eigengeschmack (der sich aber bei dieser Bereitungsweise ziemlich verliert) ist das Panieren. Große Pilze hierfür zerteilen. Hier in Wien panieren wir dreistufig: erst Mehl, dann mit Milch verdünntes, gesalzenes Ei, zuletzt Brösel (Paniermehl). Ausnahmsweise mische ich unter die Brösel ganz fein

gehacktes Geselchtes (Geräuchertes). Mit weniger als drei Gefäßen geht das nicht, aber das Säubern ist halb so schlimm, wenn man die Reste (inklusive etwaiger Pilzstückchen) anschließend vermischt und als Bröselaibchen mitbrät.
Bei sehr kleinen Pilzen oder zur Zeitersparnis nehme ich statt Wiener ›Panier‹ auch Bierteig: Bier, Mehl und Salz zur dickflüssigen Masse rühren, die Pilze hineintauchen und in heißes Fett geben.

Gulyas und Letscho aus Pilzen à la Volkswirt Prof. H. K.
Ist einem unerwünschten Pilzgeschmack gar nicht anders beizukommen oder bringe ich nur eine bescheidene Gesamtmenge unterschiedlichster Pilze heim, von denen die einen (Stockschwämme, Herbsttrompeten, Schwefelköpfe etc.) eigentlich in die Suppe gehören, andere gedünstet werden sollten usw., so helfe ich mir mit einem gut gewürzten Letscho (Balkanragout mit grünen Paprikaschoten, Tomaten, Fett und Zwiebeln) oder einem Gulyas, für das ich statt des oft zähen, faserigen Rindfleisches zerschnittene Wiener Würstel, in Wien Frankfurter Würstel genannt, vorziehe. Bisweilen muß man die Pilze einem solchen Ragout etappenweise beigeben, damit die Rüblinge nicht schon eine schleimige Masse, die Semmelstoppelpilze aber noch hart und zäh sind.«
Soweit die Rezepte des Wiener Volkswirts. Der bereits vorher erwähnte ostdeutsche Fachgelehrte für komperative Indogermanistik steht ihm aber weder an Pilzverrücktheit noch punkto Erfindung trefflicher neuer Rezepte nach. Zudem erwies er sich als der einzige meiner Leser, der die Methoden zum roh Einsalzen und Konservieren von Pilzen nicht nur genau kannte, sondern

auch schon gründlich erprobt hatte. Zugute kam ihm dabei natürlich, daß er dank seiner Sprachkenntnisse die entsprechende Literatur aller slawischen Länder konsultieren konnte. –

Zunächst seine Glossen zu einzelnen Pilzen und deren Bereitungsweise.

Die Pilz-Kochrezepte des Indogermanisten Dr. H. D.

»Ad Totentrompeten. Daß sie nur in getrocknetem Zustand etwas taugen, ist Ihnen also bekannt. Unbekannt scheint Ihnen jedoch zu sein, daß eine mit getrockneten und pulverisierten Totentrompeten bereitete Suppe ähnlich schmeckt wie Ochsenschwanzsuppe.

Ad Anistrichter, genauer Anistrichterling (Clitocybe odorata): Noch weit intensiver nach Anis duftet der Aniszähling (Lentinellus cochleatus), der büschelweise an alten Baumstrünken wächst und auch giftfrei ist, dessen gummöses Fleisch aber bei noch so langem Kochen nicht weich wird. Man muß ihn daher sehr fein zerhakken. Dann allerdings steigert er Duft und Wohlgeschmack von Suppen, Saucen, Pilzklopsen ganz erheblich. Für solche Zwecke verwende ich gern auch das zähe, aromatische Fleisch der hellen, riesengroßen, appetitlichen Mönchsköpfe.

Ad Wanzengeruch der bei Ihnen offenbar besonders häufig vorkommenden Schnecklingssorten. Bei uns dominieren Arten ohne solchen perversen Duft. Ich denke hier vor allem an den in unseren sandigen Kiefernwäldern im Spätherbst üppig gedeihenden Frostschneckling. Mir schmeckt er bei traditioneller Zubereitung – also gedünstet, mit Zwiebeln – recht gut. Von verschiedener Seite wurde mir aber versichert, daß man aus besagtem

Frostschneckling bei entsprechender Zubereitung angeblich auch ein ananasartig schmeckendes Kompott herstellen könne. Ich betone ›angeblich‹, denn ich habe es nicht selber ausprobiert.
Ad Reizker und Brätling. Daß die Franzosen den Reizker nicht ›délicieux‹ finden, hängt vielleicht damit zusammen, daß bei ihnen nicht unser trefflicher, unter Kiefern und Wacholderbüschen wachsender Echter oder Edelreizker (Lactarius deliciosus) wächst, sondern der etwas bitterwürzige, ›halbblutflüssige‹ Fichtenreizker (Lactarius semisanguifluus).
Ich selbst esse zu den nur in Mehl gewälzten, nur wenig gesalzenen und insgesamt 5 Minuten beiderseits in der Pfanne gebratenen (gebackenen) Reizkern Kartoffelpüree, über das ich das Bratfett (Butter) gieße, und ich serviere grünen oder Tomatensalat dazu.

Edelreizker – russisch mariniert

Ferner mariniere ich die Edelreizker, besonders junge Exemplare, natürlich auch. Hier ein original russisches Rezept: ›Das Marinieren von Edelreizkern ist nicht kompliziert. Die gewaschenen Pilze blanchiert man zunächst, das heißt, man wirft sie für 2–5 Minuten in sprudelnd siedendes Wasser. Dann schüttet man sie auf ein Sieb, spült sie ab und läßt sie kalt werden. Sodann legt man sie in eine Kasserolle und übergießt sie mit der vorher zubereiteten Marinade. Sie besteht aus 120–160 g Wasser, 40–45 g Salz, 3–6 g Speiseessigessenz, 0,3 g Zitronensäure (gemeint ist natürlich die kristalline, aus der Drogerie), 0,2 g Lorbeerblatt, 0,1 g Pfefferkörnern, 0,1 g Gewürznelken, 0,1 g Stangenzimt, 0,1 g Sternanis. Und zwar rechnet man 250 g (= 1 Teeglas aus dünnem Glas) auf 1 kg Pilze.‹ (Wobei die Gewichtsmenge nicht mit der obigen Rezeptur übereinstimmt und mir überhaupt zu knapp bemessen scheint.)« – Soweit das russische Rezept.

»Ich selbst« – so fährt der Indogermanist fort – »verwende neben den oben genannten Gewürzen noch Senfkörner, Pimentkörner (Neugewürz, Nelkenpfeffer), Wacholderbeeren, Puderzucker, Estragon, Basilikum und kleine Zwiebeln. Auf ein etwa zu 3/4 gefülltes Teeglas Wasser gebe ich einen Eßlöffel Kochsalz, Gewürze nach Geschmack und koche die Mischung 20–25 Minuten auf schwachem Feuer. Wenn die Marinade ein wenig abgekühlt ist, sollte man laut Rezept 1/2 Teeglas 8prozentigen Essig beigeben – ich selbst nehme nur 1 Teil Essig auf 3 Teile Wasser und bin auch mit dem Salz etwas sparsamer, denn man kann auch marinierte Pilze versalzen! – Nachdem ich die Gläser, in denen die Reizker konserviert werden sollen, gefüllt habe, lasse ich sie 2–3 Tage offenstehen und gieße dann, um die Haltbarkeit besser zu gewährleisten, oben auf die Marinade Sonnenblumenöl. Hernach verschließe ich die Gläser mit durchsichtiger Folie.«

Soweit der Indogermanist. Aber auf dieselbe Weise lassen sich natürlich auch viele andere feste Pilze einmachen. In Polen nimmt man hierfür gern die vielen Ritterlingsarten, die im Spätherbst manchmal den ganzen Waldboden wie ein Rasen bedecken und die gedünstet oder gebraten nach gar nichts oder eher unangenehm schmecken. Als Essigpilze sind sie, mit Schwarzbrot zusammen zum Schnaps genossen, eine Delikatesse!

Salzpilze – sauer oder steril

Wir sagten schon, daß Dr. H. D. sich großartig darauf versteht, rohe Pilze in Salzlösung haltbar zu machen. Ehe wir ihn wieder zu Wort kommen lassen, sei zu diesem Punkt einiges Allgemeine angemerkt:

Gemüse oder Früchte – und folglich auch die Pilze – gehen, sofern sie genügend Flüssigkeit enthalten oder in Wasser eingelegt werden, mit oder ohne Salz in Gärung über. Fügt man also dem zu konservierenden Material etwas Salz und/oder Zucker bei, so ist keineswegs diese Beigabe der Grund der Fermentierung. Aber Salz und/oder Zucker sorgen dafür, daß nur die gewünschte Milchsäuregärung eintritt und der Prozeß nicht auf Abwege gerät, daß sich also statt der erhofften Bakterien nicht ganz andere entwickeln oder das Einmachgut gar verdirbt und verfault. Legt man die betreffenden Substanzen einfach in kaltes Wasser, so kann es auch passieren, daß dem Gefäß nach ein paar Tagen statt eines appetitlichen Sauerduftes widerlicher Gestank entströmt.

Vermischt man aber die Substanzen mit einer allzu konzentrierten Salz- oder Zuckerlösung, dann kommt es überhaupt nicht mehr zur Gärung, denn dann sterben alle Bakterien ab, das Eingemachte wird steril. Wie schön man mit einer massiven Zuckerlösung konservieren kann, weiß jede Hausfrau, die Marmeladen einkocht. Mit einer sehr starken Salzlösung kann man auch Pilze fast unbegrenzt haltbar machen.

Saure Salzpilze

Man kann natürlich Pilze, genau wie Salzgurken, Sauerkraut und ähnliches, auch roh in einer schwachen Salzlösung, mit etwas Zucker dazu, einsäuern. Bei dem hohen

Eiweißgehalt und der lufthaltigen Substanz der Pilze ist das aber ein riskantes Verfahren, das auch mißraten kann. Pilzexperten empfehlen daher, lieber vorgekochte Pilze zu ›silieren‹, wie man solches ›natürliche‹ Einsäuern ohne Essigbeigabe nennt. Man kocht die gereinigten und, wenn sie zu groß sind, auch zerschnittenen Pilze in einer Lösung mit je 15 g Salz und Zucker auf einen Liter Wasser kurz durch. Abschäumen, Pilze herausnehmen, sehr dicht in Gefäße schichten (es dürfen sich keine Luftblasen dazwischen bilden!), mit einem Brettchen oder Tellerchen fest niederdrücken. Die Pilze müssen von der Lake überdeckt sein; sondern sie selber nicht genügend Flüssigkeit ab, dann muß man mit dem Kochwasser nachfüllen. Leicht – und auf keinen Fall luftdicht! – überdecken.

Genau wie bei Sauerkraut oder Dillgurken bildet sich auch hier der sogenannte »Kahm« an der Oberfläche, eine weißliche schimmelartige Schicht, die man alle paar Tage abnehmen muß. Ist die Fermentierung nach etwa 14 Tagen abgeschlossen, dann bildet sich kein weiterer Kahm mehr. Während der Gärung sollten die Pilze in einem Raum mit 13–18° Celsius stehen, nachher kommen die nunmehr abgeschlossenen Gefäße in einen Raum mit etwa 10° Celsius. Silierte Pilze schmecken angenehm säuerlich und weniger ätzend als jene aus dem Essig und sind auch bekömmlicher. Indes ist die Milchsäuregärung ein lebendiger Prozeß, unbegrenzt haltbar sind solche Pilze sowenig wie Salzgurken, die ohne Beigabe von Essig oder anderen konservierenden Substanzen eingemacht wurden. Bedenkt man ferner, daß nur die wenigsten von uns in der Lage sind, die Temperatur in ihren Wohn- oder Kellerräumen genau zu regulieren, dann wird man sich nicht wundern, daß heute kaum noch jemand seine Pilze auf diese Weise einmacht. Auch Dr. H. D. säuert die Rohpilze nicht ein, sondern er konserviert sie in einer intensiven Salzlösung. Hören wir uns an, wie er es macht:

Die Salzpilze des Indogermanisten Dr. H. D.

»Was Ihre Anfrage betreffend roh eingesalzene Pilze angeht, so weiß ich da Bescheid. Mir sind die Versuche noch immer geglückt. Mit Vorliebe nehme ich hierfür – genau wie die Russen – solche Pilze, die wegen ihrer Schärfe, ihrer Bitterkeit oder aus anderen Gründen (ausgenommen Giftgehalt, der verschwindet natürlich auch nicht beim Einlegen!) als ungenießbar gelten. Ich nehme hierfür also etwa den Birken-, Gift- oder zottigen Reizker (Lactarius torminosus), den Tannenreizker oder Mordsschwamm (Lactarius turpis sive necator), den blassen Fransenmilchling (Lactarius resimus), den blaublättrigen Weißtäubling (Russula delica), den Stinktäubling (Russula foetans) und noch einige andere Milchlings- und Täublingsarten.

Man unterscheidet zweierlei Verfahren: 1. roh eingesalzene, 2. nach Abkochen eingesalzene Pilze. Uns interessiert hier nur das Verfahren 1. Hier die russische Originalprozedur:

›Unmittelbar nach dem Säubern legt man nur solche Pilze ein, die auch im frischen Zustand einen angenehmen oder erträglichen Geschmack haben, also etwa den Edelreizker und einige besonders gute Täublingsarten. Von den Pilzen mit beißendem Geschmack weicht man vor dem Einsalzen 24 Stunden lang folgende ein: den Blassen Frauenmilchling, den Birkenreizker, den Kuh-

braunen Milchling (Lactarius hysginus) und gewisse brennende Täublingsarten. Mindestens 36–48 Stunden lang muß man vor dem Einsalzen folgende Pilzarten in kaltem Wasser einweichen: den Stinktäubling, den Rotbraunen Milchling (Lactarius rufus) und den Tannenreizker (Lactarius turpis sive necator). Danach nimmt der beißende Geschmack der Pilze ab und verschwindet endgültig 1 1/2 Monate nach dem Einlegen in Salz. – Man macht das so:
Nach dem Einweichen legt man die Pilze auf ein Sieb und spült sie sorgfältig mit kaltem Wasser ab. Dann schichtet man sie mit den Hüten nach unten in eine saubere Verpackungstonne oder in ein Email- oder Tongefäß, und zwar in Schichten von 5–7 cm, wobei man jede Pilzschicht mit Salz bestreut. Im Haushalt nimmt man auf 1 kg Pilze 50 g Salz (3 % vom Gewicht der Pilze), bei Massenverarbeitung bis zu 4,5 % vom Pilzgewicht. Zur Aromatisierung fügt man etwas Dill, Knoblauch, Lorbeerblätter, Pfefferkörner, Gewürznelken und auch Johannisbeerblätter hinzu. Nach dem Einschichten bedeckt man die Pilze mit einer Holzscheibe und legt eine kleine Presse darauf (gewöhnlich einen abgespülten Rollstein), auf keinen Fall aber Ziegelsteine, Kalksteine oder Metallgegenstände! Unter der Presse sondern die Pilze Salzwasser ab. Wenn sie einsinken, kann man weitere frische Pilze in das Gefäß einlegen, sie einsalzen und würzen.‹ –
Marinierte – also eingesäuerte – Pilze mag ich an sich lieber als eingesalzene«, fährt Dr. H. D. fort, »für besonders mies schmeckende Pilze ist jedoch das Einsalzen ein Idealverfahren. Man glaubt es nicht, aber die mißlichen Geschmacks- und Geruchskomponenten verschwinden

auf diese Weise wirklich restlos! Und es macht mir einfach Spaß, ahnungslosen Gästen etwa eingesalzene Mordsschwämme (Lactarius turpis sive necator) als Salatpilze zu servieren! Die diversen Pilze, die nur roh genießbar sind, wie etwa Zitterzahn, Gallertzahn oder Eispilz (Pseudohydnum sive, Tremellodon gelatinosum sive crystallinum), schmecken unvergleichlich schlechter!
In einem aber muß ich Ihnen widersprechen: Die Pilztollheit endet keineswegs im Spätherbst, setzt sich vielmehr den ganzen Winter über fort! Ich spreche aus Erfahrung! Bei uns wachsen um Weihnachten herum der Austernseitling (Pleurotus ostreatus) und der Samtfußrübling (Flammulina velutipes), beide wohlschmeckend und sehr ergiebig!« –
Zu diesem Austernseitling (den es übrigens in Dutzenden von bräunlichen und grauen Varianten gibt, deren eine man neuerdings sogar auf Baumstrünken züchtet und, genau wie den Champignon, das ganze Jahr über verkauft) äußert sich auch der bereits früher zitierte Biochemiker Prof. G. S., wenn auch in einem anderen Zusammenhang. Er schreibt:

Laiberl aus Schwammerln als Delikatesse
»Warum sind Sie gegen die Laiberl aus Schwammerln? Wieso bezeichnen Sie die als bloße Notnahrung für Hungerzeiten? Es gibt zum Beispiel den Austernseitling, der hervorragend schmeckt, aber zäh wie Leder ist. Den kann man überhaupt nur in fein gehackter Form essen. Mit etwas Ei und Mehl oder Bröseln zu Laiberln geformt, schmeckt er herrlich!«
So hatte ich das Problem noch nie betrachtet. Ich hatte in den Pilzlaiberln nur einen kulinarisch mittelmäßigen

Versuch gesehen, auch ganz ohne Fleisch, gleichsam mit dem ›Fleisch des Waldes‹, in Notzeiten etwas der Berliner Fleischboulette Ähnliches vorzutäuschen oder aber unschöne und geschmacklich uninteressante kleine Pilzstückchen doch noch zu etwas Ansehnlichem zu verarbeiten.

Verwendung ›ledriger Sorten‹

Was aber speziell den oft in Riesenbüscheln an Baumstrünken oder alten Stämmen wuchernden Austernseitling angeht, so gedeihen in unserer Gegend von ihm nur Sorten, die gar nicht so ledrig sind. Aber es gibt ja in der Tat zahlreiche andere sehr ledrige und zugleich hocharomatische Pilzarten. Etwa den Aniszähling, der, wie der Austernseitling, ebenfalls in großen Büscheln an Baumstrünken wuchert und nicht grundlos den Namen »Zähling« trägt. Oder den rahmfarbenen Mönchskopf, der nur in der Jugend einem schlanken Dominikanermönch gleicht, später aber seine Hüte bis zum Umfang von Suppentellern ausbreitet. Bei ihm ist nicht der Hut zähfleischig, wohl aber der sehr hohe, dicke Stiel, den man seines festen, rahmfarbenen Fleisches wegen aber ungern wegwirft.

Für alle ledrigen Pilze schlage ich daher vor: entweder Laiberl oder, ebenfalls sehr fein gehackt, als Würze in Saucen, Suppen, Omeletten.

Doch nicht nur unzerkaubaren Arten weiß Prof. G. S. noch gute Seiten abzugewinnen. Nicht grundlos stammt er aus den Regionen Altösterreichs, wo man sich von jeher darauf verstand, aus vielem, was weniger Kochbegabte verächtlich beiseite schieben, doch noch Delikatessen hervorzuzaubern. Hören wir ihm weiter zu.

Sonderrezept für Brauntäublinge

»Sie schreiben von Täublingen. Die sind zum Teil recht gut. Doch was macht man in solchen Jahren, in denen es partout keine anderen Schwammerl gibt als immer wieder Brauntäublinge, Brauntäublinge ...?

Da habe ich einmal versucht, die Hüte so zu panieren wie Wiener Schnitzel. Versuchen Sie es! Der braune Ledertäubling zum Beispiel schmeckt dann ganz hervorragend, viel besser, als ich es mir erträumt hätte!«

Hierzu möchte ich anmerken: Die Ledertäublinge mit ihrem leuchtend braunen Hut und ihren rahmfarbenen Lamellen schmecken erstens auch in anderer Zubereitung recht gut, und sie tauchen zweitens nie so reichlich auf, wie Professor G. S. es schildert. Vermutlich bezeichnet er mit diesem Namen jene ockerfarbenen Sorten, die im Spätsommer in Massen auftreten und auch kaum von der Ausrottung bedroht sind, weil fast niemand sie sammelt. Das hat seinen guten Grund. Etliche dieser braungelben Täublingsarten sind nämlich sehr scharf und/oder bitter. Andere wieder schmecken ganz erträglich, wenn auch nicht weiter interessant. Wer aber nicht ein ganz raffinierter Täublingskenner ist – und ihrer gibt es auch unter Pilzexperten nur ganz wenige –, der kann die verschiedenen Varianten des braungelben Täublings mit bloßem Auge nicht auseinanderhalten. Man muß sie eben kosten. Wächst nun irgendwo eine halbwegs erträglich schmeckende Abart in rauhen Mengen, dann sollte man es mit dem Rezept des österreichischen Biochemikers einmal versuchen! Man riskiert nicht viel: Knusprig gebackene Panade schmeckt ja immer gut, ganz gleich, was sie in ihrem Innern umschließt!

Man soll sich also merken: Braungelbe Täublinge als

Wiener Schnitzel zubereiten und mit Zitronenscheiben zu knackend frischem Weißbrot servieren!
Doch auch über Fliegenpilze weiß Prof. G. S. viel Interessantes:

Die ›chemischen Unterrassen‹ des Fliegenpilzes
»Der Fliegenpilz enthält tatsächlich das Gift Muscarin, wenn auch nicht allzuviel davon. Man kann ihn essen, wenn man ihn vorher abkocht und das Kochwasser abschüttet. Hennig, der Zweitautor des großen deutschen Standardwerks für Hobby-Mykologen (Michael/Hennig), hat, so schreibt er, nach dem Krieg in der Berliner Gegend Tausende von solchen Fliegenpilzen gegessen. Freilich, ein Genuß war's keiner, denn alles das, was gut schmecken könnte, war im Ausguß!
Der mitteleuropäische Fliegenpilz berauscht auch nicht. Dergleichen kennt man aber von den verschiedensten Pflanzen, daß sie ›chemische Rassen‹ ausbilden, also unterschiedliche Inhaltsstoffe bei gleicher Morphologie aufweisen können, je nach Standort, Temperatur, zufälligen Umwelteinflüssen etc. Zum Beispiel wollten wir einmal aus der Schneerose einige Herzgifte herausisolieren – es ging nicht! Woher wir die Pflanzen auch bezogen: sie waren ohne diese ›charakteristischen‹ Inhaltsstoffe! Dann endlich bekamen wir aus Jugoslawien eine Ladung, die alles enthielt, was wir suchten. Sie war von der einen Seite eines Berges geerntet worden, auf dessen anderer Seite ebenfalls schönste Schneerosen wuchsen – doch die enthielten keine Spur der gesuchten Herzgifte! Ähnlich verhält es sich eben auch mit Pilzen.

Die ›chemischen‹ Menschenrassen und der Tintenpilz

Aber nicht nur Schwammerl, auch Menschen scheinen ›chemische Rassen‹ herauszubilden«, fährt Prof. G. S. fort; »der Knotentintling zum Beispiel wirkt nach Literaturangaben giftig, wenn er mit Alkohol zusammen genossen wird. Ich wollte das näher untersuchen, sammelte diese Pilze bei Hamburg, kochte sie ab (im Rohzustand soll sich die Giftwirkung angeblich nicht einstellen), ich machte Extrakte mit Petroläther, Chloroform und Methanol, schmierte mir dieses scheußlich stinkende und schmeckende Zeug aufs Brot, würgte es hinunter, schluckte Schnaps dazu – nichts!

Ich vermutete also, daß ich die Pilze vielleicht zu lange gekocht oder nicht alles aus ihnen extrahiert hatte. Also neue Ernte in Bonn, neuer Test, diesmal einfach mit gedünsteten Schwammerln. Wir waren zu dritt, einer aß nur die Schwammerl, ohne Schnaps dazu (es hätte ja sein können, daß die Knotentintlinge, entgegen den Literaturangaben, für sich allein schon giftig wirkten!), wir beiden andern tranken dazu noch Alkohol. Mein Freund fuhr nach dem Essen sofort nach Hamburg, ich wartete allein auf die Folgen: keine!

Am nächsten Dienstag kam mein Hamburger Kollege zurück: ›Nie wieder!‹ sagte er, ›meine Frau hat es mir verboten!‹ Bei ihm war alles eingetreten, was die Literatur beschreibt: Gesicht und Körper gerötet, nur Nasenspitze und Ohrläppchen kalkweiß, Erbrechen, Fieber abwechselnd mit Schüttelfrost – also schrecklich! Nach 24 Stunden – Test ist Test! –, nach dem Genuß von einem weiteren Glas Wein kam alles wieder, wie gehabt. Nach weiteren 24 Stunden und abermals einem Glas Wein kamen wenigstens nur noch die roten Flecken am ganzen

Körper, die restlichen Symptome blieben jetzt weg. Also: ein voller Erfolg!
Dennoch habe ich über dieses hochinteressante Problem nicht mehr gearbeitet: Ich selber bin ja kein geeignetes Versuchskaninchen, und ein anderes wollte sich – nach den Erfahrungen meines Freundes – auf keinen Fall mehr zur Verfügung stellen . . .

Das gesteigerte Aroma der Trockenpilze
Seither experimentiere ich mit Pilzen nur noch, soweit es ohne Versuchskaninchen geht. Sie erwähnen, daß die Totentrompeten nur getrocknet das Aroma der Morchel oder gar Trüffel entfalten. Das gilt jedoch genauso für viele andere Pilze, die im Frischzustand gar nicht besonders erregend duften. Pilze dürften demnach zu den sehr wenigen ›Natursubstanzen‹ gehören, bei denen der Frischzustand nicht den gastronomischen Höhepunkt bedeutet. Warum? Nun – ich kann es nur vermuten: Schwammerl enthalten auch viele Enzyme, die aber erst zu wirken beginnen, wenn der normale ›Haushalt‹ gestört ist, also beim abgerissenen Pilz. Dann können zum Beispiel die Glykoside gespalten werden (Verbindungen eines Stoffes mit Zucker), und die frei werdenden ›Aglykone‹ können dann – weil flüchtiger – riechen . . .«

Soweit für Pilznarren. Von hier an können auch andere wieder weiterlesen.

Wo finde ich reines Roggenbrot?

Immer wieder schreibe ich: Nehmt zu den Pilzen oder – das kommt noch später! – zu den Sauergurken ein Stück Schwarzbrot, und ich meine damit immer: reines Roggenbrot aus Sauerteig. Bloß: wo bekommt man solches Brot jetzt noch bei uns im Westen? Wer von den jungen Leuten westlich vom Eisenvorhang weiß überhaupt noch, wie es schmeckt?

Schwarzbrot bei Leo Tolstoj

Letzthin ist mir beim Abstauben von Büchern ein Band Tolstoj auf den Kopf gefallen. Da hatte ich mit einem Male genug. Nicht von Tolstoj natürlich, sondern vom Abstauben. Ich habe mich hingesetzt und in dem Buch geblättert. Und dabei bin ich auf eine Stelle gestoßen, wo ein sehr tugendhafter Mann sich über seines leichtsinnigen Schwagers Affären mit Ballettmädchen aufhält. »Du hast doch eine reizende Frau«, sagt er zu ihm. »Du kommst mir vor wie einer, der nach einer reichen Luxusmahlzeit noch in eine Bäckerei einbricht, um ein gewöhnliches Brot zu stehlen.« – »Warum nicht?« entgegnet der Taugenichts mit leuchtenden Augen, »so ein duftendes frisches Brot!«

Brot in Amerika

Da habe ich mir überlegt, ob ein Amerikaner diese Stelle begreifen kann. Haben Sie je schon den hygienisch verpackten, knochenblassen Schwammgummi gegessen,

den man drüben als ›Brot‹ verkauft? Einem solchen Brot zuliebe bricht einer erst ein, wenn er vor Hunger den Verstand verloren hat. Die Stelle bei Tolstoj kann nur verstehen, wer in seiner Jugend echtes, gesäuertes, schweres Brot aus reinem Roggen gegessen hat. Wenn man dann noch ein Stück frische Maibutter dazu hätte – nicht pasteurisiert, nicht aus dem Kühlschrank, sondern aus roher, leicht angesäuerter Sahne –: für eine solche Mahlzeit schenkte ich Ihnen gern alle Langusten und allen Kaviar der Welt. Obwohl, wer allzu schnell zu Geld gekommen ist, mich nicht verstehen wird: denn schwarzes Brot mit Butter ist ja billig!

Brot in Italien

Bloß – wo bekommt man noch im mittleren und westlichen Europa solches unvermischtes dunkles Roggenbrot aus Sauerteig? In Frankreich und Italien braucht man gar nicht erst zu suchen. Romanen essen nur Brot aus weißem Mehl. In Italien geschieht es vermutlich aus Gründen der kulinarischen Harmonie: der Italiener ißt ja sein Brot nicht zu Butter und Konfitüre, sondern zu scharfen Würsten – Salami oder Mortadella –, zu Sardinen, Sardellen oder Käse. Zu alledem paßt kaum das herbe dunkle Brot.

Brot im Zuchthaus auf Sizilien

Eine Wiener Journalistin erzählt in einem ihrer Bücher sehr erheiternd von ihrer Jagd nach schwarzem Brot in ganz Italien. Sie wäre unverrichteter Dinge heimgekehrt, hätte sie nicht zugleich nach einem berühmten Banditen – ich weiß nicht mehr, ob auf Korsika oder Sizilien – Jagd gemacht im Auftrag ihrer Zeitung. Das mißverstand die Polizei der Gegend aus irgendeinem Grunde und steckte die Journalistin ins Gefängnis. Hier fand sie zwar nicht den Bergbanditen, den sie suchte, wohl aber schwarzes Brot! Vermutlich ohne scharfe Beikost in Form von Mortadella, Salami und Sardellen, so daß sie es voll genießen konnte.

Brot in Frankreich

In Frankreich aber ist der Grund, warum man schwarzes Brot nicht essen will, nicht kulinarisch, sondern rein sozial: bis zur ›Grande Révolution‹ aß nur der Adel weißes Brot. Der Bauer war sehr arm und meist schon froh, wenn er vom schwarzen nicht zuwenig hatte. Und oft enthielt das Brot des Bauern nicht nur dunkle Kleie, sondern auch Sand und Erde, die der Müller beigab. So rundete er nämlich gerne seinen Mahllohn auf, der nicht in Geld, sondern in einem festgesetzten Anteil an dem Mehl bestand. Dem Bauern jedoch war es bei hoher Strafe untersagt, selber zu mahlen, was er geerntet hatte. Dunkel ist aber nicht nur die schmutzige Mischung aus Weizen, Sand und Kleie; dunkel ist auch der herrlich duftende Roggen. So kommt es, daß die Franzosen, dies kulinarisch so hochbegabte Volk, aus rein politischen und sozialen, nicht mehr aktuellen Gründen, einzig der Farbe wegen, bis heute nur schneeweißes Brot genießen. Und dabei haben sie schon längst keine Ahnung mehr von den Zusammenhängen, die noch jetzt, nach fast zweihundert Jahren, ihren Brotgeschmack bestimmen! Roggenbrot, und gar schon bäuerliches, nicht mit Hefe, sondern mit Sauerteig gelockertes, wird man im ganzen Lande wohl vergeblich suchen.

Brot in der Schweiz

Aber auch in der Ostschweiz, wo ich wohne, findet man nirgends reines Roggenbrot aus Sauerteig. Zwar gibt es Bäcker, die behaupten, solches Brot zu führen. Doch eilt man hin, dann sieht man: das Brot ist ziemlich hell und riecht kaum sauer. Und fragt man nach dem Grund, dann sagt der Bäcker: »Roggen allein ist viel zu dunkel, viel zu schwer! Und Sauerteig allein schmeckt viel zu expressiv. Es wird daher gemischt, mit Hefeteig und Weizen.« – In welchem Verhältnis? Ich möchte meinen: etwa eine Taube auf ein Pferd.

Die Bäckergesellen und der Sauerteig

Da blieb, so fand ich, nichts übrig, als allein zu backen. Ich habe also in einem Dutzend dicker Kochbücher nachgeschlagen, wie man Sauerteig bereitet. Glauben Sie, auch nur ein einziges gab klare Auskunft? Da stand nur immer: »Man nehme eine Handvoll Sauerteig!« – Ja, aber eben: woher nehmen und nicht stehlen? Und selbst, wenn ich es stehlen wollte – ich wüßte ja nicht, wo!

Also begann ich, Bäckergesellen auszufragen. Zuerst zwei Hiesige. Die waren gleich beleidigt. Sie meinten, mit Sauerteig backe doch heute niemand mehr! Man backe nur mit Hefe!

Der dritte Geselle kam aus Berlin. Er kannte Sauerteig. »Sauerteig«, sagte er, »beziehen die Berliner Bäcker täglich frisch aus der Fabrik.« – Er selber hatte keine Ahnung, wie Sauerteig entsteht. – Und so ein Mann wollte nun also Bäcker werden! Er gestand mir aber, daß er demnächst mit dem Backen aufhören und Tramschaffner werden wolle. Das hat mich beruhigt.

Arthur Koestler als Koch

Nun überlegte ich, ob ich vielleicht an den bekannten Exkommunisten Arthur Koestler schreiben sollte. In seinen Memoiren erzählt er nämlich, auf seiner Rußlandreise hätte er solches schwarzes, saures Brot zum erstenmal gegessen – es dufte und schmecke berauschend, unvergeßlich.

Dann aber las ich in seinem Buche weiter und stieß dabei auf eine Stelle, wo er seine eigene Kochkunst ganz ausführlich schildert. Während des Krieges hat er nämlich als armer Emigrant in einem Heim für deutsche Flüchtlingskinder in Paris gekocht. Abwechselnd nahm er Reis oder Grieß, rührte Zucker und Kakao hinein und kochte das Gemisch mit sehr viel Wasser so lange, bis es zu einer qualligen Gallerte wurde. Die Kinder wunderten sich sehr und nannten die Speise schließlich nach ihrem Schöpfer ›Koestler‹.

Brot in England

Das alles klang nicht, als verstünde Koestler viel vom Backen. Obendrein hat er bekanntlich etliche Jahre nach seiner Rußlandreise seine politischen Sympathien radikal gewechselt.

Neuerdings schwärmt er nicht mehr für Volk und Politik von Rußland, sondern für England. Am Ende mag er da auch nicht mehr Roggenbrot aus Sauerteig, sondern nur noch den engelhaft weißen, elastischen Schwamm aus Weizen und Backpulver, der in England als Brot verkauft wird und der auch in Amerika längst den dunklen Sauerteig aus Roggen verdrängt hat?

Brot im Baltikum

Schließlich kam mir in den Sinn, daß ich eine Dame aus dem Nordosten Europas kenne, aus einer Gegend, wo Füchse und Wölfe einander gute Nacht sagen. Sie ist auf einem Gutshof aufgewachsen. Sollte sie wirklich nie gesehen haben, wie man dort solches Urbrot bäckt? Und vielleicht hatte sie aus dem Debakel der letzten Kriegsjahre doch noch das eine oder andere von zu Hause gerettet? Vielleicht auch einen Teil der väterlichen Bibliothek? Und vielleicht war da ein Kochbuch aus dem Baltikum darunter? Oder vielleicht besaß sie Notizen eines Bäckers oder Kochs vom Gut – sofern das Küchenpersonal dort nicht analphabetisch war?

Und also schrieb ich ihr. Nach drei Tagen war die Antwort da, aus der ich einen Ausschnitt wiedergebe:

Sauerteig im neunzehnten Jahrhundert

»... Zunächst aus einem Kochbuch von 1895. Ein wenig sudermännischer, sentimental-dramatischer Stil. Aber Sie werden sehen, daß das Vorteile hat, da noch etwas von den Ängsten des Backenden, seinen Gefühlen und Geruchsempfindungen mit eingefangen ist:

Man nimmt Roggen- oder Weizenmehl und vermengt es mit so viel Wasser, daß man einen steifen Brei erhält, welchen man zugedeckt an einem warmen Orte aufbewahrt. Nach 3 Tagen geht dieser Brei in Säuerung über, wirft Blasen auf und riecht angenehm säuerlich. Nach späteren 3 Tagen riecht der Teig spirituös [was das ist, werden Sie ja merken], und nach weiteren 2 Tagen nimmt er wieder den säuerlichen Geruch an.

Jetzt ist die Zeit eingetreten, wo der Sauerteig verbraucht werden muß. Bei einem weiteren Aufbewahren würden sich alle Stoffe zersetzen und der Teig in Fäulnis übergehen. Guter Sauerteig muß einen scharfen, weinsäuerlichen Geruch haben, elastisch sein und auf dem Wasser schwimmen.

(Hier folgt eine Moral über das Brot)« – so steht es in dem Brief, in Klammern. Die Moral selber steht leider nicht im Brief drin. Wir fahren also weiter:

»Um gutes Brot zu backen, muß das zu dem Brotteig verwandte Mehl von bester Beschaffenheit sein. Es muß trocken sein, so daß 100 Gewichtsteile gutes Mehl ungefähr 65 bis 75 Gewichtsteile Wasser erfordern.

12 Stunden vor dem Backen schüttet man das durchgewärmte Roggenmehl, sagen wir 25 Pfund, in die erwärmte hölzerne Backmulde und säuert den Teig an, indem man in der Mitte des Mehls eine Höhlung macht, in welche man lauwarmes Wasser und ein Stück Sauerteig im Gewicht von 300 Gramm gibt. Nun bildet man von dem Wasser, vom Sauerteig und der Hälfte des Mehls einen steifen Brei [6 Liter Wasser ungefähr], in welchem der Sauerteig durch dauerndes Kneten gleichmäßig verteilt werden muß. Nachdem dies geschehen ist, bestreut man den Teig mit Mehl, stellt ihn in einen mäßig erwärmten Raum und deckt ihn mit erwärmten Decken zu, damit die Gärung, welche Wärme fordert, ihren Anfang nehmen kann.

Am folgenden Morgen, etwa 2 Stunden vor dem Backen, beginnt man mit dem Kneten von neuem, indem man den gegorenen Teig mit der andern Hälfte des Mehls, etwas lauwarmem Wasser [2 1/2 Liter] und etwas Salz mit den Knöcheln der Fäuste zu einem bindenden, zusammenhaltenden Teige durcharbeitet, welchen man, mit Mehl bestreut, 2 Stunden ruhen läßt... [Dann] Brote formen, welche man noch eine kurze Zeit warmstellt und dann in dem wohldurchheizten Ofen [150 bis 200 Grad Celsius] 2 Stunden backen läßt...«

Der gleiche Brief enthielt auch ein Rezept aus einem neueren Kochbuch:

Sauerteig aus dem zwanzigsten Jahrhundert
»Sauerteigherstellung:
2 gehäufte Eßlöffel Roggenmehl werden mit etwas kaltem Wasser und 1 Teelöffel Kümmel in einem Steingut- oder Porzellantopf zu einem dicken Brei verrührt, den man mit Wasser bedeckt und etwa 3 bis 6 Tage lang in Zimmertemperatur stehenläßt. Dann ist der Sauerteig gebrauchsfähig. Man gießt so viel Wasser ab, bis man einen Brei erhält, den man dem Brotteig zusetzt.
Bäckt man häufiger Brot, so behält man von dem verkneteten Brotteig 1 gehäuften Eßlöffel zurück, auf den man Wasser füllt, bis er reichlich bedeckt ist. Dieser Sauerteig hält sich bis zu 8 Tagen. Die Haut, die sich oben bildet, nimmt man ab.
Roggenbrot aus Sauerteig:
2 1/2 Kilo Roggenmehl
2 Eßlöffel Salz, 1 gestrichener Eßlöffel Kümmel [nach Belieben]
1 Liter lauwarmes Wasser
ca. 3 bis 4 Eßlöffel Sauerteig
Der Teig wird mehrere Stunden vor dem Backen angesetzt, also am besten am Abend zuvor. Das macht man so: Das Mehl wird mit den Gewürzen in einer großen Schüssel gemischt. In der Mitte macht man eine Vertiefung, gibt den Sauerteig hinein und rührt ihn zunächst

mit 1 Liter lauwarmen Wasser an. Über den angerührten Teig streut man Mehl und läßt ihn an einem zugfreien, warmen Ort zugedeckt stehen. Am andern Tage nochmalige Verarbeitung, indem man den Teig mit geballten Fäusten in der Schüssel durchknetet. Nur wenn unbedingt nötig, fügt man noch Wasser zu. Der Teig muß geschmeidig werden, sich von der Schüssel und von den Händen lösen und beim Durcharbeiten unbedingt glucksende Töne abgeben, was nach 15 bis 20 Minuten eintreten kann. Die Hände werden mehrmals mit lauwarmem Wasser angefeuchtet, um den Teig dann wieder durchzuarbeiten. Nun formt man eine glatte Teigkugel, indem man die Hände in lauwarmes Wasser taucht und immer wieder darüberstreicht. Die Teigkugel läßt man 1 bis 1 1/2 Stunden in der Schüssel gehen. Danach nimmt man den Teig im ganzen heraus, bringt die untere Seite nach oben und streicht sie ebenfalls mit den Händen und lauwarmem Wasser glatt. Man formt ein Brot, das keine Risse haben darf und obenauf nach Belieben verziert wird. Man legt es auf ein mit Wasser abgespültes oder bemehltes Blech und läßt es 1/2 Stunde ruhen. Sollte es etwas auseinandergehen, so schiebt man es nochmals zusammen. Mit einer Gabel oder einem Hölzchen sticht man mehrmals in den Teig hinein, um dadurch ein Platzen des Brotes zu verhüten. Fromme Ruthenen pflegten manchmal ein Teigkreuz auf das Brot zu kleben.

Inzwischen wird der Backofen vorgeheizt, das Brot auf die untere Schiene geschoben und gebacken. Nach dem Ausschalten [wir haben es also mit einem Gas- oder elektrischen Ofen zu tun!] und Herausnehmen bestreicht man die Oberfläche mit kaltem Wasser, damit sie glänzt. [Vorheizen 25 Minuten bei elektrischem Ofen, Backzeit

60 Minuten. Wrasenschieber (= Dampfabzug) öffnen, wenn das Brot 10 Minuten gebacken hat.]...»

Sauerteigprobleme im modernen Haushalt

Soweit die Kochbuchangaben. Man sieht, sie sind so detailliert, daß nach ihnen am Ende sogar Arthur Koestler es zustande brächte, tadellos gesäuertes Roggenbrot zu backen!

Wenn Sie aber glauben, daß ich selber mir jetzt welches backe, dann irren Sie! Denn erstens habe ich bei keinem Bäcker und in keinem Laden reines Roggenmehl erhalten können. Und zweitens steht doch da: »Die Mischung für den Sauerteig muß bis zu 6 Tagen in der Wärme stehen, bis sie ganz durchgegoren ist.« Wie aber soll ich das zustande bringen bei den kühlen Sommern, die wir häufig haben? Und im Winter ist die Heizung in unserm Hause bei Nacht nicht eingeschaltet!

Um solches Brot zu backen, braucht man offenbar die heißen Sommer Osteuropas und im Winter die riesigen, ständig ein wenig warmen Ziegelherde der östlichen Bauernhütten!

Der unsterbliche Sauerteig

Ich habe übrigens gehört, daß in solchen Dörfern kein Mensch sich je die Mühe nimmt, Sauerteig selber anzusetzen. Man holt sich jeweils ein Stücklein von dem Nachbarn, der zuletzt gebacken hat. Wenn also nicht durch Krieg und Pestilenz das Dorf zeitweise völlig ausgestorben war, dann ist es möglich, daß in einem Brot, das jene heute essen, noch Teile eines Teiges aus den Zeiten Barbarossas enthalten sind!

Roggenbrot nach der russischen Revolution

Wenn zufällig ein Bäcker aus dem Nordosten oder Osten Europas diese Zeilen liest, dann möge er mir doch verraten: Wie vermeidet man, daß Roggenbrot so herauskommt wie kurz nach der großen Revolution in Rußland? Soschtschenko berichtet in einer seiner heiter-spöttischen Skizzen, es wäre in jener Zeit lebensgefährlich oder auch unmöglich gewesen, frisches Brot zu essen. Roggenbrot war damals eine Art von dunkelbraunem Klebemittel. Legte man es aber für ein paar Wochen auf den Ofen und hackte dann mit einem Beil kleinere Splitter vom Brotlaib ab, dann waren sie durchaus verdaulich. So sagt Soschtschenko. Doch teilt er uns nicht mit, warum das Brot auf diese Art mißriet. Ich nehme an, es bestand aus allem möglichen, aber wohl kaum aus Roggen.

Brot im englischen Gefängnis

Gesäuertes dunkles Brot ist, wie gesagt, das weitaus beste. Das zweitbeste ist Brot aus Hefeteig. – »Gibt es denn überhaupt noch eine dritte Sorte?« werden Laien fragen. Es gibt. Die Angelsachsen nehmen oft Backpulver statt der Hefe. Es vereinfacht erheblich die Prozedur. Man braucht keinen Vorteig anzurühren, nicht warm zu stellen, nicht mehrfach aufgehen lassen und die Zugluft fürchten. Das alles stimmt. Allein: Was ist das für ein Brot!

Ich erinnere mich an eine Episode, die ein englischer Politiker berichtet. In der Hitze des Wahlkampfes hatte er den Gegenkandidaten schwer beleidigt. Die vom Gericht verhängte Geldbuße weigerte er sich zu zahlen. Er zog es vor, die Strafe abzusitzen. Vielleicht zum Spaß, vielleicht

auch, weil er sich davon den größeren Wahlerfolg versprach.
Und im Gefängnis wollte er nichts essen als die Kost, die auch die anderen bekamen. Sie schien ihm, rein dem Quantum nach, auch zu genügen. Doch schon am zweiten Tage empfand er solchen Hunger, daß er sich auf den schmutzigen Steinboden legte, um eventuelle Krümel vom Vortag aufzulecken.
Entlassen, ging er auf der Stelle der Frage nach, warum er denn bei solchen Nahrungsmengen so gehungert hatte. Und er fand heraus, daß die Kost der Gefangenen zum großen Teil aus Brot bestand. Die Quantität des Brotes war vor über hundert Jahren festgelegt worden. Da England ein konservatives Land ist, hatte man die Verordnung und folglich die Quantität nie abgeändert.
Geändert hatte sich jedoch inzwischen die Qualität des Brotes. Statt Roggen oder Weizen samt der Kleie war es jetzt überfeiner Weizenpuder, mehrfach gesiebt, chemisch gebleicht und dann mit Natron, Soda und was weiß ich aufgelockert statt mit Hefe oder Sauerteig. Bei solchem Brot kann man, obwohl es rein an Kalorien reicher ist als das vor hundert Jahren, krank werden, hungern und verhungern.

Brot in Pastellfarben

In einer Zeitschrift aus Amerika habe ich gelesen, Brot könne man dort jetzt auch in vielen hübschen Farben haben, passend zum Tischtuch und Geschirr: himmelblau, rosa, hellgrün oder lila. Ob sich die Mode halten wird, das weiß ich nicht. Eins aber weiß ich: Ob knochenblaß gebleicht oder pastellen gefärbt – es macht schon kaum mehr einen Unterschied!

Säure, die ich liebe

Sauerkraut

Gesäuertes Brot ist, wie gesagt, das beste. Das Säuern aber ist ganz allgemein ein wenig aus der Mode gekommen. Wer ißt denn heute noch das früher im Winter so beliebte Sauerkraut ein- oder zweimal in der Woche? Zwar: Der Geruch ist penetrant und setzt sich rasch an allen Wänden fest, ist kaum mehr zu vertreiben. Aber zu etwas fettem und vor allem eingesalzenem Fleisch ist Sauerkraut das Ideale.

Bloß: Auch solches Fleisch ist nicht mehr in Mode.

Nun – es wird schon wieder in Mode kommen!

Welch hohe gesellschaftlich-kulinarische Schätzung dem Sauerkraut früher einmal zuteil wurde, mag Ihnen aber das nachfolgende alte Rezept beweisen:

Sauerkraut mit Champagner
(Choucroute au Champagne)

Wir kennen Sauerkraut als ein billiges, volkstümliches Gericht. Es gibt aber im Elsaß eine Variante, die alles andere als billig ist. Eine Abschrift des Rezeptes hat sich einer in den Hungerjahren in Deutschland nach dem Zweiten Weltkrieg zur Erbauung an die Wand über das Bett geheftet. Der Text lautet so:

»Zu 4 bis 5 Pfund Sauerkraut nimmt man 1/2 Pfund Ochsennierenfett, fügt eine Bouteille Champagner hinzu und läßt auf gelindem Feuer 3 bis 4 Stunden brodeln. Nachdem die Mischung etwa 1 1/2 Stunden gekocht hat,

tut man je zwischen eine Schicht Sauerkraut etwas Schweinsohren und Rippchen, schwach gesalzen, und läßt dieselben bis zum Ende mitkochen.
Natürlich hat man sehr darauf zu achten, daß das Feuer stets gelinde unterhalten wird und das herrliche Gericht nicht anbrennt...«

Eines Tages aber betrat ein Gast, Sproß einer Hamburger Patrizierfamilie, das Zimmer, las das Rezept und erklärte: »Das ist noch gar nichts! In den privaten Küchennotizen meiner Großmutter steht geschrieben: ›Sauerkraut bereitet man mit französischem Champagner.
Hat man den zufällig nicht zur Hand, tut es auch weißer Burgunder.
Ganz arme Leute nehmen Moselwein...‹«

Wie das Sauerkraut entsteht, brauchen wir hier nicht zu erklären. Denn wer im eigenen Garten Kohl anbaut, der weiß es seit der Kindheit. Familien, in denen das Einsäuern von Kraut seit Generationen üblich ist, bewahren mitunter die Gewohnheit auch dann noch, wenn sie in die Stadt gezogen sind. Meist aber kauft der Städter sein Sauerkraut im Laden.
Zwar ist es nicht mehr jenes, das er in seiner Kindheit auf dem Lande aß. Statt der natürlichen Säuerung durch Salz, in schwacher Lauge, gibt es da heute diverse Kunstverfahren, die durch die Bank weit weniger bekömmlich sind. Dennoch werden nicht viele in der Stadt den knappen Platz in der modernen Wohnung mit einem Faß voll Sauerkraut belegen können oder wollen. Schon der Geruch verbietet es.
Anders ist das bei Sauergurken aus dem Salz. Erstens be-

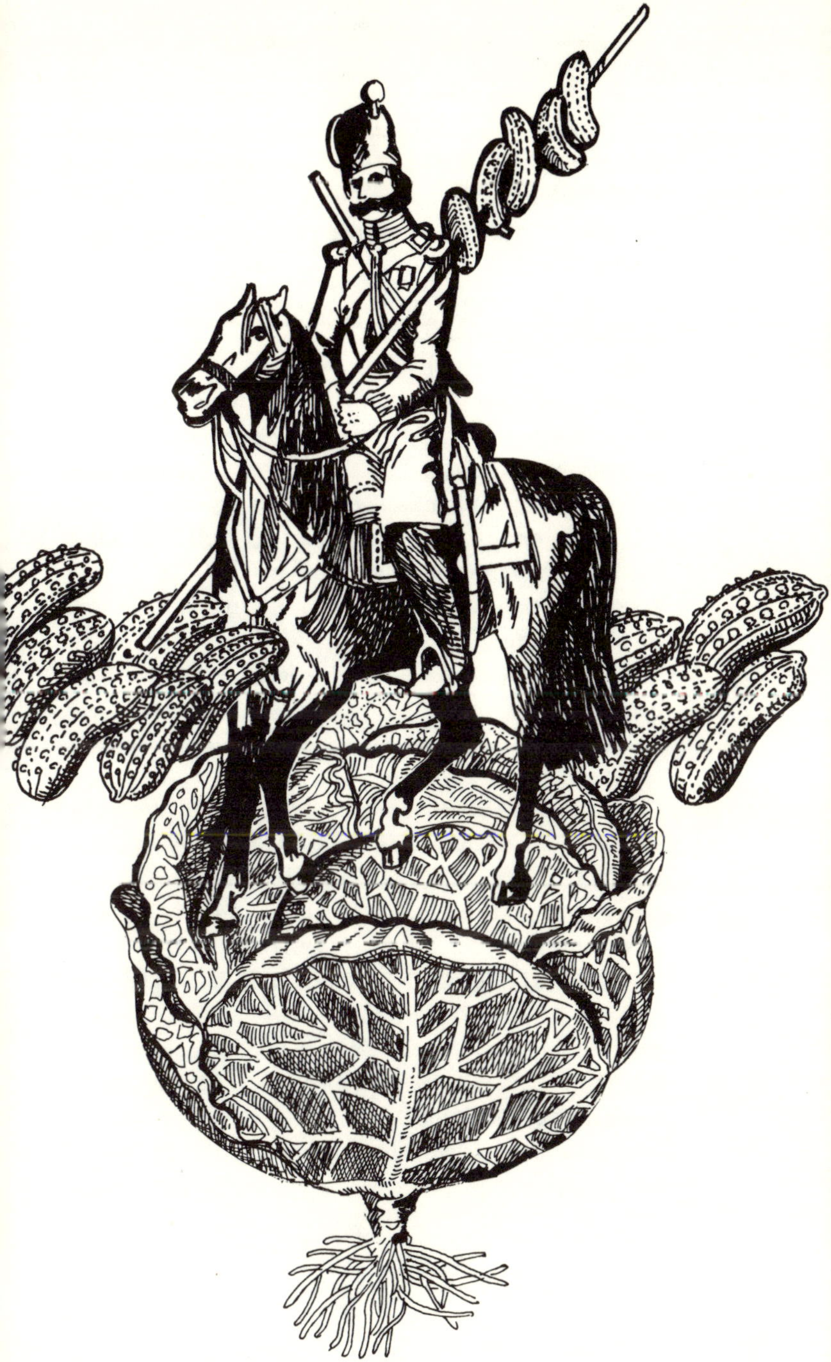

kommt man sie nicht überall. Und zweitens sind die Sauergurken kein Gemüse, sondern nur eine kleine, würzende Beilage zu Fleisch und Brot. Da genügen, statt eines ganzen Fasses, schon ein paar hohe Gläser oder Steinguttöpfe.

Salzgurken aus dem Laden

Salzgurken – höre ich Sie protestieren – bekomme ich doch ebenfalls an jedem Ort der Welt im Laden! Stückweise, büchsenweise oder auch in einem Säcklein aus Cellophan! – Das ist wahr. Doch sind es in Städten ohne ›Ostvertriebene‹ niemals die rechten Gurken. Sie sind, im Gegensatz zu allem Salzgesäuerten, steril und endlos haltbar, schwimmen in einer glasklaren Flüssigkeit – die Lauge echter Salzgurken dagegen ist immer trüb und undurchsichtig. Den Gurken aus dem Laden ist eben ein wenig Essig oder sonst eine konservierende Substanz beigesetzt.

Essiggurken und Essigprobleme

Oder es sind die sogenannten Essiggurken. Hier konserviert der reichlich dosierte scharfe Essig ganz allein. Ist es noch echter Weinessig, wie im Süden, dann mag es angehen. Solcher Essig ätzt nicht, ist bekömmlich – ist aber genausowenig steril wie der Wein, aus dem er stammt. Essiggurken in solchem lebendigen, milden Essig können also mit der Zeit verderben.

Voll steril ist nur der Essig aus reiner Essigsäure. Und hier nun möchte ich meinen: nicht nur die Essiggurken, sondern überhaupt alles, was so total steril gemacht ist, daß es sich unverschlossen ewig unverändert hält, das ist der lebenden, der wandelbaren, der verderblichen Urform der Nährsubstanz zu sehr entfremdet, als daß es unserem Körper, der doch gleichfalls lebt, als Nahrung völlig adäquat sein könnte. In sehr viel Zucker Konserviertes bildet vielleicht, spärlich genossen, die Ausnahme von der Regel: es hält fast unbegrenzt und ist, vorausgesetzt man läßt sich nicht zu Riesenquantitäten verlocken, sicher nicht schädlich. Und zudem schmeckt es herrlich: Fruchtpasten, Konfitüren, Gelees und Marmeladen.

Sterile Kompotte

Bei den Kompotten jedoch ist die Sache nicht so einfach. Man kann sich streiten, ob für die Dauer Konserviertes, luftdicht Verschlossenes wirklich gleich gut schmeckt wie frisch Gekochtes. Es wird behauptet. Ich möchte dennoch sagen: Nein. Doch was man selber auf diese Weise einmacht, das ist in jedem Fall doch bekömmlich. Es geschieht ja nur durch langes Kochen und durch Luftausschluß. Die Folge ist, daß Kompotte in solchen Gläsern, sind diese einmal geöffnet, genauso schnell verderben wie frisch gekochte Früchte und Gemüse.
Doch bei gekaufter Ware ist das nicht so sicher. Büchsenkompotte halten mitunter auch geöffnet und angebrochen unbegrenzt, ohne zu verderben. Das aber ist auf keinen Fall ›normal‹. Nach ein paar Tagen – und bei Hitze noch viel früher! – muß ein Kompott in Zimmerwärme, und sogar im nicht zu kalten Kühlschrank, in Gärung oder Fäulnis übergehen. Sonst ist mit Mitteln der Chemie der Haltbarkeit zu gründlich nachgeholfen worden.

Mixed Pickles

Was übrigens die total sterilen Essiggurken angeht, so sind sie natürlich nicht unbekömmlicher als alle andern

in überscharfem Essig eingemachten Früchte und Gemüse. Ich weiß, englische Mixed Pickles gelten als etwas Feines. Und ich gebe zu, im Küchenzettel der Angelsachsen sind sie unentbehrlich. In einem Lande, wo man Gemüse in sehr viel Wasser garkocht und dann dies mit Aroma vollgesaugte Wasser wegschüttet und wo man – das ist verbürgt! – mitunter sogar den Räucherspeck auf diese Weise durch Kochen auslaugt, braucht man zum Ausgleich für so viel Fadheit etwas Scharfes und Pikantes, egal ob rote Tunken mit Pfeffer und exotischen Gewürzen oder eben Essiggemüse.
Nun mag in Tropenländern, wo das feuchte heiße Klima den Menschen lähmt, solch scharfe Kost ganz sinnvoll sein. Was aber soll dergleichen in Europa? Besser, man kocht nicht überfad und braucht dafür auch keine überwürzten Saucen und Zugemüse.

Die echten Salz- oder Sauergurken

Wenn wir in diesem Buche von Salz- und Sauergurken sprechen, meinen wir also nicht die sterilen aus dem Laden, sondern solche, die man am besten selber, in kräutergewürztem Salzwasser gären und säuern läßt. Sie sind verderblich, leider. Aber sie schmecken unvergleichlich: appetitanregend, lockend und erfrischend. Hören Sie sich zwei Anekdoten – wahre natürlich! – an, in welchen Sauergurken dieser Art die zentrale Rolle spielen. Dann werden Sie verstehen, wie anders solche Gurken duften und schmecken als die sterilen, und werden sich vielleicht entschließen, im kommenden August bei sich zu Hause welche einzumachen:

Die echten Sauergurken und Romain Gary

Die eine der Geschichten erzählt uns der bekannte französische Romancier Romain Gary aus seinem eigenen Leben. Und er erzählt sie nur deshalb, weil er von Herkunft eben kein Franzose ist, sondern ein Russe: Sohn einer jüdischen Schauspielerin aus der Ukraine und eines russischen Filmschauspielers. In Wirklichkeit heißt er daher auch gar nicht Gary, sonder Kacew.

Gary also war als Kind mit seiner völlig mittellosen Mutter in Frankreich eingewandert, und er durchlebte manchmal schwere Zeiten. Die allerschwersten im Kriege, nach Frankreichs Niederlage, als er sich unter kaum vorstellbaren Mühen und Gefahren zu General de Gaulle durchschlug, um in dessen Freiheitsarmee als Kampfflieger weiterzukämpfen.

Sooft nun Garys Lage ganz verzweifelt war und er den Eindruck hatte, das Leben ließe sich nicht mehr ertragen, kaufte er sich in irgendeinem armen russischen Emigrantenlädchen eine Zeitungstüte voll mit solchen Gurken. Die aß er auf, ganz ohne Brot. Dann ließ es sich für eine Weile wieder weiterleben.

Die echten Sauergurken und die russischen Soldaten

Und auch in meiner eigenen Familie knüpft sich an solche Sauergurken eine wahre Anekdote:

Das war am gleichen Ort in Ostgalizien, wo auch die Geschichte mit dem russischen Kommandanten vorgefallen war, der sich durch das Pilzgericht mit Sauerrahm vergiftet wähnte. Dies hier geschah kurz vorher, beim Einmarsch der russischen Armeen. Im allgemeinen verstand man sich nachher ganz gut mit ihnen. Sprachliche Schwierigkeiten gab es keine, und meist betrachteten die

Russen die slawisch sprechende Bevölkerung in den besetzten Ländern nicht als ihre Feinde. Der Anfang aber, der Einmarsch der zaristischen Truppen, war stürmisch. An einem späten Abend waren die russischen Soldaten ganz plötzlich da, sprangen von ihren Pferden und drangen mit schußbereiten Waffen in alle Häuser ein. Bei des Großvaters Villa kletterten sie durch die Fenster in die Wohnung im Erdgeschoß. Die Großeltern saßen im Wohnraum und regten sich zunächst nicht weiter auf. Wer beim Rückzug der eigenen Armeen nicht mitgeflohen war, mußte ja mit dem Kommen der Russen rechnen. Und daß sie, milde ausgedrückt, lebhafte Sitten hatten, wußte man auch.
Die russischen Soldaten gönnten den Hausbewohnern keinen Blick und fingen auf der Stelle an, mit ihren Bajonetten Polsterstühle und Sofas zu durchstechen. Wozu, das weiß ich nicht. Man hat mir aber wiederholt erzählt, daß sie dies auch im letzten Kriege immer wieder taten. In diesem Augenblick betrat der Sohn des Hauses, mein junger Onkel, den Raum. Er war Gymnasiast und trug die hübsche altösterreichische Schüleruniform aus dunklem Stoff, im Schnitt ein wenig ähnlich wie die Uniform der Offiziere und am Kragen verziert mit den vier Goldstreifen des angehenden Maturanden. Der Onkel hatte – und hat noch heute – glasig blaue Augen und ein hartgeschnittenes Profil. Slawen empfanden sein Aussehen immer als ›preußisch‹.
Einer der Soldaten unterbrach das Polsterschlitzen für einen Augenblick, warf einen kurzen Blick auf meines Onkels Uniform und Antlitz, brüllte ganz wild: »Germantschik!« – riß das Gewehr in die Höhe und legte auf ihn an. Nun – der Raum lag, wie bereits erwähnt, zu ebe-

ner Erde. Auf dem gleichen Wege, auf dem die Russen eingedrungen waren, sprang der Gymnasiast mit einem Riesensatz hinaus und rannte in die Dunkelheit davon. Die Russen stürzten an die Fenster und schossen blind drauflos. Aber treffe einer einen Flüchtling bei Nacht in einer fremden, laternenlosen Straße!

Einen Moment lang waren die Großeltern starr vor Schreck. Zwar konnten sie sich mit den Russen mühelos verständigen. Die slawischen Sprachen gleichen sich alle wie die Dialekte ein und desselben Idioms. Und Polnisch und Ruthenisch sprach in jener Gegend jeder. Aber erkläre einer verwilderten Soldaten, die obendrein wahrscheinlich nicht lesen oder schreiben konnten, was ein Gymnasium ist! Wären die Kerle dem jungen Manne durch das Fenster nachgesetzt, so hätten sie ihn schließlich doch wohl gefunden und erschossen. Das galt es also zu verhindern.

Zum Glück war die Großmutter nicht in der Stadt aufgewachsen, sondern auf einem riesengroßen Gutshof mit Hunderten von primitiven Bauern. Sie verstand mit ihnen umzugehen, hatte zudem Mut und gute Nerven. Sie schrie nicht, weinte nicht und klagte nicht, sondern hob rasch den großen Krug mit Sauergurken vom Speiseschrank herunter, nahm den Deckel vom Gefäß und hielt es einem der schießenden Russen unter die Nase. Der begann sofort zu schnuppern, zu wittern, dann bekam er sehnsuchtsvolle Augen, ließ die Waffe sinken und drehte sich um. Die andern folgten seinem Beispiel. Bald saßen sie alle rund um den Tisch, fischten mit bloßen Fingern aus der Lauge Gurken und kauten andachtsvoll.

Jetzt war der Augenblick gekommen, wo man mit ihnen

reden konnte. Sehr langsam, ruhig, erklärte man ihnen, daß der Onkel kein feindlicher Offizier sei. Es war die volle Wahrheit. Aber die Russen hätten vermutlich, aus Angst, sie müßten sonst die Gurken im Stiche lassen, auch jede Lüge geglaubt.

So also sind die echten Sauergurken. Und so bereitet man sie zu – keine Angst! Es ist sehr einfach:

Rezept für echte Sauergurken

Man nimmt Steinkrüge oder große Einmachgläser. In ländlichen Gegenden nimmt man auch gerne kleine Fäßchen – wer aber Gurkenfässer bereits im Keller hat, der weiß schon längst Bescheid mit Gurken und braucht nicht unsere Auskunft darüber, wie man die Fässer vorbehandeln muß, ehe man Gurken einfüllt.

Nun kauft man kleine, feste Gurken, am besten etwa daumenlange, notfalls ein wenig größer. Es dürfen aber keine rundlich aufgeblähten Exemplare sein! Denn solche werden sehr schnell weich und faulig!

Man verschafft sich auch einige Zweiglein Dill und Estragon und nach Belieben ein paar Weichselblätter. Dann nimmt man eine Handvoll Knoblauchzehen, die man, mit etwas Salz zusammen – sie rutschen, springen und kollern dann weniger! –, kleinschneidet oder, noch besser, mit dem hölzernen Stößel zerstampft. Knoblauch ist nicht obligatorisch. Wer den Geruch ein wenig fürchtet, kann die Gurken ohne Knoblauch in die Gefäße legen. Nur: sie werden dann nicht halb so gut und würzig.

Man schichtet nun die gut gewaschenen Gurken abwechselnd mit den Gewürzen dicht in Gläser oder Krüge und übergießt sie mit kaltem Salzwasser. Das genaue Quantum Salz schreibe ich nicht gerne vor; ich würde sagen:

Die Brühe soll so scharf sein wie gut gesalzene Fleischsuppe.
Von dieser Brühe müssen die Gurken immer ganz bedeckt sein. Was aus der Flüssigkeit herausragt, das verfault. Mit einem kleinen Teller oder Plättchen – aber beileibe nicht einem aus Metall! – muß man die Gurken daher niederdrücken. Das Plättchen beschwert man, egal womit. Manche nehmen einen Stein. Dann bindet man das Gefäß mit einem leichten weißen Tüchlein ab, oder man legt einen sehr leichten Deckel darüber. Luftdichter Abschluß ist verboten; denn bei der Gärung entwickeln sich Gase!
Je nach der Wärme draußen und im Raume dauert es acht bis vierzehn Tage, bis die Gurken angenehm sauer riechen. Man sieht es ihnen schon von außen an, ob sie jetzt durchgegoren sind: die Flüssigkeit, die anfangs völlig klar war, ist jetzt trüb, blaßgrün, fast etwas milchig. Die Gurken ihrerseits, die anfangs grasgrün und undurchsichtig waren, werden allmählich glasig wie alte Butzenscheiben, sumpfgrün und etwas weicher als zuvor.
An der Oberfläche bildet sich immer wieder eine Art von Schimmel, der sogenannte Kahm, ganz wie bei den eingemachten Pilzen. Von Zeit zu Zeit nimmt man die Kahmschicht ab.

Haltbarkeit der Sauergurken

Am besten schmecken solche Sauergurken nach ein paar Wochen. Lagert man sie in einem sehr kühlen Kellerraum, dann halten sie sich ziemlich lange fest und gut, womöglich bis zum Frühling. Schließlich aber werden sie weich und riechen etwas faulig. In diesem Stadium taugen sie dann nicht mehr viel.

Verderblichkeit ist eben der Nachteil jeder Konservierung, die nicht jedes Leben mordet, die den Lebensprozeß nur wandelt und nicht einmal stoppt.
Wenn Sie aber eine solche Sauergurke ein einziges Mal gegessen haben, dann wissen Sie für immer: es lohnt! Auch wenn die Gurke nicht so lange haltbar ist wie die chemisch steril gemachte.

Verwendung der Sauergurken
Solche Gurken also ißt man zu einer Scheibe Schwarzbrot mit ein wenig Butter und manchmal auch mit Quark dazu. Doch kommt nur Quark aus roher Sauermilch hierfür in Frage, nicht aus gekochter und künstlich angesäuerter!
Oder man nimmt die Sauergurken statt Salat, als Beikost zum Fleisch. Vor allem natürlich zum etwas faden Suppenfleisch. Sie schmecken aber auch sehr gut zu Braten oder Gulyas.
Und schließlich gibt es welche, die essen Sauergurken – und zwar ohne Brot! – gern zu einem scharfen Schnaps.

Was weisst du von der rohen Sauermilch und vom hausgemachten Quark?

Wir sprachen eben von hausgemachtem Quark aus Sauermilch. Wer ihn je gegessen hat, wird sich nur schwer entschließen, einen Quark von jener Art zu konsumieren, wie man ihn in der Schweiz, in Deutschland und in Frankreich im Laden bekommt. Dieser gekaufte Quark entsteht ganz anders, wir sagten es bereits: Man macht ihn nicht aus roher saurer Milch, sondern aus frischer, gekochter oder doch stark erhitzter, die man künstlich mit irgendwelchen Säurebakterien impft.

Wozu dieser Umweg? Warum läßt man nicht einfach die rohe Milch so lange stehen, bis sie von selber säuert? Ich weiß es nicht. Mag sein, natürliche Säuerung dauert zu lange. Mag auch sein, es geschieht aus Gründen der Hygiene. Rohe Sauermilch kann irgendwelche schädlichen Keime enthalten. Obwohl vermutlich der Prozeß der Säuerung viele Bakterien in der Milch abtötet. In jedem Falle aber ist Quark aus roher Sauermilch der weitaus beste. Man macht ihn so:

Quark aus roher Sauermilch

Man füllt die Milch in Krüge oder Schüsseln aus Steingut oder Porzellan – auf keinen Fall aus Aluminium oder gar anderem Metall! An einem nicht zu kühlen Platze läßt man diese Milch so lange stehen, bis sie sich in eine feste, säuerlich riechende und schmeckende Gallerte verwandelt hat. Des Staubes, Schmutzes und der Fliegen wegen tut man gut daran, die Milchgefäße leicht zu überdecken.

Im heißen Sommer genügt die Zimmerwärme, um Milch an einem einzigen Tage genügend durchzusäuern. Im Winter stellt man die Gefäße nahe an den Herd und Ofen. Doch wird bei solch künstlicher und ungleichmäßiger Wärme die Milch nur langsam sauer; manchmal so langsam, daß sie schon vorher ein wenig bitter ist. Dann bleibt nichts übrig, als sie wegzuschütten. Am besten bereitet man daher den Quark aus Sauermilch einzig im Sommer.

Sauerrahm mit Erdbeeren

Ist die Milch vollfett und auch nicht »homogenisiert«, dann bildet sich an ihrer Oberfläche eine dicke Schicht von Sauerrahm. Den schöpft man, wenn der Rest zur Quarkbereitung dienen soll, vollständig ab. Es schadet nichts, wenn an dem Sauerrahm von unten noch ein wenig Sauermilch anhaftet.

Den Sauerrahm verwendet man zum Kochen, oder, noch besser, man ißt ihn roh zu Erdbeeren statt der frischen Sahne. Im Osten ißt man dazu noch ein Stück Schwarzbrot. Erdbeeren, Sauerrahm und Schwarzbrot gelten dort als feines sommerliches Abendmahl. Es schmeckt auch wundervoll, zumal man dort meist die betäubend duftenden Walderdbeeren aus den Riesenwäldern nimmt und nicht die großen, gezüchteten, weit faderen vom Garten.

Sauerrahm mit Mamaliga

Noch öfter aber ißt man dort – vor allem im Südosten von Europa – den Sauerrahm zu einem dichten Maisbrei: eine Kelle voll von leicht gesalzenem Maisbrei auf den Teller; daneben, auf den gleichen Teller, eine Kelle voll vom dicken Sauerrahm – sonst nichts. Es schmeckt sehr gut zusammen.

Quarkbereitung
Die entrahmte Sauermilch erwärmt man auf dem Herd – jedoch ganz langsam und mit Vorsicht! Sie darf nicht kochen, sie darf nicht einmal heiß sein! Man darf den Herd nicht einen Augenblick verlassen, und ohne Pause muß man die Sauermilch im Topfe rühren! Sobald die Sauermilch in weiße, zarte Käseflöcklein und in gelb-grünblasse, durchsichtige Molke zu zerfallen anfängt, nimmt man den Topf vom Herd und rührt noch eine Weile weiter in ihm herum, damit die Wärme sich rasch und gut verteilt und auch damit das Ganze rascher abkühlt. Nun schüttet man die Molke samt den weißen Flocken in ein feines weißes Tuch oder in ein sehr feingelochtes Sieb aus Aluminium – aber nicht aus rostendem Metall! Die Säure würde sich mit ihm verbinden und den Geschmack der Speise völlig ruinieren! – Tuch oder Sieb legt oder hängt man über einen Tropfstein oder über eine Schüssel. Ein bis zwei Stunden läßt man langsam die Molke abtropfen, ohne auf irgendeine Weise nachzuhelfen. So wird der Quark am feinsten. Eilt es sehr, dann kann man auch ein wenig drücken – aber nur sachte! Denn nichts schmeckt fader, trockener, gummöser als allzu stark gepreßter Quark aus Sauermilch. Nach ein paar Stunden gibt man den locker-brüchigen, sehr feuchten Ballen Quark in eine Schüssel – und das ist alles.

Rohquark mit Sauergurken
Solchen Quark kann man, wir sagten es bereits, zusammen mit Sauergurken zum Schwarzbrot essen. Hat man

kein Schwarzbrot, dann tut es notfalls auch weißes – aber bitte nur Hefebrot! Kein angelsächsisches, schwammgummiartiges!

Rohquark mit Salz und Kümmel

Man kann auch etwas Salz und Kümmel in solchen Quark einkneten. Doch schmeckt er in ganz frischem Zustand so vollendet, daß es sehr schade wäre, ihn anders als ›nature‹, ganz ohne Salz und Kümmel oder Zucker, zu genießen. Nach ein, zwei Tagen allerdings gewinnt er durch Gewürze.

Mehlspeisen mit Rohquark

Und schließlich geraten auch gefüllte Knödel, Teigtaschen – gekochte wie auch gebackene oder in Öl gebratene –, Strudel und Topfentorten nur mit solchem Rohquark vollendet. In ganz Osteuropa kennt und konsumiert man ihn den ganzen Sommer über mit Genuß und Freude.

Und eine einzelne, sehr einfache und dabei gute Quarkspeise aus dem Osten der alten Donaumonarchie möchte ich hier doch nennen:

Teigflecke mit Rohquark

Sehr gute, breite, am besten hausgemachte Nudeln oder Teigflecke werden in Salzwasser abgekocht, mit kaltem Wasser gut abgespült, damit sie nicht zusammenkleben, und dann in einem gut durchwärmten Topf, vielleicht sogar auf einem kleinen Feuer, mit reichlich frischer Butter durchgeschwenkt. Zuletzt kommt, leicht gesalzen und zerkrümelt, der frische Quark hinein.

Ohne weitere Zugaben als Mahlzeit direkt im Topf servieren! Höchstens kommt noch eine kleine Nachspeise hinzu: am besten Obst.

Nudeln mit solchem Quark schmecken weit feiner als Nudeln mit Parmesan – von anderen Käsearten, die sich beim Schmelzen in lange zähe Gummifäden wandeln, gar nicht zu reden! Doch setzt die Speise, wie gesagt, den hausgemachten Quark aus roher Sauermilch voraus und nicht den cremeartigen aus dem Laden.

Nebenbei: Wenn Sie in Rezepten oder Kochbüchern aus dem Osten das Wort ›Käse‹ lesen – dann ist immer Quark gemeint! Das muß man wissen!

›Fauler Käse‹ mit Rührei

Quark dieser Art schmeckt so erfrischend und verlokkend, daß man beliebig viel von ihm bereiten kann – es wird alles auf der Stelle aufgegessen. Bleibt dennoch einmal etwas übrig – dann, liebe Leser, stellt es nicht in den Kühlschrank! Laßt vielmehr diesen Rest – natürlich sauber zugedeckt – im warmen Raume stehen! Nach zwei, drei Tagen entwickeln sich auf dem Quark talgige, gelb zerfließende Stellen, genau wie bei überreifem Camembert. Im Osten nennt man ihn dann ›Faulen Käse‹ und liebt ihn ebenso wie der Chinese seine ›Faulen Eier‹.

In diesem Zustand verwendet man den Quark im Osten zu einer wundervollen Eierspeise: Pro Person nimmt man, je nach Hunger und je nachdem, ob es der Hauptgang oder eine kleine Zwischenspeise werden soll, ein bis zwei Eier und pro Ei einen Eßlöffel voll von solchem angefaultem Quark, dazu ein wenig Salz, auch Pfeffer, wenn man mag. Das alles wird sehr gut zerschlagen und auf einer kleinen Flamme, in flacher Pfanne, mit sehr viel Butter in eine rühreiartige, goldgelbe, sehr zarte Speise verwandelt. Soll sie ganz locker werden, dann fügt man etwas Milch hinzu, allein es muß nicht sein. Und dies einfache Gericht mit dem leichten Hautgout schmeckt ganz wundervoll! Kartoffeln und Gemüse passen nicht dazu. Am besten harmoniert es, genau wie Sauergurken und Sauerquark, mit etwas Schwarzbrot, nach Belieben trocken oder auch mit Butter. Ja – und eine Sauergurke schmeckt dazu ganz herrlich!

Sauermilch in Suppentellern

Das alles kann man also aus Sauermilch bereiten. Man muß es jedoch nicht! Man kann sie trinken oder essen. Sie ist das erfrischendste, leichteste Sommergetränk, das ich kenne. Bei weitem nicht so scharf und sauer und auch bei weitem delikater als der massive Joghurt.

In Norddeutschland wird die Sauermilch, soweit man sie dort überhaupt noch kennt und konsumiert, in großen flachen Schüsseln aufgestellt. Dann schöpft man jedem seine Portion in einen Suppenteller und schüttet zerkrümeltes Schwarzbrot und Zucker darüber.

Diese Kombination ist altbewährt und sozusagen klassisch. Ich wage daher nicht, sie anzufeinden, obwohl ich sie nicht mag. Aber vielleicht ist es doch erlaubt, hier die, wie mir scheint, weit lockendere Form zu schildern, in welcher man die Sauermilch im Osten zu sich nimmt:

Sauermilch in Gläsern

Man stellt dort die Sauermilch, wenn sie nicht zur Quarkbereitung bestimmt ist, sondern zum Rohgenuß, weder in Töpfen, Krügen noch in flachen Schüsseln auf, sondern in Tee- und Wassergläsern, also gleich von Anfang an portionenweise abgefüllt. Im Glas verwandelt sich die Milch in eine weiße, saure, hübsche Milchgallerte mit einer spiegelglatten, starren, hellgoldenen Schicht aus Sauerrahm darüber. In solche abgefüllte Sauermilch kommen weder Zucker noch Schwarzbrotkrümel, noch sonst etwas hinein! Man konsumiert sie ›pur‹.

Bis die Milch die nötige Säure und Starre hat, muß sie natürlich in der warmen Wohnung stehen. Nachher jedoch, kurz vor Konsum, stellt man sie etliche Stunden in den Kühlschrank oder kühlen Keller.

Bei Tisch schöpft man dann mit dem Löffelchen zuerst die steife Rahmschicht ab und ißt sie auf – sie läßt sich nämlich mit der fettfreien Sauermilch darunter nicht gut zu einer homogenen Masse zerschlagen.

Den Rest, die appetitliche Gallerte, stechen die einen wie einen zarten Pudding löffelchenweise aus dem Glas heraus; die andern zerschlagen die Sauermilch mit dem Löffel zu einer flüssig-schäumenden Masse, die sich trinken läßt.

Unsäuerbare Milch

Ja, und nachdem Sie dies nun gelesen und, wie ich hoffe, Appetit auf Sauermilch bekommen haben, muß ich Ihnen etwas sehr Trauriges mitteilen. Ich erwähnte es im Buch schon einmal: Wenn Sie Ihre Milch nicht direkt von einem Bauern, sondern aus einer Molkerei beziehen, ist es nicht sicher, daß sich Sauermilch aus ihr bereiten läßt.

Seit Jahren kommt zu uns nicht mehr der Bauer selber. Seit ebenso vielen Jahren versuche ich vergebens, die rohe Milch durch Stehenlassen in der Wärme anzusäuern. Stelle ich die gefüllten Gläser eher kühl – dann bleibt

die Milch selbst in der größten Sommerhitze endlos lange ›gut‹ und unverändert. Und sorge ich für starke Wärme, dann gärt die Milch zwar, wird jedoch nicht sauer, sondern alkoholisch. Sie bullert und sie gluckst und schmeckt abscheulich. Woran das liegen mag! Sind irgendwelche Konservierungsmittel beigefügt? Oder wird aus irgendwelchen Gründen in den Molkereien die Milch bestimmten mechanischen Prozessen unterworfen, die ihre Art von Grund auf ändern?
Eines ist sicher: Die Molkereien hierzulande müssen daran Interesse haben, auch völlig rohe Milch ziemlich ›steril‹ zu machen, denn niemand kennt und liebt hier Sauermilch, vielmehr glaubt man, daß saure Milch ›verdorben‹ sei, und gießt sie fort.
Und dieser Mißstand – anders kann man es nicht nennen – erinnert mich an jenen Augenblick, in welchem ich, kaum vierzehnjährig, anfing, die ›Kochkunst‹ von Amerika in Grund und Boden zu verachten:

Sauerrahm bei Mark Twain

Mark Twain erzählt in seinem Buch »Tom Sawyer« von einer Mutter, welche weinend berichtet, sie habe ihren Jungen durchgeprügelt, weil sie glaubte, er habe aus der Speisekammer den Rahm genascht. Und dabei habe sie ihn doch selber am Tage vorher weggegossen, weil er schon sauer war!
Man stelle sich nur vor!
Die Amerikaner hielten die delikate saure Sahne für verdorben und schütteten sie weg! Konnten solche Menschen in Küchenhinsicht ernstgenommen werden? Es gab mir einen regelrechten Schock.

Buntsalate aus Amerika

Der Schock war aber heilsam. Denn als Jahre später Kochrezepte aus Amerika begannen, unsere gute alte Küche in Europa zu infizieren und zu ruinieren, war ich gegen die neue Modekrankheit in der Küche schon gleich im voraus restlos geheilt. Nichts imponierte mir. Weder die prächtig bunten Supertorten aus Amerika mit ihrem reichen und aparten Zierat und Schichtenaufbau noch die verblüffenden Supersalate, in welchen sich Äpfel mit Petersilie und kandierten Kirschen, mit Mayonnaise, Ananas und Chesterkäse, mit Kaviarkügelchen und Fleisch zum lieblich farbenfrohen Kunstwerk fügen. Denn da wußte ich bereits: Das haben doch die gleichen Leute erfunden, welche Sauerrahm für Schweinefutter halten! Von da aus lag der Schluß sehr nahe, daß von den Speisen, die von drüben kamen, nicht viel zu halten war; daß der moderne Küchenzettel der Neuen Welt sehr wenig taugte; daß eine Speise trotz zauberhaftem Anblick rein kulinarisch dennoch ein trüber Schmarren sein kann.

Geheimnis und Leserglossen rund um die Sauermilch

Geheimtip für ›echte Sauermilch‹

Die erste Auflage meines Buches enthielt dieses etwas weinerliche Requiem auf die echte alte Sauermilch unserer Urgroßmütter, die damals ganz von selbst entstand, wenn man Rohmilch bei Sommerwärme ein paar Tage stehenließ, und die man heute nicht einmal mehr aus sogenannter Vorzugsmilch bereiten kann. Eine ungarische Chemikerin, Dr. J. B., meinte in ihrem Leserbrief: weil alle Milch, die wir zu kaufen bekommen, homogenisiert sei. Ich hatte also schon die Hoffnung aufgegeben, solche zarte, echte Rohsauermilch je wieder zu kosten. Und Dutzende von Lesern aus dem Ostteil Deutschlands schlossen sich meinen Jeremiaden an...

Durch reinen Zufall habe ich inzwischen entdeckt, wie man doch noch echte Sauermilch mühelos bereiten kann: In allen Molkereien gibt es seit geraumem für Diätzwecke jene labbrige, durchsichtige, völlig fettfreie Flüssigkeit billig zu kaufen, die beim Buttern übrigbleibt und daher auch ›Buttermilch‹ heißt. Und zwar bekommt man sie leicht angesäuert. Einmal nun goß ich solche Buttermilch gewöhnlicher Vollmilch bei, um deren Fettgehalt zu mindern, und ließ das Gemisch aus Nachlässigkeit in der warmen Küche stehen. Und siehe da: Nach zwei Tagen war es zu jener zarten, bebenden Gallerte erstarrt, die genau das war, was unsere Vorfahren als ›Sauermilch‹ genossen! Es fehlte nur, weil unsere Molkereimilch homogenisiert ist, die schöne feste Schicht aus

Sauerrahm zuoberst. Man kann also Sauermilch ohne weiteres wieder selber zubereiten! Und nichts hindert uns, sie nachher auch zu zartduftendem mürbbröckligem Quark zu verarbeiten!

Sauermilch kontra Joghurt

Was aber meine Fragen rund um Sauermilch und Joghurt angeht, so bin ich gleich von zweien meiner Leser genau belehrt worden. Der eine ist der bereits erwähnte frühere Militärattaché in Warschau, Dr. M. K. Er schreibt:

»Ich glaube, am Balkan – wenigstens in Bulgarien und Griechenland – ist der Joghurt das, was natürlicherweise entsteht, wenn man Milch sich selbst überläßt. Der Bacillus Bulgaricus verwandelt sie in Joghurt. In unseren Breiten scheint dieser Bacillus nicht zu gedeihen, und es sind die Milchsäurebakterien, die das Feld behaupten. In Griechenland wird Joghurt an den Straßenecken verkauft, in vielen Variationen: aus Kuhmilch, Schafmilch, Ziegenmilch, immer mit dem typischen Joghurtgeschmack. Ich kann mir schlecht vorstellen, daß dies nur möglich ist, wenn man die Milch vorher keimfrei macht und dann mit Joghurtbakterien versetzt; das entsteht dort so natürlich wie bei uns die ›dicke Milch‹.«

Und der Chemiker H. B. von der litauischen Grenze präzisiert:

»Der Joghurt ist bei uns schon lange und immer noch in Mode. Mir schmeckt er auch nicht aufregend, und trotzdem wird er in meiner Familie gern gelöffelt, als Magerjoghurt schon aus Diätgründen. Aber da steht Ihre Frage: Was soll da der große Vorteil sein? Und hierzu habe ich wohl einiges zu sagen:

Es geht um Mikrobiologie und darum, daß in unseren Breiten der Bacillus accidum lactans (Milchsäurebazillus) besonders leicht seine Konkurrenten besiegt, einfach aus Temperaturgründen. Trotzdem habe ich kürzlich einen kleinen Ansatz für frühen Sauerkohl einfach wegwerfen müssen, weil er danebenging. In wärmeren Ländern können wärmeliebendere Bakterien in einer Weise durchschlagen, daß sich Hygienikern bei genauerer Durchsicht die Haare sträuben. So ist gut zu verstehen, daß man bereits auf dem Balkan Milch durch Kochen sterilisiert, um sie dann mit Joghurtbakterien anzuimpfen und Brutofentemperaturen auszusetzen.« (Demnach entstünde Joghurt also auch dort nicht von selbst?)
»Die Sache geht aber noch weiter, in noch wärmeren Ländern, in denen man keineswegs versuchen dürfte, Sauermilch und Quark auf unsere Weise herzustellen. Hier verweise ich einfach auf das Beispiel der Inder. Deren Quark wird so gewonnen, daß man Frischmilch mit Weinsäure aufkocht! Chenna (abgepreßt Panir) nennt man das so gewonnene Produkt. Ich hab's nie probiert und will's auch nie probieren.
Haben wir daher Mitleid mit jenen Völkern, denen die Natur nicht bereitwillig unsere geliebten Produkte der Milchsäuregärung auf den Tisch bringt: Dickmilch, Sauerkraut, gesäuerte Rote Rüben und nicht zuletzt die Salzgurken.«

Probleme mit dem ›verflixten Westquark‹

Als ›verflixten Westquark‹ bezeichnet die Budapester Chemikerin und Hobbyköchin und -bäckerin Dr. J. B. unsern ziemlich wäßrigen, homogen-cremigen, scharf sauren Quark aus Joghurt, der den krümligen, so verlok-

kend duftenden ›altmodischen Quark‹ aus Rohmilch bei uns verdrängt hat. Daß es den letzteren bei uns nicht mehr gibt, hat aber nicht nur für den Rohgenuß von Quark kulinarische Folgen, sondern vor allem auch für eine Reihe früher sehr beliebter Quarkspeisen, vor allem für die Torten und die Knödel. Alle Rezepte aus Großmutters Kochnotizen, wo so genau geschildert ist, wie man es anstellt, daß die federleichte, zehn Zentimeter hohe Quarktorte nach dem Backen nicht in sich zusammensinkt, kann man ruhig vergessen: beim Wassergehalt unseres Cremequarks fällt sie unfehlbar zusammen, es sei denn, man mengt der Masse so viel Mehl oder Grieß bei, daß sie nachher nicht mehr nach Quark schmeckt, sondern nur noch nach sauer gewordenem Kuchenteig.
Man kann es natürlich so machen wie die an sich sehr kochbegabten Elsässer, die von vornherein mit einer ›zusammengetätschten‹ Tortenmasse rechnen und wenigstens dafür sorgen, daß sie nicht massiv-klebrig, sondern zart-puddingartig ausfällt, indem sie dem Quark eine tüchtige Portion Béchamelsauce (Butter-Milch-Mehlschwitze) beimischen.
Man kann auch – und dies ist die bei uns übliche, fast noch bessere Methode – den Tortenboden aus Mürbteig ›blind‹, das heißt leer backen und erst nachträglich eine mit Gelatine gesteifte Mischung aus Cremequark, Eischaum und Schlagrahm darüberfüllen, die man zuletzt vielleicht noch mit dem glühenden Flachschäufelchen oben ein wenig überbräunt. Wer aber die alten ›echten‹ Quarktorten kennt, wird mit beiden Lösungen nicht sehr zufrieden sein.
Noch unangenehmer macht sich unser Cremequark bei

Quarkknödeln bemerkbar. Hierzu schreibt mir unsere Budapesterin:

»Was den verflixten ›Westquark‹ angeht: Mit dem habe ich mich in Magdeburg reichlich befaßt, und später hatte ich in Westberlin erneut das ›Vergnügen‹, aus dieser viel zu feinen Substanz Quarkklöße herstellen zu dürfen. Hierzu mußte dieser ›feine‹ Quark ein wenig gefälscht werden, wie es einst bei uns in Ungarn die drittrangigen Bäcker taten, wenn ihr Quark zu wäßrig war: etwas mehr Grieß gab ich dazu, um die Klöße fester zu machen, und ein Ei mehr. Ich möchte aber das Experiment nicht empfehlen! Es ist eine Notlösung für Leute, die zwar die echten Klöße kennen und schätzen, sich aber notfalls auch mit einem gefälschten Gericht begnügen – unter dem Motto: Besser als nichts.« – Dann fährt sie fort:

Echte ungarische Quarkknödel, jüdische und christliche

»Neuerdings gibt es unter dem Namen ›Cremequark‹ diese westliche Quarkvariante auch bei uns in Budapest. Zum Glück aber nur als Bereicherung der Auswahl, als Delikatesse. Also nur neben dem festen, bröckligen Quark, der bei uns sicher nie verschwinden wird.

Hat man solchen echten herkömmlichen Quark aus Rohmilch, dann nimmt man für Knödel auf je 500 g Quark 1 großes oder 2 kleine Eier, eine Prise Salz und ungefähr 7 schwach gehäufte Eßlöffel groben Weizengrieß. Die Masse von Hand kneten und für 1–2 Stunden stehenlassen, damit der Grieß gut ausquillt. Die Schüssel zudecken, weil sonst die Oberfläche verkrustet.

Dann formt man mit kalt angenäßten Händen die Klöße. Die Größe? Etwa die arithmetische Mitte zwischen Ten-

nis- und Pingpongbällen. Diese Bällchen sind zunächst schön glatt, wie Glatzköpfe. So bleiben sie aber nicht! Ins siedende Salzwasser geworfen, müssen sie 8–10 Minuten kochen. Anfangs sollte man mit Spachtel oder Kochlöffel nachhelfen, damit sie nicht am Boden des Kochtopfes klebenbleiben. Wenn sie fertig sind, steigen sie an die Oberfläche. Beim Kochen verlieren sie ihre homogene Glätte und sehen jetzt ›genarbt‹ aus. Dann wird das Wasser durch eine Siebkelle von den Knödeln abgegossen.
Alles Weitere ist Geschmacksache. Man kann die Knödel nur in zerlassener Butter wälzen oder in Semmelbröseln, die in Butter geröstet wurden. In beiden Fällen kann man sie noch zusätzlich mit Sauerrahm – natürlich ebenfalls aus Rohmilch! – begießen.
Bis zu diesem Punkt der Knödelbereitung sind sich die Juden und Christen Ungarns einig; von hier an trennen sich die Konfessionen. Die Christen salzen ihre Knödel noch ein wenig nach und bestreuen sie auch gern mit knusprig herausgebackenen Schweine- oder Gänsegrieben; die Juden mögen sie lieber mit Puderzucker oder sogar mit Zucker und Zimt.
Dasselbe gilt auch für die in Ungarn so beliebten ›Quarknudeln‹. Das sind nicht etwa Nudeln oder Nocken mit einem quarkdurchsetzten Teig, sondern gewöhnliche breite Nudeln, vermischt mit Butter und bröckligem Quark, eine einfache, sehr schmackhafte Volksspeise – vorausgesetzt eben, man kann solchen bröckligen Rohquark auftreiben. Auch diesen essen die Christen gesalzen und die Juden lieber mit Zimtzucker. Hierzu gibt es einen eigenen ungarisch-jüdischen Witz, für den man wissen muß, daß fromme Juden bei jeder religiösen Handlung den Hut aufsetzen und folglich, da sie über jede

Speise einen Segen sprechen müssen, der Einfachheit halber bei den Mahlzeiten den Hut oder wenigstens ein kleines Käppchen aufbehalten. Und nun der Witz:
Ein Herr bestellt im Restaurant Quarknudeln, die ihm auch prompt serviert werden. Er sagt zum Kellner: ›Bitte bringen Sie mir etwas Puderzucker dazu!‹ – Sagt der Kellner zuvorkommend: ›Gern, mein Herr! Soll ich Ihnen zugleich auch Ihren Hut aus der Garderobe hereinholen?‹«

Wozu ›reift‹ der Weihnachtsstollen?

Soviel zu meinen Quarksorgen, die ich mit Zehntausenden aus dem Ostteil Europas, in westlichere Regionen Verschlagenen, teile. Denn wenn ich jetzt auch weiß, wie man mit Hilfe von Buttermilchzusatz Sauermilch erzielen kann, so ist das trotzdem nicht die ideale Lösung. Will ich eine Speise mit krümeligem ›Rohquark‹ zubereiten, so muß ich das Tage vorher planen, genügend Milch besorgen und eine unbestimmte Zeit auf deren Säuerung warten.
Im Dezember 1979 stieß ich aber in der norddeutschen gastronomischen Zeitschrift »Essen und Trinken« auf ein Rezept ›Weihnachtsstollen für Grashüpfer‹, das zugleich wenigstens das Problem der wäßrigen Konsistenz des Westquarks löste – seinem spezifischen Joghurtgeschmack kann es allerdings auch nicht abhelfen. ›Grashüpfer‹ steht hier für alle jene Unbekümmerten, die, im Gegensatz zur emsigen Ameise oder Biene, nicht vorsorgen und folglich auch nicht, wie es sich gehört, sechs Wochen vor dem Weihnachtsfest ans Stollenbacken denken. So lange muß nämlich der Stollen, soll er perfekt schmecken, unbedingt ›abreifen‹ ...

Nun bäckt man weder in meiner alten ostgalizischen Heimat solche Stollen noch in der Schweiz. Ich konnte daher auch mit meiner Umfrage bei hiesigen Zuckerbäkkern nicht abklären, worin dieser ›Reifeprozeß‹ eigentlich besteht? Ich vermute, die viele frische Butter, die mit Puderzucker zusammen über den Stollen geschüttet wird, soll allmählich ein wenig säuerlich werden und mit diesem erfrischenden Säureduft den ganzen Stollen durchtränken.

Dann aber erheben sich hier ähnliche Fragen wie bei allen andern heutigen Milchprodukten auch: Kann man dasselbe Resultat erzielen, wenn die Butter nicht mehr aus rohem, sondern aus pasteurisiertem Rahm gemacht ist? Allmählich den Stollen durchtränken wird solche Butter natürlich genau gleich wie die aus Rohrahm. Aber ob sie in diesem Falle gleichfalls nach vielen Wochen zum Wohlgeschmack des Gebäckes beiträgt? Wenn aber nicht: Wozu dann diese ›Reifefrist‹?

Etwa um diese gleiche Zeit regten sich die bundesdeutschen Zuckerbäcker sehr auf, weil die EG ihre ganzen riesigen Buttervorräte halb umsonst an die Sowjetunion abgegeben hatte, so daß man keine Butter mehr zum rechtzeitigen Stollenbacken auftreiben konnte. Sollte aber meine Vermutung zutreffen, daß es bei diesem ›Reifen‹ um ein leichtes Einsäuern geht, dann hätten sich die Bäcker wenigstens puncto Backtermin nicht aufzuregen brauchen: ›Pastbutter‹ wird in sechs Wochen höchstens schlecht, aber nicht sauer. Als einziges Ärgernis wäre dann noch geblieben, daß die Moskauer die deutsche Butter dreimal billiger bekamen als die Deutschen selber.

Daß aber mein Verdacht puncto erhoffte leichte Säuerung des Stollens bei seinem Reifeprozeß berechtigt war, bestätigte mir indirekt das Rezept für ›Grashüpfer‹: hier ist dem Stollenteig nämlich, offenbar um diesen Säureduft ohne Reifungsfrist zu erzielen, Quark beigemengt! Aber noch in einer weiteren Hinsicht hat das Rezept meine Kochphantasie im Zusammenhang mit Quark befruchtet: Es schreibt nämlich vor, den Quark vor der Verwendung in einem Mulltüchlein auszupressen, ihn also nicht so wäßrig zu verwenden, wie er im Laden verkauft wird!

Das war das Ei des Kolumbus! Darauf hätte ich eigentlich auch selber schon früher verfallen sollen! Man kann ja in der Tat den Cremequark beliebig stark auspressen! Der weit zartere Geschmack des bröckligen Rohquarks läßt sich natürlich auch so nicht herbeizaubern, aber doch wenigstens die festere Konsistenz, die nicht nur für Grashüpferstollen, sondern auch für Torten nach altem Rezept und für Quarkknödel unerläßlich ist!

Weihnachtsstollen mit Quark ›für Grashüpfer‹

Und hier das Rezept des Grashüpferstollens:

100 g geschälte und grob gestiftelte Mandeln (man bekommt sie vielenorts bereits in dieser Form im Laden), 250 g Magerquark, 300 g Butter (die Hälfte für den Teig, den Rest für den Überguß), 150 g Zucker, 2 Eier, 1 Päcklein Backpulver, 500 g Mehl, 100 g Korinthen, 200 g Rosinen, 50 g Orangeat, 50 g Sukkade (= Zitronat), Fett für das Blech, 100 g Puderzucker (für den Überguß).

Die Mandeln in der Pfanne ohne Fett leicht anbräunen, den Quark im Mulltuch etwas abpressen, 150 g Butter sehr schaumig rühren, nach und nach den Zucker, die Eier und den Quark darunterrühren, das Backpulver ins Mehl mischen, beides zusammen durchsieben, mit der

Quarkmischung zu einem glatten Teig vermengen. Zuletzt alle Fruchtbeitaten in den Teig hineinkneten.
In Deutschland bekommt man spezielle Stollenformen. Eine solche Form von 38 cm Länge ausfetten, den Teig hineindrücken, mit der Form nach oben und der offenen Teigfläche nach unten auf das ebenfalls gefettete Backblech stellen. Mit der Form zusammen im vorgeheizten Ofen bei 225° (Gasstufe 4) 60 Minuten backen. Die Form abnehmen und den Stollen abwechselnd mit der restlichen, flüssig gemachten Butter bestreichen und dem Puderzucker bestreuen, bis beides verbraucht ist.
Hat man keine Stollenform, so rollt man den Teig zu einer Platte von 38 × 25 cm aus und schlägt ihn der Länge nach zu 2/3 über. In diesem Fall aber zur Sicherheit eine Manschette aus eingefetteter Aluminiumfolie um den Stollen herumlegen, damit er nicht auseinanderläuft.

Diesen quarkhaltigen Grashüpferstollen habe ich inzwischen selber nachgebacken, er ist tadellos geglückt, und ich kann ihn mit gutem Gewissen weiterempfehlen. Und sollte ich gar recht haben mit meinem Verdacht, daß die lange Reifezeit für Stollen nur einen Sinn hatte, als die Butter noch aus leicht angesäuertem Rohrahm und nicht aus ungesäuertem pasteurisiertem hergestellt wurde, dann können ruhig auch alle jenen ihre Stollen künftig nach der Grashüpfermethode unmittelbar vor Weihnachten backen, die an sich, fleißig und vorsorglich wie Ameisen oder Bienen, bereit wären, ihn auch schon Wochen vorher zuzubereiten.
Alle meine Versuche jedoch, Urgroßmutters luftige zarte Quarktorten statt aus echtem osteuropäischem Krümelquark aus noch so stark abgepreßtem westlichem Cre-

mequark nachzubacken, sind mir bis jetzt jämmerlich mißraten: die Torten gehen zwar zunächst, im Ofen, herrlich auf, brechen aber nachher unfehlbar zusammen und haben dann die Konsistenz eines polizeilichen Gummiknüppels. Ich nahm an, daß man offenbar die einzelnen Bestandteile (Quark, Zucker, Mehl, Butter, Eier) für diesen anderen Quark eben anders dosieren müsse, und experimentierte lange herum – vergeblich! Dann aber entdeckte ich in der berühmten Konditorei Spörri, in dem reizenden Appenzeller Dorf Teufen, neben den ›modischen‹ Quarkkuchen mit ungebackener, durch Gelatine gesteifter Masse auch einen, bei dem die Quarkfülle offenkundig gebacken war. Die Torte schmeckte etwas anders als jene Urgroßmutters, war aber so lecker, daß ich den Chef, Peter Spörri, um das Rezept bat. Und siehe da – er war bereit, es für dieses Buch zu spenden! Zuvor aber erzählte er, daß auch er, genau wie ich, lange vergeblich versucht hatte, die ganz altmodischen luftigen Quarktorten unserer Vorfahren statt mit dem nicht mehr erhältlichen Krümelquark mit dem ›verflixten Westquark‹ nachzubacken. Das Rezept, nach welchem er seine durchgebackenen Quarktorten heute herstellt, ist seine eigene Kreation. Um so höher ist ihm anzurechnen, daß er es trotzdem preisgibt. –

Konditormeister Peter Spörris Quarktorte

Für eine Torte von 26 cm Durchmesser und 5 cm Höhe braucht man: 1,5 kg Quark (mager), 50 g Mehl, 100 g Zucker, 225 g steifgeschlagenen Rahm, eine Handvoll Sultaninen, das Abgeriebene von einer Zitronenschale, eine Prise Salz, Vanille (von 1/2 Schote), 2 ganze Eier. Ferner zum Bestreuen des Tortenbodens Semmelbrösel

oder, noch besser, eine Mischung aus Zucker und geriebenen Mandeln und zum Belegen des Tortenbodens kleingeschnittene gedünstete Äpfel.
Den Tortenboden kann man aus einem beliebigen Mürb- oder Zuckerteig bereiten, hierfür brauchen wir keine besonderen Angaben.
Dagegen werden die wenigsten wissen, wie man den für diese Torte unerläßlichen ›Florentinerdeckel‹ herstellt. Hier die Bestandteile: 25 g Butter, 25 g Zucker, 5 g Bienenhonig, 5 g Glukose, 25 g Rahm (nicht geschlagen, flüssig), 30 g geschälte, gehobelte Mandeln. Alles, mit Ausnahme der Mandeln, aufs Feuer stellen. Wenn die Masse kocht, die gehobelten Mandeln hineinrühren, durchkochen. –
Teig für Tortenboden zubereiten, mit ihm die gefettete und mit Mehl ausgestäubte Tortenform auskleiden. Geriebene Mandeln plus etwas Zucker auf den Tortenboden streuen, die gedünsteten Äpfel darüber verteilen. – Aus allen angegebenen Bestandteilen die Quarkmasse rühren, wobei die Eier ungeschlagen in den Quark hineingemischt werden. Der geschlagene Rahm wird zuletzt vorsichtig untergehoben. Masse über die Äpfel verteilen.
Jetzt kommt die (noch rohe) Torte in den Tiefkühler. Wenn sie steif gefroren ist, bestreicht man die – nunmehr harte – Oberfläche mit der heißen Florentinermasse. –
Bei 200° im vorgeheizten Ofen eine Stunde backen, wobei in der zweiten halben Stunde der Abzug (wenn keiner vorhanden, ein Spältchen) geöffnet wird. –

Das Rezept leuchtete mir nicht auf Anhieb ein. Ich wunderte mich, warum Meister Spörri statt Schlagrahm nicht lieber luftig geschlagenes Eiweiß verwendet? Und wozu man die Torte mit einem Florentinerdeckel versehen mußte – wiewohl ich zugeben mußte, daß sie auf diese Weise sehr delikat schmeckte! Dann aber ging mir ein Licht auf: Eiweiß treibt den Teig in die Höhe, das hat bei der spezifischen Schwere des ›Westquarks‹ zur Folge, daß die Masse, sobald sie den Ofen verläßt, zusammenbricht. Schlagrahm verhält sich in dieser Hinsicht neutral. Und das Einfrieren der Torte und ihr Abdecken mit der dünnen Florentinermasse soll offenbar bewirken, daß das bißchen Luft aus dem Schlagrahm nicht entweicht, so daß die Masse nicht allzu pappig wird. Das Resultat jedenfalls ist sehr überzeugend. Allerdings erfordert die Torte viel Arbeit. Kompliment jedoch an Meister Spörri, daß er auf die komplizierte und raffinierte Prozedur überhaupt verfiel!

Wir begannen mit dem Küchenaberglauben. Auf abenteuerlichen Wegen hat er uns in den Herbstwald zu den Pilzen fortgeführt, darauf nach Ostgalizien zu russischen Regimentern, dann zu Sauermilchproblemen und zwischendurch nach New York und an den Mississippi.

Aber die farbenfrohen, teuren amerikanischen Supersalate leiten uns ganz unmerklich wieder zu unserem Thema zurück oder doch zu einer Variante unseres Themas: nicht zum Küchenaberglauben, sondern zu den Küchenvorurteilen.

Küchenvorurteile

So auf den ersten Blick erscheint das Vorurteil als schwacher, harmloser Vetter des Aberglaubens. In Wirklichkeit ist es genau umgekehrt. Den Aberglauben kann man vielleicht bekämpfen und widerlegen – mit Vorurteilen aber wird keiner fertig.
Nehmen wir eines davon: das Schwärmen für Primeurs.

Primeurs
Wo gibt es einen, der als ein Schlemmer gelten möchte und dennoch wagt, nicht für Primeurs zu schwärmen? Dabei verlieren die Primeurs schon viel von ihrem Charme, sobald man sie mit ihrem deutschen Namen nennt: Erstlinge, egal ob von Gemüsen oder Früchten. Hatten Sie je Gelegenheit, Primeurs zu kosten? Ja? Na und? Schmecken sie besser als das, was ein paar Wochen später auf den Markt kommt?
Denken wir einmal an die allerersten Erdbeeren oder Kirschen. Im frühen Mai sind sie der Blickfang in den Schaufenstern der teuersten Früchteläden. Sie sind im Flugzeug hergekommen, sorgfältig abgefüllt in winzig kleine Körbchen. Sie kosten ein kleines Vermögen. Aber sind sie wirklich gut? Meist schmecken sie ein wenig sauer oder fad wie Stroh. Nie haben sie den vollen Saft und Duft, nie das Aroma, die Zartheit einer Frucht im Höhepunkt der Reife zur Saison. Nicht einmal den letzten Spätlingen, der Nachlese also, haben die Erstlinge viel voraus, obwohl auch diese meist nur wenig taugen.

Außer bei edlen Trauben. In sonnenreichen Jahren werden die Trauben desto zarter, süßer, voller, je länger sie am Weinstock hängen. Die meisten andern Früchte und Gemüse aber werden allmählich mehlig, weichlich, fasrig, holzig.

Primeurs im Alten Testament

Woher also der Ruhm, den die Primeurs genießen? Scheinen sie köstlich, weil sie kostbar sind? Oder ist es ein so berauschendes Gefühl, als allererster in dem Jahre diese bestimmten Früchte und Gemüse auf seinem Tisch zu sehen? Ist das so erhebend, daß es sogar die Zungennerven besticht und infiziert? Vielleicht. Gäbe es diese Überschätzung der Primeurs nicht in ganz Europa, wäre sie Eigenheit und Privileg der frommen Juden, dann könnte man es so erklären:

Nach dem mosaischen Gesetz blieben die Erstlinge im ganzen Lande Israel den Priestern vorbehalten. Dadurch erhielten sie damals ohne Zweifel Glanz und Glorie.

Was aber geht das einen Gourmet im zwanzigsten Jahrhundert an?!

Wie wenig es mit Primeurs auf sich hat, sobald man nur den ungewohnten Zeit- und Kostenpunkt beiseite läßt, wie klein ihr Wert rein kulinarisch ist, erzählt uns eine alte jüdische Anekdote:

Der Rabbi und die Kirschen im Januar

Ein berühmter Rebbe und Rosch-Jeschiwe, das ist ein Rabbi und Leiter einer Talmudhochschule, fährt von Polen westwärts, um Spenden für sein Institut zu sammeln. In Wien geht er natürlich zum reichen, frommen Baron Rothschild. Zufällig ist es gerade der Tag des Cha-

mischa-Assar-Bischwat-Festes, an welchem man nach uraltem Brauch Früchte genießt. Der Ursprung der Sitte ist nicht ganz klar. Waren es in biblischen Zeiten Erstlinge, die man an diesem Tage auftischte? Aber selbst im warmen Süden ist der Termin für Erstlinge kaum sehr günstig: der Tag fällt nämlich in den Winter, meist auf Ende Januar. In kalten Ländern sind jedenfalls um diese Zeit Erstlinge auf keinen Fall zu finden. Daher hat man den Brauch im Norden ein wenig abgewandelt: man genießt einfach Früchte, die man in diesem gleichen Jahre noch kaum gegessen hat. Bei armen Dorfjuden im Osten war das kein Problem: sie nahmen etwa Feigen, Datteln oder auch Orangen. Südfrüchte kamen ja sonst nie auf ihren Tisch.

Baron Rothschild aber, der täglich im Winter Südfrüchte genießt, hat sich zu diesem Tage – baumfrische Kirschen verschafft!

Der fromme Rebbe wird zum Festmahl eingeladen. Als Nachtisch gibt es, während vor dem Fenster Schneeflokken wirbeln, die frischen Kirschen. Der Rebbe kaut sie mit einem Gleichmut, als wären es Dörrpflaumen.

»Fällt Ihnen nicht auf, daß Sie jetzt Kirschen essen?« fragt der Baron.

»Wieso?« gibt der Rebbe gleichgültig zurück. »Solche habe ich doch schon zu Schawuot (= Pfingsten) gegessen.«

Ich kann mir nicht helfen: sooft ich jemanden von Primeurs schwärmen höre, muß ich an den alten Rebbe denken. Wie recht er hatte! Denn mag es noch so schwierig sein, im Winter Kirschen aufzutreiben – sie schmekken im Januar nicht besser als zu Pfingsten, vermutlich sogar schlechter.

Kaviar
Ein anderes Vorurteil: der Kaviar. Allgemein hält man ihn für einen großen Leckerbissen. An sich mit Recht. Und jeder Russe, von Moskau bis nach Astrachan, wird es bestätigen. Denn in der Tat schmeckt Kaviar, ganz schwach eingesalzen und sehr frisch, deliziös.
Bloß: wo bekommen wir diesseits vom Eisernen Vorhang solchen Kaviar? Das, was man uns serviert, ist Büchsenware, ziemlich alt, manchmal ein wenig matschig und sozusagen immer übersalzen. Was soll an solchem Kaviar imponieren – außer dem Preis? Wenn wir nicht merken, wie wenig er im Grunde taugt, so nur, weil wir ihn in der Regel in mikroskopischen Portionen vorgesetzt bekommen: nicht ganze Schüsseln voll, wie es einst in Rußland üblich war, sondern bloß spärlich hingetupft, als Andeutung und Hinweis für das preisliche Niveau der Tafel, an der wir speisen.

Der Käse zerfließt!
Oder nehmen wir bestimmte französische Käsesorten. Nicht die rahmartigen weißen, die durch die Bank ganz herrlich schmecken – und zwar zur Abwechslung nicht zu unserm vielgelobten schwarzen Brot, sondern zum weißen, zu den knusprigen Pariser Brotstangen nämlich, die einen Meter lang sind und nur wenige Zentimeter breit und hoch und die fast nur aus herrlich duftender, splittriger Kruste bestehen. Und lassen wir auch jene festen, ziemlich milden Käsearten hier beiseite, die man auch in Italien findet.
Sondern betrachten wir jene Sorten, die ihre Akme, ihren Höhepunkt, erst dann erreichen, wenn sie beginnen, talgig zu zerfließen. Alle Franzosen lieben solchen Käse

leidenschaftlich. Ich selber – dies nur nebenbei – liebe solchen Käse auch, trotz seines penetranten Duftes. Aber hören wir uns doch einmal an, was andere Leute dazu meinen.

Frankreichs Käsedüfte und die deutsche Ärztin

Zu Hause habe ich ein altes »Gesundheitsbuch«, verfaßt von einer deutschen Ärztin um die Jahrhundertwende. Auf dem Buchumschlag ist die Autorin abgebildet: schön, streng und blond, im fließenden Reformgewand, ganz ohne Mieder, Puder, Schminke. Ihre Gesinnung ist nüchtern, tugendhaft und national. Gegen alles Französische ist sie zornig eingenommen, auch in Küchenfragen. Das konnte man sich damals in Deutschland gut erlauben, ohne deswegen als ungebildet und unbereist zu gelten.

Diese Dame nun behauptet vom Camembert und andern zerfließenden Delikateßkäsen Frankreichs: ». . . die talgartige, übelriechende Substanz, die aus dem reifen Käse tropft, enthält die gleichen Zersetzungsstoffe wie faulende Leichen.«

Frankreichs Käsedüfte und Ilja Ehrenburg

Und der russisch-jüdische Schriftsteller Ilja Ehrenburg, der lange Jahre im Ausland verbrachte, ein ›gelernter‹ Pariser und begeisterter Genießer und Kenner der Küche Frankreichs, schreibt in einem seiner Bücher, ein gut gelagerter Roquefort – das ist ein ziemlich weicher blaßgelber Käse mit grünen Schimmelrillen –, ein gut gelagerter Roquefort also rieche »wie ungewaschene Soldatenfüße nach monatelanger Campagne«. Und von einem andern delikaten Käse Frankreichs meint Ehrenburg, der

dufte, »als hätte er seit den Zeiten der Kreuzritter im Kuhmist gelegen«.
Wissen Sie übrigens, daß Chinesen, die frisch aus ihrer Heimat nach Europa kommen, gegen alle unsere Käse – die quarkartigen ausgenommen – den gleichen Abscheu empfinden wie wir vor ihren ›Faulen Eiern‹?...

Küchenperversion
Da kommt mir eben in den Sinn: habe ich nicht weiter oben unsern Widerwillen gegen solche ›Faulen Eier‹ mit den Grenzen des ›Fremdverstehens‹ in der Küche zu erklären versucht? Vielleicht steckt aber in der Gier nach Speisen von der Art der fauligen Käse und der ›Faulen Eier‹ noch ein weiteres Element. Vielleicht ist es nicht nur die national und regional bedingte Küchenkultur, die hier den Zugang schafft, sondern auch eine Art von regionaler Küchenperversion, die sich nur bei späten, reifen Kulturnationen entwickelt, wie die Franzosen und Chinesen es eben sind?
Lassen wir die Frage offen. Eines aber ist sicher: Jene Ärztin aus Sachsen, die solche Käse im Grund mit Recht abscheulich fand, verstand trotzdem nur wenig von guter Küche.
Und Ilja Ehrenburg, ein Schlemmer von Nuance und Format, liebte Frankreichs Käse trotz der schrecklichen Vergleiche, die er selber formuliert.

Da wir aber schon von wohlerzogenen Damen der Jahrhundertwende sprechen, möge hier noch ein Vorurteil erwähnt sein, das aus jener Zeit und jenen Kreisen stammt, das aber auch noch heute durchaus lebt:

Bratensauce wegschütten?
Bratensauce – so lernten damals Kinder aus gutem Hause – muß man im Teller stehenlassen. Nur schlecht erzogene Menschen tunken Sauce mit dem Weißbrot auf... Man soll also den herrlich duftenden Saft von geröstetem Fleisch und Gemüse, vermischt mit Wein, mit Rahm und Gewürzen, wegschütten! Sonst ist man kein Kulturmensch...

Mehl in der Sauce!
Aber am Ende ist die Vorschrift doch nicht so dumm, wie es auf den ersten Anhieb klingt? Sie stammt ja nicht aus Frankreich und Italien, wo jede Sauce komponiert ist wie ein vollendetes Gedicht. Sie stammt aus Gegenden, wo man den Saucen gerne Mehl beimischt, direkt oder mit Fett zuvor ein wenig gelb und braun geröstet. Meist fügt man dort auch künstliche Aromastoffe bei, fertig gemixt in Würfeln oder Flaschen und dann mit Wasser aufgelöst anstatt mit Rahm und Wein.
Am Ende ist es also doch nicht dummes Vorurteil, sondern nur kluge Vorsicht, wenn man verbietet, solche Saucen aufzutunken? In Frankreich und Italien, wo die Saucen wirklich schmecken, kümmert man sich den Teufel um die gute Form und tunkt die Sauce auf...
Betrachtet man jedoch das Wort für ›Sauce‹ in Deutsch und in Französisch seinem Ursinn nach, dann wundert man sich doch, daß nicht die Deutschen, sondern die Franzosen ihre Sauce aufzutunken pflegen. Umgekehrt sollte es sein! Denn was heißt Sauce? Soviel wie ›salsa‹, die Gesalzene. In Deutschland dagegen heißt der flüssige Rückstand auf dem Teller ursprünglich Tunke, und niemand kann bestreiten, daß das von ›tunken‹ kommt!

Ursaucen

Überhaupt – Saucen! Sie können paradiesisch schmecken und unausmalbar scheußlich. Es gibt sie in weit mehr Varianten als die feste Nahrung. Es ist auch nicht gesagt, daß nur die teure Sauce gut ist. Und keineswegs ist sie, was viele glauben, ein Attribut der neuzeitlichen, der komplizierten oder gar ›vornehmen‹ Küche. Vielmehr gehört die Sauce zum Urbestand der Kochkunst. Und sie entwickelt sich in desto reicheren und besseren Varianten, je ärmer ein Volk ist. Denn mit der Sauce kann man, genau wie mit der Suppe, billigste Mehlgerichte schmackhaft machen.

Armut allein genügt natürlich nicht, um nuancierte Saucen zu kreieren. Aber Armut und alte Kultur zusammen – sie schaffen Saucen von Vollendung.

Volksspeisen in Italien und in China

Denken wir nur etwa an Italiener und Chinesen. Beide Völker sind kultiviert und arm. Beider Küchen enthalten wenig Fleisch. Denn Fleisch ist teuer. Sofern in einer Speise dennoch Fleisch vorkommt, dann meist zermahlen, zerhackt, geschnetzelt und nur spärlich. Den Grundbestand der Mahlzeit bildet da wie dort ein Mehlgericht. In Italien sind es vor allem Nudeln in Dutzenden von Varianten: dick und dünn, flach und rund, breit und schmal, kompakt und hohl. Daneben Speisen aus Reis und Mais.

Und die Chinesen kennen ebenfalls seit undenkbaren

Zeiten die Nudeln. Vor allem aber Reis, immer in gleicher Form, in Wasser mit ein wenig Salz gekocht. Dazu kommt bei den beiden Völkern noch das Gemüse der Saison. Die Italiener essen es am liebsten als Platte ganz für sich: gekocht, gekühlt, nach Art eines Salates mit etwas Öl und Essig abgeschmeckt. Bei den Chinesen jedoch wird das Gemüse kleingehackt und in den Reis gemischt. Dazu noch etwas kleingehackte Fische, Pilze und mitunter auch ein wenig Fleisch.

Saucen in Ostasien

Und dann kommt eben noch die Sauce, die würzende, duftende, bindende Flüssigkeit, durch die die simple Speise plötzlich herrlich schmeckt. Bei den Chinesen gibt es so viele Saucenarten, daß schon die Zahl entmutigt. Die Vettern der Chinesen, die Japaner, haben, trotz Kulturverwandtschaft mit dem alten China, nur ganz wenige Saucen kreiert. Gar nicht üble. Aber Chinesen wie Japaner benützen Grundsubstanzen, die man in Europa gar nicht oder nur in Büchsen bekommt. Die Saucen aus Ostasien scheiden deshalb für uns teilweise aus.

Saucen in Italien: Sugo mit Tomaten

Anders verhält es sich mit Saucen aus Italien. Wir können sie spielend leicht kopieren. Denn alles, was es dazu braucht, bekommt man auch bei uns. Meist ist die Sauce in Italien rot von Tomaten, die ja auch bei uns im Norden wachsen. Dann sind noch Speck und Zwiebeln drin und, so man hat, ein wenig Fleisch. Fleisch steigert sehr den Wohlgeschmack, ist aber niemals unerläßlich. Und dann kommt, nicht in die Sauce hinein, sondern über sie und über die ganze Speise auf dem Teller, der Parmesan dazu.

Saucen

Diese Zusammenstellung ist so vollendet, daß man sich gar nicht denken kann, es hätte in Italien solchen Sugo – so heißt die Sauce italienisch – jemals nicht gegeben. Sugo mit Nudeln oder mit Polenta – so heißt der Maisbrei italienisch –: das scheint ein Urgericht. So ausgewogen, so wohlbekömmlich, so herrlich im Geschmack! Wenn man es ißt, dann hat man ganz den Eindruck: das müssen schon die alten Römer, ja vor ihnen die Etrusker jeden zweiten Tag gegessen haben!

Sugo im alten Rom

Tatsächlich kannte man schon damals Sugo, bereitet aus Gemüsen, Fischen, einer Spur von Fleisch. Das Volk aß ihn zu Brei und Fladen aus Korn und Gerste und später dann zu regelrechtem Brot, das aber die ursprünglich sehr bescheidenen und bäuerlichen Römer erst spät aus Vorderasien übernahmen. Von der römischen Fischtunke Garum hörten wir bereits.

Mais aber gab es damals nicht und auch nicht die Tomaten! Vor der Entdeckung von Amerika kannten wir beides nicht. Wie leicht sogar Gebildete derartiges vergessen können, sehen wir auch an Arthur Koestler, den wir in unserm Buche schon einmal erwähnten.

Von Spartakus und Kukuruz und Kaktus

Es gibt von Koestler einen fesselnden Roman über den großen Sklavenaufstand im alten Rom unter der Führung von Spartakus. Tausende von kampfgeübten Gladiatoren kämpften mit den entwichenen Sklaven zusammen. Dennoch wurden sie schließlich besiegt und zu Zehntausenden ans Kreuz geschlagen.

Nach Koestler versucht dieser Spartakus zunächst, mit

seinen Sklaven und Gladiatoren zusammen in Süditalien eine Kommune zu errichten, die sich von Mais – ›Kukuruz‹ heißt er in Koestlers ungarischer Heimat – ernähren soll. Koestler vergißt, daß der Mais aus Amerika stammt und wir ihn in Europa folglich erst seit der Neuzeit kennen!
Und rund um die Felder der Sklavenkommune wucherte – so berichtet Koestler – der stachelige Feigenkaktus. Nun ist der Feigenkaktus heute in den subtropischen Gebieten Europas tatsächlich eine Plage. Bloß: im Italien der Antike konnte er nicht wuchern, denn auch er stammt aus Mittelamerika, genau wie der Mais!

Wenn aber schon von Koestler, von seiner Heimat Ungarn und vom Kukuruz die Rede ist, dann wollen wir doch gleich auch schildern, wie der junge Mais dort gegessen wird:

Maiskolben ohne Butter
Maiskolben, deren Körner noch nicht mehlig, sondern jung und milchig sind, werden im ganzen Osten und Südosten von Europa seit Jahrhunderten viel gegessen. Es ist eine Delikatesse, dort aber gilt es als billige Volksnahrung. Fliegende Händler verkaufen in den Straßen frischgekochte Kolben. Weiter westlich hat sich die Speise merkwürdig spät und mühsam durchgesetzt. Auch in Italien, wo viel Mais angebaut und genossen wird, wartet man meist, bis er ausreift, und macht dann Mehl und Schrot aus ihm.
Im Westen ist es üblich, die jungen Maiskolben, nachdem man sie in Salzwasser weichgekocht hat, mit frischer Butter zu bestreichen. Ich habe mich über die Sitte

immer gewundert. Im Osten tut das keiner. Dort ißt man die heißen, aus dem Salzwasser gefischten Kolben trokken, ohne jedes Fett, dafür mit ein paar Körnern Salz bestreut.
Ja – und man kocht die Kolben nicht, wie manche es hier im Westen tun, mitsamt dem ›Seidenbart‹ und all den vielen Hülsen! Das hat ja keinen Sinn, erfordert nur beim Kochen riesengroße Töpfe und füllt die Teller auf dem Tisch mit ganzen Bergen Unkraut!
Essen Sie einmal junge Kolben auf östliche Art! Sie werden sehen: man vermißt die Butter nicht. Der Kolben schmeckt auf diese Art sehr lecker. Ganz davon abgesehen, daß ohnehin der Großteil der frischen Butter nicht von den zarten Körnern, sondern vom holzigen Kolben darunter aufgesogen wird, den dann die Säue fressen.
Zudem: fehlt es Ihnen denn an Fett in Ihrer Mahlzeit? Später allerdings, im ausgereiften Zustand, geschrotet und zu Brei verkocht, verlangt der Mais viel Fett. Es kann ein tüchtiges Stück frische Butter sein, die man auf dem heißen dicken Brei zergehen läßt. Oder Schmalz und Grieben von Schwein oder Gans. Daß Sauerrahm sehr gut zum Maisbrei schmeckt, sagten wir schon. Doch auch die Sitte der Italiener, zum Maisbrei einen reich mit Öl durchtränkten Sugo mit Zwiebeln, Knoblauch, Käse und Tomaten zu servieren, ist es wert, auch weiter nördlich nachgeahmt zu werden.

Natursaucen

Bitte kein Mißverständnis! Unter Kunstsauce im Gegensatz zur natürlichen meinen wir nicht solche aus der Tube, Büchse oder aus dem aufgelösten Saucenwürfel! Wir meinen vielmehr: Saucen, die sich nicht von allein dadurch ergeben, daß eine Speise etwas Saft ausfließen läßt, wie es vor allem dann geschieht, wenn man etwas anbrät. Löst man den Röststoff dann vom Pfannenboden und von der Kruste, die sich rund um die Speise bildet, mit etwas Flüssigkeit – Wein, Rahm, auch gutem Speiseessig oder einfach Wasser –, fügt man zuletzt ein wenig Würzstoff bei – Kräuter, Salz und Pfeffer –, dann hat man Saucen von seltener Vollendung.

Kunstsaucen

Daneben also gibt es Kunstsaucen, das heißt: nicht ›Abfallprodukt‹ und Mitergebnis eines Gerichtes aus Fleisch und Gemüse, sondern von Anfang an nur als Sauce gebaut und gedacht. Wir erwähnten bereits die eine aus Zwiebeln und Tomaten in Italien. Doch gibt es auch Saucen ganz allein aus Zwiebeln und solche, die nur aus Tomaten sind.

Zwiebelsauce

Die Zwiebelsauce ist, so sollte man doch meinen, die einfachste beinahe und folglich auch die bekannteste. Sie schmeckt auch gut. Man kennt sie im gesamten südöstlichen Europa. Merkwürdigerweise kennt man sie kaum bei uns. Man macht sie so:

Eine breite, flache schwere Pfanne aus Eisen – Email ist nicht geeignet und Aluminium zu leicht – wird gut durchhitzt. Dann kommt ein gutes Fett hinein – Öl, Butter oder Schmalz. Abermals gut durchhitzen! Jetzt kommen die nicht allzufein zerschnittenen Zwiebeln in die Pfanne. Und zwar wenigstens ein Kilo! Flamme kleiner stellen! Gut überwachen! Oft umrühren! Und vor allem: viel Geduld haben! Eine gute Zwiebelsauce

braucht eine ziemlich lange Kochzeit. Am besten ist es, man bereitet sie nur dann, wenn man ohnehin in der Küche viel und lang zu tun hat. Denn bis die Zwiebeln zuerst gelb und dann allmählich goldbraun und zugleich so weich wie Butter sind, kann es, je nach Jahreszeit und Zwiebelqualität, fast eine Stunde dauern.
Zuletzt wird noch gewürzt, ein wenig Wasser beigefügt und zugedeckt. Auf kleiner Flamme läßt man jetzt die weichen braunen Zwiebeln leise weiterkochen, bis sie beinahe zu einem Mus zergehen. Manche sieben die Sauce vor dem Essen durch. Doch nötig ist das nicht. Und je nach Wunsch kann man sie eher flüssig machen oder dicht wie Brei.

Zwiebelbrei als Brotaufstrich
Als Brei schmeckt sie vorzüglich statt Butter auf eine Schnitte Brot gestrichen. In manchen Gegenden im nordöstlichen Europa aß man solchen braunen Zwiebelbrei mit Brot als Abendmahl, sooft man frisches Schmalz vom Schwein oder vom Geflügel ausgelassen hatte: man bräunte die Zwiebeln in den Restbeständen vom Schmalz und ließ die frischen zarten Grieben gleich darin.

Zwiebelsauce mit Kascha und Nudelplätzchen
Die Zwiebelsauce schmeckt auch gut zu Reis, zu Breikartoffeln, zu Kascha – so nennt man im Osten flockig gekochte Buchweizenkörner.
Und manchmal mischt man dort in solche Kascha mit braunem Zwiebelmus noch viereckige, gekochte Plätzchen aus Nudelteig. Das ist dann eine ganze Mahlzeit, ausreichend auch als Mittagessen, nicht teuer und sehr schmackhaft.

Siedfleisch mit Zwiebelsauce

Man kann die Zwiebelsauce aber auch dazu verwenden, Reste von Siedfleisch, in Scheiben geschnitten, in ihr aufzukochen. Reichen die Siedfleischreste nicht für eine ganze Mahlzeit, dann wird die Speise durch Würfel oder Scheiben einer nicht zu scharfen Wurst ergänzt, die man gleich mitkocht. Oder man fügt noch Fleischklößchen hinzu. Am einfachsten und billigsten erhält man sie, wenn man den Inhalt einer rohen Bratwurst portionenweise – je etwa einen Teelöffel voll – direkt in eine solche nicht zu dichte Zwiebelsauce preßt und darin aufkocht. In wenigen Minuten sind die Klößchen gar und mit der Sauce vollgesogen.

Gebackene Zwiebelringe

Eines aber muß man beachten beim Bereiten solcher Zwiebelsauce: es darf nicht zuviel Fett sein in der Pfanne bei zuwenig Zwiebeln! Sonst kann es leicht geschehen, daß, zumal bei starker Hitze, nicht Zwiebelmus entsteht, sondern etwas gleichfalls Gutes, aber doch ganz anderes: knusprig geröstete Zwiebelringe nämlich.

Will man solche Zwiebelringe haben, dann wälzt man am besten die auseinandergenommenen Zwiebelscheiben, bevor man sie ins heiße Fett hineingibt, alle erst einmal in Mehl. Das überflüssige Mehl sehr gut von den Ringen abschütteln! Jetzt sind die Zwiebeln ringsum trocken und werden in dem heißen Fett in wenigen Augenblicken braun und brüchig.

Solche Zwiebelringe schmecken sehr gut zu Bratwurst, zu Quetschkartoffeln, zu Brei von Linsen, weißen Bohnen, gelben Erbsen. Oder man ißt sie, genau wie Zwiebelmus, zu einer Scheibe Brot.

Zwiebelsuppe

Es gibt eine überbackene Zwiebelsuppe in ganz Frankreich. Von ihr soll hier nicht die Rede sein. Wir meinen hier nur jene Zwiebelsuppen, für die als Grundlage die Zwiebelsauce verwendet wurde. Sie sind nicht schwierig zu bereiten. Man fügt mehr Wasser bei und rohe zerschnittene Kartoffeln, die ganz zerkochen sollen. Oder, wenn es sehr eilt, dann nimmt man statt Kartoffeln ein wenig Mehl, mit Wasser glattgerührt oder im Zwiebelbrei ein wenig angeröstet.

Solche Zwiebelsuppe ist durchaus genießbar, jedoch kein großer Genuß.

Kartoffeln mit Stippe

Als ich vor fünfzehn Jahren dieses Buch schrieb, hatte gerade die Edel-und-Teuer-Eßwelle ihren Kulminationspunkt erreicht. Daß ich so billige Dinge wie eine Zwiebeltunke zu empfehlen wagte, empfand man als eine pikante und fast snobistische Provokation.

Die kulinarische Landschaft hat sich mittlerweile – ich erwähnte es bereits – gründlich geändert. Küchennostalgie ist Trumph. Und in ihrem Gefolge wurden – sicher nicht zuletzt des Titels wegen – die Kindheitserinnerungen von Ilse Gräfin Bredow zum Bestseller. Der Titel lautet nämlich: »Kartoffeln mit Stippe«. Leider schreibt die Gräfin nicht, worin diese Stippe bestand. Ich vermutete aber gleich, daß es die von mir geschilderte Zwiebelsauce sein müsse. Ich fragte die Autorin, bat auch um das genaue Rezept, und bekam die Antwort: »Es ist tatsächlich nichts anderes als Zwiebeltunke, allerdings angereichert durch kleine, in der Pfanne ausgebratene Speckwürfelchen, in deren Fett sich dann die Zwiebeln bräunen.«

Ob man Pellkartoffeln oder, nach norddeutscher Unsitte, halbzerkochte Salzkartoffeln dazu aß, schreibt die Gräfin nicht. Ich meine aber: mit richtigem Kartoffelpüree zusammen, so, wie man diese Stippe bei uns daheim genoß, müßte sie noch besser schmecken.

Reine Tomatensauce

Mindestens ebensogut wie Sauce nur aus Zwiebeln ist solche aus reinen, unvermischten Tomaten. Man bereite sie aber prinzipiell nur in Zeiten, in denen die Tomaten reif und gut und billig sind. Treibhausfrüchte eignen sich nicht sehr. Denn erstens sind sie teuer, und zweitens haben sie ein hartes, fades Fleisch.

Diesmal braucht man keine schwere flache Eisenpfanne. Es genügt Aluminium. Und zwar ein hoher Topf, denn die Tomaten müssen nicht angebraten werden. Vielmehr sticht man mit dem spitzen Messer keilförmig die harten Teile am Stielansatz heraus, zerschneidet die Tomaten in grobe Stücke und kocht sie ohne Wasser auf kleiner Flamme langsam gar. Sobald sie weich sind, durch ein Drehsieb treiben, jedoch nicht zu gewaltsam! Es ist nicht nötig, daß auch kleine Stücklein von der Schale mit in die Sauce kommen! – Nun ein wenig würzen: mit Salz, mit Pfeffer, mit ein wenig Zucker. Und das ist alles.

Tomatensugo italienisch

Liebt man schärferes Aroma, dann mischt man die Tomaten natürlich mit Zwiebeln und röstet beide an, bis sie ein wenig Farbe angenommen haben und herzhaft duften. Und wählt man, um die Mischung anzubraten, statt Butter oder Öl zerschnittenen Speck, den man ein wenig ausläßt, jedoch samt Grieben in der Sauce mitkocht, dann hat man den Sugo, der in Italien zu den Nudeln so beliebt ist. Natürlich kommt man in diesem Falle nicht darum herum, die Tomaten vorher abzuschälen. Denn die Schalen zerkochen nicht. Sie rollen sich zu harten, kleine Pfeilen zusammen, die sich nicht zerkauen lassen. Als Würze fügt man in Italien gerne den Oregano, den wilden Majoran, hinzu.

Ein solcher Sugo wird, wir sagten es bereits, noch besser, wenn etwas Hackfleisch in ihm mitgeröstet wird. In diesem Falle lockert man die Sauce mit einem herben Rotwein und kocht sie möglichst lang. Nur dann entfaltet sie den vollen Wohlgeschmack.

Doch sorgt der feingeriebene Parmesan, der gleichfalls zu dem Gericht dazugehört, auch ohne Fleisch für würziges Aroma.

Daß man den Parmesan nicht in der Sauce mitkocht, sondern erst später, bei Tisch, über das Mehlgericht – Nudeln, Mais oder Reis – und die Sauce streut, sagten wir schon einmal.

Tomatensuppe ›pur‹

Hat man jedoch Tomaten ohne Zwiebeln samt Schalen durchgekocht und dann passiert, dann lassen sie sich auch als Suppe essen statt als Sauce. Man macht die Suppe so:

Wir schütten die passierten Tomaten zurück in den Kochtopf, würzen mit wenig Salz und Zucker, fügen ein wenig Rahm hinzu, ganz nach Belieben sauren oder süßen, frischen, erhitzen wieder und füllen die Mischung in die Suppentassen.

Das ist alles. Arbeit und Kosten sind gering. Und diese

Suppe mit ihrem zarten Fruchtgeschmack mundet wohl jedem. In Wochen der Tomatenschwemme kann es solche Suppe ruhig täglich einmal geben. Entweder mittags, vor dem Hauptgericht, oder am Abend, als Hauptgang, mit ein paar Scheiben belegter Brote dazu. Sicher ist eines: Wer Tomatensuppe einmal in dieser reinen Form genossen hat, wird nie mehr eine wollen mit Fett und Mehl darin und Nudeln oder Reis.

Saure Eiersauce in Suppe und Ragout

Ich weiß, man kennt sie nicht in unseren Regionen. Doch ist sie uralt und im Süden und am ganzen Balkan sehr beliebt. Mit Recht! Es gibt sie dort so häufig wie bei uns den dünnen Mehlbrei, den wir ›Sauce‹ nennen, über allen Speisen. Man sollte aber diese Eiersauce auch bei uns verwenden! Sie ist das beste Mittel, billiges Fleisch in eine delikate Speise umzuwandeln.

Man nimmt hierfür Füße vom Kalb oder auch billigste Teile von Lamm und Huhn und Ziege. Vornehmlich solche, die eine lange Kochzeit fordern. Man kocht sie in gewürztem Wasser langsam gar. Dann werden Zwiebeln, Lorbeerblätter, Lauch und was noch sonst an Würzen in der Brühe schwimmt, entfernt, das Fleisch wird von den Knochen abgelöst, in kleine Stücke zerschnitten und in die Brühe zurückgelegt. Nun kommt der Topf zurück aufs Feuer.

In einem kleinen Porzellangefäß zerquirlt man ein paar Eier, fügt etwas guten Essig oder Zitronensaft hinzu, gießt dann sehr langsam ein paar Löffel heißer Brühe darüber, während man beständig rührt. Jetzt nimmt man den Topf vom Feuer und rührt die mit Essig und Brühe vermischten Eier hinein. Die Eier sollen nicht gerinnen.

Erst später, im Teller, beginnen sie langsam und flockig zu stocken.

Es ist ein herrliches, billiges Eintopfgericht. Man ißt Fleisch und Brühe zusammen im Suppenteller, und es gehören kleine Scheiben Weißbrot dazu, im Ofen trokken und bräunlich geröstet und kräftig mit Knoblauch eingerieben. Die Scheiben legt man – zwei Stück pro Person – zuoberst auf die Brühe, aber erst im Teller!

Von zu Hause kenne ich dieses Gericht nur mit Kalbsfüßen drin. In Rom wird es vom einfachen Volk auch gern mit den billigsten Bestandteilen vom Lamm und vom Geflügel zubereitet. Am Balkan aber bereitet man diese saure Eiersauce zu jederlei Ragout aus hellem Fleisch, oder man fügt sie Suppen bei, in denen man etwas Reis und Kügelchen aus Hackfleisch gar kocht.

Wichtig sind bei allen Varianten ohne Reis die klapperdürren Knoblauchbrötchen, die das Gericht erst richtig zur Mahlzeit runden! Brötchen dieser Art liebt man im Süden und Südosten übrigens nicht nur in sauren Eiersaucen, sondern auch in Suppen mit frischem Meergetier.

Mehl in Suppen

Dann gibt es noch die Saucen oder Suppen, die sich daraus ergeben, daß es einen reut, Kochwasser von Gemüsen oder Fischen wegzuschütten. An sich eine löbliche Regung! Denn solche Brühe enthält mitunter wertvolle Stoffe.

Am besten ist es wohl, man kocht die Speisen mit sehr wenig Wasser. Soll es in Sauce umgewandelt werden, dann fügt man im Topf ein klein wenig Rahm oder Wein hinzu – je nachdem, was zu der Speise besser paßt.

Soll aber diese Brühe von Fisch oder Gemüsen eine ganze Suppe geben, dann wird es wohl mit Rahm allein nicht gehen. Dann braucht es etwas Mehl, obwohl gekochtes Mehl nun einmal nicht besonders schmeckt.

Béchamelsauce überbacken

Aber da haben die kochbegabten Franzosen etwas sehr Kluges herausgefunden: Man schmeckt das Mehl weniger heraus, wenn man es vorher mit einem guten Fett zusammen im Kochtopf zergehen und ein wenig brodeln läßt. Gießt man erst dann die Flüssigkeit darauf – wobei man es portionenweise tut, um Knötchenbildung zu verhindern –, dann wird die Brühe samtig, zart und homogen.

Sie wird noch zarter, wenn man nicht nur das gewürzte Kochwasser von Fischen oder vom Gemüse beifügt, sondern auch etwas Milch. Bereitet man sie mit Milch allein, dann hat man die berühmte ›Sauce Béchamel‹. An sich eine glänzende Erfindung. Vor allem dann, wenn man sie weder als Suppe noch als Sauce verwendet, sondern als dickflüssigen, sehr leichten Teig, vermischt mit Käse, als Überzug für Speisenreste, die man im Ofen wärmen und ein wenig überbacken will.

Mißbrauchter Mehlpupp

Aber, du lieber Himmel, was hat man mit der guten Béchamel und ihrer dunklen, schärfer gerösteten braunen Variante außerhalb Frankreichs, vor allem in Deutschland, alles angestellt! Da gibt es keine Sauce – Pardon: Tunke oder Soße –, die nicht überquillt von Mehl. Mehl beim Gemüse, Mehl beim Gulyas, Mehl beim Ragout und Mehl sogar in Saucen, die ihrerseits bestimmt sind,

Mehlspeisen – Nudeln, Reis und Puddings – zu begleiten. Mehl auch zu Pilzen und in der süßen oder scharfen Buttercreme. Ein dünner oder dicker Kleister, weiß, gelb oder braun, ergießt sich über alles und ertränkt Aroma und Nuance aller Speisen.
Ich kenne eine hübsche Anekdote rund um das Mehl am falschen Ort:

Der Mehlpudding und Max Pallenberg
Als der große Komiker aus Prag, Max Pallenberg, zum erstenmal auf einer Gastspielreise in Deutschlands Norden einen steifen Mehlpapp vorgesetzt bekam, sagte er: »Wackel net! I rühr di eh net an!«
Keine Legende berichtet, ob es ein süßer Kleister war – ein Nachtisch also – oder ein ›scharfer‹, also zum Beispiel Leipziger Gemüsepudding; das ist ein heller Mehlpapp mit kleinen Fetzen verschiedenster Gemüse drin. Was es auch war: kocht lieber so, daß ein Max Pallenberg es anrührt! Benützt also Mehl zum Backen und meinetwegen auch – statt Ei – zum Überbacken einer Speise. Wollt ihr dagegen Saucen zubereiten, dann ist es besser, zu vergessen, daß man Mehl im Hause hat!
Im andern Falle tut ihr gut daran, die Anstandsregeln aus dem neunzehnten Jahrhundert neu hervorzuholen und die Sauce im Teller stehenzulassen, sie nicht aufzutunken!

Mißbrauchter Mehlpapp in Frankreich
Die Franzosen also haben die Béchamelsauce erfunden. Zwar: sie selber verwenden sie mit Vorsicht und Reserve. Dennoch: ein wenig Mißbrauch treiben auch sie mit ihr. Sie sind nämlich, bei allem kulinarischen Talent,

sparsame Menschen, hassen die Verschwendung. So haben sie die billige Mehlmischung doch an ein paar Stellen eingeschmuggelt, wo sie nichts zu suchen hat. Daß sie es bei den Pilzen tun, erwähnten wir bereits.
Sie tun es aber auch beim weißen Kalbsragout zum Beispiel – es schmeckt jedoch weit besser, wenn man es anstatt mit Mehlpapp mit einer säuerlichen Eiersauce auf griechisch-römische Art bereitet.

Mayonnaise, Hollandaise, Remoulade, Béarnaise

Mayonnaise

Eine andere Sauce aber gibt es noch, gleichfalls in Frankreich erfunden: die Mayonnaise. Und diese zeugt von Küchengenialität.

Wie man sie überhaupt erfinden konnte, ist kaum begreiflich. Wie soll denn einer darauf kommen, daß Öl und Eigelb, beide an sich flüssig, dennoch zusammen dick und puddingartig werden, wenn man das Öl nur tropfenweise dem Eigelb beifügt? Schüttet man beide gleich von Anfang an zusammen und schlägt und rührt sie noch so stark – sie bleiben flüssig, binden sich nicht miteinander. Und auch wenn man versucht, zuerst das Öl zu nehmen und das Eigelb tropfenweise beizugeben, wird keine Mayonnaise draus. Wer also hat die Prozedur entdeckt und wie?

Und wer hat das Rezept als erster auch auf die Mischung von Eigelb mit Butter übertragen, statt mit Öl? Diese Abart nennt man nicht Mayonnaise, sondern Hollandaise, und man genießt sie warm, nicht kalt. Der Schritt von der einen Sauce zur andern war aber gar nicht einfach, obwohl sie im Prinzip dasselbe sind. Man mußte doch darauf kommen, daß die Butter, weil ihr Schmelzpunkt höher liegt, nur in erwärmtem Zustand sich mit dem Ei zur dichten zarten Paste bindet.

Historisches zur Mayonnaise

Vor allem aber: Seit wann gibt es überhaupt die Mayonnaise? Die einen sagen, ein begabter Koch des Duc und Marschall Richelieu habe die Sauce erfunden. Und zwar im Kriege, bei Mahon auf Menorca. Daher der Name Mayonnaise, oder genauer: Mahonnaise. Damals, im Jahre 1756, nach dem Seesieg seines Herrn, habe der Koch die traurig reduzierten Küchenbestände beliebig gemixt. Es war noch etwas Öl da und ein paar Eier und offenbar auch Essig oder auch Zitronen. Denn ohne solche beigefügte Säuren schmeckt die Mayonnaise nicht nur miserabel, sie wird auch viel zu steif und fest und dicht. Durch reinen Zufall also sei die Wundersauce damals entstanden.

Das alles klingt ganz spaßig. Doch ob es wahr ist? Es ist nicht einmal wahrscheinlich!

Zwar: daß Richelieu, verwöhnter Freund des angenehmen Lebens und der schönen Frauen, auch in den Krieg die besten Köche mitnahm, ist durchaus glaubhaft. Wenn aber wirklich die Mayonnaise ein Kind der kriegsbedingten Knappheit war – wie kam der Koch dann nur darauf, das Eiweiß wegzuschütten? Mit Eiweiß aber in der Mischung entsteht nicht Mayonnaise. Wenigstens nicht, solange man sie nur von Hand rührt und nicht mit der viel kräftigeren elektrischen Maschine.

Dennoch ist diese Theorie von der Entstehung der Mayonnaise der andern vorzuziehen, nach welcher nicht der Koch des Duc de Richelieu, sondern derjenige des Generals MacMahon, eines Iren, sie erfunden haben soll. MacMahon, Emigrant, kämpfte im Dienste Frankreichs in der Mitte des neunzehnten Jahrhunderts auf der Krim. Vermutlich war sein Koch demnach Franzose.

Nur: daß ein solch genialer Koch sich ausgerechnet einem Offizier aus Irland verdungen haben sollte, ist nicht sehr glaubhaft. Es wird ein Märchen sein, verschuldet durch den Namen des Generals MacMahon.

Cumberland-Sauce

Immerhin, eine gar nicht üble Sauce kennt man auch aus dem Gebiet der Angelsachsen: es ist die ›Cumberland‹, gemischt aus rotem Wein, Gelee von Johannisbeeren, Senf und ein wenig Öl und Essig und feingeschnittener Orangenschale. Man ißt sie zu gebeiztem Wild. In dieser Verbindung schmeckt sie angenehm frisch und pikant.

Varianten der Mayonnaise

Die andern Saucen, die man bei uns kennt und die auch lohnen, überhaupt gekannt zu werden, stammen durch die Bank vom Süden und vom Westen. Auch die Varianten der Mayonnaise und der Hollandaise, die Anreicherung der beiden mit zerhackten Schalotten, Kapern und andern pikanten Kleinigkeiten, sind französische Kreationen. Die Saucen heißen Remoulade und Béarnaise. Und alle beide sind sie ebenfalls schon schier zweihundert Jahre alt. Denn war einmal die Grundform da, so war es leicht, sie auf diese Weise abzuwandeln.

Mayonnaise auf Wanderung

Interessant wäre aber zu erfahren, wie lange es damals, im achtzehnten Jahrhundert, brauchte, bis eine solche geniale Küchenerfindung weiter um sich griff. Die Massenmedien, die heute für Verbreitung jeder Neuheit sorgen, gab es damals nicht. Und zudem haben wir ja keine Ahnung, wie sich der hochbegabte Koch des Duc de Richelieu verhielt. War er begierig, seine Erfindung allen mitzuteilen? Oder hatte er umgekehrt den Ehrgeiz, der einzige zu sein, der es verstand, aus Öl und Eigelb eine honiggelbe, feste Salbe hervorzuzaubern? Gab ihm vielleicht sein Herr Befehl, einzelnen seiner, des Herzogs, Geliebten das Rezept der genialen Neuheit zu verraten? Und wie lange mag es wohl gedauert haben, bis die neue Sauce aus deren Schlössern in die der andern und schließlich bis auf den Tisch der simplen Bürger vorgedrungen war? Geschah es vor der Grande Révolution oder erst später?

Jedenfalls muß die Adelsherkunft der Mayonnaise den Menschen noch sehr lange bewußt geblieben sein. Denn obwohl es doch keine besonders teure Sauce ist, gab es sogar noch in unserem Jahrhundert einen Schlager:

»... Es muß nicht Hummer sein und Mayonnaise,
Es kann auch Schwarzbrot sein mit Harzer Käse ...«

Und doch ist Mayonnaise weit billiger als frische Butter! Wie immer – inzwischen hat die Mayonnaise den ganzen Erdball erobert. An sich mit Recht. Zu faden Speisen ist sie eine unvergleichliche Ergänzung.

Mayonnaise als Küchenunglück

Eines Tages aber wanderte sie nach Amerika aus. Und da geschah mit ihr ein Unglück. Wann und wo immer man in Amerika ganz unharmonisch und diffus diverse kalte Speisestücke durcheinanderwürfelt, bekleistert man sie gründlich mit Mayonnaise. Aus einer Delikatesse wurde sie auf diese Weise drüben eine Art von Küchenallheilmittel.

Und in dieser verwandelten Bedeutung kam sie zu uns

zurück. Kaum findet man noch im modernen deutschen Küchenzettel eine kalte Speise, der nicht Mayonnaise beigegeben wäre. Man mischt sie mit diversen Käsen, mit Ananas, mit fettem Schinken und mit Kirschen. Man rührt sie unter sämtliche Gemüse, sogar zu gelben Rüben, die sich mit ihr gar nicht gut vertragen. Und in einem angelsächsischen Kochbuch fand ich sogar folgendes Rezept: Man mische gehackte Zwiebeln, Tomatenpaste aus der Büchse und Mayonnaise und lasse das Gemengsel als Eiscreme im Kühlschrank erstarren! »Es ist eine Spezialität!« versichert die Autorin. Und ob es eine ist!
Doch bei der Lektüre von modernen Küchenbüchern muß man sich jedes Verwundern abgewöhnen. Soeben schreibt mir ein Jurist aus Preußen, der mir im gleichen Brief das Rezept für eine besonders gute Erbsensuppe mitteilt: »Ich habe einen Freund, der gerne Bratkartoffeln mit Rollmops und Himbeermarmelade ißt. Aber verglichen mit den Rezepten aus neuesten Kochbüchern ist dies ein Gipfel der kulinarischen Harmonie.« Kurzum – die Mayonnaise, einst die geniale Erfindung eines französischen Meisterkochs, droht heute zum internationalen Küchenunglück auszuarten, genau wie vor ihr schon die lange nicht so klug und raffiniert erdachte weiße Sauce ...

Ganz unabhängig von der Qualität der Saucen, die ihr zu bereiten wißt, möchte ich euch einen kleinen guten Rat erteilen:

Fische – nackt serviert!
Laßt euch von keinem noch so guten Kochbuch dazu verleiten, Fische mit dicker Sauce überglänzt und überdeckt

zu Tisch zu bringen! Mag sein, die Platte sieht auf diese Weise schöner aus. Das Entgräten ist dann aber sehr erschwert. Und ein paar Einzelgräten stecken doch oft genug sogar im zartesten, enthäuteten Filet vom feinsten Fisch.
Und zweitens bleibt dann ein Teil der Sauce unfehlbar an den diversen Resten hängen, die man nicht essen kann. Ist es eine wirklich feine Sauce, dann ist es viel zu schade, sie derart zu verschwenden. Ist sie dagegen mehldurchsetzt und wenig schmackhaft, so daß es uns nicht reut, den Großteil von ihr wegzuschütten – wozu dann überhaupt die Sauce? Dann gibt man doch besser zum blaugekochten Fisch nichts als ein wenig Butter – frisch oder angebräunt – und zu gebackenen Fischgerichten ein paar Zitronenviertel!

Axiome für Saucen

Natürlich gibt es nicht nur die paar Saucen, die wir hier geschildert haben, sondern noch Dutzende, Hunderte, Tausende von andern. ›Natürliche‹ Saucen von Fisch, von Fleisch und von Gemüse. ›Künstliche‹ Saucen, verschiedenartig komponiert, zu Fisch, zu Fleisch und zu Gemüse. Wir sagten es bereits und wiederholen es: Je älter, ärmer und kultivierter ein Volk ist, desto reicher und köstlicher wird die Auswahl seiner Saucen sein. In Weingegenden werden wir Wein in der Sauce finden oder sogar Weinbrand. In Gegenden mit Großvieh Rahm und Butter. Wo beides, Wein und Milch, sehr rar ist, wird man aus pflanzlichen Gewürzen herrliche Kombinationen schaffen.
Und weil dies alles stark von den lokalen Möglichkeiten abhängt, hat es wenig Sinn, hier sehr viel Saucen aufzu-

zählen. Vieles, was zum Beispiel Inder und Japaner in ihre Saucen mengen, erhalten wir nicht in Europa oder nur aus Büchsen. Doch auch bei bester Konservierung schmeckt Büchsenkost niemals so gut wie frische.
Man merke sich für Saucen daher nur ein paar Axiome: Wein und Rahm verbessern fast jede Sauce. Mehl verschlechtert sie meistens und soll, wenn überhaupt, nur äußerst sparsam und zögernd verwendet werden.
Und ferner: geht es nicht um eine Sauce, die separat für sich bereitet wird, wie etwa Sugo mit Tomaten zu Spaghetti, geht es um eine Sauce, die nur den Saft und die Aromastoffe, die eine Speise beim Kochen oder Braten abgibt, aufrunden und ergänzen soll – dann soll die Sauce den Duft und den Geschmack der Speise voll behalten und erhalten! Die Eigenart der Speise soll nicht übertäubt sein durch allzu andersartige Zutaten und allzuviel Gewürze ...

Wovon sind wir ausgegangen? Richtig, von dem Vorurteil, man beweise seine Kultur und gute Erziehung dadurch, daß man die Sauce im Teller stehenläßt und nicht etwa auftunkt. Ich schlage vor: zu Hause tunken wir die Sauce in jedem Falle auf.
Und im Restaurant? Da gibt es zwei Möglichkeiten. Entweder lohnt die Sauce in einem bestimmten Restaurant nicht, daß man sie bis zum letzten Tropfen ganz kulturlos aufwischt. Dann zeigen wir, wie gut man uns erzogen hat, und lassen sie unberührt im Teller stehen. Aber zugleich merken wir uns, daß es auch nicht lohnt, das Restaurant ein zweites Mal noch zu betreten.
Im andern Falle, wenn es also lohnt, tunken Sie Ihre Sauce ruhig auf! Gute Manieren hin oder her – der Wirt

und Koch werden sich beide geschmeichelt fühlen. Und ringsum werden sich rasch Dutzende finden, die es Ihnen nachahmen... Pardon, nicht nachahmen, sondern vormachen! Denn, wie gesagt, dort, wo die Saucen am meisten taugen, in Frankreich und Italien, tut man es schon seit Jahrtausenden!

Brevier für kalte Küche

Cocktailbissen

Zurück zu unsern Küchenvorurteilen! Eines ist praktisch nicht totzuschlagen: die Auffassung nämlich, daß Cocktailbissen mit teurem Aufstrich etwas Feines seien. Woher ihr kulinarischer Ruhm? Nun – sie sind prächtig anzuschauen, sehr mühsam zu erstellen und obendrein, wir sagten es bereits, sehr teuer. Das alles ist schon wahr.

Aber versuchen Sie einmal, bei einem Cocktailbissen Preis, Form und Farbe zu vergessen. Schmeckt er dann immer noch?

Oder bereitet es Ihnen zuviel Mühe, soviel zu abstrahieren? Dann schließen Sie die Augen, und lassen Sie sich von irgend jemand mit Cocktailbissen füttern, die Sie zuvor nicht angesehen haben. Nun, wie schmeckt es? Denken Sie aber ja nicht an die imponierend bunte, zierlich gefüllte Platte, von der die Bissen stammen, vergessen Sie auch die mikroskopischen Quantitäten Lachs, Trüffeln, Gänseleber, Kaviar, die auf die geometrisch ausgestochenen, winzigen Fetzchen Schwammgummi-Weißbrot aufgeklebt sind! Konzentrieren Sie sich restlos auf den Geschmack!

Nun? Sind Sie sicher, daß Sie nicht sogleich beginnen werden, auszuspucken?

Schwedisches Buffet

Und dann das schwedische und russische Buffet. Natürlich, in Schweden oder Rußland taugen solche kalten

Platten und Schüsseln eine ganze Menge. Dort hat man eine Riesenauswahl lebendfrischer Schalentiere oder Fische aus Meer und Flüssen, manches auch sehr frisch eingesalzen oder soeben geräuchert, herrliche Fisch- und Fleischpasteten, ferner eingemachte Gurken oder Pilze zum ›Verbeißen‹ nach dem guten klaren Schnaps. Wir aber, mitten auf dem Kontinent, müssen uns all dies aus Importen mühevoll beschaffen. Es ist nicht mehr so frisch und taugt daher bei uns nicht halb soviel.

Schwedensalat

Die russischen Salate jedoch, die man aber, trotz ihres Namens, in Rußland überhaupt nicht kennt, weil sie in Wirklichkeit aus Skandinavien stammen, schmecken auch auf dem Festland ausgezeichnet. Und diese können wir mühelos und tadellos auch bei uns bereiten! Sie sind nicht einmal teuer. Wir müssen nicht auf Gäste warten, um sie uns zu gönnen. Man macht sie so:

In einer Schüssel vermischt man zerschnittene gekochte Kartoffeln, Äpfel – saure, mürbe natürlich! –, rote Rüben – ebenfalls gekocht; roh sind sie zwar sehr aromatisch, aber auch sehr hart –, ferner kleine Scheibchen von Zwiebeln und Salzgurken. Kleine Stücke Hering sind unerläßlich – egal ob aus dem Essig oder Salz.

Das Ganze wird mit etwas Bouillon befeuchtet und mit Öl und Essig abgeschmeckt oder, noch besser, mit etwas Sauerrahm. Dazu ein bißchen Zucker, Salz und Pfeffer. Manche verwenden auch Mayonnaise. Das kann man. Doch soll man sie dann unbedingt verdünnen: mit Fleischbrühe oder auch mit Milch. Sonst wird die Speise allzu schwer und fett.

Andere wieder mischen kleine Stücke Schinken und Bra-

ten hinein. Das verteuert den Salat, ohne ihn zu verbessern. Denn Fleisch und Schinken sind etwas härter als die andern Stücke, aus denen sich die Mischung komponiert. Sie harmonieren nicht zusammen.
Solchen Salat kann man also auch bei uns sehr gut bereiten. Verziert man ihn mit harten Eiern oder mit Tomaten, dann schmeckt er nicht nur lecker, sondern sieht auch lecker aus.
Platten mit allzu vielen Fischspezialitäten aber wollen wir den Gästen nur bieten, wenn wir an einer Meeresküste wohnen. Oder doch in der Nähe von Riesenflüssen, in welchen vielerlei gedeiht. Denn Tiefgekühltes, weither Importiertes, lange in Salz, in Essig und in Büchsen Konserviertes schmeckt nicht besonders fein.

Mischsalate aus Amerika

Und da wir schon den Russischen Salat erwähnten – den aber, wie gesagt, nur Skandinavier und nicht Russen kennen –, möge an dieser Stelle auch anderer Mischsalate gedacht sein. Vor allem jener, die uns Amerika seit ein paar Jahren schenkt. Sie sind, genau wie die Cocktailbissen, die ja auch von drüben kommen, als Anblick von hohem künstlerischem Wert. Eine Pracht und eine Augenweide. Zauberhaft gemischt aus bunten Früchten, Käse, Nüssen, rohen Gemüsen. Vergoldet mit Mayonnaise. Und eine Stange Sellerie ist immer mit dabei – warum, das weiß ich nicht. Die künstlerische Phantasie entfaltet sich bei ihnen ohne Hemmung. Ich habe einmal einen Salat gesehen, bei welchem abwechselnd Cognacweichseln und grüne Oliven kleine Käsescheibchen zierten, welche die Mischung umkränzten. Und oben, auf dem Gipfel, in der Mitte, lag ein Häuflein dunkler Kaviar, den ein Fähnchen zierte – jedoch das amerikanische, nicht das von Rußland, obwohl der beste Kaviar aus der Wolga stammt!

›Kunstgewerbe‹ in der Küche

Überhaupt – Künstlerambitionen in der Küche! Einmal bekam ich belegte Brötchen vorgesetzt: schneeweißen Brotschaumgummi. Entrindet und kreisrund zugeschnitten. Darauf, ebenfalls kreisrund, aber etwas kleiner, wie mit dem Zirkel ausgestochen, ein dünnes Scheibchen Salami. Darüber eine Tomatenscheibe, auf ihr ein Scheibchen hartes Ei, auf diesem ein rundes Stücklein Olive und zuoberst, als Krönung, eine Kaper...

Ich habe damals nachgezählt: hundert solcher Brötchen lagen auf den Platten. Die Damen des Hauses mußten tagelang daran gewerkelt haben. Oder sie hatten ein ganzes Bataillon Bediensteter zu Hilfe. Man überlege, was da an ›Handarbeit‹ in solchen Brötchen steckt!...

Und man bedenke, was es da bedeutet, wenn nur eine einzige der vielen Mitarbeiterinnen einmal vergißt, nach einer bestimmten ›kaiserlichen‹ Exkursion die Hände gründlich abzuseifen und zu spülen!

Man bedenke ferner, wie sehr die armen Damen sich bei der Zubereitung solcher Brötchen gelangweilt haben müssen, wieviel sie folglich aus allernächster Nähe über jedem der kreisrunden Scheibchen sicherlich geredet haben!

Zudem war es Winter. Wer weiß – am Ende hatte eine von ihnen auch Katarrh und nieste hie und da auf ihrer Hände Werk herab?...

Ich wollte damals höflich sein und dennoch etwas von den Brötchen auf meinen Teller nehmen – aber dann

hätte ich es doch essen müssen! Ich zog die ausgestreckte Hand wieder zurück.

Als ich aufblickte, sah ich einen jungen französischen Professor, der mit wild herausgewälzten Augen voll Abscheu auf die Platten starrte. Wir setzten uns zusammen in eine stille Ecke, und obwohl ich sonst nur Kaffee oder Milch zu trinken pflege – diesmal trank ich ein Glas Schnaps. Und der Franzose, trinkgewohnt – wie sollte es auch anders sein in einem solchen Weinland? –, goß schweigend jede Art von Alkohol in sich hinein, bis seine Augen nicht mehr wild rollten, sondern nur noch glasig starrten.

Da nahte mit einer Platte voll von Brötchen die Hausfrau, schön, mild, im weißen Seidenkleid mit einem Gurt aus Gold. Der Franzose warf ihr einen Blick zu, als wollte er sie gleich erschlagen. Doch selbst im Nebeldunst der Trunkenheit war ihm scheinbar klar, daß das nicht anging. Und also blieb er schweigend sitzen.

Brevier für belegte Brote

Zu den belegten Broten zählen natürlich auch die meisten Cocktailbissen, trotz ihrer Winzigkeit. Was nun die Cocktailbissen angeht, so möchte ich den Vorschlag wagen: Laßt die Leute ganz in Ruh' damit! Ich schlage es vor, auf die Gefahr hin, daß mich eine Menge Leser in Briefen und durchs Telefon beschimpfen werden. Denn solche Bissen sind im Augenblick sehr hoch geschätzt und absolut tabu.

Doch auch bei appetitlichem und raschem Schaffen steht bei den kleinen Cocktailbissen die aufgewandte ›Handarbeit‹ nicht im Verhältnis zum Wohlgeschmack und sättigendem Wert des Resultates.

Wollt ihr trotzdem euren Gästen Cocktailbissen geben, dann macht sie lieber etwas größer als im allgemeinen üblich, und haltet euch an altbewährte, einfache Brotbelage! Begnügt euch ferner mit einfachster, spärlichster Dekoration!

Salzkonfekt
Besser aber, ihr spart euch die ganze Arbeit, mit der ihr niemand glücklich macht, und serviert statt dessen zu scharfen Getränken passendes, scharfes Konfekt, wie kleine Käsestangen, Salzbrezeln, kümmel- und salzbestreute kleine luftige Kissen und kleine Gipfel oder Rollen aus Mürb- und Blätterteig mit einer Füllung aus Sardellen oder Schinken.
Backt ihr das alles selber, dann seid ihr hoch zu loben. Holt ihr es aber beim besten Konditor eurer Stadt, dann ist es sicher mindestens so gut, wenn nicht noch besser, und obendrein viel reicher assortiert. Allerdings auch viel teurer.

Salzmandeln
Stellt ihr dann noch für ausgebrannte Säuferkehlen Salzmandeln hin – gekaufte oder selbstgeröstete – und für süße milde Seelen ein paar Teller mit Petits fours und andern zuckerreichen Kleinigkeiten, dann wird euch sicher jeder gern verzeihen, daß die Cocktailbissen fehlen.

Pommes chips?
Pommes chips dagegen brauchst du keine aufzustellen! Ich weiß, sie sind seit ein paar Jahren große Mode. Aber sie sind, im Gegensatz zur allgemeinen Meinung, keine Verfeinerung, sondern bloß Entartung der derberen

Pommes frites. Denn während die Pommes frites, die dicken, festen, ölgebackenen Kartoffelstengel, den vollen Nährgehalt der rohen Kartoffel beibehalten, entstehen Pommes chips so:
Papierdünn werden die Kartoffeln zunächst gescheibelt, dann gewaschen, dann abgetrocknet. Bevor sie noch ins Öl gelangen, ist alles außer etwas Zellulose und Stärke aus ihnen weggelaugt. Sie schmecken auch entsprechend fade. Versucht nur einmal, sie zu essen, bevor sie eingesalzen sind: Dann werdet ihr erkennen: das einzige, was an den Pommes chips taugt, ist allenfalls das bißchen Röstgeschmack – und dann das Salz.
Darum serviere auch keine Pommes chips anstatt Nudeln, Reis, Kartoffeln zum Fleisch, wie manche es seit ein paar Jahren tun! Obwohl es bequem ist: man kann sie, sauber verpackt, in Tüten fertig kaufen. Reicht deine Zeit nicht aus, mehlhaltige Beilagen zum Fleisch zu kochen, dann reiche einfach frische Semmeln oder weißes Brot dazu! Auf diese Weise aßen schließlich sogar die Helden bei Homer ihr Fleisch.

Ungesäuerte Brotfladen
Und dabei war das Brot, das jene aßen, nicht halb so gut wie unser heutiges! Denn nicht die sonst so erfindungsreichen Griechen der Antike, sondern die alten Ägypter haben entdeckt, daß man das Brot mit Hefe lockern kann! Zur Zeit Homers hatten die Griechen das luftige und leichte Brot aus Ägypten vermutlich noch gar nicht übernommen, aßen noch ihre flachen Gersten- oder Weizenfladen, wie man sie heute noch an vielen Orten im Orient bäckt und kennt und wie die Juden sie Jahr für Jahr an Pessach, ihren Osterfeiertagen, essen. Denn sie

feiern das Fest zur Erinnerung an ihren Auszug aus Ägypten vor vielen tausend Jahren. Dort hatten sie, wohl lange vor den Griechen, von den Ägyptern gelernt, lokkeres, hohes Brot zu backen. Doch vor der Flucht – so lesen wir es in der Bibel – reichte die Zeit nicht aus, das Brot zu säuern. Sie aßen also flache Fladen in jenen Tagen. Und solche Fladen – Mazzes heißen sie – essen die Juden noch heute an ihrem Osterfest.

Die degradierte Gerste

Wissen Sie übrigens – dies nur nebenbei –, warum die Gerste trotz ihres Wohlgeschmacks an vielen Orten als zweitrangig, minderwertig betrachtet wird? Kein Mensch verwendet sie, um irgend etwas aus ihr zu bakken. Und Gerstensuppe essen fast nur Magenkranke, in Form von Schleim, anstatt, zusammen mit den hübschen ganzen Körnern, die Gesunden. Oder die locker und trocken gekochten Gerstenkörner statt Reis zum Fleisch – wer kennt das noch? Und dabei schmeckt es herrlich!
Daß man die Gerste heute so schmählich unterschätzt, hängt eben mit der Entdeckung vom Hefebrot zusammen! Gerste läßt sich nicht säuern, nicht in die Höhe treiben. In Form von flachen Fladen hatte sie sehr gut geschmeckt. Als aber nun das Hefebrot die große Mode wurde, geriet die gute Gerste, ganz zu Unrecht, ein wenig in Verruf. Denn mit ihrem so vollen, würzigen Aroma taugt sie zu Brei und Suppe, wie gesagt, weit besser als zum Beispiel der Weizen oder gar der fade Reis.

Noch einmal Cocktailbissen

Wir sind vom Thema wieder einmal abgeglitten. Wir sind von Pommes chips ausgegangen. Zu ihnen waren wir auf dem Umweg über die Cocktailbissen gelangt, die so viel Arbeit und Kosten bereiten – und so bedenklich wenig Genuß! Zwar sind die Cocktailbissen im Augenblick die große Mode; nun – seien Sie tonangebend, und nehmen Sie einfach in Ihrem Hause das Ende der Mode vorweg! Ihr Personal, sofern Sie welches haben, wird sehr zufrieden sein. Sie selber und Ihre Gäste letztlich auch.

Willst du also belegte Brote geben, dann fabriziere sie nicht mikroskopisch klein, und spieße sie auch nicht auf Holzzahnstocher oder bunte Plastikstacheln. Bissen, die so klein sind, daß es kaum gelingt, ihren Geschmack auf der Zunge aufzuspüren, sind kein besonderer Genuß.

Noch einmal Kunstgewerbe am Küchentisch

Belege und verziere deine Brote nicht zu kunstvoll! Hast du Talent zu Kunstgewerbe, dann übe es an Lehmfiguren aus oder auf Papier und Leinwand, mit Farbe und mit Stift!

Allerdings tut das heute jeder zweite, meist auf Befehl seines Psychoanalytikers. Willst du demnach aparter sein als alle Welt ringsum, dann hol vielleicht den Stickrahmen hervor, an welchem deine Urgroßmutter saß und stichelte, wenn sie ihre Bewunderer im Salon empfing! Das ist so alt und so vergessen, daß es schon beinahe wieder neu sein könnte und sensationell! Du wirst damit Furore machen.

Doch lebe deine künstlerischen Ambitionen nicht an den Platten mit belegten Broten aus! Brote, denen man ansieht, daß mühsam an ihnen herumgewerkelt wurde, verschlagen selbst robusteren Naturen den Appetit.

Die teuren Brotbelage

Glaube ja nicht, daß du unbedingt die teuersten Zutaten für den Brotbelag aussuchen mußt, wenn du es dir im Grunde nicht gut leisten kannst! Es sei denn, du hast Narren und Parvenüs zu Tisch geladen, welche die Kreditfähigkeit deines Mannes am Preise deiner Brötchen und Weine messen. Dann freilich ist das Teuerste gerade gut genug. Das aber sind geschäftliche Erwägungen, nicht kulinarische.

Kein Mißverständnis, bitte! Nicht daß gegen teuren Brotbelag, wie Gänseleber, frischen Kaviar, Räucherlachs und dergleichen, etwas einzuwenden wäre! Im Gegenteil. Das alles schmeckt ganz herrlich. Zweierlei aber darf auf keinen Fall passieren: Erstens dürfen die Gäste nie den Eindruck haben, daß die paar Leckerbissen, die sie bei dir essen, dein Budget total zertrümmert haben könnten. Anständige Leute haben es nicht gern, wenn man für sie sinnlose Opfer bringt. Es mordet ihren Appetit. Zweitens aber ist es genauso schlimm, wenn du, weil knapp bei Kasse, von den teueren Substanzen nur soviel einkaufst, wie du dir leisten kannst. Dann sind gerade von den besten Brötchen zu wenig da. Oder aber die Zahl der feinen Brötchen reicht zwar aus, sie sind jedoch so dünn, so kümmerlich, so ärmlich belegt, daß jeder merkt: Aha! Man mußte sparen. Und das verschlägt den Appetit nicht minder.

Wähle also den Brotbelag nach deinem Beutel, und kaufe lieber zuviel ein als zuwenig!

Amerikanischer Brotbelag

Und laß, wenn du Europäer eingeladen hast, amerikanische Brotbelage ganz beiseite! Nicht jeder hält es aus, auf einer faden, blassen, rindenlosen Scheibe kalkweißen Brotes eine dünne Schicht von Erdnußbutter und darüber ein Salatblatt mit Nüssen und Mayonnaise zu essen. Es mag auch lang nicht jeder blasses Brot mit dünnen Käsescheiben und geraffeltem Sellerie darauf. Und selbst wenn einer frisch von drüben kommt und solchen Küchenschreck von Kindheit auf gewöhnt ist, wird er doch nicht weinen, wenn ihn die Heimatküche nicht bis ins Ausland hinein verfolgt.

Diätbrötchenplage

Laß beim Bereiten von belegten Broten alle Diätüberlegungen radikal beiseite! Magerquark mit Zitronensaft und Petersilie, garniert mit Nuß und Apfel – das mag bekömmlicher sein als Thun mit Mayonnaise, Salz und Pfeffer, Essig und Paprika. Aber es schmeckt nun einmal, auf feuchtes Brot gekleistert, schlechterdings abscheulich.

Dicker Brotbelag

Belege die Brote dick, reichlich, aromatisch! Es ist nicht angenehm für deinen Gast, sofern er Hunger hat, sich Dutzende Male zum Buffet zu drängen, um immer wieder seinen Teller mit den viel zu dünnen Broten neu zu füllen. Und es ist für deinen Gast auch keine Freude, dauernd nach Salz und Pfeffer fahnden zu müssen!

Überwürzter Brotbelag?

Anderseits: übersalze die Belagmasse nicht! Denn es steigt täglich zwar die Zahl der Damen, die gerne einen Whisky oder Wodka kippen. Die Männer unserer Tage sind aber oft nur schwache Trinker und obendrein noch

Autofahrer. Sie legen wenig Wert darauf, den Durst bewußt zu steigern, wie es in früheren Jahrzehnten oft geschah.

Teufelseier
Zum Beispiel durch die sogenannten Teufelseier. Weißt du, was das ist? Sehr hart gekochte Eier, deren Schale man von allen Seiten anklopft, bis sie voll von Sprüngen und beinahe mürbe ist. Dann legt man diese Eier für ein paar Tage in eine konzentrierte Lauge mit viel Salz und Pfeffer. Sie werden davon brennend scharf. In Osteuropa ißt man sie zum Schnaps, genau wie Essigpilze oder saure Gurken, und zwar ganz ohne Brot.

Teufelsbohnen
Dort kennt man übrigens noch eine wundervolle Variante der Teufelseier: die Teufelsbohnen. Man macht sie aus den sogenannten Saubohnen. Kennen Sie die? Sie sind groß und herrlich zart. Leider bekommt man sie bei uns nur selten und nicht überall, obwohl sie ›Urgewächs‹ sind in Europa. Die andern, die auf hohen Stangen, kamen aus Amerika zu uns.
Saubohnen waren es demnach, die die römischen Plebejer vor zweitausend Jahren auf den Straßen dauernd kauten, so, wie man heute im Süden Maroni kauft und kaut, und die der griechische Philosoph und Mystiker Pythagoras aus Gründen, die wir nicht mehr kennen, seinen Anhängern verbot zu essen.
Solche Urbohnen, Saubohnen also, werden sorgfältig weichgekocht und dann in dieselbe Lauge gelegt wie die Teufelseier. Man ißt sie aus der Hand, zum Wein, sogar zum Süßen.

Wenn Sie mich fragen: ich finde solche Bohnen weit besser als Salzmandeln und dergleichen. Nur sind sie, wie gesagt, bei uns schwer aufzutreiben.

Käse ›barfuß‹

Teufelsbohnen wie Teufelseier ißt man übrigens nicht nur aus der Hand, sondern darüber hinaus auch ›barfuß‹. So nannte es ein verfressener Berliner, wenn er Substanzen, die sonst nur als Zukost und als Brotbelag gedacht sind, ohne Brot genoß. Zum Beispiel Käse, der ›barfuß‹ sicher ziemlich schwer verdaulich ist, jedoch weit besser schmeckt als auf dem Brot. Versuchen Sie es einmal! Trinken Sie Wein dazu, und nehmen Sie etwas Obst – Äpfel und Birnen – als Nachtisch.
Daß man in Polen die Sauergurken aus dem Salz, ferner die Essiggurken und die Essigpilze ebenfalls ›barfuß‹ zum gebrannten Wasser ißt, haben wir schon berichtet.

Käse mit Obst zusammen

In Frankreich ist es fast selbstverständlich, daß man zum Käse ein Stück knuspriges Weißbrot knabbert, je nach Käsesorte mit oder ohne Butter. Für die Italiener jedoch ist ›Käse barfuß‹ nichts Neues. Der vielbereiste Elsässer M. Z., eifriger Durchforscher der Küchenfolklore praktisch ganz Europas, schreibt mir hierzu, daß man in ganz Norditalien gerne halbfesten italienischen Käse (also etwa den Bel Paese) zu einer saftigen rohen Birne ißt. Im Piemont ist diese Kombination so beliebt, daß sie sogar schon bedichtet wurde. Von dort hat M. Z. den hübschen alten Spruch mitgebracht:

Non dir' al villan',
Ma tu devi sapere,
Quanto è buono
Il formaggio colle pere![1]

Und in Südtirol serviert man außer Birnen auch noch Walnüsse zum Käse. Wer das einmal ausprobiert hat, wird leichten Herzens auf das Brot als Zukost verzichten und obendrein noch stolz sein, daß er auf diese Weise Kalorien einspart!

Käse mit Appenzeller Biberfladen
Ja – und nachdem ich nun lange genug gegen die amerikanische Unsitte gewettert habe, zum Käse kandierte Kirschen und andere Süßigkeiten zu essen, mit denen er nicht harmonisiert, möchte ich trotzdem auch selber zwei Kombinationen dieser Art präsentieren, die auf den ersten Blick ganz pervers wirken, aber dennoch jedem schmecken, der sie gekostet hat. Ein Versuch wird auch Sie überzeugen.
Die erste stammt aus der Ostschweiz, und es dürfte nicht einfach sein, ihre Komponenten anderswo aufzutreiben. Hier aß man früher den ganzen Frühherbst über zu frischem, leicht angegorenem Apfel- oder Birnenmost in ländlichen Gasthäusern den Appenzeller Käse, den ich bis heute nirgendwo anders gefunden habe. Er ist halbhart, blaß, mürbe, kleinlöchrig und im Zustand der Vollreife gegen die Rinde zu ein wenig blaßgrün. Er riecht abscheulich, schmeckt aber wundervoll rezent. Viele aßen

[1] Erzähl es keinem primitiven Flegel; du aber mußt es wissen, wie gut das ist: Käse mit Birnen!

– und essen heute noch – solchen Käse mit etwas Senf zu halbdunklem Brot.
Von ihnen soll hier nicht die Rede sein.
Andere aber ließen sich zum frischen Apfelmost noch eine weitere lokale Spezialität, die sogenannten Appenzeller Biberfladen, servieren, und zwar nicht erst zum Nachtisch, sondern gleichzeitig mit dem Käse. Das sind runde, ziemlich flache – eben ›fladenartige‹ – Gewürzkuchen aus einem leichten, altmodisch duftenden Teig. Sie sind zwar braun und glänzend wie ein Biberfell, der Name hat aber trotzdem nichts mit dem Biber zu tun, sondern kommt von lateinisch ›pimentum‹: Piment, Gewürz.
Diese Biberfladen also schlitzten manche Leckermäuler auf wie eine Torte, die man füllen will, bestrichen die Innenfläche dick mit frischer Butter und bedeckten sie mit Scheiben vom Appenzeller Käse. Zusammenklappen, ›Tortenstücke‹ von dem runden Kuchen abschneiden und ›aus der Hand‹ – also ohne Messer und Gabel – genießen. Ich sagte schon: Es hört sich befremdlich an, schmeckt aber trotzdem herrlich!

Emmentaler Käse zu Quittenmarmelade
Noch weit perverser mutet auf den ersten Blick eine weitere Kombination von Käse mit Süßem an, die Frau E. H., gebürtige Deutsche, aber jetzt in Südeuropa lebend, leidenschaftlich empfiehlt. Sie schreibt:
»Noch einen Tip zum Thema Marmelade. In Spanien habe ich etwas traumhaft Gutes kennengelernt, einen Nachtisch, den man dort in bestimmten Gegenden seit Jahrhunderten liebt: Quittenmarmelade, zu einer so dikken Masse eingekocht, daß man sie in Würfel schneiden

kann, serviert zu Emmentaler Käse. Ohne Brot natürlich. Es schmeckt phantastisch gut, hat nur einen Fehler: Es fällt so schwer, mit dem Essen aufzuhören! Daß ein solcher Nachtisch aber ein kompakterer Schub an Kalorien ist als sogar eine Sahnetorte, liegt auf der Hand. Gäste, die ich mit dieser spanischen Spezialität bewirte, werfen mir beim Abschied immer vorwurfsvolle Blicke zu und murmeln etwas von ›unstatthafter Verführung‹ ...«

Die Kombination schmeckt tatsächlich überraschend gut. Ich vermute aber, daß früher nicht Emmentaler zu ihr gehörte, sondern einer der vielen halbfesten einheimischen Käse Südeuropas, von der Art des italienischen Bel Paese. Den Emmentaler kennt man in Spanien noch nicht seit Jahrhunderten.

Und da die Nachspeise offenbar aus der Zeit stammt, da die Conquistadores Spaniens die Neue Welt eroberten und allerlei rare oder bisher sogar unbekannte Gewürze mit herüber brachten, vermute ich ferner, daß man die Quittenpaste ursprünglich – und vielleicht auch jetzt noch – zu diesem Zweck mit einer Menge exotischer Beitaten einkochte: mit Zimt, Nelken, Ingwer, Zitronenschalen oder auch ganzen, pürierten Zitronen zusammen. Auf diese Weise kocht man jedenfalls die für weihnachtliches Quittenkonfekt bestimmten Apfel- und Birnenquitten auch heute noch in unserem Hause ein. Der hellgelbe Ingwer kommt als Pulver in die Masse, die andern Gewürze, die Nelken und Zimtstangen, unzermahlen und in ein Mulltüchlein eingebunden, das man nachher wieder herausfischen kann. Sie würden sonst die schöne altrosa Farbe der Paste ins Bräunliche verfärben. –

Übrigens verdanken wir Frau E. H.s Bereitschaft, uns ihr Lieblingsrezept zu verraten, einzig dem schlechten Wetter. Sie schreibt:
»Da ich gestern Abend zum x-ten Male Ihr Kochbrevier als Bonbon mit ins Bett genommen habe und es heute Morgen eh regnet, möchte ich als Dank für das Vergnügen Ihnen gegenüber eine kleine Schuld abtragen ...«
Dann folgt das Rezept. Für die schlanke Linie meiner nahen Freunde hat diese kleine Dankesschuld inzwischen längst verheerende Folgen gezeitigt ...
Doch zurück zum Thema Sandwich.

Einfaches Dekor der Brötchen
Daß man, schon aus Hygienegründen, die Brote nur sehr einfach dekorieren soll, sagten wir schon. Ein Scheibchen Gurke, ein paar Kapern, eine Prise Schnittlauch oder Petersilie, ein Tomatenschnitz, ein Scheibchen hartes Ei mit einer Prise Paprika darauf – das alles ist, wenn man ein wenig auf Farbkontraste achtet, vollauf genügend.

Rohe Tomaten
Und wenn wir schon bei den Tomaten stehen: sie schmecken ausgezeichnet nicht nur auf dem Brot, sondern auch zum Brot, das heißt in einer Schüssel, als Salat gerichtet, oder auch einfach auf dem Teller, zerschnitten, mit ein wenig Salz und nach Belieben auch Pfeffer oder Zucker.

Gemüse als Brotbelag?
Sonst aber halte Maß mit der Verwendung von Gemüsen zu belegten Broten! Zwar: etwa Rettichscheiben auf Schwarzbrot mit frischer Butter schmecken wundervoll.

Als Anblick aber stellt das wenig vor, und zudem gilt es, weil es billig ist, zu Unrecht als kommun. Bereite also solche Brote nur für dich selber und die Deinen, nicht für eure Gäste! Und versuche ja nicht, vornehmer aussehende Varianten dafür zu bieten in Form von Broten mit einem Häuflein geschabtem Rettich darauf! Rettich schmeckt nur in Form von Scheiben, ohne Mayonnaise oder andere Salatgewürze, bloß mit ein wenig Salz!

Spargelbrötchen?
Ja – und laß die Leute ganz in Ruh mit Spargelbrötchen! Ich weiß, sie haben einen guten Ruf. Doch ganz zu Unrecht! Denn erstens schmeckt der Spargel besser warm als kalt – obwohl die sonst so kochbegabten Italiener ihn häufig kalt genießen.
Aber ob warm, ob kalt – die Möglichkeit soll man doch immer haben, die Stangen in die Hand zu nehmen und nur so weit abzuessen, wie sie nicht holzig oder fasrig sind. Auch bei ganz kurzen Spargelspitzen ist es nie sicher, ob sie vollständig kaubar sind. Und wenig beglükkend ist es für den Gast, sich mit schweißbedeckter Stirne abzumühen, die Spargelbrötchen mit dem Messer durchzutrennen oder ein Stück von ihnen abzubeißen, ohne dabei die ganzen Spargelstangen mitzuziehen, oder gar würgen und spucken zu müssen, weil die endlich mit Zähnen oder Messer glücklich durchgesägten Fasern sich doch nicht schlucken lassen.

Welches Brot für Sandwiches?
Benütze zum Belegen Pariser Stangenbrot – das ist ein helles, sehr knuspriges, zart duftendes Hefebrot aus Weizen – oder beliebiges Schwarzbrot. Hüte dich aber

vor jenem Brot, das ein unbegabter Koch oder Bäcker einmal, in einer für alle Zukunft verhängnisvollen Küchenstunde, eigens für Sandwiches erfand! Wir sprechen wieder einmal von dem bleichen Schwammgummi der Angelsachsen, dem Kastenbrot.

Vom rein ästhetischen Gesichtspunkt aus eignet es sich zwar für Sandwiches ganz vortrefflich. Es hat statt regelloser Löcher nur winzig kleine Poren und eine vollkommen glatte, geometrisch geformte und genormte Rinde, rund oder auch quadratisch, die man mit einem Messer, eben weil sie glatt ist, sehr leicht entfernen kann – sofern man Wert darauf legt, und die internationale Küche tut es leider. Aber es nährt nicht richtig, dieses Kastenbrot – wir haben schon davon berichtet –, und zudem schmeckt es nicht. Und das ist noch schlimmer. Denn unsere Kost ist schließlich reich gemischt, wir leben nicht von Brot allein, würden uns also auch bei schlecht nährendem Brot keine Mangelkrankheit zuziehen.

Cracker und Knäckebrot für Sandwiches?

Nimm für belegte Brote auch keine Cracker oder Knäckebrot! Obwohl hier nicht die Rede davon sein kann, daß sie aus einem überpräparierten und chemisch malträtierten Mehl gebacken wären, dem alles außer Kalorien mit System entzogen wurde. Ausgelaugt ist das Mehl vom dünnen Flachbrot sicher nicht. Aber die Cracker und Knäckebrote taugen nur, solange sie ganz leicht und splittrig sind, duftig und knusprig. Saugen sie sich jedoch mit der Feuchtigkeit des Belages voll, dann werden sie nach kurzer Zeit gummös und klebrig und schmecken miserabel.

Pitta und Pizza

Daneben allerdings gibt es auch weiches Flachbrot, biegsames, das von Anfang an nicht knusprig ist. Man kennt es gut im ganzen Vorderen Orient, wo man es auf den Straßen bäckt und feilhält. Man ißt es immer nur belegt, oder genauer: aufgeschlitzt und gefüllt mit irgendeiner pikanten, scharfen oder süßen Masse. Man aß dort solches Brot schon vor Jahrtausenden. Bereits im Babylonischen Talmud – das ist die jüdische Scholastik, deren Entstehung in die Zeit zwischen 500 vor bis 500 nach Christus fällt – ist von ›Pitta‹ und ›Pizza‹ die Rede. Pitta heißt dieses halbflache Brot heute noch im Nahen Osten; als die Neapolitaner es irgendwann kennenlernten und übernahmen, nannten sie es Pizza. Anders als die Orientalen backen sie es aber immer gleich schon mit dem pikanten oder süßen Belag zusammen.

Was aber die Tatsache angeht, daß Crackers und Knäckebrot sich nicht eignen, als belegte Brötchen stundenlang herumzuliegen, so sollte es nicht nötig sein, die Warnung auszusprechen. Es ist ja klar, daß Knuspriges nicht mehr genießbar ist, wenn es mit Nassem, Kaltem sich durchtränkt. Dennoch geschieht es immer wieder, wird auch in Kochbüchern und Zeitschriften oft empfohlen.

Goudaer Waffeln

Das Schlimmste dieser Art habe ich einmal in Holland gegessen: Goudaer Waffeln. Das waren zarte, flache Waffeln, je zwei davon zusammen festgepappt mit einer dicken, honigartigen Melasse. Die Waffeln ganz für sich allein hätten vermutlich gut geschmeckt, und auch die süße, mit echtem Bienenhonig vermischte Masse in der Mitte war nicht schlecht. Zusammen jedoch, als ›gefüllte

Waffel‹, ergab das Ganze eine Art von Scherzartikel: man fühlte sich verlockt, die Waffeln Leuten mit Kunstgebiß zu offerieren. Es war zehn gegen eins zu wetten, daß sich die Waffel nur mit dem Gebiß zusammen aus dem Mund entfernen ließ.

Allerdings scheint dies nicht immer zuzutreffen. Mein Buch erschien auch auf Holländisch, dort las ein Hersteller von Goudaer Waffeln diese Zeilen und schickte mir, tief beleidigt, zwei volle Büchsen seines Produktes als ›Versucherle‹. Und ich muß sagen: Sie waren lecker! Gar nicht klebrig, sondern mürbknusprig, mit einer ganz weichen Füllung, und herrlich nach echtem Bienenhonig duftend. Die Unterschiede sind da also, je nach Hersteller, ganz enorm!

Mayonnaise – gewußt wo

Daß Mayonnaise in der modernen Küche mißbraucht wird, sagten wir schon. Dennoch veredelt sie gar manchen Brotbelag. Darum ein guter Rat: wenn du eine große Menge belegter Brote vorbereiten mußt, dann halte ein tüchtiges Quantum Mayonnaise bereit! Sie spart dir Arbeit, Kopfzerbrechen, Phantasieaufwand. Nimm nicht gekaufte Mayonnaise! Sie ist für solche Massenverwendung doch ein wenig teuer und meist auch viel zu scharf. Bereite sie allein! Am besten im elektrischen Küchenmixer – wenn du einen hast. Mayonnaise aus dem Mixer hat zwei Vorzüge: Erstens kann man ihr, weil so ein Mixer viel intensiver und kraftvoller rührt als selbst der stärkste Mann, die ganzen Eier beimengen anstatt nur die Dotter. Und zweitens gerinnt und scheidet sie im Mixer nicht so leicht, wird sehr viel steifer und hält sich lange.

Mayonnaise aus dem Elektromixer

Wenn du viel Mayonnaise brauchst, machst du es so: Du zerschlägst in deinem Mixer zwei ganze Eier mit einem kleinen Löffel Salz, zwei kleinen Löffeln Zucker, etlichen Löffeln Essig. Nicht Zitronensaft, obwohl er weit bekömmlicher ist! Er hat aber, im Gegensatz zu dem sterilen Essig, den Nachteil, daß er bereits am zweiten Tage zu schimmeln anfängt. Dann wird die ganze Mayonnaise unbrauchbar.

Senf nach Belieben. Er steigert das Aroma, aber nicht jeder hat ihn gern.

Man zerschlägt diese angegebenen Substanzen im Mixer und tröpfelt Öl hinein. Zunächst langsam. Dann, sobald die Mayonnaise fest ist – und das ist sie nach wenigen Sekunden –, können etwas stärkere Güsse Öl nicht schaden. Von Zeit zu Zeit stellt man den Mixer still und rührt mit einem Holzlöffel um, denn die Masse wird rasch so fest, daß neu beigefügtes Öl auf der Oberfläche liegenbleibt, wenn man nicht nachhilft.

In wenigen Minuten hat man auf diese Weise dreiviertel Liter sehr steife, gute Mayonnaise.

Echter Weinessig

Was übrigens den Essig angeht, so war er, wie wir schon einmal erwähnten, früher keineswegs steril. Er ist es auch noch heute nicht, wenn er aus reinem Wein bereitet wird. Ein solcher Essig duftet viel feiner, ätzt nicht, ist viel gesünder. In Südeuropa kennt bis heute auch der Ärmste keinen andern Essig. Was wir jedoch bei uns im Laden kriegen, ist überscharf und wenig schmackhaft.

Natürlich hindert uns niemand, Weinessig selber im Hause zu bereiten. Aber wer hat schon die Geduld, erst

Wein zu kaufen und ihn dann in Essig umzugären? Und zudem: weiß man denn, ob der billige Importwein – und teurer ist für Essig ohnehin zu schade – nicht auch schon mit Substanzen versetzt ist, die aus der Drogerie und nicht vom Weinstock stammen?

Außerdem bin ich offen gestanden gern bereit, ein wenig ›künstliche‹ Substanz in Kauf zu nehmen, seit ich in den Küchenmemoiren einer Patrizierin aus Basel gelesen habe, wie man bei ihr zu Hause – und es war ein sehr reiches Haus! Die Basler Patrizier nagen im allgemeinen so wenig am Hungertuch wie die von Hamburg! –, wie man also bei ihr zu Hause echten Weinessig herzustellen pflegte: Nach großen Festmählern pflegte ihr Vater (so erzählt sie und findet nichts dabei!) die Restchen Wein aus allen Gläsern der Gäste einzusammeln und ins Essigfaß zu schütten...

Ein Chemiker, dem ich davon erzählte, meinte zwar, da wäre wirklich nichts dabei. Denn bei der Säuregärung sterbe sicher alles ab, was an krankheitserregenden Bakterien und Bazillen in den Weinresten zuvor lebte. Dennoch möchte ich solchen Essig nicht gern trinken. Während ich anderseits es ganz und gar nicht unappetitlich finde, daß Männer in den Versen des Hohenliedes im Alten Testament den Wein mit nackten Füßen, die sich davon blutrot färben, keltern.

Weinessig am Karfreitag

Und der bereits mehrfach zitierte Militärattaché Dr. M. K. meint hierzu:

»Warum wie im Süden? Eine der Küchentraditionen, die ich von Großmutter (Schweizerin) und Mutter übernommen habe und weiter pflege, ist der hausgemachte

Weinessig. Allerdings schütte ich dazu nicht die Reste aus den Gläsern meiner Gäste zusammen, wie es offenbar die reichen Basler tun (jetzt weiß man, warum sie so reich sind!), sondern ich gieße ganz einfach billigen Wein und Flaschenreste in die Essigflasche. Dort haust die – von Ihnen mit Stillschweigen übergangene – Essigmutter, ein (in Drogerien erhältliches) Mikroben-Konglomerat, das aussieht wie ein Stück Leber.
Und eine weitere Tradition: Immer am Karfreitag wird die Essigmutter aus der Flasche genommen und in lauem Wasser gewaschen ...«
Dr. M. K. hat sich offenbar nicht den Kopf darüber zerbrochen, woher diese Tradition stammen und was sie bedeuten mag. Ich vermute: Sie ist uralt, rein christlicher Herkunft und von symbolischer Bedeutung: Als Jesus am Kreuze klagte: »Mich dürstet«, reichten ihm die mitleidigen Soldaten einen essigdurchtränkten Schwamm auf einer Speerspitze hinauf. Das geschah am ersten ›Karfreitag‹ der Geschichte und klingt offenbar bis heute in der Sitte nach, die Essigmutter, die nicht nur mit einem ›Stück Leber‹ Ähnlichkeit hat, sondern auch mit einem Schwamm, gerade – und nur – an diesem Tage aus der Flasche herauszuholen und abzuspülen ...
Doch nun zurück zur Mayonnaise.

Brotbelag mit Mayonnaise
Mit Hilfe solcher Mayonnaise also bereiten Sie verschiedene Arten von Brotbelag. Fleischkäse oder eine nicht zu grobe Wurst – Cervelat etwa (aber an andern Orten mag sie anders heißen) – kann man in kleine Würfel schneiden, mit Mayonnaise mischen und auf Brote streichen. Auch grob zerzupfter Thunfisch aus der Büchse ergibt

einen guten Brotbelag zusammen mit der Mayonnaise. Wir schmecken ihn mit Paprika und eventuell Zitronensaft noch etwas ab.

Knoblauch und Zwiebel roh

Der Brotbelag gewinnt an herzhaftem Aroma, wenn Sie ihm feingehackte Zwiebeln beigeben und eventuell auch etwas zerstampften Knoblauch. Tun Sie es aber nur, wenn Sie ganz sicher sind, daß alle Gäste solcherart gewürzte Brötchen essen werden! Knoblauch und Zwiebel sind, wenn man so will, ›gesellige‹ Gewürze. Das heißt, man kann sie in Gesellschaft nur kollektiv genießen – oder gar nicht. Denn nur wer selber ebenfalls davon gegessen hat, stößt sich nicht am Geruch.

Eierbrötchen mit Mayonnaise

Statt Fleisch und Thunfisch können Sie auch grobgehackte harte Eier nehmen. In diesem Falle aber sind feingehackte Zwiebeln unerläßlich: Eier allein schmecken mit Mayonnaise fade. Sie dekorieren die Eierbrötchen mit Tomatenschnitzen, mit Sauergurken oder einer Prise Schnittlauch.

Zwei Asse mit Käse

Käsebrötchen?

Neuerdings ist es Mode geworden, auch kleine Käsewürfel mit Mayonnaise zu vermischen und auf Brote aufzustreichen oder als Salat zu geben. Wenn Sie mich fragen – ich finde, es ist eine mörderische Kombination! Der schwere und massive Käse, dazu die gleichfalls schwere, kalte Öl- und Eiersauce – auch ein robuster Magen setzt sich da gern zur Wehr. Und erst noch schmeckt der Käse zur Mayonnaise gar nicht lecker.

Die Unsitte, Käse mit Mayonnaise zu vermischen, stammt natürlich wieder einmal von den in diesem Buch so viel gescholtenen Angelsachsen. Ein solcher Belag wird nicht besser davon, daß man ihn – ebenfalls nach amerikanischer Art – zusätzlich mit Selleriewürfeln und Walnüssen vermischt.

Käsesalat mit Mayonnaise als Brotbelag taugt also wenig. Flach aufgelegte Käsescheiben aber taugen noch weit weniger. Denn in der Wärme werden sie rasch hart, verbogen, unansehnlich.

Am besten ist es noch, wenn man den Käse reibt, mit etwas Butter mengt und das Gemengsel aufstreicht. Das geht zur Not, schmeckt aber auch nicht sonderlich.

Bedeutend besser und auch dekorativer sind Käsebrötchen auf norddeutsche Art:

›Schichtbrötchen‹ aus Pumpernickel und Käse

Man besorgt sich Pumpernickel, viereckig und in Scheiben geschnitten. Mehrere Scheiben bestreicht man mit Butter und belegt sie mit einem nicht zu harten Käse. Die Scheiben legt man aufeinander. Zuoberst wird eine trokkene Scheibe aufgelegt. Den ganzen Schichtaufbau ein wenig zusammenpressen, so daß das Ganze gut zusammenklebt.

Und nun mit einem scharfen Messer das Ganze in handliche Stücke vom Umfang nicht zu großer Törtchen schneiden. Die Würfel sehen aus wie Schokoladetörtchen mit heller Cremefüllung und wirken dekorativ.

Brötchen mit Brinze und Sardinen

Zweierlei Käsebrote kenne ich aber, die alle anderen übertreffen. Das erste ist ein ungarisches Rezept: Brötchen mit Brinze und Sardinen.

Kennen Sie Brinze? Wahrscheinlich nicht. Es ist ein weißer, ziemlich fester und fetter, sehr aromatischer Quark aus Schafmilch. Unter den Käsesorten des Westens gleicht ihm am ehesten noch der Gervais. Brinze ist allerdings viel billiger und nicht ganz so fett. Notfalls kann man statt Brinze auch Magerquark verwenden, vor allem selbstgemachten, aus roher Sauermilch. Hat man nichts anderes, kann man auch gekauften nehmen. Doch ist er meist zu sauer, naß und fad.

Haben Sie keine Brinze, ist der Gervais Ihnen zu teuer, und sagt Ihnen Magerquark nicht zu, dann mischen Sie vielleicht halb Gervais und halb Magerquark. Das dürfte gehen. Doch ›orthodox‹ ist nur die Mischung mit der Brinze.

Sie schütten nun den Inhalt einer Sardinenbüchse samt

BRIE

dem Öl in eine kleine Schüssel, zerdrücken ihn mit einer Gabel und vermischen ihn mit etwa doppelt soviel Brinze. Sie mischen gründlich, aber nicht so gründlich, daß nachher nur noch eine homogene graue Paste da ist. Ein wenig krümlig und bröcklig soll der Belag doch bleiben. Und diese Masse streicht man also dick auf knuspriges Weißbrot. Man kann die Brötchen mit Sardellenstreifen und Sauergurken dekorieren, beides paßt im Geschmack nicht schlecht dazu. Vor allem aber: solche Brötchen fordern wenig Arbeit und schmecken herrlich!

Warme Käsepolster

Und dann kenne ich noch ein heißes belegtes Brot mit Käse, das vor allem im Winter immer starken Anklang findet und auch nicht viel Arbeit macht: die heißen Käsepolster. Sie eignen sich sehr gut zu einem kleinen Küchenimbiß, der zugleich sättigt und belebt, spät in der Nacht zum Beispiel, nach einem abendlichen Bummel. Ich habe das Rezept vom Requisitenverwalter eines Stadttheaters, der mit solchen heißen Käsepolstern seine Lieblinge unter den Schauspielern nach anstrengenden Abenden zu bewirten pflegte.

Diesmal darf es auch das blasse, fade Kastenbrot sein, das man, fertig in Scheiben geschnitten, im Bäckerladen bekommt. Die Käsepolster schmecken ohnehin so konzentriert und würzig, daß niemand mehr das fade Brot herausschmeckt. Und dunkles Brot oder auch Brot mit starken Löchern ist hier ungeeignet.

Pro Person rechnest du vier Scheiben weißes Brot und, je nach Hunger, ein halbes oder ganzes rohes Ei und 50 bis 100 Gramm geriebenen Käse. Emmentaler am besten oder, wenn du schärfere Kost bevorzugst, Gruyère. Dann

kommt noch ein halber Löffel Mehl dazu, vielleicht auch etwas mehr. Zuletzt noch ein paar Tropfen Milch. Die Masse, die du aus diesen Substanzen rühren sollst, muß weich und leicht zu streichen sein.
Ja – und nicht vergessen: kaufe nicht Käse, der wer weiß wie lange schon gerieben im Laden herumsteht! Der Käse muß frisch gerieben sein. Am besten machst du es selber oder läßt es beim Käsehändler vor deinen Augen machen.
Diese Mischung wird dick auf die Brotscheiben aufgestrichen – und das ist einstweilen alles. Auf einem weißen, sauberen Papier oder auf großen reinen Platten können die Scheiben nun beliebig viele Stunden auf die endgültige Zubereitung warten. Dann aber, einmal fertig zubereitet, muß man sie auf der Stelle essen! – Natürlich wird man vorsichtshalber die feuchten Scheiben mit einem leichten Papier gegen Schmutz und Fliegen schützen.
Die Brote kannst du also auf diese Weise vorbereiten und dann dich nach Belieben den Gästen widmen oder sogar das Haus verlassen. Fünf Minuten ehe du die Brote essen willst, erhitzt du in einer großen, flachen schweren Eisenpfanne ziemlich viel gutes Öl. Sobald es sehr heiß ist, aber doch noch nicht gerade raucht, legst du die Brote hinein. Zuerst mit dem Belag nach unten. Gewöhnlich haben vier Brote auf einmal in der Pfanne Platz. In wenigen Sekunden rundet sich die Käsemasse, schwillt wie ein Kissen an, wird goldbraun, platzt zuletzt auf der erhöhten Mitte auf und läßt an der gesprungenen Stelle einen hellgelben Streifen sehen. Jetzt wendest du die Brötchen mit dem Spachtel oder der Gabel und läßt auch ganz kurz die Unterseite bräunen.

Sofort, noch glühheiß, werden die Käsepolster auf Gabeln gestochen oder auf Teller gelegt und gleich, am besten in der Küche, stehend verzehrt.
Zu solchen Käsepolstern trinkt man gern Wein oder Schnaps – es muß kein teurer sein – oder heißen Tee mit Rum und Zucker. Solch schwere Speise braucht, soll sie uns wohl bekommen, als Nachguß Alkohol. Zumal die Brote jedem schmecken und keiner weniger als vier von ihnen essen wird.

Käsepolster mit Mischsalat
Natürlich kann man solche Käsepolster statt zu einem Küchenimbiß auch zu einem regelrechten kleinen Abendbrot servieren. Dann legt man sie auf große, heiße Platten – die Brötchen sollen nicht aufeinander liegen und sich gegenseitig mit Fett durchtränken! Und sind die Käsepolster als Hauptgang gedacht und nicht als kleine Zwischenspeise, dann gibt man einen säuerlichen Mischsalat dazu. Er muß nicht teuer sein. Der Großteil darf aus Kartoffelscheiben bestehen. Doch müssen unbedingt sehr viele saure, mürbe Äpfel – am besten Boskop – hinein und möglichst auch gekochte rote Rüben. Hat man keine frischgekochten, dann können es auch solche aus der Büchse sein, also in Essig konservierte. Und ferner saure Gurken und feingeschnittene Zwiebeln.
Im Sommer kann man zu den Käsepolstern statt solchem sehr massivem Mischsalat auch grünen Salat servieren oder Tomaten und rohe frische Gurken in Scheiben. Das schmeckt genauso gut dazu.
Und als Nachspeise: Kompott oder rohes Obst. Nicht nochmals Käse natürlich und auch nicht eine schöne fette Torte! Das Hauptgericht ist schwer und fett genug. Ja –

und auch nicht Eis! Und wenn Kompott, dann, bitte, in diesem Falle nicht eisgekühlt!

Käsepolster ›barfuß‹

Und nun, zum Schluß, noch etwas wirklich Gutes: Käsepolster ›barfuß‹! Die gleiche Masse nämlich, aus der du solche heiße Käsebrötchen machst, kannst du auch ›barfuß‹, das heißt ohne Brot, ganz einfach löffelweise ins heiße Öl gleiten lassen. Das gibt in wenigen Sekunden sehr rasch anschwellende, goldbraune, appetitlich duftende und prächtig schmeckende Käseküchlein von Form und Größe eines Gänseeies.

Zu ihnen servierst du, anstelle des fehlenden ›Brotschuhs‹, am besten trockenen Wasserreis. Und abermals Salat. Oder auch nur Brot und dann Kompott.

Und ganz zum Schluß des Abschnitts ›Käsepolster‹, damit du es dir ja gut merkst, noch eine Warnung: glaube ja nicht, daß du bei diesen Polstern zu sehr an Eiern sparen kannst! Man kann zum Beispiel Palatschinken nach Belieben mit viel oder wenig Ei bereiten. Nicht aber Käsepolster! In unserem Rezept heißt es: wenn nötig nehme man noch ein paar Tropfen Milch. Diese paar Tropfen sind wörtlich gemeint!

Zwar: in der Schüssel und auf den rohen Brötchen wirst du kaum einen Unterschied erkennen zwischen einer Masse mit sehr vielen Eiern und einer, die fast nur Milch enthält. Bloß: aus der letzteren erhältst du keine festen, hohen Polster, sondern zerflossene Fladen, die obendrein noch ganze Fetzen an das heiße Öl abgeben und nach allen Seiten spritzen.

Brevier für Salate

Der Salat – das heißt wörtlich und ursprünglich nur ›das Gesalzene‹, das Gewürzte. Gemeint war wohl: Grünzeug, vermutlich roh, vielleicht zerschnitten in Scheiben oder kleine Stücke, die sich leichter essen lassen, und eben gewürzt mit ein wenig Salz, vermutlich auch schon früh mit Öl und Essig.

Wann eigentlich hat das Wort im Deutschen den Nebensinn von ›Durcheinander‹ erhalten wie in der Redensart: »Das ist ein schrecklicher Salat«? Ich weiß es nicht. Vermutlich erst nach der Entstehung fragwürdiger Mischsalate.

Und wann begann man, auch süße Mischungen aus rohen Früchten als ›Salat‹ zu bezeichnen? Ich habe keine Ahnung. Es lohnt auch kaum, der Frage nachzugehen. Denn wichtiger als solche Wandlung der Wortbedeutung ist die reale Wandlung und Verwandlung des Salates selber in den letzten Jahren: aus einer klugen Form, Fades und Ungekochtes durch Marinieren schmackhaft und eßbar zu machen, ist er zu einer abscheulichen Methode geworden, teuerste Substanzen, von denen jede isoliert ganz herrlich schmeckt, vollkommen anorganisch zu vermischen, des Eigengeschmackes zu berauben und kulinarisch zu entwerten; sie gleichzeitig aber – wir sprachen schon davon – rein künstlerisch, unter dem optischen Gesichtspunkt, aufzuwerten.

Ursalate

Natürlich gilt das nicht für jene Ursalate, die sich schon seit Jahrhunderten, wenn nicht Jahrtausenden in der Volksküche vieler Länder so gut bewähren.

Die klassisch-mediterrane Mischung aus grünen Salatblättern mit Salz und Öl und Essig und, wenn man will, ein wenig Senf und Pfeffer, die sich inzwischen auf der ganzen Welt verbreitet hat, wird auch in aller Zukunft ›Mode‹ bleiben und sich durch nichts verdrängen lassen.

Und auch die Variante dieser Mischung aus dem Nordosten, wo die Olivenbäume fehlen und man kein autochthones, gutes Öl hat und folglich den grünen Salat lieber mit etwas saurem Rahm und Zucker anmacht, wird sich weiter halten.

Auch die alten guten Gemüsesalate wird man, obgleich sie etwas derb sind, auch in aller Zukunft essen. Einen von ihnen, den aus Kartoffeln, haben wir schon erwähnt. Er zählt zu den jüngeren, denn er kann nicht älter sein als die Kartoffel in Europa. In ihrer Urheimat, bei den Indios, wurde die Kartoffel meines Wissens nicht als Salat gegessen.

Grundregeln für Kartoffelsalat

Daß die Kartoffeln für einen wirklich guten Kartoffelsalat nicht schon am Vortag gekocht sein dürfen – das wissen Sie doch schon? Kartoffeln, die nicht frisch gekocht sind, werden im Salat nie zart und mürbe, sondern kleistrig, schwer und glitschig.

Kartoffeln vom Vortag kann man für andere Zwecke nehmen – etwa zu Bratkartoffeln oder zu Bärner Röschti. Sie kennen doch den Unterschied? Wir kommen später noch darauf zurück!

Kartoffeln vom Vortag kann man auch zerreiben, mit etwas Mehl und Eiern mischen und zu Knödeln formen, die man in wenigen Minuten in Salzwasser garkocht und zum Fleisch oder Kraut serviert.
Die Regel, daß die für den Salat bestimmte Substanz auf keinen Fall vom Vortag stammen soll, gilt aber nur für die Kartoffeln. Fleisch oder Fisch vom Vortag kann man gut zu Salat verwenden. Desgleichen mancherlei Gemüsereste: Blumenkohl, Erbsen, auch Brüsseler Endivien oder grüne Bohnen. Nur die Kartoffeln müssen frisch vom Herde kommen. Am besten ist es, wenn man sie in der Schale kocht. Dann schälen, scheibeln und rasch mit heißer Fleischbrühe übergießen, damit sie sich mit ihr durchtränken! Notfalls kann man auch warme Milch nehmen, heißes Salzwasser oder erwärmten guten Essig. Das alles aber ist nur Ersatz und nicht dasselbe! Durch das Durchtränken mit fettfreier, heißer Flüssigkeit erreichen Sie, daß der Salat zwar feucht wird, aber nicht zu fett und schwer.
Jetzt erst kommen alle die anderen zerschnittenen Substanzen in den Salat hinein – falls es ein Mischsalat werden soll und nicht nur einer aus Kartoffeln – und erst zuletzt die Sauce, sei es nun eine Mischung aus Essig, Öl und Senf, sei es eine Mayonnaise oder, am besten, saurer Rahm. Zerschnittene Zwiebeln passen immer gut in den Salat hinein, sie riechen aber intensiv. Nicht immer mag man das.
Daß außer Zwiebeln auch saure mürbe Äpfel, rote Rüben, Essigpilze in den Kartoffelsalat passen, sagten wir schon.
Vor allem aber: manche glauben, der Salat werde feiner, wenn sie von allem Anfang an nur Mayonnaise nehmen.

Tun Sie es nicht! Er wird auf diese Weise viel zu unbekömmlich und zu schwer!

Krautsalat

Weit älter und in Europa einst weit bekannter ist der Krautsalat. In der alten, unverfälschten Form wird er so zubereitet:

Ein weißer oder roter fester Krautkopf wird vom Strunk befreit und mit dem Gemüsehobel – heute kann es natürlich auch ein elektrischer sein – oder dem scharfen Messer in nicht allzu feine Streiflein geschnitten, die man nach Belieben entweder mit kochendem Salzwasser nur überbrüht oder regelrecht kurz aufkocht.

Inzwischen werden Speckwürfelchen angebraten und ein wenig ausgelassen, bis die Grieben glasig und schon etwas knusprig sind. Nun gießt man das heiße Wasser von den Krautstreifchen ab und mischt statt dessen Essig, Salz und Pfeffer gut darunter. Zuletzt kommt noch das heiße Schmalz samt den Grieben hinein. Man kann den heißen Krautsalat mit einem Brettlein überdecken und beschweren, damit die Marinade ihn gut durchtränkt. Auskühlen darf der Krautsalat ein wenig, nicht aber eiskalt werden. Tierisches Fett schmeckt besser etwas temperiert. In manchen Gegenden wird der Salat auch richtig heiß gegessen.

Solcher Salat paßt nur für kalte Wintertage, zu fettem Schweinefleisch, zu Wurst und Salzkartoffeln. Es ist derbe Hausmannskost. Doch wurde sie vor wenigen hundert Jahren auch an deutschen Fürstenhöfen nicht verachtet.

Liselotte von der Pfalz und Krautsalat

Die Schwägerin von König Ludwig XIV. von Frankreich, Liselotte von der Pfalz, berühmt durch ihren Mutterwitz und ihre derbe Frische, erzählt in einem ihrer Briefe, wie sie als junges Mädchen im väterlichen Schlosse oft bei Nacht, im Finstern, im Nachthemd heimlich in die Küche schlich, um dort mit bloßen Fingern ganze Schüsseln voll von solchem Krautsalat leerzunaschen und wie sie dann mit fettverschmiertem Maul (Maul! Nicht Mund!) ins Bett zurückschlich. Und sie erzählt es so, daß man wirklich bedauert, nicht aus der Schüssel mitgenascht zu haben!

Die nordischen Salate erwähnten wir bereits. Ihre Hauptbestandteile sind Kartoffeln, Äpfel, rote Rüben und Sauergurken. Dazu Heringe aus dem Essig oder Salz. Winterliche Gemüsesalate also.

›Italienischer Gemüsesalat‹

Gemüsesalate gibt es aber auch andere, passend für den Sommer. Sie stammen aus dem Süden.

Das sind die Salate, die man so gern und häufig in Italien ißt, und zwar am liebsten im heißen Sommer. Dennoch können wir sie nicht ›Italienische Gemüsesalate‹ nennen, denn mit diesem Namen bezeichnet man im Norden etwas anderes: Erbsen, Rübchen, dazu noch andere kleingeschnittene Gemüse, mit Mayonnaise überkleidet.

Nennt und beschreibt man aber diese Mischung einem Italiener, dann zuckt er mit den Achseln: er hat noch nie von ihr gehört! Das ist so ähnlich wie mit den ›Polnischen Klopsen‹ und den ›Russischen Eiern‹, von denen in Polen oder Rußland auch niemand etwas weiß.

Fondue Bourguignonne

Oder mit dem Fondue Bourguignonne – schon rein begrifflich eine Mißgeburt! –, die in Burgund auch niemand kennt. ›Fondue‹ ist ›das Geschmolzene‹. Auf Käse angewendet, also auf Neuenburger Käsefondue etwa, ist das Wort gut am Platze. Das Fondue Bourguignonne dagegen, eine Erfindung der internationalen Küche und nicht der Küche von Burgund, besteht aus festen kleinen Stücken Rindfleisch, die sich jeder selber bei Tisch in einer Eisenpfanne mit heißem Öl kurz anbrät und mit vielen scharfen Zutaten zusammen ißt. Offenbar heißt die Speise deshalb Fondue, weil auch Käsefondue bei Tisch auf kleiner Flamme zubereitet wird. Doch warum Bourguignonne? Das weiß kein Mensch ... In Wirklichkeit war es ursprünglich ein japanisches Gericht!

Gemüsesalat in Italien

Wir sprechen hier also von jenen Gemüsesalaten, die der Italiener selber ißt. Man nimmt hierfür Lattich oder Broccoli – das ist eine südliche Variante des Blumenkohls –, Spargel oder Artischocken, auch Zucchetti und Auberginen (Eierfrüchte) sind geeignet. Das Gemüse wird in Salzwasser nicht zu weich abgekocht, dann ausgekühlt und mit ein wenig Öl und Essig überschüttet. Das schmeckt ganz gut. Ich selber esse dennoch frisches Gemüse lieber warm.

Hochsommersalate

Und dann gibt es noch die Hochsommersalate: Gurken, Rettiche, Radieschen, Tomaten, in Scheiben geschnitten und mit ein wenig Salz bestreut. Zu den Tomaten paßt auch eine Spur von Zucker und von Pfeffer. Essig und Öl sind zwar gestattet, aber völlig überflüssig. Das alles schmeckt sehr gut zu Fleisch wie auch zu schwarzem Brot mit Butter, und in der Hitze liebt und lobt es jeder.

Tomaten mit harten Eiern

Versuchen Sie doch einmal, im Sommer, bei großer Hitze, mittags einen solchen Imbiß aufzutischen:
Pro Person zwei bis drei Tomaten. Sie entfernen mit spitzem Messer kegelförmig die harte Stelle rund um den Stielansatz und schneiden die Tomaten in Scheiben oder Achtelschnitze. Die Stücke füllen Sie in eine Schüssel und legen oben, zugleich als Verzierung, pro Person drei halbe harte Eier auf. Dann übergießen Sie das Ganze mit einer Sauce aus Öl und Essig, aus verdünnter Mayonnaise oder aus saurem Rahm, ein wenig Salz und Pfeffer und ein wenig Zucker. Vor der Mahlzeit eine halbe Stunde marinieren lassen. Die Sauce soll sich gut mit dem Salat verbinden. Anderseits: durcheinanderrühren darf man die Tomatenstücke und die Eierhälften nicht, weil sonst die Speise nicht mehr hübsch aussieht. Sie servieren zum Salat noch Schwarzbrot mit etwas Butter und einen nicht zu harten Käse.

Heißer Tee bei Hitze

Zuletzt, trotz großer Hitze, kommt ein heißer Tee. In solchen Küchenfragen kann man ruhig von den kultivierten Völkern in Ostasien lernen: die Japaner, die in einem feuchten heißen Klima leben und in erhitztem Zustand niemals Eisgekühltes, sondern nur kochendheißen Tee genießen, wissen was sie tun! Kalte Getränke, und gar eisgekühlte, erfrischen kaum bei Hitze, sie steigern noch den Durst. Die heißen löschen ihn dagegen wirklich.

Warum, das mag der Fachmann, der Physiologe Ihnen erklären. Ich bin kein Fachmann, kenne nur die Wirkung, nicht den Grund.

Geschabte Rohsalate

Heutzutage ist es große Mode, allerlei sehr fein gehobelte Gemüse roh als Salat zu essen. Nicht gründlich mariniert oder mit Schmalz zusammen fest gepreßt wie früher, sondern ganz frisch und locker, mit der rezenten Sauce mehr besprengt als durchmengt. Die dünnen Spänchen sollen nicht zusammenfallen, sondern sich präsentieren wie Negerkraushaar. Man nimmt für solche Salate Rüben aller Art: gelbe, rote und weiße, oder auch weißen und roten Kohl.

Ich selber mache mir nicht viel aus alledem. Aber ich gebe zu: es ist vermutlich recht bekömmlich und gesund. Kaum genießbar jedoch sind die gleichfalls hochmodernen und sehr beliebten, hier im Buche bereits oft erwähnten Phantasiesalate aus Amerika, in welchen sich Kandiskirschen, Sellerie und Schinken und was weiß ich zum lieblichen Genrebild vereinen.

Küchenunfug aus Europa und Amerika

Da fällt mir eben auf, daß ich zum x-ten Male die amerikanische Küche attackiere. Ich gebe zu – es ist nicht ganz gerecht. Schließlich gibt es auch in Europa Küchengreuel in rauhen Mengen. Den Leipziger Gemüsepudding nannten wir bereits, desgleichen die Kieler ›Lange Sauce‹, die aussieht wie das Erbrochene von einem Säugling, der zum erstenmal versucht hat, rohes Grünzeug zu verschlingen.
Es gibt noch vieles mehr. Einmal bekam ich in Berlin gezuckerten Rosenkohl vorgesetzt! Und wie ist es mit der Schokoladesuppe vor dem Fleischgericht? Oder da hätten wir die ›Rote Grütze‹ – etwas an sich gar nicht Übles. Meist aber ist sie anstatt aus Frühsommerfrüchten aus künstlichem Bonbonaroma, Farbstoff und künstlicher Gallerte aus dem Fertigbeutel zubereitet, und obendrein serviert man sie in Deutschlands Norden, genau wie die Schokoladesuppe, vor dem Fleisch.

Amerika, Amerika!

Dennoch habe ich immer wieder und am intensivsten die Küche der Amerikaner angegriffen. Allmählich mag das aussehen wie eine USA-Phobie.
Ich habe nur sehr wenige Phobien. Vor allem aber keine gegen ganze Völker und schon gar nicht gegen die im allgemeinen so hilfsbereiten Einwohner von Amerika. Mein Zorn gegen die Küche von Amerika erklärt sich so: Zwar gibt es miserable Küche da und dort auch in Europa.

Meist aber nur in ziemlich armen Gegenden ohne viel Kultur und Lebenskunst und Küchentradition, wo man zu allem hin nur wenig Möglichkeiten hat, den eigenen Speisezettel mit dem von kochbegabteren andern Völkern zu vergleichen.

In Amerika liegen die Dinge anders. Dort strömten Menschen aus allen Gegenden der Welt zusammen. Nicht nur aus England, wo man vom Kochen sehr wenig versteht, sondern auch aus dem Westen, Süden und Osten Europas, wo man zum Teil ganz billig und dabei sehr schmackhaft kocht. Es fehlte also drüben nicht an Gelegenheit, zu lernen. Die Amerikaner hatten die Chance, eine Küche zu entwickeln, die ihresgleichen auf der ganzen Welt nicht hat: Anregungen von allen Seiten und dazu eine Fülle von bestem Material aus allen Klimazonen ihres Riesenkontinentes, der das Erlesenste das ganze Jahr durch bieten kann!

Die Amerikaner hätten ohne alle Mühe, nur durch Auswahl und Synthese, die beste und feinste Küche aller Zeiten schaffen können!

Was aber tun sie wirklich? Einwanderer, die eben hingekommen sind, halten noch eine kurze Zeit am Küchenzettel ihrer alten Heimat fest – mag dieser nun zufällig gut sein oder nicht. Schon ihren Kindern aber erscheint die Küche ihrer Ahnen als eine Art von Schande, als Beweis der mangelnden Assimilation. Sie weigern sich, die Bouillabaisse, die Spätzle, Vareniki und Pizza oder Kalbsbeuschel ihrer Eltern anzurühren und passen sich fanatisch und eilig der allgemeinen Küche drüben an.

Und worin besteht sie, diese Küche drüben, die über alle Küchen von Europa siegt? Aus einer Synthese der besten Küchentraditionen des Alten Kontinentes? Eben nicht!

Sie ist vielmehr eine verschlechterte Variante der Küche Englands, dazu aufreizend reich an Material und folglich teuer und obendrein mit einem Phantasieeinschlag, der rein die optischen Aspekte der Speisen anvisiert. Alles ist bildschön anzusehen – und schmeckt ganz miserabel.

›Optische‹ Obstzucht

Übrigens fängt das Küchenunglück in Amerika nicht erst in der Küche, beim Kochtopf an. Es setzt schon auf dem Felde draußen ein, beim Anbau der Gemüse und bei der Obstzucht. Alles muß schön sein drüben, das ist die erste und auch einzige Forderung. Ein Apfel, der nicht so vollendet aussieht wie einer aus dem Paradiese oder aus der Hexenszene beim Schneewittchen, wird nicht gekauft. So auch die Birne. Groß muß sie sein und ebenmäßig, wie aus Glas geblasen, und prächtig koloriert. Und ebenso die Traube, der Pfirsich, die Pflaume...

Wir können heute viel. Wir können Sorten züchten, die schöner sind als alles, was es jemals gab.

Jedoch: wir können diesen wunderschön gefärbten und geformten Früchten nicht zugleich den Wohlgeschmack anzüchten, der einer altbewährten Sorte von unscheinbarem Aussehen eigen war. Den Geschmack herauszudestillieren und mit einem andern Äußern der Frucht zu verbinden – das gelingt fast nie. So gehen, eine nach der andern, die besten, würzigsten Obst- und Gemüsesorten drüben unter. So kommt es, daß frisch nach drüben Emigrierte immer wieder klagen, sie könnten in Amerika, rein dem Geschmack nach, Äpfel von Kartoffeln kaum unterscheiden. Manche fragen sich dann schließlich, ob ihnen früher, in der alten Heimat, die Speisen vielleicht nur deshalb soviel würziger und aromatischer erschienen, weil sie, die Esser, damals sehr viel jünger und vielleicht auch dauernd ausgehungert waren? – Dann aber, eines Tages, kommen sie wieder nach Europa, in das Land, wo sie geboren sind. Sie sind jetzt reich, verwöhnt und alt – und dennoch schmeckt jetzt alles wieder genauso gut wie in der Kindheit!

Doch auch gebürtige Amerikaner beginnen immer mehr, auf ihren Reisen die Küche mancher Gegenden Europas zu genießen. Ich kenne zum Beispiel einen uramerikanischen Professor, dem Tränen in die Augen steigen, sooft er ›Gulyas‹ sagt. Er aß es täglich vor vielen Jahren als Besatzungsoffizier in Wien. In der Provinz Amerikas, wo er jetzt lebt und lehrt, kann aber niemand Gulyas zubereiten. Natürlich, in New York bekäme er es schon. Denn dort bekommt man alles, was es auf der ganzen Welt nur irgend gibt. Wenn auch vermutlich nur noch für einige Jahrzehnte. Solange nämlich, wie die Immigrierten noch selber kochen und nicht ihre Söhne, die schon gebürtige Amerikaner sind, gleichgültig, welcher Farbe.

Der Professor aber, wie gesagt, lebt in der Provinz. Dort kriegt er dicke Steaks mit Pommes frites. Das schmeckt gut, verleidet aber auf die Dauer. Und außerdem kriegt er dort blasses Kastenbrot – anstatt der krachenden, duftenden Schusterlaberln, die man in Wien in kleineren Lokalen zum Gulyas serviert – und Sandwiches, belegt mit Nüssen, Mayonnaisen und Salaten, und bunte Supertorten statt dem wundervollen Apfelstrudel . . .

Rußlands Adel in Amerika

Am eindrucksvollsten schildert Vladimir Nabokow, der Autor des berühmten und berüchtigten Romans »Lolita«, diesen ganz eigentümlichen Zerfall der Küchentradition

bei den Amerikanern. In einem anderen Roman von ihm, »Professor Pnin«, berichtet er von einem Gastmahl, das Flüchtlinge aus Rußland auf einem Landgut in Amerika für ihre Freunde zubereitet haben. Seinerzeit, nach der Oktoberrevolution, war es ihnen noch gelungen, mit Geld und Dienerschaft ins Ausland zu entkommen. Sehr gute Köche waren mit dabei. Die freuen sich jetzt, den Gästen, die alle gleichfalls aus Rußlands Adelskreisen stammen, gewissermaßen die ›Volkslieder der alten Küche Rußlands‹ vorzuführen. Und man muß wissen, daß diese Küche zugleich üppig, ein wenig ländlich und sehr schmackhaft war. Dankbar genießen die Gäste, Tränen der Rührung in den Augenwinkeln, die wundervollen Fisch- und Fleischpasteten, die Blini mit Sauerrahm und Kaviar, die duftenden Bauernsuppen, die zarten Nachspeisen aus Quark und Sauerrahm.
Ihre Kinder aber, die schon in Amerika geboren sind, rühren nichts davon an. Sie sitzen alle draußen in den Autos, schimpfend und maulend, sie haben eine Menge Konservenbüchsen eingekauft mit Corned beef und Hamburgers drin. Hamburgers – das sind Hackplätzchen aus billigstem Mischfleisch. Das alles essen sie mit bloßen Fingern kalt aus dem Blech heraus und schlucken dazu Coca-Cola.
Nabokow ist zwar ein Mann von hohem wissenschaftlichem Niveau, aber er schreibt Romane, nicht Abhandlungen. Er schildert daher nur, versucht nicht, diese zugleich typische und unbegreifliche Szene zu erklären. Es ist auch wirklich schwer, wenn nicht unmöglich, dergleichen zu verstehen. Denn man begreift zur Not, wenn arme Proletarier aus Europa sich drüben an die Küche der Amerikaner rasch gewöhnen. Ihnen sind ja die Heimat-

speisen: Kolatschen, Kuskus, Borschtsch oder Olla Potrida, zugleich Erinnerung, Symbol und Überrest aus einer Welt, in welcher sie getreten und verachtet waren. Und blasses Kastenbrot, mit Soda aufgetrieben, belegt mit Grünsalat und Büchsenkirschen und dergleichen, ist für sie zugleich Symptom und Teil der Schicht und Welt, zu der sie eilig aufzusteigen streben und der sie endlich angehören wollen. Da kann es auch dem kulinarisch recht Begabten passieren, daß er den Maßstab in Küchenfragen ein wenig einbüßt. Zumal, wenn er in seinem Herkunftsland die an sich guten Heimatspeisen vielleicht nur in der armseligsten Abwandlung kannte.
Hier aber, in der Szene, die Nabokow malt, sind es doch junge Adelsherren, für die der Eintritt selbst in die allerhöchste Gesellschaftsschicht Amerikas immer noch Abstieg bedeutet! Und doch verhalten sie sich nicht anders als die Kinder bettelarmer Arbeitsloser aus Sizilien, die in Europa ihren Hunger vielleicht mit Schnecken und Brennesseln stillen mußten!
Wahrscheinlich wird ein Soziologe dennoch finden, es sei nicht schwer, das Phänomen zu deuten. Er wird uns klarzumachen versuchen, daß in den USA der Trend zur völligen Vermassung eben stärker sei als jeder andere Impuls, stärker als Herkunft, Tradition und Maßstab. Auf dem Papier klingt die Erklärung ganz plausibel. Wer aber je im Leben eine gute Fleischpastete aus Rußland gegessen hat und kurz danach Hamburgers aus der Büchse – der wird es trotzdem nicht verstehen.

Kulinarische Unterwanderung Europas durch Amerika
Übrigens würde ich trotz allem wenig Gedanken an die Küche von Amerika verschwenden, wenn sie nicht wie

ein Krebsgeschwür begonnen hätte, sich nach Europa auszubreiten. Daß Amerika im Kriege siegreich war, trug viel dazu bei. Es gibt Hotels und Häuser, deren Küchenzettel kaum mehr europäisch ist.

Natürlich kocht man in Wien, in Frankreich, im mediterranen Süden auch heute noch nach uralten Rezepten und ißt vortrefflich. Deutschland jedoch, das Land, in welchem Traditionen allgemein sehr leicht zerbrechen und neuen Ideen und Ideologien weichen, ist im Küchensektor für zerstörerische Neuerungen nicht weniger anfällig als in der Politik. Noch anfälliger sogar. Da in Deutschland das Kochen nie solch perfektes Handwerk und solch hohe Kunst war wie in Paris und Wien, kommt es sehr leicht zum Umsturz: man hat zu wenig zu verlieren.

Aus diesem gleichen Grunde – eben, weil die Kochkunst hier nie große Volkskunst war – ist auch die Schweiz, wiewohl politisch so gefestigt, in der Kochtradition dennoch gefährdet.

Küchenmodernismus und -surrealismus

Daher verfällt man da wie dort den Modernismen, den Surrealismen in der Küche, die dem Auge schmeicheln und die Zunge kränken. Keiner will mehr die guten alten Speisen kochen. Und eh man sich's versieht, ist es passiert: Grete wie Gritli, Traude wie Trudi wissen mit einem Male nur noch, wie man grellbunte Cocktailhappen kleistert – doch wie man eine echte Bärner Röschti langsam brätelt oder wie man eine würzige Berliner Erbsensuppe kocht oder ein schmackhaft-derbes Krautgericht aus Bayern, davon hat eine junge Frau von heute oftmals keine Ahnung.

Und wenn sie dann erwartungsvoll die Kochlektionen am

Fernsehschirm verfolgt, um auf diesem Wege die uralten Geheimnisse der Heimatküche zu erfahren, bekommt sie oft abermals Import aus USA zu sehen. Sie lernt nicht, wie man Knödel, Honigkuchen aus dem Mittelalter oder gefüllte Plinsen zubereitet, sondern wie man kaltes Fleisch mit Pfirsich mengt und Knoblauch, Zwiebel, Zuckerkirschen und Mayonnaise darüberschüttet...

Nostalgische Küchenrenaissance hüben wie drüben
Dies schrieb ich vor sechzehn Jahren. Und zum Teil gilt es leider auch noch heute. Daneben jedoch verbreitet sich zunehmend eine Welle der Küchennostalgie, die mittlerweile ebensoviel Unfug stiftet: Voller Stolz und Traditionsbewußtsein servieren heute manche Hausfrauen, hüben wie drüben, Urgroßmutters ›echte‹ Spezialitäten auch dann, wenn diese nur bei schwerster Körperarbeit vertragen werden können...

Weisst du den Unterschied von Bärner Röschti und deutschen Bratkartoffeln?

Die guten alten Speisen aus der Heimat soll man also nicht vergessen. Sie sind zum Teil sehr einfach, auch billig, aber darum nicht minder gut. Nehmen wir etwas vom Allersimpelsten: die Bärner Röschti. So mancher Schweizer sagt das neuerdings verächtlich hin. Als wäre es nicht ein Gericht, das Wert ist, den internationalen Küchenzettel anzureichern!
Einem Bauernsohn, der von der Röschti abfällig spricht, bin ich allerdings noch nicht begegnet. Und wissen Sie, woher das kommt? Weil er die Röschti noch aus dem Hause seiner Eltern kennt und folglich in der guten, alten, echten Form und nicht als jämmerlichen Zwitter zwischen Röschti und den – an sich ebenfalls vortrefflichen – deutschen Bratkartoffeln.
Was also sind die Unterschiede?

Deutsche Bratkartoffeln
Die deutsche Bratkartoffel ist resch, knusprig, kroß – die Wörter variieren mit der Gegend, sie meinen aber überall dasselbe: daß die Kartoffel innen zart und weich ist, außen aber von einer braunen, mürb splitternden Rinde umgeben wie gut gebackenes Brot. Das erreicht man auf folgende Weise:
Man nimmt Kartoffeln von einer nicht zu mehligen Sorte, kocht sie in der Schale weich, gießt dann das Wasser ab und trocknet die Kartoffeln auf kleiner Flamme noch rasch und gründlich nach. Und jetzt, wenn möglich, ei-

nen Tag lang stehenlassen. Dann bleiben die Kartoffeln beim Braten am schönsten ganz. Fehlt es an Zeit, dann wenigstens abwarten, bis die Kartoffeln kalt sind.
Schälen, in nicht zu dünne Scheiben schneiden und in einer weiten, flachen, gut durchhitzten Eisenpfanne in einem guten Fett – Schmalz oder Butter eignen sich am besten – auf starker Flamme bräunen. Man muß die Prozedur sorgfältig überwachen und den Pfanneninhalt von Zeit zu Zeit mit einer Spachtel wenden – aber nicht zu oft! Sonst bleiben die Kartoffelscheiben blaß!
Drei Fehler werden oft begangen, die die Speise total verderben!
Sünde Nummer eins: zu kleine Flamme! Dann werden die Kartoffeln so langsam braun, daß sie gleichzeitig bis ins Innerste auch ganz ledrig werden.
Sünde Nummer zwei: zu rasches Wenden! Wir sagten schon: dann werden die Scheiben nicht recht braun, sondern statt dessen feucht und fett und schwer.
Sünde Nummer drei – und dies ist auch die größte Sünde, die man begehen kann beim Kartoffelbraten –: zugedeckte Pfanne! Dann zieht der Dampf nicht ab, fällt auf die Kartoffeln nieder, macht sie weich, schlapp und miserabel.
Zuletzt ein wenig Salz und Pfeffer. Und sehr rasch servieren!
Hat man dies alles einmal genau durchdacht, dann weiß man auch, warum im Grandhotel, bei Massenzubereitung, die Röstkartoffeln meist so wenig taugen: es fehlt an Platz und Personal, um die Kartoffeln in so vielen flachen Pfannen gleichzeitig alle anzubraten. Und folglich überbäckt man sie im Ofen. Da werden sie dann oben ledrig und bleiben unten blaß und weich.

Bärner Röschti

Und nun die Röschti. Sie fordert keine dicken, festen Scheiben, sondern ganz dünne oder aber grobgeraffelte. Und sie ist nicht kroß und resch, sondern sanft, feucht und währschaft. Am allerbesten gerät sie in Schweineschmalz, was auch die moderne Ernährungshygiene dazu sagen mag. Ich weiß: Cholesterin! Doch wir sagten ja schon, daß das Meiden des angeblich in dieser Hinsicht so verhängnisvollen tierischen Fettes wenig nützt und daß wir weit Unbekömmlicheres fast dauernd ganz kritiklos in uns hineinstopfen. Sie sollten sich lieber daran erinnern, wie gut es in der Küche roch, wenn Ihre Großmutter irgendeine Speise im ausgelassenen Speck samt allen Grieben briet! Tun Sie es auch – es muß ja nicht gerade täglich sein! Es ist ein Leckerbissen!

In den gut erhitzten, ausgelassenen Speck samt Grieben schütten Sie also die Kartoffelraspeln. Und diesmal wenden Sie fast pausenlos, sanft und mit großer Ruhe. Jede Raspel soll rundum vom Fett umglänzt sein! Doch darf sie weder knusprig werden noch negerbraun. Helle Goldfarbe genügt. Ist sie erreicht, dann wird gesalzen und gepfeffert.

Manche steigern die milde Feuchtigkeit der Röschti noch und mindern zugleich ihren Fettgehalt, indem sie einen heißen Guß Fleischbrühe oder Wasser fast zuletzt beigeben. Bei dieser Abart nimmt man gleich im voraus sehr wenig Fett.

Dann wird das Ganze festgedrückt und zugedeckt. Röschti ist eine Art von Kuchen. Man wartet nun, bis die Unterseite der Kartoffelmasse schön braun ist. Besondere Kochkünstler verstehen es, den Röschtikuchen umzudrehen und nun auch auf der andern Seite anzubräu-

nen. Aber nicht jeder bringt das fertig! Hat Großmutter es Ihnen nicht schon beigebracht, dann ist es besser, wenn Sie es nicht versuchen!
Auf der Platte aber legen Sie die braune Unterseite unbedingt nach oben!
Manche fügen der Röschti Zwiebeln bei. Bei Bratkartoffeln kann man das nicht tun, weil Zwiebeln Wasser schwitzen. Hier aber, bei der feuchten Röschti, geht es. Röschti mit Zwiebeln schmecken sogar besonders gut, sind aber etwas schwierig zu bereiten, weil Zwiebeln und gekochte Kartoffeln mitunter nicht im gleichen Tempo ›durch‹ sind. Es kommt ein wenig auf die Zwiebelsorte an und auch auf die Jahreszeit.
Solche Bärner Röschti – mit oder ohne Zwiebeln und notfalls statt auf Speck auf Butter durchgebraten –, dazu Salat der Jahreszeit und, traditionsgemäß, sehr hellen Milchkaffee kann es dreißigmal im Monat zum Abendessen geben, genau wie bei den Schwaben die nicht halb so guten ›Spätzle‹ – niemand wird protestieren!
Aber versuchen Sie einmal, dreißigmal im Monat Hawaiisalat mit Ananas und Chesterkäse und Oliven zu servieren oder eine aparte Modesuppe, etwa mit Lauch und Nüssen drin! Sie werden es erleben, daß selbst die artigste Familie rebelliert!

Küchenstilkritik

Dauernd predigen wir Konservatismus in allen Küchenfragen, warnen vor Modernismen und Surrealismen. Fast klingt es, als lehnten wir die Phantasie am Kochherd in Bausch und Bogen ab. So aber ist es nicht! Der Zerfall der Kochkunst kommt ja nicht daher, daß Fernsehköche und Kochbuchautoren Phantasie besitzen – gute Köche hatten immer Phantasie. Denn ist das Kochen eine Kunst, dann kann es sie, wie jede Kunst, nicht geben ohne Phantasie.

Das Unglück in der modernen Kochkunst kommt daher, daß in ihr, genau wie in der neuen Kunst schlechthin, die Phantasie durch keine Regeln, Schranken und Gesetze gebändigt ist. Die klare Vorschrift, der geschlossene Stil ermöglichen auch weniger Begabten eine akzeptable Leistung. Zwang und ›Korsett‹ sind nicht nur Last, sie geben auch die rechte Haltung. Das ist der Grund, warum die Kunst im Mittelalter nie Minderwertiges erzeugte.

Freiheit jedoch bedeutet, daß die allgemeine Regel durch die reine Schöpferkraft des einzelnen ersetzt sein soll. Was Privileg und Vorteil schien, das ist in Wirklichkeit nur schwere Forderung und Last. Denn wahllos blindes Tasten und Kreieren ergibt nicht Kunst, ergibt nur Konfusion und Wirrnis. Kunst blüht nur auf, wenn einer jetzt statt nach allgemeinen Regeln nach einer Norm schafft, die er selbst aus sich heraus geboren hat und die vielleicht auch nur für ihn persönlich gilt. Nicht Unordnung demnach, sondern das Individualgesetz. Dieses

setzt aber Genialität voraus. Und Genialität ist in der Küche genauso selten wie in der Kunst.

Küchengenialität

Genial zum Beispiel war der Mann, der vor Jahrtausenden als erster einen angesäuerten nassen Mehlbrei nicht als ›verdorben‹ wegwarf oder mit Abscheu dennoch kochte und dann aß, sondern die Gärungsgase dazu benutzte, ein Brot zu backen und zu lockern, so daß es ›aufging‹.

Ein Genie war auch der erste, der den Überschuß der Traubenernte nicht mehr bloß zu Sultaninen und Rosinen dörrte – was in feuchten Jahren manchmal ohnehin mißlingen mochte –, sondern den Saft der Früchte kelterte und dann gären und sich setzen ließ.

Genial war auch der Einfall, Gurken, Kraut oder Rüben mit Salz zu säuern. Und auch die Erfindung von Quark und festem Käse erforderte wahre Genialität.

Aber auch der erste, der einen Kochtopf formte oder goß, war ein Genie. Denn immer nur Gegrilltes und nichts anderes dazwischen – das bekämen sogar unsere modernen Grill- und Picknickfanatiker allmählich über. Ganz abgesehen davon, daß manche Fleischsorten und Gemüse nur durch langes Kochen genießbar werden.

Nudeln – seit wann?

Es folgen die Scharen der Hochbegabten. Sie haben den Küchenzettel der Menschheit für alle Zeiten angereichert und aufgesteigert. So jene, die herausbekamen, wie man Tee oder Kaffee bereitet. Oder jene andern, die als erste das zerstampfte und von Kleie befreite Getreide nicht mehr in Form von groben Nocken oder amorphem

Brei servierten, sondern in der Gestalt von hübschen, langen, sanft gleitenden und weichgekochten Bändern, Schnüren oder Kräpfchen: als Nudeln, Makkaroni, Spaghetti, Ravioli und dergleichen.
Die so ›teigwarenbegabten‹ Italiener nehmen all diese Küchenkreationen gern für sich in Anspruch; allenfalls geben sie zu, daß die gleichfalls ›nudelgenialen‹ Chinesen die eigentlichen Erfinder waren, daß es aber Marco Polo – immerhin ein Italiener – war, der all das nach Europa brachte. Sie irren! Lange vor Marco Polo reisten die um 800 nach Christus zum Judentum bekehrten südrussischen Chasaren nach Ostasien, lernten dort Nudeln kennen, gaben ihr Wissen an ihre Glaubensgenossen in Südeuropa weiter, und von denen erbten es die Italiener, die dann allerdings herrliche neue Nudelspeisen selber hinzuerfanden!

Der ›Alkohol‹ und die Araber

Ein genialer Küchenschöpfer war auch der erste, der ›gebranntes‹ Wasser, also Alkohol, destillierte. Diesen Ruhm sprach man lange irrtümlich den Arabern zu, weil das Wort ›Al-kohol‹ arabisch ist und sie im frühen Mittelalter gute Chemiker waren. Das Verfahren geht aber auf den christlichen Professor ›Magister Salernus‹ zurück, der 1167 starb. Arabisch heißt ›Alkohol‹ nur ›feines Pulver‹. Erst Paracelsus übertrug die Bezeichnung auf Äthanol. Es wäre auch gar zu traurig gewesen, wenn die Moslems, die den Schnaps nicht trinken dürfen, ihn selber erfunden hätten!

Die Mönche und die Schokolade

Und großartig war auch zum Beispiel der Einfall etlicher spanischer Mönche, den Cacao-atl, den würzigen Bittertrank der Indios, anstatt mit Pfeffer und andern brennenden Gewürzen mit der Essenz des Zuckerrohrs zu kombinieren. Und dabei waren die Urbewohner Mexikos in jeder Hinsicht, auch in Gartenbau und Küchenkunst, so hochbegabt und hatten beides in ihrem Lande, die Kakaobohnen wie auch die süßen Halme! Dennoch waren sie nie darauf verfallen, beides zu vermischen. Und auch die Vanille, die der Dunkelschokolade ihre letzte Feinheit gibt, stammt ja aus Amerika. Doch die Synthese der drei Substanzen ist eine Schöpfung geistlicher Herren aus Spanien!

Pralinees

Französisch und folglich gleichfalls europäisch ist auch das delikate Luxuskind der Schokolade, das Pralinee. Wir wissen sogar scheinbar den Namen des Erfinders: Marschall du Plessis-Praslin. Hier aber macht sich traurig bemerkbar, daß die zarte Leckerei an einem Fürstenhofe der Feudalzeit erfunden wurde: denn nach dem Schloßherrn, in dessen Küche die Pralinees zum erstenmal das Tageslicht erblickten, heißen die Bonbons. Der Koch, der sie erfand, blieb anonym und unbekannt. Genauso unbekannt wie auch der Schöpfer der Mayonnaise!

Küchenfolklore

Nicht eigentlich genial erfunden, wohl aber herrlich komponiert sind sozusagen alle ragout- und suppenartigen Eintopfgerichte der Volksküche: das Rindsgulyas und seine Varianten auf der Basis von Schweinefleisch in

Ungarn. In der Provence die Etouffade de bœuf. Der Borschtsch der Russen: die säuerliche Kraut- oder Rote-Rüben-Suppe mit Fleisch darin – sofern man welches hat – und sonst mit trockenen Salzkartoffeln, die aus der Hand dazu gegessen werden. Die Bouillabaisse aus Meergetier im Süden Frankreichs an der Küste. Und so manches mehr.
In diesen Eintopfspeisen mischt sich harmonisch alles, was der betreffende Landstrich billig und gut hervorbringt. Und ganz allmählich, im Laufe der Jahrhunderte, wenn nicht sogar Jahrtausende, findet sich meist auch das Gewürz dazu, das der Speise die letzte Vollendung gibt.
Nur selten wird es uns daher gelingen, an diesen Urgerichten – ›Volkslieder der Küche‹ nannte sie ein charmanter Küchenautor, der im letzten Kriege leider fiel – etwas zu verbessern. Die Erfahrung unzähliger Generationen hat hier meist die besten Varianten herausgefunden.

Salonkunst in der Küche

Diese Ragouts – sie sind die Volkskunst in der Küche. Die Pralinees dagegen, die Mayonnaisen, die Trüffelpasteten und dergleichen – das ist gewissermaßen die Salonkunst. Kunst jedoch, echte Kochkunst, sind auch diese. Denn wären sie es nicht – nie hätten sie vermocht, sich für die Dauer durchzusetzen. All diese Schöpfungen stammen ja aus Ländern, in denen man schon immer gut zu leben wußte.
Dort hatte der Bauer seine, wenn auch bescheidenen, so doch uralten, urbewährten Küchentraditionen, der Adel seine raffinierte Küchenhochkultur. Der Bürger aber, in

der Mitte zwischen beiden stehend, lernte von beiden, verband das Beste aus der Bauernkost mit dem, was er gerade noch bezahlen konnte, vom Tisch der großen Herren. Das gab die gute Mischung.
Der Wunsch nach Neuerung und Sensation im Kulinarischen war da nicht sehr groß. Man begnügte sich im allgemeinen mit leichten Verbesserungen und Varianten, die dann der Küchenmeister an den Lehrling, die Mutter an die Tochter weitergab. Taugte die neue Variation, so setzte sie sich langsam durch. So langsam, daß alles weniger Gute inzwischen wieder wegfiel.

Massenmedien in der Küche

Es fehlten ja die Medien der Massenkommunikation. Vermutlich brauchte unter solchen Konditionen selbst eine fulminante Neuheit wie die Mayonnaise eine gute Weile, bis sie zum kulinarischen Gemeingut wurde. Wie lange so etwas damals dauern konnte, wird heute schwer festzustellen sein. Und letztlich ist es ja auch egal.
Wichtig für uns ist nur zu wissen, daß auch Bestes damals etwas Mühe hatte, sich durchzusetzen. Und daß, im Gegensatz dazu, auch Schlechtestes sich heute ohne Mühe rasch die ganze Welt – in diesem Falle: Küchenwelt – erobert.
Den Hauptgrund nannten wir bereits ein paarmal: es ist der Zerfall der bürgerlichen und bäuerlichen Tradition, beschleunigt und besiegelt durch die beiden großen Kriege. Den zweiten Grund erwähnten wir soeben: die Massenmedien helfen jeden Unsinn rasch und suggestiv zu verbreiten.

Geld in der Küche
Als dritter Grund kommt etwas an sich Hocherfreuliches dazu: die Leute haben zuviel Geld.
Während auch noch die üppigste und beste Volksküche es versucht, gerade das Billigste an Fleisch und Fisch und die besonders leicht erhältlichen Obst- und Gemüsearten schmackhaft auszuwerten – klagen heute alle Metzger und Gemüsehändler, daß sie nur noch die teuersten Sorten oder Stücke absetzen können. Herrliche Volksgerichte – aus Kutteln, Lunge oder Kohl bereitet – geraten so in völlige Vergessenheit. Die Leute fragen nicht mehr: Wie kann ich auch aus einem Kalbskopf, einer Milz oder aus Fallobst dennoch etwas Gutes machen? – sie fragen vielmehr: Was kann ich aus den allerteuersten und ausgefallensten Substanzen nie Dagewesenes zuwege bringen?
Und so kommt es eben zu jenen wahrhaft abenteuerlichen Kompositionen aus Hühnerbrust mit Austern, Pfirsich und Avocados und was weiß ich, das Ganze sozusagen immer mit jener Sauce übergossen, die früher einmal für die eleganteste und teuerste gehalten wurde: der Mayonnaise. Daß es abscheulich schmeckt zusammen – was verschlägt's? Wenn es nur teuer ist und ›mal was Neues‹.

Noch mehr Geld in der Küche
Die Allerreichsten aber haben schon wieder aufgehört, nur noch das Köstlichste und Kostbarste zu wollen für ihre Phantasiegemengsel in der Küche. Das ist schon überholt. Das kann sich ja zur Zeit des Wirtschaftswunders jeder zweite leisten. Und darum suchen jetzt die Reichsten nur noch die nackte Sensation.

Und so kommt es eben, daß man in Deutschland heute zu jeder Festzeit aus den Tropen importierte Konserven mit Insektenlarven, Würmern, Heuschrecken und anderm Ungeziefer, das sonst nur arme Primitive im Urwald in der Not verzehren, zu höchsten Preisen handelt. Oder daß eine weitgereiste und sehr reiche Dame in ihrem Kochbuch in allem Ernst empfehlen kann, man möchte als Nachtisch statt etwa Rahm mit Früchten lieber die bereits erwähnte Mischung aus geschabten Zwiebeln, Mayonnaise und Tomatenpaste aus Büchsen eingefroren, als Eiscreme den Gästen offerieren. Ein solches Eis – erzählt die Dame – wurde ihr einmal zur Erfrischung nach einem Gastmahl vorgesetzt, als es ihr sterbensübel war. Wir möchten meinen: kein Wunder! Wenn auch alle andern Speisen so ähnlich waren! Die Eiscreme aber – meint die Dame – habe ihr wohlgetan. Nun – wohl bekomm's!

Grenzen der Küchenphantasie

Bemerkenswert ist, was heutige berühmte Köche in Wien und Frankreich übereinstimmend zu neuerfundenen Speisen meinen, und zwar Köche, die selber in ihren Lokalen Spezialitäten führen, die sie erfunden haben und die man folglich anderweitig nicht bekommt. Alle bekennen sie, daß es sich hierbei dennoch nicht um völlig Neues handle. Es seien vielmehr nur besonders raffinierte Varianten von bereits Vorhandenem. Jedoch Varianten, wie sie nur der talentierte Fachmann vielleicht einmal im Laufe von Jahrzehnten herausbringt und niemals der ungeübte Küchenlaie. Experimente sind es nie. Und ein willkürliches und wildes Puzzlespiel schon gar nicht. Das gilt auch weitgehend für die inzwischen auf-

gekommene ›Nouvelle cuisine‹. Soweit sie wirklich taugt, besteht sie nur im Lockern und Entfetten altbewährter Speisen.
Und wenn nun also sogar die kulinarisch hochbegabten Wiener, Italiener und Franzosen zugeben, daß ihnen selten oder nie etwas wirklich Neues einfällt – um wieviel weniger ist da in Deutschland, England oder in der Schweiz auf diesem Felde etwas zu erwarten! Gerade in diesen Ländern aber bringen uns Bildschirm, Kochbuch und Küchenspalten in den Illustrierten täglich ›vollkommen Neues‹. Hier eben fehlt das hemmende Talent: der fehlende Maßstab enthemmt die Phantasie!
Ist man sich aber einmal klar über Zusammenhang von fehlender Begabung und enthemmter Produktion, dann ist man auch gefeit gegen die suggestive Kraft von solch modernen Küchendirektiven.

Diäten, Diäten!

Wer heute kochen will, der hat es einerseits gut wie noch nie: Wann hätte es je solche Fülle an Material zu jeder Jahreszeit gegeben? Anderseits gab es noch nie so viele Ärzte, Physiologen und Diätetiker, die mit ihren Vorschriften und Warnungen die gute Küche stören und sogar zerstören.
Wären Diätgesetze wenigstens ewig gültig wie die der großen Kunst! Sie stammen aber aus wissenschaftlichen Tagesmoden und wandeln sich mit ihnen zusammen von Tag zu Tag!
Wir sprechen hier natürlich nicht von den Diätvorschriften für Schwererkrankte, wie etwa für Diabetiker. Zwar sind auch diese ein wenig variabel, im ganzen aber recht gut erprobt, stabil, fundiert, und straflos übertritt sie keiner. Wir sprechen hier von den Diäten für Gesunde. Sie wechseln wie die Kleidermoden. Jede von ihnen verspricht uns langes Leben, ewige Gesundheit, Jugend bis zur Todesstunde. Manche von ihnen schaden im Grunde mehr als die hemmungsloseste Völlerei. Und dennoch werden sie von Hunderttausenden gläubig und fromm befolgt.
Man kann dabei nicht einmal sagen, daß alle solchen Diätvorschriften unvernünftig sind. Sehr oft beruhen sie auf einer richtigen Erkenntnis, die aber, weil sie neu und folglich eine Sensation ist, nun plötzlich allzu absolut genommen wird. Das Frischentdeckte erstrahlt in solchem Glanze, daß alles andere daneben blaß und nicht

mehr sichtbar ist. Einwände und Gegenfaktoren werden übersehen und vergessen.

Gefahr der Neuentdeckung: Marx und die Biologie

Das ist natürlich nicht nur in der Küche so. Aus einem solchen Grunde ist heute die ganze Welt gespalten. Denn nur aus solcher Überschätzung und absoluter Wertung von etwas frisch Entdecktem lebt der Kommunismus, der Marxismus: Man hatte allzulange übersehen, welch zentrale Rolle im historischen Geschehen wirtschaftliche und soziale Faktoren seit jeher spielten. Diesen bösen Fehler in der bisherigen Geschichtsbetrachtung hat Karl Marx aufgedeckt. Das war genial. Und daß er selber, fasziniert von seiner eigenen Entdeckung, daneben nichts anderes mehr gelten lassen wollte, das ist verständlich und normal.

Jedoch: die Schüler des Entdeckers sollten wieder freier blicken. Mitunter aber ist es gerade umgekehrt. Nicht nur auf dem Gebiet der Diätetik. Ich entsinne mich noch gut, wie seinerzeit – das war noch unter Stalin – harmlose, unpolitische Biologen plötzlich aus Leningrad und Moskau nach Sibirien wandern mußten – weil sie behauptet hatten, Lebewesen könnten sich auch langsam und allmählich verändern und entwickeln. Nach Marx jedoch gibt es Veränderung nur sprunghaft, in Form von Revolution. Im biologischen Bereich bedeutet dies: nicht Evolution, sondern Mutation. Und dafür kam man also nach Sibirien!

Der Marxist und die Kuh

Ich erinnere mich ferner, wie ein junger Marxist in Paris in einem Museum einer Gruppe bildungsbeflissener Ar-

beiter Bilder erklärte. Kunst als solche ist in Sozialbegriffen nicht zu fassen. Also sprach er ausschließlich vom dargestellten Gegenstand. Nun, es war einfach: Religiöses war ›Opium des Volkes‹, verspielte Gesellschaftsszenen aus dem Rokoko ein Beweis dafür, wie gut die Feudalschicht es hatte, während das Volk verhungerte.
Dann stand man im Saal der Impressionisten. Da war eine flimmernde Sommerlandschaft, kaum hingehaucht im Sonnenglast und Silberdunst, vorn eine Kuh und hinter ihr ein Zaun. – »Genosse, was an dem Bild ist kapitalistisch?« fragte ein heller Pariser Junge sehr heiter. Der Gruppenleiter blieb ernst. »Der Zaun«, erklärte er, »Zäune begrenzen Privatbesitz, den es im Kommunismus nicht geben wird.« – Daß keine Wirtschaftsform Kühe daran hindern kann, uneingezäunte Gemüsegärten zu zertrampeln – darauf kam er nicht . . .

So ähnlich ist es auch mit den meisten Gesundheitsdiäten: die Einseitigkeit macht sie zum Unfug. Anderseits: sind sie nicht einseitig, dann sind sie ja nicht mehr Diäten . . .
Ich werde mich hüten, hier alle Gesundheitsdiäten der letzten paar Jahrzehnte zu enumerieren und gar zu kritisieren. Manche wollen wir schon deshalb lieber nicht schildern, weil sie nicht sonderlich appetitlich sind: sie beschäftigen sich nicht nur mit der Frage, was und in welcher Zubereitung man essen – sondern auch, wie man den Magen zwingen soll, seinen Inhalt beschleunigt zu entleeren. Nur einige Hauptdiäten seien hier genannt.

Das Volk der Hunsa

Da wäre zunächst die berühmteste und beliebteste aller neueren Diäten, die von Dr. Bircher-Benner, das sogenannte Birchermüesli. Ausgelöst wurde sie durch eine Forschungsreise ins Gebiet des Himalaja. In einem Gebirgstal, selbst im Sommer schwer erreichbar und im Winter ohne Helikopter – den es damals noch nicht gab! – überhaupt nicht, fand man ein kleines Volk von ungewöhnlicher Gesundheit. Epidemien gab es dort überhaupt nicht.

Was lag näher, als den guten Körperzustand der Talbewohner auf ihre Lebensweise zurückzuführen?

Nun – es waren arme Bauern. Sie lebten, wie sich erwies, weitgehend von leicht angerösteten Brotfladen aus flüchtig zerriebenen Getreidekörnern samt der Kleie und von etwas Früchten und Gemüsen. Fleisch oder Milch aßen sie anscheinend überhaupt nicht. Die Früchte genossen sie roh, frisch gepflückt am liebsten, und sonst eben gedörrt. Das einzige Fett, das sie benützten, war ranzige, schwach gesalzene Butter.

So also mußte man offenbar leben, wenn man gesund sein wollte wie die Hunsa! Nur Pflanzenkost, und möglichst roh und unverfälscht!

Das Birchermüesli

Und so entstand das Birchermüesli: Haferflocken, lange eingeweicht in Wasser, kalt und naß und roh, mit rohem Obst dazwischen, geschabt, sonst aber möglichst im Naturzustand. Das heißt bei Äpfeln oder Birnen: zusammen mit dem Butzen und der Schale. Zuletzt kommt noch etwas Kondensmilch hinein und nach Belieben Zucker oder etwas Honig...

Ich weiß, es gibt heute viele, die den Begriff ›Birchermüesli‹ auf jede Speise aus Milch oder Rahm, rohen Früchten und irgendwelchen Getreideflocken anwenden, auch den knusprigen, gerösteten, die nur locker übergestreut und rasch, ehe sie weich werden, verzehrt werden. Und auch die Früchte – Beeren oder Bananen – werden nicht zerquetscht, sondern, je nach Art, ganz gelassen oder nur grob zerschnitten.
Hier sprechen wir aber nur von der Urform des Birchermüeslis. Haben Sie es je gekostet? Und hat es Ihnen geschmeckt? Bitte, rufen Sie nicht sofort begeistert: Ja! Versuchen Sie sich vielmehr vorzustellen, wie es Ihnen schmecken würde, wenn Sie nicht wüßten und glaubten, daß dies ein Wunderelixier ist zur Verlängerung des Lebens und für ewige Gesundheit! Nehmen Sie einmal an, es wäre eine Speise wie jede andere. Nun – schmeckt es immer noch?

Charosset

Mich erinnert Birchermüesli in Aussehen und Geschmack immer ein wenig an eine Trauerspeise der frommen Juden: Charosset. Es ist dies ein lehmfarbenes Gemisch, das die Juden bei ihrer Osterfeier zusammen mit noch anderen Symbolen auf eine runde Schüssel legen. Charosset besteht in der Hauptsache aus gehackten Nüssen und Äpfeln, mit Hilfe von etwas Wein zu einer feuchten, grobkörnigen Paste verbunden. Und es versinnbildlicht den Lehm, den die Juden vor viertausend Jahren in Ägypten, zu Staatssklaven degradiert, kneten und zu Ziegeln formen mußten. Ein bitteres Symbol der Knechtschaft also. Und so schmeckt es auch. Oder doch nicht viel besser. Weniger fromme Juden begnügen sich

daher damit, wenn sie beim Rezitieren der Festlegende zu passenden Stellen kommen, das Charosset nur anzublicken und den Tischgenossen herumzuzeigen. Nur die Allerfrömmsten kosten von der Mischung.
Aber noch keiner hat behauptet, es wäre ein Genuß, obwohl doch die Grundsubstanzen des Charosset, jede für sich allein genommen, vorzüglich sind.

Rohkostproblematik

Kulinarisch und als Anblick ist das blaßgraue, kalte, nasse Birchermüesli nicht sehr beglückend.
Bleibt noch die Frage: Ist es wirklich so enorm gesund?
Zunächst: Meist wird es nicht aus ganzen oder nur grob gehackten Haferkörnern zubereitet, sondern aus flachen ›Flocken‹. Das Korn wurde also durch Maschinen gepreßt und bereits ein wenig denaturiert.
Ist es nun sicher, daß alle wertvollen Bestandteile des rohen Hafers hierbei intakt geblieben sind?

Gespritztes Obst

Dann: Birchermüesli enthält ungeschältes Obst. Unser Obst wird aber meist gespritzt, mit Insektiziden sowohl wie mit Chemikalien gegen Schorf und andere Pilzerkrankungen.
Ist es da sicher, daß nichts von diesen Giften an der Schale haften bleibt? Pfirsiche aus dem Süden zum Beispiel riechen schon seit Jahren, wie stark man sie auch wäscht, oft penetrant nach solchen Giften. Ist es aber so – dann opfert man die Schale lieber und wirft sie fort – was sie an Aufbaustoffen für unsern Körper auch enthalten mag. Gift kann man nicht empfehlen.

Verschmutzte Rohkost

Ferner: Die Speise erfordert, vor allem, wenn man das Kernobst von Hand reibt und nicht mit der Maschine, sehr viel Hantieren. Zudem ruht der eingeweichte Hafer viele Stunden, und zwar in rohem Zustand, ehe man das Müesli ißt.

Das aber heißt: die Speise ist ein idealer Nährboden für allerlei Bazillen und Bakterien, die sich hier ungestört entwickeln können. Denn schließlich bringt auch reinliches Personal und eine sauber erzogene Frau oder Tochter des Hauses nur selten die nötige enorme Vorsicht auf beim Zubereiten solcher Rohkost. Sie atmen oder husten über dem Mus; sie vergessen, die Hände immer wieder frisch zu waschen, wenn sie ein Taschentuch benützen, eine Haustür öffnen oder ein Telefon abnehmen mußten.

Tatsächlich hat man einmal festgestellt, daß roher Rübensaft – den manche schlürfen wie ein Wunderelixier – in manchen Küchen mehr gefährliche Bakterien enthielt als frischer Dünger!

Naßkalte Speisen

Aber selbst wenn das Mus aus ungespritztem Obst und bei Beachtung größter Sauberkeit bereitet wird, bleibt dies doch zu beachten: nasse, kalte Speisen bekommen noch lange nicht jedem wohl! Man weiß – wir sprachen in diesem Buche bereits davon –, daß die Japaner, die sich auf richtiges Essen und Leben so gut verstehen, auch im heißen Sommer gern glühheiße Speisen und Getränke zu sich nehmen. Mag sein, sie übertreiben. Aber es sollte doch zu denken geben!

Rohkostwirkungen

Sie werden vielleicht einzuwenden haben, bei diesem oder jenem unter Ihren Freunden habe das Birchermüesli Wunder gewirkt. Vielleicht. Ich meinerseits weiß jedenfalls von zwei alten Damen aus dem Rheinland, welche die überkonsequente Rohkost mit ihrem Leben bezahlten. Die eine starb an einer Darminfektion, die andere an Schwindsucht.

Dies aber muß zugegeben werden: an ihrem historischen Ort hatte die Bircherdiät ihren guten Sinn! Denn damals aßen die Leute mitunter überwürzte und auch zu schwere Kost, und Obst galt vielen nur als wertlose Lekkerei, so ähnlich wie Bonbons.

Die fleischessenden Hunsa!

Das Witzige an der Bircherdiät ist nun aber, daß ihre Voraussetzung, die These nämlich, nach welcher die Hunsa solcher Rohkost ihre Gesundheit zu verdanken haben, sich als ein reiner Irrtum erwiesen hat. Wir sagten schon: Damals, als man das Hunsavolk entdeckte, war es unmöglich, in ihr Gebirgstal zu anderen Zeiten als im Sommer zu gelangen. Im Flugzeug aber kam man ohne Mühe inzwischen auch im Winter hin.

Und was stellte sich heraus? Die Hunsa aßen Fleisch! Sie lebten nur im Sommer vegetarisch, notgedrungen, weil dann ihr Vieh – Kleinvieh natürlich – zusammen mit den Hirten hoch in den Alpen weilte. Im Winter aber, wenn das Vieh zurückkam, wurde geschlachtet, gefeiert, Fleisch gegessen. Und Milch und alle Milchprodukte gab es jetzt, soviel man wollte.

Bircher-Kompromiß
Wir schlagen daher vor: Eßt Hafer, genau wie die Verehrer des Birchermüeslis! Hafer bekommt nicht nur dem Pferd. Er schmeckt auch besser, voller, runder als der fade Reis, den die Asiaten nicht umsonst mit Curry würzen und mit vielerlei Gemüsen, Fleisch und Fisch und Kräutern mischen!
Aber eßt den Hafer gekocht! In Form von dicken Suppen, abgewürzt mit braunglasierter Zwiebel, oder in Form von Brei, zusammen mit Kompott, mit Konfitüre, mit ein wenig Zimt und Zucker.
Und eßt Obst! Gekochtes, wenn ihr wollt. Dann aber: frisch gekocht und als Konserve nur im Notfall. Wenn aber roh: dann bitte nicht geschabt und nicht zerrieben, sondern ganz einfach so, wie es wächst. Zusammen mit der Schale, wo ihr es riskieren dürft – ich kenne Bauern, die ihr Obst nicht spritzen –, und sonst halt ohne Schale. Jedoch: Eßt euren Hafer und euer Obst nicht als Gemengsel, sondern jedes separat!

Joghurt
Ich entsinne mich auch einer zweiten Modediät aus den zwanziger Jahren: Joghurt war ganz plötzlich der letzte Küchenschrei. Hersteller von Joghurtgetränken und -bakterien wurden plötzlich Millionäre. Einer von ihnen erfand den Slogan:

»Das Maximum an Jahren
Erreichen die Bulgaren –
Warum?« –
Und dann ging es in kommuner Prosa weiter:
»Weil sie Joghurt trinken.«

«Alles aß plötzlich Joghurt. Und viele nährten sich fast ganz von ihm. Warum es jetzt mit einemmal nicht mehr die rohe Sauermilch sein durfte, die man bisher so gern getrunken hatte, habe ich nie begriffen. Denn wenn man Joghurt anpries, sprach man zumeist nur von der größeren Bekömmlichkeit einer Milch mit Säurebakterien gegenüber der ›süßen‹ Frischmilch.
Wie immer – Joghurtessen wurde damals, genau wie der Genuß von Birchermüesli, zu einer Art von Religion. Man aß nicht eine Speise, man aß Gesundheit und die Garantie für langes Leben. Man kaufte Joghurt in den Molkereien, man fabrizierte ihn auch selber, man löffelte aus Joghurtgläsern vom frühen Morgen bis zum späten Abend, man löffelte so lange, bis eine neue Mode aufkam...

Raubtiernahrung
Die neueste der Moden ist, der Wirtschaftskonjunktur entsprechend, bedeutend teurer. Sie schreibt vor, große Stücke festes Fleisch zu essen, und zwar sehr kurz gebraten. Kohlenhydrate – Mehlspeisen also – soll man meiden, vor allem die gesüßten, weil sie durch zarten Wohlgeschmack dazu verleiten, immer mehr zu essen. Dann aber wird man dick! Das mindert – heißt es – ganz gefährlich die Lebensjahre. Und man darf zwar beliebig große Stücke Fleisch verzehren, jedoch keine fetten. Denn Fett vom Tier enthält Cholesterin, was den Prozeß des Alterns so beschleunigt. (Was es damit in Wirklichkeit auf sich hat, sagten wir schon.)
Das Fleisch darf ferner nicht in fetten Saucen mit appetitanreizendem Aroma bereitet werden, nicht gemahlen und auch nicht zu weich gebraten und gekocht. Am be-

S

sten äße man es roh oder doch nur ganz kurz gekocht, vielleicht nur angegrillt und in der Mitte noch rot und blutig.
Im Grunde: Raubtiernahrung.

Gemischte Kost
Ob solche Kost dem Menschen wirklich so bekommt, bleibt abzuwarten. Eines jedoch ist sicher: schädliche Elemente neben den notwendigen enthält fast jede Nahrung. Ißt man nun sehr Verschiedenes, und das heißt eben: nicht Diät, dann fällt das Schädliche nicht sehr ins Gewicht.
Eßt also ruhig Beefsteak Tatar – das ist rohes Hackfleisch mit rohem Eigelb – und blutende Steaks! Trinkt euren Joghurt! Kaut rohe Früchte und Gemüse!
Aber eßt daneben auch Eintöpfe und Ragouts, die viele Stunden schmoren mußten. Mag sein, es werden beim langen Kochen bestimmte wesentliche Stoffe gemindert oder gar zerstört. Andere werden auf diese Weise – durch langes Kochen nämlich – vielleicht erst verdaubar. Und in jedem Falle wird ein eher schwacher Magen mit gut gekochter und durchhitzter Nahrung leichter fertig.

Als wir von Rohkost sprachen, erwähnten wir im Vorübergehen die Küchenhygiene. Die Frage schien ganz einfach: Man soll reinlich sein – und damit basta. So einfach ist es dennoch nicht. Denn Hygiene hat nur Sinn am rechten Ort.

Was ist Hygiene?

Die alten Haushaltsbücher

Lesen Sie auch so gerne Haushalts- und Anstandsbücher vom vorigen Jahrhundert? Ich habe etliche in meinen Bücherborden stehen. Jeder, der hinblickt, lacht zunächst darüber. Dann fängt er an zu blättern – die Bücher sind ja voll von altmodischen, reizenden Illustrationen. Hernach liest er da und dort ein Stücklein. Und plötzlich sitzt er in irgendeiner Zimmerecke, in die Lektüre ganz vertieft, und will das Buch nicht mehr zur Seite legen. Es endet regelmäßig damit, daß er bittet, ich möchte ihm den Band doch leihen!

Ich sage immer unerbittlich: Nein! Und biete als Ersatz irgendeine teure Neuerscheinung an. Noch keiner hat sich aber auf den Tausch einlassen wollen. Wie aber soll ich verleihen, was mir keiner der Entleiher – ich fühle es ganz deutlich – je wiederbringen wird und was ich nie ersetzen kann?

›Gute Sitten‹ in der Bürgerwelt

Aus solchen Büchern kann man jede Regel des bezaubernd-unnützen Rituals des bürgerlichen Gesellschaftslebens kennenlernen. Man erfährt genau, in welchem Moment allerspätestens man die Papierhülle von mitgebrachten Blumen nehmen und wohin man sie dann legen soll. Man bekommt beigebracht, bei welchen Visiten die Dame den Hut ablegen, wann und wo dagegen sie ihn aufbehalten muß; und wann und wo der Herr den Hut

zwar abnehmen, jedoch trotzdem in den Salon mitnehmen soll. Und was dann mit dem Hut und den Handschuhen im Salon zu geschehen hat: wo und wie man den Hut hinstellt, ob mit der Öffnung nach unten oder oben, und wie man die Handschuhe beilegt.
Man lernt hier ferner, wo man sich hinzusetzen hat, falls die Dame des Hauses den Platz nicht selber bezeichnet. Wobei das Ritual einen jeweils andern Platz vorschreibt, je nachdem, ob Herr und Dame des Hauses beide zugegen sind oder die Dame allein oder gar nur die Tochter des Hauses.

Der Heiratsantrag

Man erfährt auch, welche Farbe die Handschuhe für bestimmte Anlässe haben müssen. Den Hochzeitsantrag bei den Eltern der Braut durfte der junge Mann zum Beispiel nur in Handschuhen von Ochsenblutfarbe wagen. Warum dies grausam-wilde Kolorit? Ich habe versucht, es herauszubringen. Jedoch kein Lexikon, kein Soziologe, kein Folklorist konnte mir Auskunft geben. Ritus ist eben Ritus und bedarf keiner rationalen Begründung.
Aber von allen Vorschriften in dem Buche schien mir dies die härteste und boshafteste zu sein. Denn man bedenke nur, was geschieht, wenn der arme Kandidat von den Eltern abgewiesen wird! Dann weiß es doch auf Grund der Handschuhfarbe die ganze Dienerschaft des Hauses und durch sie bald auch die ganze Nachbarschaft!
Das hat denn auch einer der Autoren eines solchen Anstandsbuches eingesehen. Er rät darum, allen Anstandsregeln zum Trotz sollte sich der Heiratskandidat zuvor mit dem Mädchen selber in Verbindung setzen und von

ihr erfahren, wie seine Chancen stehen. Das spart ihm die Blamage und die Pein...

Geschältes Obst

In allen diesen Büchern gibt es natürlich auch strenge Hygieneregeln. In bezug auf Obst, das bei Tisch gegessen wird, lautet die Regel so: Außer Nüssen, Trauben, Kirschen und Apfelsinen darf man keine Frucht mit der Hand berühren. Aprikosen und Zwetschgen also, Pflaumen und Mirabellen, Äpfel und Birnen werden ausschließlich mit Messer und Gabel traktiert. Schalen von Äpfeln und Birnen zu essen gilt ferner als unfein. Womöglich soll man auch die Pflaumen schälen.

Umgekehrt darf man Spargel – und diese Regel betrachten die meisten auch heute noch als bindend – nur mit den Fingern zum Munde führen.

Hygiene oder Ritual?

War nun das, was für das Früchteessen vorgeschrieben war, hygienisch gemeint, oder war es, genau wie die blutroten Handschuhe des armen Heiratskandidaten, nichts als ein Ritus? Ich weiß es nicht. Doch ich glaube: eine klare Antwort läßt sich hier so wenig finden und erteilen wie bei der Koscher-Gesetzgebung der Juden. Da wie dort sind die Motive vermutlich gemengt.

Aber obwohl die Speisegesetze der Juden in Bibel und Talmud nur religiös begründet werden, möchte ich doch meinen: bei ihnen überwiegt der hygienische Sinn.

Und wiewohl umgekehrt das neunzehnte Jahrhundert bei allen diesen Regeln viel von Hygiene spricht, möchte ich vermuten: sie sind nichts als Gesellschaftsritual.

Scheinhygiene

In seinen ›Etiketteplaudereien‹ wendet sich daher auch einer der Verfasser eines solchen Buches, Eustachius Graf Pilati, zornig und entschieden gegen solche Scheinhygiene bei Tisch. Wie ihm auch umgekehrt die strenge Vorschrift, Spargel nur mit der Hand zu essen, albern und überflüssig scheint.

Tatsächlich schreibt ja diese gleiche scheinbar hyper-hygienische Küche des neunzehnten Jahrhunderts für festliche Platten und Torten solch komplizierte und reiche Verzierung vor, daß sie ohne Mißachtung einer ganzen Reihe von Hygieneregeln kaum zu schaffen ist. Und keine Etiketteregel – so stellt der Graf entrüstet fest – verbietet den Tischgenossen, eine Platte mit Speisen nahe an sich heranzurücken und über ihr zu sprechen und zu niesen!

Und daran hat sich bis heute nichts geändert. Haben Sie schon zugeschaut, wie Festteilnehmer, die sich für wohlerzogen halten, mit kalten Platten, Sandwiches, Cocktailbissen, Mischsalaten und auch warmen Schüsseln umzugehen pflegen? Mit den Bakterien und Bazillen, die hierbei aus nächster Nähe zielsicher auf die Speisen abgeschossen werden, lassen sich mühelos ganze Armeen infizieren!

Pasteurisiert und konserviert

Most in der Ostschweiz

Gleichzeitig aber hat man Angst, einen Schluck Milch oder Obstsaft roh zu trinken. Man muß – so meint man – das Getränk erst pasteurisieren. Unbedingt! Und man behauptet, der Pasteurisierprozeß ändere nichts am Geschmack einer Speise ...

Ach, ich erinnere mich noch gut, wie schön es früher in der Ostschweiz war im Herbst, wenn ringsum die Äpfel und die Birnen reiften! Es gibt hier in der Gegend kleine, süße Sorten, die, als Frucht und roh gegessen, nicht besonders schmecken: sie sind zu süß und fad. Der Saft, der Most jedoch aus solchem Obst schmeckt herrlich.

Ein jeder Landwirt preßte früher solchen Most auf seinem Hofe selber, und an jedem Gasthaus auf dem Lande hing wochenlang im Herbst ein Schild, welches versprach: »Saft ab Presse« oder »Frischer Most«. Manchmal war der Saft dann doch schon ein paar Tage alt und bereits etwas angegoren. Nun – dann war er eben nicht mehr ganz so süß und mild, sondern zugleich ein wenig alkoholisch. Perlen stiegen in ihm hoch wie im Champagner.

Man aß den blaßgelben, fetten, stark riechenden Appenzeller Käse dazu mit etwas Senf und dunklem Brot. Zum Nachtisch brachte der Wirt jeweils die schon erwähnten duftenden Appenzeller Biberfladen: einfache, leichte, flache, große runde Kuchen aus honigbraunem, altmodisch gewürztem Teig.

Und etwas angeheitert zogen die Städter am Abend nach Hause.

Entkeimter Most!

Und heute? Man kann suchen, wo man will: sogar im entlegensten Bergtal bekommt man den Most nur noch in genormten, fest verschlossenen Flaschen. Natürlich pasteurisiert. Sonst würde die Gärung die Flasche in Stücke sprengen.

»Frisch ab Presse« steht im Herbst zwar auch auf diesen Flaschen aufgedruckt. Allein was hilft die ›Frische‹? Durch das Entkeimen ist der Most aus einer lebendigen und wilden Kraft in eine sanfte Sauce und tote Nährsubstanz verwandelt. Er schmeckt wie Limonade.

Entsauster Sauser!

Und mit dem frischen Saft aus Trauben ist es auch nicht anders. ›Sauser‹ nannte man ihn früher in der Ostschweiz. Mit Recht. Es sauste und brauste in ihm. Drum kam er auch nur im offenen Kruge zu Tisch.

Aber genau wie der Most aus Äpfeln und Birnen ist auch der frische Saft der Trauben heute nicht mehr trübe und bewegt und leise angegoren, sondern so glasklar, brav und still wie Kindersirup: denn durch Erhitzen und – was weiß ich! – vielleicht auch gärungshemmende Chemikalien hat man das Leben in ihm hingemordet.

Den ›Sauser‹ der Ostschweiz nennt der Wiener ›Sturm‹. Und ich warte nun bloß darauf, daß die Wiener, statt ihren ›Sturm‹ zum ›Heurigen‹ vergären zu lassen, ihn sterilisieren und in verkorkte Flaschen füllen. Das wird eine Freude sein! Alle Babys werden dann zum Heurigen mitgehen dürfen, die Mamas werden ihnen die stille

rote und sterile Flüssigkeit in die Schoppen füllen – und die Papas? Die werden plötzlich gar nicht mehr so ›durstig‹ sein!
Wenn sich nun aber Reisegäste aus Amerika mit cocktailausgebrannten Kehlen zum Heurigen verirren werden – was macht man dann mit ihnen? Nun – sehr einfach! Man schüttet ihnen in den sterilen Saft einen Schuß Whisky hinein! Und die natürliche Gärung des jungen wilden Weines ersetzt man dann durch künstlich injizierte Kohlensäure.

Das Pasteurisieren und die Vitamine
Es ist ja überhaupt eine merkwürdige Sache mit dem Prozeß des Entkeimens, und sei es in der mildesten und schwächsten Form, durch Pasteurisieren mit Hilfe nicht zu starker Erhitzung. Immer wieder behaupten die Verehrer der Methode, daß solch ein Eingriff weder die Vitamine noch den Geschmack zerstöre.
Was nun die Vitamine angeht, so bin ich nicht vom Fach und will mich folglich nicht darüber streiten. Obwohl ich doch vermuten möchte: das Wissen der Chemiker, Biologen und Physiologen bleibt, bei allem Umfang, ewig lückenhaft. Von Natur ist unser Körper auf lebende Nahrung ausgerichtet und auf sie eingestellt. Ein jeder Vorgang, der Bakterien und Bazillen tötet, tötet in eins damit vermutlich noch viel anderes, was unser Organismus, weil selber lebend, auch in der Nahrung lebendig und nicht gemordet braucht.
Natürlich hat man keine Wahl bei Speisen, die man roh nicht essen kann. Und manche andern Lebensmittel gewinnen durch den Koch- und Bratprozeß so sehr an Wohlgeschmack, daß man den Nachteil gern in Kauf

nimmt. Doch keine Speise gewinnt an Wohlgeschmack durch Pasteurisieren.

Das Pasteurisieren und der Geschmack der Speisen
Ich möchte sogar die Behauptung wagen: Ein Entkeimen, das nicht zugleich den Geschmack ein wenig schwächt und stört – das gibt es nicht. Das festzustellen, braucht es keinen Fachmann. Dies ist nicht nur beim Saft von Kernobst und von Reben so, sondern auch bei Milch und Butter und vielem anderem mehr.
Es gilt natürlich doppelt dann, wenn man nicht nur schwach pasteurisiert, sondern radikal sterilisiert. Es mag ein Segen sein, daß wir Methoden kennen, wie man Fleisch und Fische, Früchte und Gemüse durch radikales Entkeimen endlos konserviert – rein kulinarisch betrachtet ist es nur ein Notbehelf.

Tiefgekühltes
Dies gilt, obwohl man heute oft das Gegenteil behauptet, auch vom modernsten aller Verfahren zur Konservierung: der radikalen Kühlung. Denn es stimmt einfach nicht, daß hierbei die Lebensmittel nur in einen Dornröschenschlaf verfallen, aus dem sie völlig unverändert wieder auferstehen! Bei derben Gemüsen – Winterspinat oder Erbsen etwa – merkt man den Unterschied nicht sehr, das ist schon wahr. Bei zarten Früchten aber ist die Geschmackabweichung deutlich merkbar. Und auch bei Fischen. Am intensivsten merkt man die Veränderung bei Edelsorten, wie Forelle, Äsche, Felchen. Ein derber Dorsch dagegen schmeckt auch tiefgekühlt nicht übel.

Konservieren – gewußt wie!
Von den Fragen der Hygiene sind wir unmerklich in die der Konservierung hineingerutscht. Tatsächlich sind die beiden Fragen nah verwandt. Die Hygiene strebt eine partielle Keimfreiheit an, die Konservierung eine viel weiter gehende, womöglich absolute. Der Unterschied ist also scheinbar nur graduell. Aber nur scheinbar! In Wirklichkeit ist die Distanz gewaltig und unheimlich. Weil jede Absolutheit von Grund auf lebensfeindlich ist. Das gilt im Küchensektor so gut wie in Moral, Philosophie und Politik. Und darum sind Verfahren, die die Lebendigkeit nur partiell zerstören oder die eine Form des Lebens durch eine andere ersetzen – wie es die alkoholische und die Säuregärung etwa tun –, auch heute noch die kulinarisch besten. Doch eben darum muß man bei diesen Konservierungsformen in Kauf nehmen, daß sie die Haltbarkeit einer Speise nicht verewigen, sondern nur verlängern.

Konservieren in Salz – mit und ohne Säuregärung
Ordinärstes Schweinefleisch aus dem Salz, dazu, wie es die Tradition befiehlt, gekochtes Sauerkraut und Salzkartoffeln – das schmeckt weit besser als Zungenbraten oder zartes Huhn aus einer Büchse. Und auch die importierten tiefgekühlten Hühnchen, die man so gern als sonntäglichen Leckerbissen auftischt, schmecken nicht halb so gut wie solche alte Bauernspeise. Ein ganz kommuner Hering schmeckt, frisch eingesalzen, besser als Kaviar aus Büchsen. Schinken und Würste gewinnen beim Räuchern nicht nur an Haltbarkeit, sondern zugleich an Wohlgeschmack – vorausgesetzt, daß der Prozeß nicht mit modernen Kunstmethoden unterstützt und

auch beschleunigt wurde, durch Beifügen, Einreiben und Einspritzen von Chemikalien also, wie es neuerdings leider sogar beim Sauerkraut geschieht.

Dörren

Auch Dörren ist als Form der Konservierung nicht zu verachten, mag es auch ziemlich aus der Mode gekommen sein. Natürlich, ich weiß: Büchsenkompott ist wunderschön, Dörrobst dagegen runzlig und unansehnlich. Aber es schmeckt sehr süß und voll und zart und gibt, richtig behandelt, ein herrliches Kompott! Bieten Sie doch einmal Ihrer Familie oder Ihren Gästen – sofern es nicht Snobs sind, die nur das Teuerste zu essen wünschen – folgenden Nachtisch an:

Sahnekompott mit Dörrpflaumen

Schöne, große Dörrpflaumen werden gut gewaschen und über Nacht in kaltem Wasser eingeweicht. Dann fügt man etwas Zucker bei, ein Stücklein Zimt und eine bis zwei Nelken und kocht die Pflaumen, mit Wasser knapp bedeckt, langsam und gründlich, ohne umzurühren, weich.

Im allgemeinen ist es in Europa Sitte, Kompotte eisgekühlt zu Tisch zu bringen. Tun Sie es nicht! Lassen Sie das Kompott im Zimmer ein wenig auskühlen, das genügt. Es schmeckt, dies nebenbei, auch warm vorzüglich.

Nun schlagen Sie frischen Rahm mit etwas Zucker so lange, bis er nicht mehr flüssig ist, aber auch noch nicht ganz steif.

In jeden Teller kommt über das Kompott eine Kelle voll von diesem Rahm. Er schmiegt sich wie ein dicker Honig um die Früchte.

So einfach diese Speise ist – sie schmeckt doch unvergleichlich! Wer sie einmal gekostet hat, will sie immer wieder haben!

Rosinen

Da wir schon bei Dörrobst stehen, möge auch den bescheidenen Rosinen – Zibeben, Sultaninen oder wie man sie bei Ihnen nennt – ein Blick gegönnt sein. Sie sind heute billig, folglich schätzt sie keiner. ›Kuchen mit Rosinen‹ – welches Kind riefe da heute noch: »Oh!«

Und doch sind die Rosinen etwas ganz besonders Feines – vorausgesetzt, man weiß sie zu behandeln. Die meisten Frauen und sogar Köche von Beruf nehmen beim Backen die Rosinen einfach, wie sie aus der Tüte kommen. Bestenfalls werden sie gewaschen. Daß man sie einweichen könnte wie jedes Dörrobst – daran denkt kaum einer. Und doch entfalten die Rosinen ihren vollen Wohlgeschmack nur dann, wenn sie gequollen sind, genau wie jedes andere Backobst auch. Sie müssen also, bevor man sie verbäckt, für eine Nacht ins reine kalte Wasser.

Gekochte Rosinen

Reicht die Zeit bis zum Backen hierfür nicht aus, dann gibt es eine andere Methode, die noch besser ist als langes Einweichen: kurzes Kochen! Ohne Zucker und andere Beitat natürlich und nur knapp bedeckt mit Wasser. Und bitte nur so lange kochen, bis die Rosinen wieder straff und rund sind wie frisch gepflückte Trauben! Auf diese Weise zubereitet, sind die Rosinen mit einem Schlag ein Leckerbissen. Sie brauchen es mir nicht zu glauben – Sie können es versuchen. Das Experiment ist ja nicht teuer.

Aber eine Vorsichtsmaßregel müssen Sie dabei beachten: Falls Sie Kinder haben, dann halten Sie sie beim Rosinenkochen entweder von der Küche fern, oder kochen Sie ein Pfund mehr, als Sie für Ihren Kuchen brauchen! Sonst ist dann, wenn Sie fertig sind mit Ihrem Teig und die Rosinen hineingeben wollen, plötzlich nicht eine einzige mehr vorhanden. Auch Kinder, die rohe Rosinen nicht einmal berühren wollen, entfalten bei gekochten plötzlich einen immensen Appetit.

Boskopmus mit gekochten Rosinen
Solche Rosinen sind übrigens nicht nur zum Backen gut, sondern auch als Beigabe zum besten Winterkompott, das ich kenne: Boskopmus mit gekochten Rosinen. Man macht es so:
Sie wählen große, reife Boskopäpfel. In Viertel schneiden, schälen, den Butzen gut entfernen. Es ist nicht angenehm, wenn man beim Essen dauernd harte Butzenhülsen kauen oder spucken muß! Ich weiß, daß viele sich die Arbeit des Schälens lieber sparen. Man kann natürlich die Äpfel auch in Schale kochen und dann durch ein Drehsieb treiben. Bloß wird das Mus dann lange nicht so gut.
Die Apfelviertel halbieren Sie der Breite nach noch einmal und geben Wasser in den Topf. Etwa so viel, daß es das unterste Drittel der Apfelstücke im Topf deckt.
Jetzt kochen – aber nur sehr kurz. Von Zeit zu Zeit umrühren. Die Boskopäpfel zerfallen beim Kochen ohnehin. Zuckern Sie, aber nicht zu reichlich! Kompott ist keine Marmelade. Fügen Sie ferner beim Kochen ein ganz kleines Stücklein Zitronenschale bei – giftfreie, ungespritzte natürlich! Sonst lieber keine. Ferner eine Nelke, höchstens zwei.

Sie kochen, wie gesagt, nur kurz. Die Äpfel dürfen noch nicht dunkelgelb sein, sondern ganz hell und krümlig, und sie dürfen noch nicht ganz zu Mus verwandelt sein. Diesem Kompott fügen Sie nun eine Handvoll gut durchgekochter heller Rosinen bei. Und das ist alles. Sie servieren die Speise kalt, aber nicht eisgekühlt.
Bloß: Versuchen Sie nicht, das Kompott mit einer andern Apfelsorte zu bereiten! Schlecht wird es zwar auch dann nicht. Vollendet aber schmeckt es nur mit solchen säuerlich-mürben Boskopäpfeln.

Mit den Rosinen, die auf diese Weise gekocht sind, wird auch der nachfolgende Apfelkuchen vollkommen. Man kennt und liebt ihn vor allem im Osten von Österreich:

Gedeckter Apfelkuchen mit Rosinen
Für einen Kuchen, der für sechs bis acht Personen reichen soll, nehmen Sie 200 bis 250 Gramm frische Butter, zwei frische Eier, eine kleine Prise Salz und eine Prise Zimt. Sie fügen etwa zwei Handvoll Zucker bei, und zwar am besten durch ein Sieb hindurch. Das kürzt das Rühren ab.

Dies alles mischen Sie zu einer geschmeidigen Salbe. Wenn die Butter nicht allzu hart war – und dafür kann man durch sehr sachtes Erwärmen ja selber sorgen! –, dann dauert es nicht länger als zwei Minuten.

Nun sieben Sie portionenweise weißes Mehl hinzu, rühren, sieben wieder Mehl hinein, kneten, fügen wieder Mehl bei, jedoch nicht mehr als nötig, um einen weichen, gut knetbaren Teig zu erhalten. Das Quantum reicht für einen großen runden Kuchen, der gerade noch in einen der üblichen Backöfen hineingeht. Wollen Sie aber einen Riesenkuchen haben für viele Gäste oder viele Tage, viereckig und genauso groß wie die Bodenfläche Ihres Backofens, dann nehmen Sie von allem doppelt soviel.

Mit dem Papier oder Stanniol, in welches die Butter verpackt war, reiben Sie gründlich das Backblech aus. Hernach stäuben Sie es ebenso gründlich mit Mehl.

Nun teilen Sie den Teig in zwei nicht ganz gleich große Klötze. Den größeren legen Sie ins Kuchenblech und verteilen ihn, je nach der Form und Größe des Bleches, entweder mit Hilfe vom Walkholz oder auch einfach von Hand, durch leichtes Pressen, so, daß der Teig den Boden des Bleches bedeckt und am Rand wenigstens drei Zentimeter hoch ansteigt.

Jetzt streuen Sie frisch gemahlene Haselnüsse oder Mandeln auf den Kuchenboden. Walnüsse sind zwar feiner, jedoch für diesen Zweck doch fast ein wenig zu schade.

Wichtig ist aber, daß die Nüsse wirklich frisch gemahlen sind! Kaufen Sie nie fertig gemahlene aus dem Laden! Gemahlene Nüsse verlieren schon in wenigen Tagen ihr Aroma. Und liegen sie noch länger, dann riechen sie zuletzt auch fettig und muffig. Anstelle von altgemahlenen Nüssen nehmen Sie schon besser eine Handvoll Semmelbrösel. Nur: mit Bröseln wird der Kuchen nicht halb so fein. Und außerdem müssen auch die Brösel frisch gerieben sein und nicht aus einer alten Fertigpackung.

Jetzt erst schälen Sie die Äpfel. Am besten eignet sich auch hier der sauermürbe Boskop, doch diesmal darf es auch eine andere Sorte sein. Bloß keine süße! Das ergäbe einen faden Kuchen! Und mürbe muß der Apfel deshalb sein, weil er sonst nicht zerkocht – oder genauer: zerbäckt – und hart und glasig bleibt. Doch ist die Wahl nicht schwierig. Das meiste, was unter dem Namen ›Kochapfel‹ auf den Markt kommt, eignet sich ganz gut.

Moderne Apfelsorten

Dagegen scheiden alle modernen Edelsorten – Cox' Orange oder Golden Delicious und wie sie alle heißen –

restlos aus. Denn erstens sind sie nicht auf das Aroma hin gezüchtet, sondern nur um ihrer Schönheit willen. Züchter und Käufer haben hier, wie so häufig heutzutage, Zunge und Auge verwechselt. Und außerdem sind solche Edeläpfel zum Kochen viel zu teuer.
Dagegen lohnt es, der Marktfrau für die Äpfel einen etwas höheren Preis zu bieten, wenn sie dafür bereit ist, die größten Früchte herauszusuchen. Das spart beim Schälen eine Menge Arbeit!
Die geschälten Äpfel schnetzeln Sie rasch direkt auf den nußbestreuten Teig. Vielleicht haben Sie eine elektrische Küchenmaschine, die Ihnen das Schnetzeln abnimmt? Sonst machen Sie es halt von Hand. Aber kleine, feine Schnitzlein bitte!
Für einen großen runden Kuchen brauchen Sie knapp zwei Kilo Früchte, für einen noch größeren, viereckigen, entsprechend mehr.
Ist die Hälfte der Äpfel auf den Teig verteilt, dann pressen Sie sie mit der Hand gut an und streuen die gekochten Rosinen auf. Dann kommt die zweite Hälfte der Apfelstückchen darüber.
Ein wenig Zucker ist erlaubt, aber nicht nötig. Teig und Rosinen sorgen für die Süße.
Wenn aber Zucker, dann vielleicht auch ein wenig Zimt! Das gibt dem Kuchen den feinen Weihnachtsduft.
Nun wird der Rest des Teiges auf dem bemehlten Brett zu einem passenden Deckel ausgewalkt, darübergelegt und an den Rändern gut festgeklebt. Haben Sie kein genügend großes Teigbrett, so ist es auch kein Unglück: dann setzen Sie das Deckblatt eben aus einigen Stücken zusammen. Die ›Nahtstellen‹ dürfen ruhig offen bleiben – ohnehin soll der Dampf aus der Füllung abziehen. – Mit

etwas Eiweiß bestreichen oder, wenn man keines zurückbehalten hat beim Teigbereiten, dann eben mit etwas kaltem Wasser. Manche streuen ein wenig Zucker und Zimt darüber. Das ist nicht obligatorisch, erfüllt aber Küche und Wohnung mit herrlichem Duft.
Zuletzt mit Gabelzinken oder spitzem Messer kleine Löcher in das Deckblatt schneiden oder stechen, damit der Dampf aus den Äpfeln gut abziehen kann und sich das Deckblatt nicht wie eine Kuppel wölbt.
Und nun im vorgewärmten Ofen eine gute Stunde bakken, bei nicht zu starker Flamme. Denn der Kuchen soll nicht nur von außen braun sein, sondern, samt Füllung, gründlich durchgebacken.
Überhaupt schmeckt ein solcher Kuchen – im Gegensatz etwa zu den altertümlichen verschiedenen Honigkuchen, die sehr weich bleiben müssen – besser ein wenig angebrannt als ein wenig roh.

Apfelkuchen mit gekochtem Mus

Wenn Ihre Zeit nicht ausreicht, so viele Äpfel zu schälen und zu schnetzeln, dann geht es auch auf diese Weise: Äpfel sehr gut waschen (denken Sie immer an die giftigen Spritzmittel!), vierteilen, Butzen entfernen und ungeschält in sehr wenig Wasser kochen und dann durchpassieren. Aber bitte nicht kleinlich sein! Opfern Sie lieber etwas zuviel von der Substanz des Apfels im Passiersieb, als daß Sie zuviel Schale mit durch die feinen Löcher treiben! Mit solcher vorgekochter Masse, die man ein wenig zuckert und mit Zimt abschmeckt und mit gekochten Rosinen mischt, gelingt der Apfelkuchen auch, und in romanischen Ländern wird er ausschließlich so bereitet. Jedoch: mit rohen Äpfeln wird er besser.

Man ißt den Kuchen zum Kaffee, zusammen mit geschlagenem Rahm. Er darf beim Aufschneiden ruhig noch ein wenig warm sein, wie eine Pastete.
Ist er aber ohnehin schon ausgekühlt, dann läßt man ihn fast besser bis zum nächsten Tage stehen. Dann erreicht er nämlich wieder eine neue Form der Vollendung: jetzt erst haben sich Obstaroma und Duft vom Teig ganz miteinander durchzogen.
Merke dir aber eines: Diese Art gedeckter Obstkuchen gelingt nur mit Äpfeln und mit keinen andern frischen Früchten! Denn zwei Bedingungen muß das Obst erfüllen: die Backzeit – also eine gute Stunde – muß ausreichen, damit es weich geworden ist, und außerdem darf keine Flüssigkeit aus den Früchten tropfen. Und diese Doppelbedingung erfüllt einzig der Apfel. Darum sind auch die berühmten englischen Obstpasteten eine ziemlich nasse Sache und nicht sehr zu empfehlen.
Der Vorteil eines solchen gedeckten Apfelkuchens dem ›offenen‹ gegenüber liegt auf der Hand: er hält sich fast eine Woche völlig frisch. Offener Apfelkuchen dagegen schmeckt nur am ersten Tage. Bald wird er glitschig, feucht und ledrig.

Offener Apfelkuchen

Wenn du nun aber aus irgendeinem Grunde dennoch einen offenen Apfelkuchen backen willst, dann merk dir eins: Er schmeckt sehr gut in zweierlei Varianten. Entweder wenn du die Äpfel trocken, also ohne ›Guß‹, auf einen Blätter- oder Mürbteig legst, den du zuvor mit geriebenen Nüssen bestreut hast.
Er schmeckt genausogut, vielleicht sogar noch voller, zarter, besser, wenn du die Apfelschnitze mit einem Guß

aus Ei und Zucker überziehst. Jedoch: es darf nichts anderes sein als Ei und Zucker!

Apfelkuchen-Gußprobleme
In deutschen Kochrezepten findest du neuerdings oft den Vorschlag, als Unterlage oder Überzug der Äpfel oder andern Früchte auf einem Kuchen einen Vanillepudding zu benützen. Es schmeckt abscheulich! Mach es nicht nach! Willst du es aber trotzdem tun, dann frage vorher ganz genau, ob von den Gästen, die den Kuchen essen sollen, keiner aus Wien ist oder aus Italien. Er würde es dir nie verzeihen und niemals mehr dein Haus betreten wollen!

Wie kamen wir bloß zum gedeckten Apfelkuchen? Richtig, von den Rosinen aus! Und zu den Rosinen gelangten wir durch das Dörrobst. Und zum Dörrobst? Wir erwähnten es im Zusammenhang mit altmodischen Formen der Konservierung, die wert sind, daß man sie ein wenig mehr beachtet.
Da wir nun aber schon beim Dörrobst stehen, wollen wir doch noch ein zweites Backrezept beifügen, das um die Weihnachtszeit besonders locken dürfte, dann also, wenn die frischen Früchte, die man zum Backen nehmen könnte, rar oder unerhältlich sind.
Von diesen frischen Früchten, die sich zum Backen besonders eignen, sind – dies nur nebenbei – die allerbesten die Zwetschgen und die Heidelbeeren. Die vielgeliebten Aprikosen bewahren meist auch nach dem Backen einen leicht sauren Stich – immerhin, schlecht sind sie nicht. Weit weniger zu empfehlen sind aber jene Früchte, die sehr körnig sind – die meisten Beeren also außer Heidel-

beeren – oder die beim Backen an Aroma nicht gewinnen, wie Pfirsiche oder Birnen.
Aus Dörrobst läßt sich also sehr guter Früchtekuchen machen. Und zwar so:

Kuchen mit Backpflaumen
Gute, große Dörrpflaumen werden über Nacht eingeweicht. Dann kocht man sie, genau wie beim Kompottrezept, mit etwas Zucker, einem Stücklein Zimt und ein paar Nelken mit einem Minimum an Wasser langsam weich. Auskühlen lassen! Dann entkernen – sofern man nicht die ziemlich teuren, aber sehr guten, bereits entkernten Pflaumen gekauft hat.
Die Früchte durch ein grobes Sieb treiben oder, noch besser, mit dem Holzlöffel zerreiben. Sind sie wirklich weich gekocht und eine gute Sorte, die nicht nur aus Haut und Kernen besteht, dann geht das ohne Mühe. Zerreiben Sie aber bitte die Früchte allein, nicht zusammen mit der Brühe vom Kompott! Sonst erhält man keine dicke Salbe, sondern eine dichte Flüssigkeit.
Den Kompottsaft braucht man deswegen nicht wegzuschütten. Man füllt ihn in ein Krüglein und gibt ihn den Kindern, ein wenig verdünnt, als Sirup. Da er sehr süß ist, gewinnt er durch ein paar Tropfen Zitronensaft.
Sie machen den genau gleichen Teig wie für den ›Gedeckten Apfelkuchen‹, bestreuen ihn, genau wie dort, mit geriebenen Nüssen, streichen nun aber statt der Mischung aus Äpfeln und Rosinen die weiche Zwetschgenpaste auf. Das Quantum läßt sich nicht genau bestimmen. Ich möchte meinen: für einen großen runden Kuchen genügt ein schwaches Kilo Früchte. Sie quellen ja beim Kochen!

Nun nach Belieben entweder ganz mit Teig bedecken oder mit einem hübschen Gitter aus schmalen Rollen oder Streifen Teig belegen, ähnlich wie bei der berühmten Linzer Torte.
Es ist ein guter, altmodischer, sehr sättigender Kuchen. Am besten backen Sie ihn vor einer Kette von Feiertagen, während welcher Sie auch beim Konditor keine frischen Kuchen kriegen können. Denn diese Art von Zwetschgenkuchen hält sich, kühl und nicht zu trocken aufbewahrt, sehr lange völlig frisch und schmeckt nach Wochen fast noch besser als am ersten Tag. Doch auch im warmen Zimmer verdirbt der Kuchen nicht: er trocknet nur allmählich etwas aus, wird hart und ledrig.

Da wir schon dabei sind, Kuchen und Torten mit Fruchtmassen zu schildern, möchten wir Ihnen noch einen Kuchen dieser Art servieren, der aber, im Gegensatz zum Kuchen mit Trockenpflaumen, den Nachteil hat, daß er an Feinheit verliert, wenn er zu lange aufbewahrt wird. Nun – man wird ihn eben etwas kleiner machen und in ein bis zwei Rationen in höchstens zwei Tagen aufessen. Ich habe den Kuchen unter dem Namen ›Marschalltorte‹ kennengelernt. Aber ich glaube, auch die Genfer und die Holländer und vielleicht noch andere Städte und Länder kennen den Kuchen und seine Varianten und nennen ihn nach ihrer Stadt oder ihrem Land als dem Ort der vermeintlichen Herkunft. Bleiben wir beim Namen ›Marschalltorte‹.

Marschalltorte
Sie brauchen etwa 300 Gramm Blätterteig. Am besten ist es natürlich, wenn Sie den Blätterteig nach den altbe-

währten Rezepten aus Großmutters Kochbuch selber zubereiten. Dann sind Sie sicher, daß nur frische Butter verwendet wurde und nicht irgendein Kochfett oder Margarine. Der zarte Butterduft ist durch kein anderes Fettprodukt erreichbar, was immer der Reklamefachmann Ihnen einzureden versucht.

Reicht Ihre Zeit und Geduld nicht aus, einen zunftmäßigen Blätterteig herzustellen, dann bereiten Sie vielleicht einen Bastard aus Blätter- und Mürbteig, indem Sie 100 Gramm Butter mit 100 Gramm möglichst nicht zu wäßrigem und zu magerem Quark und etwa 100 Gramm Mehl verkneten. Ein wenig Salz hinein, aber keinen oder doch fast keinen Zucker.

Mit diesem Teig legen Sie Boden und Rand einer runden Torten- oder Wähenform aus. Sie können das Backblech vorher vorsichtshalber fetten und mit Mehl ausstäuben, obwohl die Gefahr nicht groß ist, daß der Teig am Boden der Backform festkleben wird.

Nun streichen Sie auf den Tortenboden eine feste Konfitüre, eine selbstgemachte natürlich. Aprikosen passen sehr gut, es kann aber auch ein Zwetschgenmus sein. Darüber kommt folgende gut vermengte Masse: 80 Gramm Zucker, 3 Eigelb, 3 steifgeschlagene Eiweiß, 80 Gramm geriebene Mandeln.

Der Kuchen wird feiner, wenn Sie geschälte Mandeln nehmen. Man kann aber Mandeln nicht schälen, wenn man sie nicht vorher mit kochendem Wasser überbrüht oder sogar ein Weilchen mitkochen läßt. Davon aber werden die Mandeln so weich und elastisch, daß man sie nicht mehr ohne weiteres reiben kann. Sie müssen daher erst wieder langsam bei schwacher Hitze ganz durchgetrocknet werden, und das dauert viele Stunden. Diese

Masse also streicht man über die Konfitüre. Hat man Teigreste, dann legt man sie als dünnes Gitter obenauf. Es muß aber nicht sein.
Im vorgewärmten Ofen nicht zu stark backen. Die Mandelmasse darf nicht durchgetrocknet sein.

Da wir schon am Backofen stehen, wollen wir gleich noch ein paar andere sehr gute alte Backrezepte durchprobieren.
Wie sehr die Traditionen heute auch zerfallen – an manchen halten wir doch fest, unbewußt und fast gegen unsern Willen. Denken wir einmal an das Backen von süßem Konfekt. Vor Weihnachten befällt uns alle die Lust dazu wie eine Epidemie. Sind Sie eine Ausnahme? Schwerlich! Wenn ich Ihnen etwa vorschlagen würde, zur Abwechslung im Hochsommer oder Frühjahr Konfekt zu backen – würden Sie es tun? Wahrscheinlich nicht...
An sich besteht wenig Grund, unser Buch und Ihr Backrepertoire mit Konfektrezepten anzureichern: es gibt sie wie Sand am Meer, und viele sind ausgezeichnet. Hier konnten auch Modernismen nicht zuviel Schaden anrichten. Denn Konfekt bäckt man, wie gesagt, fast nur zur Weihnachtszeit, und in diesen Tagen erinnert man sich an die Kindheit, an Eltern und Großeltern, und unwillkürlich will man die gleichen lieben Eindrücke auch bei den eigenen Kindern erwecken – zusammen mit dem Duft des altmodischen, gewürzereichen feinen Backwerks.
Einige besonders gute alte Rezepte, die Sie vielleicht nicht genau kennen, gebe ich Ihnen daher gerne preis. Eines davon mit Walnüssen. Sie sind – was die wenigsten

wissen – im Aroma und in der Konsistenz unvergleichlich feiner als Haselnüsse oder Mandeln. Unsere Großmütter wußten es noch. Die vollendete Nußtorte zum hohen Fest war immer nur mit Walnüssen zubereitet. Allerdings ist es nicht gleichgültig, woher die Nüsse stammen. Die aus Italien oder Indien haben wenig Aroma. Am besten sind die Nüsse aus Grenoble. Aber auch aus dem Balkan und aus Mittel- und Osteuropa bekommt man mitunter sehr aromatische Nüsse – nur sind sie meist kleiner als die aus Grenoble und folglich schwerer auszukernen.

Konfekt mit Walnüssen

100 Gramm frische Butter, 60 Gramm Zucker, 80 Gramm geriebene Walnüsse, 1 frisches Eigelb und etwa 150 Gramm Mehl werden rasch und gründlich miteinander verknetet. Man kann eine kleine Prise Salz beifügen, muß es aber nicht.

Der Teig wird nicht allzu dünn ausgewallt und kreisförmig oder in Form runder, fünfblättriger Blüten ausgestochen.

Da man für den Teig nur das Eigelb verbraucht hat, kann man jetzt das Eiweiß dazu verwenden, die Plätzchen damit zu überstreichen, bevor man sie mit einer halben Walnuß dekoriert. Sie wird auf dem Eiweiß tadellos kleben.

Im vorgeheizten Ofen goldbraun backen.

Das Konfekt ist sehr mürb, duftet und schmeckt herrlich.

Und dies wissen Sie doch: daß die Mürbe eines Teiges gemindert wird, wenn man nicht nur Fett und Eigelb, sondern auch Eiweiß beifügt?

Ein zweites, ebenfalls sehr zartes, mürbes und gutes

Konfekt sind die sogenannten Sandplätzchen aus dem 1-2-3-Teig:

Sandplätzchen aus 1-2-3-Teig
Sie nehmen für diese Plätzchen womöglich nicht Grieß-, sondern Staubzucker, und zwar auf 1/2 Pfund Staubzukker 1 Pfund frische gute Butter und 1 1/2 Pfund weißes, durchgesiebtes Mehl.

Das Mehl wird mit der Butter sandig verrieben. Die Butter darf also auf keinen Fall warm und weich sein. Dann kommt der durchgesiebte Staubzucker hinzu. Wer will, fügt eine kleine Prise Salz bei oder ein wenig Vanillezukker.

Nun müssen die Bestandteile möglichst rasch auf einer kühlen Platte – eine aus Marmor eignet sich am besten, aber notfalls geht es auch auf einem gewöhnlichen Teigbrett – zu einem Teig zusammengewirkt werden. Hat man Mühe dabei, weil alles ein wenig trocken ist, dann kann man als Feuchtigkeitsspender etliche Tropfen Wasser oder Zitronensaft oder auch ein halbes zerschlagenes Eiweiß beifügen – aber ja nicht mehr!

Den Teig formt man zu einer dicken Wurst (Durchmesser 3 bis 4 Zentimeter), die man in Grießzucker wälzt und im Kühlschrank gefrieren läßt. Von der steif gefrorenen Rolle schneidet man 1 Zentimeter dicke Scheiben, legt sie mit etwas Abstand voneinander auf ein gefettetes Blech und bäckt sie bei Mittelhitze hellgelb.

Manche fügen dem Teig ganze Mandeln bei, andere geben dem Konfekt ein dekoratives Aussehen, indem sie einen Teil des Teiges mit Schokoladepulver vermischen. Man kann auf diese Weise hübsche Muster erzielen, indem man zum Beispiel eine braune dünne Wurst mit einer hellen Außenschicht umwickelt oder indem man eine helle und eine dunkle Teigplatte aufeinanderlegt und beide so zusammenrollt, daß die Scheiben nachher ein Spiralmuster aufweisen. Das alles sieht hübsch aus, der Teig büßt aber bei diesen Manipulationen etwas von seiner sandigen Mürbheit ein. Am besten schmecken die Sandplätzchen ohne solche Beitat. – Sie halten sich sehr lange frisch, sind aber, da sie so gut schmecken, gewöhnlich schon nach wenigen Tagen alle weggegessen.

Und da wir schon davon sprachen, daß man Kleingebäck am liebsten selber um die Weihnachtszeit nach althergebrachten Rezepten herstellt, seien hier noch zwei ganz altmodische und sehr gute Weihnachtsrezepte beigefügt, aus dem Nordwesten Deutschlands das eine, aus dem Nordosten das andere.

Printen, rheinisches Weihnachtsgebäck

Vermutlich gibt es die Printen in vielen Varianten. Diese hier habe ich von einem Kunsthistoriker aus dem Rheinland, der in einem Hause aufwuchs, wo gut und üppig gegessen wurde, der in Küchenfragen kein geringeres Stilgefühl hat als im Kunstfach und der mit seiner Frau zusammen wahre kulinarische Zauberwerke zuwege bringt.

Für die Printen braucht man 1 Pfund Honig oder Melasse, 1/2 Pfund Zucker, 1/4 Pfund Butter – manche nehmen Margarine, aber Butter ist besser – und 1/8 Liter warme Milch. Dies alles wird zunächst einmal gut vermengt, bis es, dank der warmen Milch, zergeht und eine homogene Masse bildet. Man läßt dann ein wenig abkühlen und fügt 1 Ei hinzu und, sofern man hat und will, 1/4 Pfund in winzige Stückchen zersplitterten Kandiszucker. Es muß aber nicht sein.

An Gewürzen nimmt man, was man mag und gerade hat: etwa 1 Teelöffel Zimt, 1 Eßlöffel Kakao, 1/2 Teelöffel zerstoßene Nelken, ein wenig Muskat – aber nicht mehr als eine Messerspitze! – und womöglich 1 Teelöffel Aniskörner.

Dies alles wird nun mit Hilfe von Mehl, das mit einem Backpulver vermischt wurde, zu einem glatten Teig verarbeitet. Das Rezept schreibt 2 Pfund Mehl vor. Meist braucht man aber mehr. Wie es überhaupt nicht leicht ist, genau festzulegen, wieviel Mehl ein bestimmter Teig brauchen wird, um eine gewünschte Konsistenz zu erhalten. Es hängt viel von der Mehlqualität und der der Beitaten ab. – Der Teig wird von Hand verarbeitet, und es ist eine ziemliche Schmiererei. Das Ergebnis lohnt aber!

Der Teig wird auf bemehltem Brett ziemlich dünn ausgewallt und mit in Mehl getauchtem Teigrädchen in lange, nicht zu kleine Vierecke geschnitten, die man goldbraun bäckt.

Natürlich schreibt das Urrezept nicht Backpulver vor, sondern Pottasche und Hirschhornsalz, auch Natron. Aber auch jedes moderne Backpulver enthält meines Wissens Natron, und der Teig wird durch diese altmodischen Substanzen weder besser noch schlechter.

Der Zufall will, daß ich auch das zweite Weihnachtsrezept nicht von einem Berufskoch oder -bäcker erhalten habe, sondern von einem Akademiker in hoher Staatsstellung, der es seinerseits von seiner Großmutter und seiner Mutter her kennt. Das Gebäck wird seit mindestens hundert Jahren in seiner Familie garantiert unverändert von einer Generation zur nächsten weitergegeben, was in diesem Falle noch dadurch sehr erleichtert war, daß Vater wie Großvater beide ihre Cousinen geheiratet haben. Der Spender des Rezeptes selber hat zwar mit der Tradition gebrochen, eine Cousine heimzuführen, dafür aber hält er an den Backtraditionen seiner Vorfahren mit doppelter Treue fest. ›Großmutters braune Pfefferkuchen‹ bäckt er vorsichtshalber immer selber, und mit einer Perfektion – ich habe Proben davon genossen –, um die ihn jeder Fachmann beneiden könnte!

Großmutters braune Pfefferkuchen
Zunächst die vielen Zutaten: 1 Pfund Honig, 1 Pfund Zucker, 3 Pfund Mehl, 1/4 Pfund Butter, 4 Eier, 15 Gramm gestoßene Nelken, 15 Gramm gestoßener Zimt, 15 Gramm gestoßene Pommeranzenschale, 1/4 Pfund fein gewiegte – aber nicht gemahlene! – süße Mandeln, 1/4 Pfund fein gewiegtes Zitronat, 100 Gramm Rosenwasser – man erhält es in jeder besseren Drogerie! – und je 15 Gramm Pottasche und Hirschhornsalz, die aber vermutlich beide ohne wesentliche Verschlechterung des Gebäcks durch modernes Backpulver in entsprechendem Gewicht ersetzt werden können. Außerdem braucht man noch süße geschälte Mandeln und, wenn man es mag, Zitronat in dicken Scheiben zum Verzieren, ferner, damit die Oberfläche schöner glänzt und die Verzierungen besser kleben, stark mit Wasser verdünnte aufgekochte Stärke. – Ja, und zum Fetten des Backbleches: reines, frisches Bienenwachs!
Honig und Zucker werden zusammen aufgekocht und das Mehl mit der heißen, dicken Flüssigkeit überbrüht.

Tüchtig durchrühren, am besten in einer hölzernen Backmulde, die nur für diesen Zweck gebraucht wird. Es geht aber auch in einer Backschüssel aus glasiertem Steingut. – Wenn der Teig abgekühlt ist, Butter, Eier und Gewürze hineingeben. Kneten, bis der Teig ganz homogen ist, dann Hirschhornsalz und Pottasche, in Rosenwasser gelöst, dazutun und weiterkneten, bis der Teig glänzt.

24 Stunden stehenlassen. Dann etwa 3 Millimeter dick ausrollen, in weihnachtliche Formen ausstechen, mit der verdünnten Stärke bepinseln und mit Mandeln und, wenn man will, auch Zitronat verzieren.

Das Backblech muß, wir sagten es schon, mit reinem, frischem Bienenwachs gefettet werden. Bei gleichmäßiger Hitze in etwa 8 Minuten hellbraun backen.

Das Rezept stammt aus dem Netze- und Warthebruch, also aus einem ursprünglich nicht sehr wohlhabenden Kolonistengebiet. Daraus erklärt sich die Bescheidenheit im Aufwand, die anderseits die Bekömmlichkeit auch bei Verzehr in großen Mengen gewährleistet. Tatsächlich aber ist es nicht nur viel bekömmlicher, sondern auch weit wohlschmeckender als manches Weihnachtsgebäck, das sich größeren Ruhmes erfreut und bei der Herstellung bedeutend teurer stellt.

Fragt man in Mitteleuropa Hausfrauen oder Köche, mit was für Fett sie backen, dann lautet die Antwort: Butter, Pflanzenfett oder Margarine. Daß man mit tierischem Fett einen herrlichen Mürbteig erzielt, weiß fast niemand.

Feingebäck mit Fleischfett

Am feinsten schmeckt ein Mürbteig, der mit Butter zubereitet ist. Am zweitfeinsten schmeckt er aber merkwürdigerweise nicht mit einem der an sich gar nicht schlechten Koch- und Backfette, die uns der Handel anbietet – sondern mit tierischem Fett. Und zwar mit rohem, also nicht ausgelassenem. Man kann nach Belieben Geflügelfett nehmen, das man dann aber, bevor man es feinhackt, von allen Häuten ›freikratzen‹ muß. Nicht ganz so gut, aber doch erstaunlich wohlschmeckend wird Gebäck mit Rindsfett. Fleisch- oder Herzfett vom Rind wird ganz fein zerhackt. Auf 1/2 Pfund Fleischfett kommen 1 Pfund Mehl und 1 bis 3 Eidotter. Das Eiweiß darf man nicht beifügen: es macht den Teig statt mürb eher elastisch. Will man an Dottern sparen, dann gibt man lieber ein wenig kaltes Wasser in den Teig hinein. Aber wenigstens einen Dotter sollte man schon nehmen.

Man mischt in den Teig ein bißchen guten Kirsch, etwas Zucker, eine Prise Salz, ein bißchen Zimt, Zitronensaft und -schale. Sehr rasch und gut vermengen! Ja nicht mit warmen Händen zu lange kneten! – Den ausgewallten Teig kann man als Boden für Fruchtkuchen verwenden, und zwar vor allem für Kuchen, die, ähnlich wie die Linzer Torte, nicht mit frischen Früchten, sondern mit einer dicken, selbstgemachten Konfitüre belegt sind. Ein dichtes Teiggitter über der Konfitürenschicht verschönert solche Kuchen nicht nur, sondern verlangsamt auch ein wenig das Austrocknen der Konfitüre.

Linzer Torten mit Kaleidoskop-Dekor

Hierzu noch ein kleiner, aber sehr empfehlenswerter Tip aus meiner Privatküche: Die Teiggitter über der Konfitürefüllung, die für alle der Linzer Torte ähnelnden Kuchen vorgeschrieben sind, haben einen Nachteil: an den Kreuzungsstellen kommen die Gitterstangen doppelt übereinander zu liegen, ergeben also ein wenig dicke Teigstellen – es sei denn, man besitzt, wie die Zuckerbäkker, Fabrikmodel für Gittermuster. Statt mit einem Teiggitter pflege ich daher den glattgestrichenen Konfitüreaufstrich kaleidoskopartig mit Sternen, Herzchen und andern hübschen Formen aus dünn ausgewalltem Teig zu belegen. Solche Torten sind eine Augenweide.

Man kann aber aus dem Teig mit tierischem Fett statt Butter auch Kleinkonfekt ausstechen, sowohl süßes wie gesalzenes, und es rasch im Ofen goldbraun backen. Es schmeckt überraschend gut.

Kurz nach Erscheinen der Erstausgabe dieses Buches schickte mir derselbe norddeutsche Jurist und Hobbybäcker, von dem das Rezept für ›Großmutters braune Pfefferkuchen‹ stammt, noch ein zweites heimatliches Backrezept, eines, das ebenfalls tierisches Fett enthält, genau wie die Konfitüretorte mit rohem Schmalz darin, nur daß diesmal das Schmalz ausgelassen werden muß. Er schreibt dazu: »Das Rezept muß sehr alt sein. Menschen mit einer Konstitution, die den ungehemmten Genuß dieser Kostbarkeit zuläßt, gibt es nur noch selten ...«

Norddeutsche Leser mit ›Back-Traditionsbewußtsein‹ werden diese herrliche Spezialität vielleicht trotzdem nachbacken wollen. Hier das Rezept im genauen alten Wortlaut:

Ostfriesische Knüppeltorte

1 1/4 Pfund Mehl, 9 Dotter, 3 ganze Eier und 1/2 Pfund Zucker anrühren. (Ich nehme an: Man zerquirlt zuerst die Eier sehr gründlich mit dem Zucker, mischt erst dann das Mehl etappenweise bei und rührt, bis sich eine homogene Masse ergibt.) – In einem Topf bei nicht zu heftiger Hitze eine Mischung aus 1/2 Pfund (ausgekochter) Butter und einem ganzen Pfund Schmalz aufkochen, von dem Teig mit dem Teelöffelchen (evtl. auch mit Hilfe von zwei Teelöffeln) kleine Klümpchen abstechen und in dem siedenden Fett langsam hellbraun gar kochen.

Dann 2 Pfund Zucker in 1/3 Liter Rosenwasser auflösen, erhitzen, 1/2 Pfund gehackte Mandeln, 1/2 Pfund gehacktes Zitronat, etwas Zimt, die abgeriebene Schale einer (unbehandelten) Zitrone und die ein bißchen zerdrückten Teigklümpchen, die noch heiß sein sollen, hineinrühren. Diese Prozedur dauert etwa 1/2 Stunde.

Hierauf eine Kastenform mit Mandelöl einfetten, die Masse einfüllen, mit einem in Cognac getauchten weißen Mulltüchlein bedecken, mit einem passenden Brettchen beschweren und am nächsten Tag stürzen.

»Wie gesagt«, fährt der Jurist fort, »das ist eine Frage der Konstitution und des Klimas, dann aber ein Hochgenuß!«

Persönlich möchte ich zur Ergänzung beitragen: Rosenwasser bekommt man zwar in guten Drogerien. Es ist aber teuer, und zudem duftet es sehr schwach, weshalb viele Schweizer Zuckerbäcker bei altmodischem Gebäck, wo Rosen- oder Orangenblütenwasser vorgeschrieben ist, statt dessen einfach frischen Orangensaft nehmen. Vermutlich kann man auch auf das Mandelöl zum Ausfetten der Form verzichten, wenn man sie statt dessen mit der neuerdings erhältlichen Backfolie auskleidet, an der nichts – nicht einmal Makronen, und das will etwas heißen! – haften bleibt...

Nur eines wundert mich an dem Rezept: daß man die Teigklümpchen, nach denen die Torte so derb und unpoetisch benannt ist, zerdrücken soll. Zugegeben, sie durchtränken sich dann intensiver mit der aromatischen Flüssigkeit. Aber ihrem alten Namen wird eine solche Torte dann nicht mehr gerecht.

Meine Schwiegertochter, die, wiewohl nicht Ostfriesin, sondern Zürcherin, die ostfriesische Knüppeltorte dennoch seit Jahren bäckt und gern an ihre Freunde verschenkt, gibt daher umgekehrt sehr darauf acht, daß die dicken goldbraunen Teigperlen ein wenig länglich – also knüppelförmig – ausfallen und beim Einrühren in die Zuckermasse nicht zerdrückt werden. Als Festgeschenk für die Weihnachtszeit eignet sich diese Knüppeltorte vor allem deshalb hervorragend, weil man sie nicht ofenfrisch aufzuessen braucht. Im Gegenteil: sie schmeckt nach ein paar Tagen oder Wochen sogar noch besser. Man kann sie also lange im voraus auf Vorrat backen. Vor allem bei den männlichen Mitgliedern der beschenkten Familien ist die Torte auch deshalb ein großer Erfolg, weil sich die Damen des Hauses der vielen Kalorien wegen den Genuß des kompakten Gebäcks versagen, so daß die Herren der Schöpfung alles allein aufessen dürfen.

Schmalzgebäck als Prahlgebäck

Eines aber ist an der ostfriesischen Knüppeltorte nach dem hier genannten Rezept hoch zu loben: daß sich die kleinen Kugeln oder Knüppel beim Herausbacken im Schmalz ein bißchen mit Fett vollsaugen, ist zwar nicht

zu vermeiden, trägt auch zur zarten Mürbe des Teiges bei; aber wenigstens wird diesem Teig selbst nicht noch zusätzlich Fett beigemischt wie bei ›Schmalzgebäck‹ . . .
Mit dem Schmalzgebäck hat es in Europa eine eigene Bewandtnis: fast überall wird es beinahe ausschließlich um die Fasnachtszeit, also gegen Winterende, gebacken. Und zwar ursprünglich aus Prahl- und Prestigegründen: die Bäuerin wollte jetzt, da sich vor Frühjahrsbeginn alle ihre Vorräte dem Ende zuneigten, beweisen, daß sie sogar noch genug Schmalz oder Butter – eingekochte natürlich, frische wäre ohne die modernen Kühlvorrichtungen ranzig geworden! – in ihrem ›Hafen‹ drinhatte, um festliche Leckereien schwimmend im Fett statt im trockenen Ofen zu backen. Daher die je nach Gegend variierenden Schmalzbäckereien um diese Zeit: mit Quark, gesüßten Mandeln oder Obst gefüllte Krapfen, halbmondförmig, rund oder dreieckig; in der Schweiz die papierdünnen, tellergroßen, runden ›Fasnachtschüechli‹, in Zürich ›Chnüblätz‹ genannt, weil früher die Zürcherinnen den Teig über dem nackten Knie dünnzogen, und die dicken, schenkelförmigen, immer ein wenig aufgesprungenen ›Schänkeli‹. Andernorts ›Strauben‹, Rhomben oder skurril geschlungene Krawättchen, die man dadurch erhält, daß man dünne, 10 cm lange, ziemlich schmale Teigvierecke in der Mitte in Längsrichtung ein wenig aufschlitzt und das eine Teigende durch die Öffnung hindurchzieht. Beim Herausbacken im Schmalz plustert und dreht sich jedes Küchlein ein wenig anders, sie sehen aber in der Tat alle aus wie ein bißchen unordentlich geknüpfte altmodische Halsschleifen.
Und damit nicht nur die eigene Hausgemeinschaft, sondern das ganze Dorf erfuhr, wie unbekümmert die Bäue-

rin um diese Jahreszeit nach wie vor ihr Schmalz vergeuden konnte, aß man solches Gebäck nicht nur selber oder zusammen mit wenigen geladenen Gästen, sondern verschenkte es an die maskierten Buben, die von Haus zu Haus zogen, derbe Lieder sangen und um Süßigkeiten bettelten...

Wir sagten es schon: Schwimmend im Schmalz gebakkene Kuchen saugen in jedem Fall etwas vom Backfett in sich auf. Dennoch schreiben die meisten Rezepte für solches fasnächtliches ›Prahlgebäck‹ noch eine zusätzliche Fettbeigabe zum Teig vor! Das aber geht zu weit! Bei dem hier wiedergegebenen Tortenrezept ist es zum Glück nicht der Fall. Und auch in der ostjüdischen Küche habe ich wenigstens ein einziges Rezept gefunden, das ähnlich löblich auf Fettzugabe beim Teig verzichtet. Das Fest, das die Juden, ähnlich wie die Christen, bei Winterausgang – also zur Fasnachtszeit – mit Verkleidung und Masken ebenso lustig feiern, heißt bei ihnen ›Purim‹, und sie essen an diesen Tagen – neben andern köstlichen Leckereien – die im Fett herausgebackenen ›Purimscherben‹. – Hier das Rezept:

Purimscherben

2 Eier, 2–4 Eßlöffel Zucker, 1 Prise Salz, 1 Eßlöffel Rum (allenfalls gewöhnlicher billiger Schnaps), etwa 2 Tassen Mehl. Zum Backen: Backfett oder Backöl – natürlich kein Schweineschmalz, denn Juden dürfen nach mosaischem Ritualgesetz nichts Schweinernes essen. Zum Bestreuen: Puderzucker, nach Belieben vermischt mit Zimt. –

Eier zerquirlen, alle für den Teig bestimmten Bestandteile zusammenkneten. Die Mehlzugabe so bemessen, daß ein elastischer, zwar weicher, aber gut knetbarer

Teig entsteht. – Diesen Teig mindestens 1 Stunde ruhen lassen. Dann auf bemehlter Unterlage dünn ausrollen.
Die Form der Küchlein variiert von Gegend zu Gegend. Man kann ohne weiteres aus solchem Teig die in der Schweiz üblichen ›Krawättli‹ machen. Die Juden selber begnügen sich im allgemeinen damit, die ganze Teigplatte mit bemehltem Messer oder Teigrädchen in Rhomben mit einer Seitenlänge von etwa 10 cm zu zerschneiden.
Diese Küchlein werden in Raten im kochendheißen Öl oder Backfett schwimmend in wenigen Minuten goldbraun gebacken. Mit Gabel oder Lochkelle herausfischen und nach Belieben entweder ein paar Minuten auf einem reinen Löschblatt abtropfen und abtrocknen lassen oder, noch besser, in einer Mischung aus Zimt und Puderzukker wälzen. – Heißen Schwarztee mit Zitrone oder heißes Apfelmus dazu servieren. Dem Apfelmus zur Steigerung des Aromas beim Kochen ein Stück (unbehandelte) Zitronenschale und ein paar Gewürznelken beifügen. Gewürze aus dem fertigen Mus entfernen. –

Die sparsamen alten Basler

Aber natürlich kannten unsere Vorfahren nicht nur fasnächtliches, im Schmalz gegartes ›Prahlgebäck‹. Speziell in der Schweiz mit ihren felsigen Alpen und ihrem kargen Boden waren die Menschen früher meist recht arm. Sie gingen mit den Lebensmitteln sehr sparsam um. Das klingt in manchen Schweizer Küchensitten bis heute nach. In Basel zum Beispiel bäckt man zu Weihnachten eine treffliche Lebkuchenspezialität: die ›Basler Leckerli‹. Im Gegensatz zu manchem deutschen Honiggebäck werden diese Leckerli zunächst ›am Stück‹, als große, ziemlich dünne Platten, gebacken und erst nachher in kleine Vierecke zerschnitten. Da der Teig sehr klebrig ist, könnte man ihn hernach vom Backblech überhaupt nicht ablösen, wenn man dieses nicht ganz dick mit Mehl bestreuen würde. Da man in Basler Häusern vor Weihnachten solche Leckerli in unwahrscheinlichen Quantitäten bäckt, kommen die geleerten Backbleche immer wieder in den Ofen. Das Mehl jedoch wird nicht erneuert. Zuletzt, nach dem letzten Backgang, pflegt es ganz schwarz zu sein.

Und nun: Alte Basler Kochbücher empfehlen, dieses braungebrannte Mehl nicht wegzuschütten, sondern bis zur Fasnacht aufzubewahren. Denn nach dem ›Morgeschtraich‹, dem Basler fasnächtlichen Umzug lange vor Aufgang der Sonne, ißt man nach alter Tradition eine Mehlsuppe. Und diese pflegte man früher mit dem geschwärzten Mehl zuzubereiten, das zuvor, zu Weihnachten, den Leckerli als Unterlage diente.

Man sieht also: eine Wegwerfgesellschaft waren die alten Basler nicht. Das schlug in ihren Koch- und Backrezepten auch dann noch zu Buche, als sie längst, dank Fleiß und Initiative, sehr reich geworden waren. Selbst dem einen oder andern Basler Luxusgebäck merkt man seinen armseligen Ursprung an.

Vom Prahlgebäck zum Spargebäck

Wir sahen also: Das bescheidene Schmalzgebäck, das wir heutzutage in jedem großen Lebensmittelladen täglich frisch und spottbillig bekommen, diente einst unter anderm auch dazu, die üppigen Fettvorräte der Bäuerin sogar noch gegen Winterende zu illustrieren. Wie haben sich doch die Maßstäbe verschoben, seit wir jahraus, jahrein Speisefette jeder Art und Preislage überall kaufen können! Ein Prahlgebäck sind die im Schmalz gegarten Berliner Pfannkuchen und dergleichen schon lange nicht mehr!

Umgekehrt gab es früher auch Backwerk eigens zu dem Zweck, alte vertrocknete Brotreste nicht verkommen zu lassen, sondern auf schmackhafte Art doch noch in den Speisezettel einzubauen: Das aufgeweichte Brot wurde, je nach Saison, mit Trocken- oder Frischfrüchten kombiniert und im Ofen braun überkrustet. Wie gering man den Prestigewert solcher Resteverwertung einschätzte, kann man schon an dem Namen einer dieser Spezialitäten aus Deutschland ablesen: sie heißt Apfelbettelmann. Dabei schmeckt sie wirklich delikat, denn längst besteht sie nicht mehr bloß aus aufgeweichtem Brot und gedörrten oder frischen Apfelstückchen, sondern auch aus beigefügten Mandeln, Eiern, Butter und vielerlei Gewürzen.

Basler ›Chriäsi-Tschoope‹

Das beste Rezept dieser Art fand ich in einem sehr alten Basler Kochbuch. Ich habe es erprobt und viel Erfolg damit geerntet. Es ist dies der Basler Chriäsi-Tschoope. ›Chriäsi‹ sind auf Schwyzerdütsch Kirschen, und ›Tschoope‹, ein romanisches Wort, ist eine auch in der deutschen Schweiz gebräuchliche Bezeichnung für ›Jakke‹, ›Umkleidung‹. In der Tat liegen bei dieser Basler Spezialität die Kirschen nicht obenauf, wie beim deutschen Apfelbettelmann die Äpfel, sondern die Früchte sind in den Teig hineingemengt und also von ihm umkleidet wie von einer Jacke. Und so bereitet man diese

einst nur für Sparzwecke erfundene, herrliche Torte zu:
3 altbackene Semmelchen, zusammen etwa im Gewicht von 200 g, kalte Milch zum Einweichen, 125 g frische Butter (notfalls Margarine), eventuell noch zusätzlich weitere 30 g Butter für das Backgefäß (dies aber nur, wenn man die Torte auf offener Flamme auf dem Herd und nicht im Ofen backen will!), 125 g geriebene Mandeln, das Abgeriebene einer halben bis ganzen (unbehandelten) Zitronenschale, 125 g Zucker, eine starke Messerspitze Zimt, 6 Eigelb + 6 steifgeschlagene Eiweiß, Semmelbrösel (= Paniermehl), 1 1/2 kg Kirschen, nicht entsteint. Sehr zimperliche Leute, die bei Tisch nicht gerne Kerne spucken, entsteinen die Früchte manchmal trotzdem. Dann sieht der Kuchen im Anschnitt aber lange nicht so hübsch aus: die Kirschen sind nicht mehr kugelrund und fest, sondern etwas zerdrückt und der Saft ausgelaufen, was besonders bei sehr dunklen Kirschensorten den Teig ins Lilabraune verfärbt. –
Die Semmeln mit kalter Milch übergossen eine Stunde stehenlassen, dann auspressen und in einer Pfanne zusammen mit der Butter auf kleiner Flamme unter ständigem Umrühren so lange dämpfen, bis die Masse trocken auseinanderfällt. Kurz auskühlen lassen.
Jetzt der Reihe nach alle Bestandteile, mit Ausnahme vom Eischnee und den Kirschen, daruntermischen. Dann den steifen Eischnee sorgfältig unterheben und zuletzt die Kirschen. Vorsicht! Man darf sie, auch wenn es eine weiche Sorte sein sollte, nicht zerquetschen!
Und nun kommt es darauf an, ob der ›Tschoope‹ mehr pfannkuchenartig oder als regelrechte Torte herauskommen soll. Im ersteren Fall läßt man die für diesen

Zweck eigens bereitgestellte Butter in einer Eisenpfanne mit nicht allzu niederem Rand auf kleiner Flamme ›steigen‹, aber beileibe nicht bräunen, streut die Pfanne gründlich mit Semmelbrösel aus, füllt die Masse hinein, deckt die Pfanne mit einem schweren Deckel zu und läßt den Kuchen auf kleiner Flamme in etwa einer Stunde goldbraun backen. (Wie andere Leute das erreichen, weiß ich nicht. Bei mir aber ist der Kuchen nach einer Stunde nach wie vor oben blaß. Und lasse ich ihn weiter auf einer noch so kleinen Flamme backen, dann wird er unten angebrannt. Vielleicht schob man früher die Pfanne, genau wie eine gewöhnliche Tortenform, einfach in den Ofen? Wenn ja, dann fragt es sich allerdings, wozu man den Pfannenboden so gründlich fetten muß.) Der fertige Kuchen wird sorgfältig auf eine Platte gestürzt und auf der jetzt oben liegenden Unterseite nach Belieben mit Zimt und Puderzucker bestreut.

Einfacher und verlaßlicher ist es, wenn man die Masse in eine gefettete und mit Semmelbrösel ausgestreute Springform einfüllt und bei Mittelhitze in etwa einer Stunde goldbraun bäckt.

Die Torte ist sehr ausgiebig, was aber nicht weiter schadet. Die erste Hälfte verzehrt man als ›warme Mehlspeise‹ zum Nachtisch, den Rest, erkaltet, nachmittags oder abends zum Milchkaffee.

Der ›Chriäsi-Tschoope‹ ist, trotz etlicher Luxusbeitaten, nach wie vor ein einfacher, urtümlicher Genuß. – Und das Kernespucken? Nun – die Kinder finden es lustig, die Gäste finden sich im Namen der Küchen-Nostalgiewelle damit ab, und die Hausfrau, die heute nur noch selten Nur-Hausfrau ist, freut sich, daß ihr das mühselige Entsteinen der Früchte erspart blieb.

Aargauer Rüebli-Torte

Aber nicht nur die alten und inzwischen sprichwörtlich reichen Basler wußten in der Küche zu sparen, sondern auch die Aargauer. Sie sind auf die Idee verfallen, bei festlichen Torten die Hälfte der teuren Mandeln durch geschabte Karotten zu ersetzen – und siehe da: das Resultat ist lecker! Hier das Rezept:

Für eine Torte, die etwa 12 Portionen ergeben soll, braucht man 300 g geraffelte Karotten, 300 g ungeschälte geriebene Mandeln, 250 g Zucker, 50 g Butter, 6 Eier, 5 g Backpulver, je 5 g Zimt und Nelkenpulver, Saft und abgeriebene Schale einer (unbehandelten) Zitrone, 30 g Kirsch. –

Die weiche Butter mit dem Zucker und dem Eigelb schaumig rühren, alles mit Ausnahme vom Eiweiß hineingeben, gut durchmischen, zuletzt den sehr steif geschlagenen Eischnee sorgfältig unterheben.

Eine Tortenform mit Butter ausstreichen und mit Brösel ausstreuen, die Masse einfüllen, glattstreichen, bei nicht allzu schwacher Hitze in etwa 40 Minuten goldbraun backen. Ein hineingestochenes spitzes Messer muß sauber wieder herauskommen. Mit Puderzucker bestreuen.

Ebenfalls aus Dankbarkeit für die durch mich empfangene Koch- und Backanregung spendete der Ostschweizer Volkswirt Dr. Eisenbeiss (im übrigen eher durch seine parapsychologischen Studien als durch seine Küchenpassionen bekannt) das in seiner Familie seit Generationen vererbte und bisher streng geheimgehaltene Rezept eines ›Schoggi-Cakes‹, der es – ohne Übertreibung! – mit jeder Sachertorte spielend aufnehmen kann und dabei weit leichter zu bereiten ist. Das Rezept ist, wenn man sich sehr genau an die Anweisungen hält, narrensicher.

Schoggi-Cake, Dr. Eisenbeiss
3 solche Cakes gehen gleichzeitig in den Ofen. Pro Cake braucht man:
250 g Kochschokolade, 200 g Butter (notfalls Margarine), 200 g Zucker, 120 g Mehl, 5 Eier.
Eiweiß sehr steif schlagen. Inzwischen die Schokolade mit der Butter auf allerkleinster Flamme in einem sehr großen Topf schmelzen, homogen rühren. Flamme löschen. Jetzt abwechselnd löffelweise je 1 Eigelb und 1 Eßlöffel Zucker hinzufügen. Wichtig ist – und damit steht und fällt das Gelingen der Torte! –, daß man das nächste Eigelb erst hineingibt, nachdem man die Masse jeweils wieder ganz glatt gerührt hat. Im anderen Fall bleibt die Mischung – auch wenn man sie mit einem noch so guten elektrischen Quirl verrührt – flüssig, und statt einer Torte erhält man zuletzt einen kompakten, nassen Pudding. Es ist also so ähnlich wie bei der Mayonnaise, die auch flüssig bleibt, wenn man das ganze Öl gleichzeitig hingießt.
Dann das Mehl etappenweise hineinsieben. Die Masse ist jetzt nicht mehr flüssig, sondern so massiv wie kühler Bienenhonig. Weiterrühren, bis der Teig sich leicht vom Boden des Topfes ablösen läßt. Zuletzt den steifen Eischnee sorgfältig unterziehen. In eine ausgefettete und mit Mehl ausgestäubte Kastenform einfüllen.
Im vorgeheizten Backofen auf der untersten oder zweituntersten Rille bei 180° 70 Minuten backen. Der Kuchen geht ein wenig auf und springt oben in der Mitte auf, ist

aber zuletzt innen noch ein wenig feucht. Eben deshalb erübrigt sich auch jede Füllung oder Schlagrahm-Beigabe.
Ein weiterer Vorteil des so angenehm feuchten Cakes: er bleibt mehrere Tage lang frisch, was schon deshalb gut ist, weil auch die verfressensten und hemmungslosesten Leckermäuler von dieser kompakten Delikatesse nicht mehr als zwei Scheiben auf einmal aufessen werden.

All dieses süße Gebäck schmeckt herrlich. Aber vielleicht schwärmen Sie gar nicht so sehr für Süßigkeiten? Dann wird Ihnen sicher einer der beiden nachfolgenden Kuchen desto eher zusagen:

Zwei Zwiebelkuchen

Zwiebelkuchen süddeutsch

Zu jungem Wein und leicht gärendem, frischem Apfelmost gibt es kaum eine passendere Ergänzung als einen ofenfrischen, warmen Zwiebelkuchen. Es gibt verschiedenste Varianten. Im Westen mischt man die Zwiebelfüllung gern mit Ei und Rahm oder, verschlechtert, mit Mehlpapp. Manche setzen geriebenen Käse zu. Der Kuchen gewinnt dadurch. Wichtig ist, daß er von unten und oben schön braungebacken ist: Nichts schmeckt fader als ein blasser, etwas roher Zwiebelkuchen! Und wichtig ist ferner für jeden Zwiebelkuchen, daß man die Zwiebel vorher richtig weichdämpft mit etwas Butter, notfalls Öl. Denn niemals reicht die Backzeit allein aus, die Zwiebeln direkt im Ofen durchzugaren. So aber, in der Pfanne, im heißen Fett, dauert es keine zehn Minuten.
Eine sehr gute Variante aus Süddeutschland ergänzt die Zwiebelfüllung mit kleinen Würfeln von angebratenem Speck. Das genaue Rezept:

Man schält und zerhackt mehrere große Zwiebeln und dämpft sie in etwas Butter, bis sie glasig aussehen. Man läßt die Zwiebeln etwas auskühlen, vermischt sie mit 3 bis 4 zerschlagenen Eiern, fügt 1/4 Liter sauren Rahm hinzu, salzt und pfeffert. Etwa 100 Gramm Speck werden in kleine Würfel geschnitten. ›Orthodox‹ wird der Kuchen mit gewöhnlichem Roggenbrot- oder Semmelteig bereitet, mit dem man das butterbestrichene Backblech

auslegt. Man läßt den Teig im Blech noch einmal ein wenig aufgehen. Man kann den Kuchen aber auch mit einem Mürbteig aus 100 Gramm Butter, einem Ei, etwas Wasser, etwas Salz und dem nötigen Mehl backen.
Auf den ausgewalzten Teig streut man die Speckwürfelchen und über die Würfelchen verteilt man die Mischung aus Eiern und Rahm. Manche fügen auch Kümmel bei. Andere mischen eine Handvoll geriebenen Schweizer Käse dazu. Gut durchbacken und heiß verzehren!

Und eine Variante von der Ostgrenze des alten Österreich möchte ich hier schildern, die jedem, welcher Quark mag, sehr gut schmecken wird:

Österreichischer Zwiebelkuchen mit Quark
Für einen großen runden ›Familienkuchen‹ nehmen Sie für den Teig 100 Gramm frische Butter, 1 Ei, eine kleine Prise Salz und soviel Mehl als unerläßlich, um einen knetbaren Teig zu erhalten.
Das runde Backblech mit dem möglichst hohen Rand – ich nehme immer die runde Tortenspringform für diesen Zweck – wischen Sie mit dem fettigen Hüllpapier der Butter gut aus und stäuben es mit Mehl. Dann walzen Sie den Teig zu einem runden Blatt aus, das auch den Rand bis ziemlich weit hinauf bedeckt.
Und nun die Füllung: 1 Kilo Zwiebeln werden fein zerschnitten und in einer flachen Eisenpfanne in Butter auf kleiner Flamme gedünstet, bis die Zwiebeln weich und glasig sind, aber noch nicht braun, sondern höchstens hellgelb.
Dann zerschlägt man 2 bis 3 Eier mit etlichen Löffeln

weißem Mehl und einer Prise Salz und Pfeffer gründlich, bis alles zusammen eine knötchenfreie Creme ergibt. Und nun mischt man die Zwiebeln und ein knappes Kilo Magerquark – am liebsten selbstgemachten aus roher Milch; notfalls gekauften, aber nicht zu nassen! – zu der Eiercreme. Wenn die mit Quark durchmischte Füllmasse umgekehrt zu hart, zu trocken ist, fügt man etwas mehr Eier oder aber ein wenig Milch hinzu.
Die Masse wird auf den Teig aufgestrichen und der Kuchen bei ordentlicher Hitze über eine Stunde gebacken, bis er auch oben schön mittelbraun ist.
Wenn der Quark nicht zu naß ist, geht der Kuchen sehr schön auf.
Beim Backen entweicht dem Kuchen recht viel Dampf, so daß man gut daran tut, den Ofen nach einer Weile ein Spältchen weit offenzulassen. Es genügt die Ritze, die sich ergibt, wenn man ein Messer – ein altes natürlich! Messerklingen lieben keine Backofenhitze! – in die Ofentür einklemmt.
Man gibt den Kuchen sehr heiß zu Tisch, und jeder legt im Teller auf sein Stück noch etwas frische, kalte Butter auf, die rasch zerfließt und den Kuchen noch zarter und schmelzender macht.
Der Kuchen eignet sich – wir sagten es schon – für einen zwanglosen Imbiß, mit einem Glas jungen gärenden Weines oder Apfelmosts dazu. Wird er aber als Hauptgang bei einer Mahlzeit serviert, dann gibt man vorher vielleicht eine nicht zu schwere und gehaltvolle Gemüsesuppe und zum Kuchen einen leichten Salat: grünen oder aus Tomaten.
Ich habe den Kuchen immer nur in jüdischen frommen Häusern gegessen. Da war er stets aus selbstgemachtem

Quark bereitet. Solcher Quark schmeckt weit würziger und nicht so säuerlich wie der gekaufte. Das Aroma war so voll und rund, daß man weitere Zutat zur Füllung nur als Störung empfunden hätte. Obendrein kämen die im Westen üblichen Speckwürfel für Juden ohnehin nicht in Frage. Denn erstens verbietet ihnen das mosaische Gesetz den Genuß von Schweinefleisch, und zweitens dürfen sie Milchgerichte – also auch Quark – mit Fleisch nicht mischen.

Wenn Sie aber Nichtjude sind, lieber Leser, und auf gekauften Quark angewiesen, dann können Sie durchaus versuchen, die Zwiebeln statt mit Butter mit ausgelassenem Speck samt Grieben anzudünsten und so dem Kuchen zu einem etwas prägnanteren Aroma zu verhelfen.

Küchenlügen

Das Schnellkochen

Von Zeit zu Zeit erscheinen Kochbücher oder Küchenseiten in einer Zeitschrift, welche versprechen, die Methode, das Geheimrezept zu verraten, wie du in unwahrscheinlich kurzer Zeit – etwa in einer Mittagspause im Betrieb – dennoch eine perfekte Mahlzeit kochen kannst mit Suppe, Vor- und Hauptgericht und Nachtisch. Es sind durchaus nicht Dilettanten, die solche Bücher und Rezepte schreiben. Die Verfasser können wirklich kochen und schreiben auch nicht in die Luft hinein: sie haben in der Regel die Mahlzeiten, die sie empfehlen, selber durchgekocht und mit der Stoppuhr die Zeiten kontrolliert. Und wenn du also pedantisch genau die vorgeschriebene Reihenfolge der Handgriffe einhältst, dann hast du wirklich in einer halben Stunde eine ganze Mahlzeit. Aber du darfst auch nicht das mindeste auslassen oder gar vergessen! Du mußt tatsächlich, wie das Kochbuch vorschreibt, noch mit dem Mantel auf der Schulter zunächst den Wasserkessel füllen und aufs Feuer stellen, dann sofort die Gemüse in eine Schüssel mit reinem kaltem Salzwasser werfen, damit Schmarotzer, die sich vielleicht darin verbergen, rasch entweichen.

Du mußt, während das eine kocht, brät, mariniert oder schmort, bereits das zweite in Angriff nehmen. Du mußt das Zubereiten dieser zweiten Speise mit der Kontrolle der ersten geschickt verbinden. Du mußt im rechten Augenblick beides unterbrechen und dich einer dritten Sa-

che widmen – aber ja nicht so lange, daß inzwischen mit den beiden ersten Speisen etwas schiefgeht!
Zuletzt ist dann, genau, wie es das Kochbuch dir versprochen hat, im rechten Augenblick alles parat...
Und die Folge? Wenn du das Ganze wirklich fehlerlos zuwege gebracht hast, bist du vom pausenlosen konzentrierten Reflektieren, Disponieren und Hantieren so erschöpft, als hättest du soeben den Montblanc bestiegen. Dann liegst du auf dem Sofa mit ausgestreckten Gliedern und hast nur noch den Wunsch: nie mehr zu kochen, zu essen, einen Gast zu sehen und nie mehr aufzustehen!
Denn ›können‹ ist ein dehnbarer Begriff. Der Mensch kann vieles, wenn er muß. Und folglich kann er auch in einer halben Stunde eine ganze Mahlzeit richten – er ›kann‹ es ebenso, wie auch ganz schwache Menschen in akuter Notlage die Leistung von Athleten vollbringen: es ist die gleiche Aktivierung letzter Kraftreserven, die man auch durch gewisse Drogen leicht erreicht.
Man soll es aber ohne Not nicht tun. Denn das totale Potential an Kraft, das in uns steckt, wird dadurch nicht gesteigert. Der Körper rächt sich durch Katzenjammer und doppelte Erschöpfung.

Der Wert der Schnellkochbücher

Und dennoch haben solche Schnellkochbücher ihren guten Sinn und Wert. Denn sie enthalten ganze Reihen von Menüs, die in der Tat nicht soviel Arbeit fordern wie die üblichen Diners. Und wenn du also keine Küchenhilfe hast und dennoch einmal Gäste einlädst, dann halte dich an Speisenfolgen und Bereitungsweisen aus solchen Schnellkochbüchern – aber mach es langsam!

Gäste ohne Mehrarbeit?

Eine zweite Küchenlüge: daß du Gäste sozusagen ohne Mehrarbeit bewirten kannst. Das stimmt nicht, mag der Gast noch so bescheiden und mit dir befreundet sein! Du kannst es drehen, wie du willst – die Arbeit ist mit einemmal, gering gerechnet, doppelt. Ein Sprichwort aus dem Osten lautet:

»Ein Gast verwandelt jeden Hausgenossen mit zum Gaste.«

So ist es wirklich. Denn unwillkürlich wirst du die Tafel ein wenig anders decken. Du wirst jetzt ferner Reste vom Vortag oder von der früheren Tagesmahlzeit, sofern sie nur für einen Teil der Tischgenossen reichen, nicht mehr gern servieren. Du kannst die Butter, den Käse, den Hering, den Aufschnitt jetzt nicht mehr einfach im Stanniol oder Papier auf die Tafel verteilen. Und die warmen Speisen und die Suppe kannst du jetzt nicht mehr ohne weiteres im Kochtopf reichen...

Kochtöpfe auf dem Eßtisch von Madame Colette

Obzwar – dies letztere solltest du dennoch tun! Du kannst dich dabei auf ein berühmtes Vorbild berufen: auf die französische Prosameisterin Colette. Sie pflegte, auch als sie schon reich war und berühmt und immer eine gute Köchin hatte, die Speisen stets im Kochtopf auf den Tisch zu stellen.

Und zwar auch dann, wenn Könige und Fürsten bei ihr eingeladen waren.

Und selbst in Gegenwart der feinsten Leute pflegte sie bei der Mahlzeit immer an jungen Knoblauchstangen herumzukauen.

Knoblauchdüfte

Was das Knoblauchkauen angeht, so ist es inzwischen ganz allgemein große Mode geworden! Wo sind die Zeiten hingeschwunden, in denen Wilhelm Busch noch reimen konnte:

»Die Zwiebel [er hätte ebensogut sagen können: der Knoblauch] ist des Juden Speise –
Das Zebra trifft man stellenweise«?

Heute dagegen findet man umgekehrt viele Juden, die es ängstlich meiden, ihre Gerichte mit Zwiebel und Knoblauch zu würzen. Und dies, obwohl die jüdische Küche, wie die aller mediterranen Völker, schon seit Jahrtausenden Zwiebel und Knoblauch gebraucht. Sie fürchten, man könnte dann den Eindruck bekommen, sie hätten sich nicht genügend an ihre nordeuropäischen Wirtsvölker assimiliert.

›Arier‹ dagegen, die sich vor Zwiebel- und Knoblauchdüften fürchten, findet man kaum. Die Modekrankheit der vielen Auslandsreisen hat sich hier einmal positiv ausgewirkt.

Und auch die Ärzte haben das Ihre dazu getan, den beiden Knollengewächsen zu neuem Ansehen zu verhelfen. Heute kauen manche mit der gleichen Inbrunst Zwiebel und Knoblauch wie früher der Reihe nach Birchermüesli, Joghurt, rohes Gemüse und halbrohes Fleisch. Noch keine zwanzig Jahre ist es her, daß ›feine Leute‹ in Mittel- und Nordeuropa Knoblauchdüfte als ungeziemend und verächtlich empfanden. Heute mischen diese selben Leute den Knoblauch oft auch in Gerichte, mit denen er in keiner Weise harmoniert. Zwiebel und Knoblauch sind eben das neueste Wunderelixier, der neueste Le-

benstrank im modernen Küchenmärchen. Ich warte nur darauf, bis ein neues Kochbuch mit knoblauchgewürzten Eiscremes herauskommt! Zwiebelgewürzte Eiscremes gibt es bereits, wir sprachen schon davon.
Jedoch: Der deplazierte Gebrauch von Zwiebel und Knoblauch in der modernen Küche ändert nichts daran, daß sie tatsächlich sehr gesund sind. Und daß man notfalls von dunklem Brot mit Zwiebel und mit Knoblauch weitgehend leben kann. Die ägyptischen Staatssklaven, die seinerzeit die Pyramiden bauten, haben es bewiesen.

Versalzenes entsalzen?
Eine berühmte Küchenlüge sagt auch, daß man versalzene Speisen ›entsalzen‹ kann. Die bekannteste Methode lautet: Man füge der Speise – Suppe, Ragout oder Sauce – etliche kleingeschnittene rohe Kartoffeln bei.
Glaub es nicht! Oder meinetwegen kannst du es auch glauben und selber ausprobieren. Warum auch nicht? Steht nicht (nach einem sehr bekannten Judenwitz) in der Tram von Tel Aviv geschrieben: »Spring nur! Du wirst schon sehen!« – statt: »Abspringen verboten!«? Nun also: Mische brav und fleißig rohe Kartoffeln in die versalzene Sauce oder Suppe! Du wirst schon sehen! Nämlich: daß die Suppe jetzt genauso salzig schmeckt wie vorher, aber außerdem noch nach Kartoffeln.

Angebranntes ›entduften‹?
Eine andere Küchenlüge sagt: Gieße angebrannt riechende Speisen sorgfältig in einen neuen Kochtopf und mische etwas Mehl hinzu!
Niemand hindert dich, verehrte Leserin, es so zu machen. Du wirst dann sehen: die Speise schmeckt jetzt ge-

nauso angebrannt wie vorher, und außerdem schmeckt sie jetzt nach Mehl.

Mehl statt Zucker?

Im Kriege, während der Rationierung vieler Lebensmittel, gab es noch eine andere recht aparte Küchenlüge. Der rare Zucker – so hieß es – lasse sich partiell durch Mehl ersetzen. Zum Beispiel beim Rhabarberkompott. Weißt du, was herauskommen wird, wenn du es wirklich tust? Das Kompott wird genauso sauer schmecken wie zuvor – aber es schmeckt jetzt außerdem nach Mehl und ist ein wenig pappig.

Billiger Ersatz?

Und nun die schlimmste aller Küchenlügen: daß man erstklassiges Material durch schlechteres ersetzen kann, ohne Wert und Geschmack der Speise zu mindern. Das kann man nicht! Fruchtsorten ohne viel Aroma zum Beispiel oder in unreifem Zustand ergeben fades Kompott und schlechte Konfitüre. Das Fleisch von alten Kühen schmeckt schlechter als das von jungen Ochsen. Die importierten Eier haben, auch wenn sie von der ersten Stunde an sehr kühl gehalten wurden, niemals den Wohlgeschmack von einem völlig frischen Ei. Und Margarine oder Speisefette ersetzen dir beim Backen niemals reine Butter!

›Ersatz-Kuchen‹ im Judenwitz

Meide überhaupt, soweit möglich, Ersatzprodukte! Wähle statt dessen lieber Speisen, deren Material du ohne besonderen – finanziellen oder sonstigen – Aufwand beschaffen kannst! Sonst geht es dir zuletzt wie jenem Juden in dem alten Witz, der auf seiner Schnorr-Tournee bei reichen Leuten eingeladen war, einen herrlichen Kuchen zum Nachtisch bekam und das Rezept erbat. Er bekam es und diktiert es nun seiner Frau. Sie lauscht aufmerksam und sagt dann: »Zucker? Eier? Butter? Rosinen? Das können wir uns nicht leisten. Auch nicht weißes Mehl; ich nehme schwarzen Schrot mit Kleie! Und Backform habe ich auch keine. Ich werde den Kuchen in der Asche backen ...« Als er fertig ist, kostet sie und ruft verwundert aus: »So etwas schmeckt den reichen Leuten!!«

Aber natürlich ist das leicht gesagt, wenn man in Friedenszeiten und im Wohlstand lebt, wie der Großteil der Bevölkerung im heutigen freien Westen. Ist aber der Speisezettel bei Krieg und Not allzu eingeengt und erinnert man sich obendrein an früher genossene, jetzt nicht mehr auftreibbare Herrlichkeiten, dann versucht man eben trotzdem, sie mit Hilfe von Ersatzstoffen ähnlich herbeizuzaubern. So mögen wir über Dr. H. D.s Mitteilung aus dem Ostteil Deutschlands lächeln, wonach angeblich – er hat es, wie Sie schon hörten, nicht selber ausprobiert – Frostschnecklinge, im Zuckersud gekocht, wie Ananas schmecken. Wir unserseits werden lieber eine Ananas im nächsten Obstladen holen, die hübschen Spätherbstpilze, die Frostschnecklinge, dagegen gepfeffert und gesalzen essen. Wie aber, wenn man Kinder hat, die noch nie eine Ananas sahen und kosteten? Dann wird man vielleicht eben doch einmal gesüßte Limazeen (Schnecklinge) auf den Tisch bringen.

›Falsches Marzipan‹

Ach – ich erinnere mich noch gut, wie sehr man sich gegen Kriegsende sogar in der vom Krieg verschonten Schweiz nach bestimmten Leckerbissen sehnte, die es schon lange nicht mehr gab! Und dies, obwohl hier keiner hungerte. Ich weiß noch genau, wie ich mit einem jungen Arztsohn zusammen überlegte, ob wir nicht mit Hilfe von seines Vaters Giftschrank am Ende doch etwas Marzipanähnliches herbeizaubern könnten? Blausäure duftet bekanntlich nach Bittermandeln. Papa Doktor sollte uns hiervon ein so winziges Quantum spenden, daß es, verteilt auf eine große Masse künstlichen Marzipans, garantiert nicht giftig wirkte. Statt Mandeln und dem knapp rationierten Zucker wollten wir sacharingesüßte Quetschkartoffeln nehmen. Das mußte doch – so meinten wir – schmecken wie Marzipan! Vor allem dann, wenn man sich an das echte kaum noch erinnerte! Aus irgendeinem Grund kam das Experiment dann doch nicht zustande. Aber Jahrzehnte später fand ich in einem antiquarisch erstandenen deutschen Kochbuch aus den Not- und Inflationsjahren gleich nach dem Ersten Weltkrieg tatsächlich ein Rezept, betitelt ›Falsches Marzipan‹. Hier die wortgetreue Wiedergabe:

Man koche 250 g Puderzucker mit 125 g gekochten zerquetschten Kartoffeln und einigen Tropfen Mandelöl zu einer dicklichen Masse. Nachdem sie erkaltet ist, noch einen Eßlöffel Puderzucker hineinmischen. Kleine Kugeln formen. An der Luft trocknen lassen. Nach Belieben auf Stricknadeln die einzelnen Kügelchen in einen Guß aus Kokosfett und Kakao tunken. Auf Pergamentpapier trocknen lassen. In hübsche Pralineekapseln einfüllen...

Und nun die Hauptsache (die aber nicht in dem Buch

drinsteht): Vergessen Sie blitzschnell das ganze Rezept! Denn partiell gefälscht ist billiges Marzipan manchmal ohnehin; total gefälschtes jedoch ist ungenießbar! Doch nun zurück zu den Ersatzstoffen.

Semmelbrösel statt Mandeln? Mehl statt Rahm?
Ferner: Semmelbrösel sind nicht dasselbe wie geriebene Mandeln. Und Mehl und Milch zusammen sind kein Ersatz für Rahm. Rahm steigert das Aroma einer jeden Speise; das Mehl ersäuft es, übertäubt es, überpappt die Konsistenz der Sauce oder Suppe. Dennoch nehmen in Deutschland und in der Schweiz viele sogar zur Gulyassauce Mehl!

Und da wir schon beim Gulyas angekommen sind, möchte ich Ihnen mehr davon erzählen.

Gulyas [sprich: Guliasch] als unendlicher Gegenstand

Hegel, der große Philosoph, unterscheidet zwischen zwei Formen der Unendlichkeit: der gradlinig-fortlaufenden; das ist – so sagt er – die schlechte. Und der kreisförmig in sich geschlossenen – das ist die gute. In der Metaphysik mag dies vielleicht einen Sinn ergeben. In der Küche aber gilt im allgemeinen: Alles, was sich endlos hinschleppt, egal, auf welche Weise, ist von Übel.
Eine Ausnahme gibt es: das Gulyas. Es ist, richtig bereitet, eine Speise, die kaum verleidet. Man kann ein Riesenquantum davon erstellen, man kann es immer wieder wärmen oder kalt genießen, man kann die Reste vom Gulyasfleisch und von der Gulyassauce dutzendfach verwenden. Mit einem Gulyas hält man ohne Mühe sieben Tage in der Woche durch!

Die Gulyassünden
Doch zunächst die üblichsten Gulyassünden. Ich habe letzthin ein Gulyasrezept gelesen, das hat mich tief beeindruckt. Gulyas, so hieß es, macht man so: In eine Papiertüte schüttet man Salz und Pfeffer und eine halbe Tasse Mehl, wirft die Rindfleischwürfel noch dazu, verschließt die Tüte und schüttelt ihren Inhalt gründlich durcheinander. Hernach schüttet man den ganzen Tüteninhalt zu den angeschmorten Zwiebeln in den Kochtopf. Und später fügt man zur Sauce Graupen und Trockenpflaumen ...
Das alles klingt nach einem Küchenscherz, soll aber kei-

ner sein. Es ist vollkommen ernst gemeint. – Magyaren! Habt ihr das gehört? Auf und herbei! Die Küchenehre Ungarns steht auf dem Spiel!

Gulyas à la minute

Eine andere unkorrekte, aber doch wenigstens nicht komische und auch gar nicht üble Variante heißt ›Gulyas à la minute‹. Hierzu wählt man das teuerste, bestabgelagerte Rindfleisch. Es muß so zart sein, daß man es ohne zuviel Mühe auch roh genießen könnte. Dieses Fleisch nun wird in kleine Würfel geschnitten und im Fett rasch angebraten – ohne Zwiebel! Denn Zwiebeln brauchen, um weich und braun zu werden, nun einmal sehr viel Zeit. ›A la minute‹ lassen sie sich nicht der Gulyassauce einverleiben.

Dann fügt man ein wenig Wasser oder Wein hinzu, würzt, wenn man will, noch mit einem Fertigfabrikat, einem Würfel ›Gulyassauce‹, kocht das Ganze rasch und gründlich durch und gibt es mit frischen Semmeln zusammen sogleich zu Tisch.

Es schmeckt nicht schlecht, nicht gut. Man kann es aber essen. Es ist jedoch sehr teuer – man braucht dazu das beste und zarteste Fleisch. Vor allem aber: es ist kein Gulyas! Es sei denn, die Erfinder dieses Stenogrammverfahrens wollten sich darauf berufen, daß das Wort ›Gulyas‹ nichts heißt als ›Rinderhirt‹, so daß aus dem Namen nichts hervorgeht, als daß die Speise vermutlich aus Rindfleisch bereitet sein wird. Doch sie berufen sich auf nichts und niemanden. Sie wissen einfach nicht, was echtes Gulyas ist.

Konfusion um Gulyas und Pörkölt

In der ersten Ausgabe meines Buches hatte ich die ungarische Küche – trotz meiner Bewunderung für das Gulyas – aus den bereits weiter vorn angegebenen Gründen unterschätzt. Dies hatte auch ein Gutes: Es meldeten sich so viele gekränkte Ungarn zu Wort, daß das jetzige Gulyas-Kapitel sich nur noch aus garantiert autochthon-ungarischen Quellen speist. Für die von dem erzürnten Exilungarn B. B. enumerierten magyarischen Küchen-Köstlichkeiten muß ich leider nach wie vor auf Spezialkochbücher verweisen. Hier sei nur kurz auf den von mir bereits weiter vorn herausgeschälten Unterschied zwischen Gulyas und Pörkölt hingewiesen. Warum man im Ausland das echte Gulyas als ›Gulaschsuppe‹ bezeichnet, das echte Pörkölt dagegen ›Gulyas‹ nennt, weiß ich immer noch nicht. Diese verdrehten Bezeichnungen haben sich aber weltweit so eingebürgert, daß man heute sogar in Ungarn selbst zumindest in jenen Restaurants, die vorwiegend für Ausländer bestimmt sind, auf der Speisenkarte für Pörkölt nur noch den Namen ›Gulyas‹ findet. – Lassen wir wieder den Exilungarn B. B. zu Worte kommen:

Das echte Gulyas

»Das echte Gulyas ist schlicht und einfach eine Suppe, in die nicht, wie Sie behaupten, nur ›vielleicht‹, sondern unbedingt Kartoffeln hineingehören. Außerdem werden die Zwiebeln nicht gebräunt, da dies in den Kesseln der Pußtahirten gar nicht möglich wäre, sondern einfach mitgekocht wie auch Paprikaschoten und Tomaten, wenn auch Ihr Wiener Freund letzteres verneint. Scharfer Paprika ist hier, wie bei der berühmten ungarischen

Fischsuppe, obligatorisch. Auch wenn viele Ungarn ihn nicht mögen, gehört er hier unbedingt dazu. Bei richtiger Zubereitung ergibt dies das echte ungarische Gulyas ...«
Soweit B. B. –
›Richtige Zubereitung‹ bedeutet wohl, daß man nicht zu früh Wasser dazuschüttet, sondern dies erst tut, wenn Fleisch und Zwiebeln im eigenen knappen Saft schon eine bräunliche Farbe angenommen haben. Was aber die Kartoffeln und Tomaten angeht, so stammen beide aus Amerika, zuvor mußten also auch die Rinderhirten der Pußta ihre bräunliche duftende Suppe ohne solche Beitaten kochen. Die Rezepte, welche Tomaten als fakultativ bezeichnen und statt Kartoffelstücken grobe Teignocken vorschreiben, dürften daher die urtümlicheren sein, auch wenn B. B. dies bestreitet.
Während aber der Schwabe seine Spätzle – Miniaturnokken – erst einmal für sich allein in Salzwasser kocht und dann erst der betreffenden Speise oder Sauce beimengt, werden die ungarischen groben Nocken direkt in der duftenden bräunlichen Gulyasflüssigkeit gegart. Auch das ergibt sich ganz von selbst daraus, daß wir es hier mit einem Eintopfgericht der Hirten in der Pußta zu tun haben. Und daß man den Teig für die Nocken – wie mir ein anderer Ungar versicherte – mit sehr wenig oder auch ganz ohne Ei anrührt, dürfte ebenfalls mit dieser selben Tatsache zusammenhängen: rohe Eier in die Pußta mit hinauszuschleppen dürfte zumindest lästig sein. –

Pörkölt
Das, was wir im Westen Gulyas nennen, heißt in Ungarn selbst, wie gesagt, Pörkölt. Ob dieser Name mit dem lateinischen Wortstamm »porc« für Schwein zusammen-

hängt, scheint unbekannt. Da das Ungarische der finnisch-ugrischen Sprachgruppe angehört und nicht der indogermanischen, müßte es in diesem Fall ein Lehnwort sein. Jedenfalls kann man das scharf gewürzte Schmorgericht mit jeder Art von Fleisch und, wenn man will, auch mit Fisch und schließlich sogar ganz ohne Fleisch und Fisch, nur mit Gemüsen und Kartoffeln, zubereiten. Die außerhalb Ungarns bekannte Variante, die man, wie gesagt, irrtümlich ›Gulyas‹ nennt, ist ein Pörkölt mit Rindfleisch. Und hier seine ›orthodoxe‹ Zubereitung nach den Angaben von Frau Dr. J. B. in Budapest:

»Je Person etwa 200 g sehniges Rindfleisch in Würfeln (etwa aus der Wade), gleich viel Zwiebeln wie Fleisch, Salz, Pfeffer, Paprika, Schmalz, nach Belieben Rotwein und etliche fein zerschnittene Tomaten.

Für das Fleisch wählt man nicht nur deshalb sehnige Stücke, weil sie billiger sind als sehnenfreie Qualitäten, sondern auch darum, weil nur sie die richtige sämige Sauce ergeben.

Und Schmalz nimmt man in Ungarn deshalb dazu, weil man es dort erstens früher besonders leicht und billig überall bekam und es zweitens eine besonders starke Hitze aushält, ohne sich zu verändern oder gar zu verbrennen. Das trägt zum guten Gelingen des Pörkölt bei. Trotzdem kann man notfalls auch geruchloses Öl dazu nehmen. –

Die Zwiebeln werden kleingehackt. – Das Fett – Schmalz oder notfalls Öl, in Ungarn oft auch einfach ein Stück Speck in kleinen Würfelchen – wird im Topf erhitzt, Zwiebeln und Fleischwürfel gleichzeitig hineingeben. Im offenen Topf unter ständigem Umrühren kurz anbraten. Dann die Flamme kleinstellen und den Topf zudecken.

Bei ganz schwacher Hitze langsam und lange schmoren lassen. Nach einer Weile nachsehen, ob man vielleicht ein wenig Wasser (Wein) beigeben muß – man tut es aber nur, wenn das Gericht sonst anbrennen würde. Nur bei dieser sachten Prozedur – halb schmoren, halb braten – nimmt das Gulyas auch ohne Beigabe von gebräuntem Mehl allmählich die richtige dunkel-goldbraune Farbe an, und nur so zergehen die Zwiebeln schließlich zu einer fast homogenen Masse.
Erst wenn das Gulyas (Pörkölt) braun und schon ein wenig weich ist und herrlich duftet, alle Gewürze beigeben und etwas Wein oder Wasser zugießen – genausoviel, wie man Sauce haben möchte –; zudecken, weiter köcheln lassen, bis das Fleisch sehr zart und weich ist und die Sauce sämig. Vor allem sich davor hüten, den Paprika von Anfang an mitzubraten: dabei verbrennt er nämlich und wird gallenbitter.«
Da dieses fälschlich als Gulyas bezeichnete Pörkölt im Gegensatz zum echten Gulyas keine Suppe ist und nur eine sehr kurze Sauce hat, muß man gewünschte Beilagen – Kartoffeln, Nocken, Reis – separat in Salzwasser kochen. Man kann aber auch einfach krachend frische Semmeln dazu reichen, mit denen sich die Sauce besonders gut auftunken läßt. –
Beides, echtes Gulyas (also die Suppe) wie Pörkölt, sind jedenfalls einfache alte Hirtenspeisen der Steppe, brauchen daher für ihre Zubereitung keinen komfortablen modernen Herd, sondern nur einen schweren Topf aus Gußeisen oder dickem Ton, wie ihn eben die Steppenhirten über ihren offenen Feuern benützen. In dünnem Aluminium gerät die Speise auf keinen Fall. Dagegen ist mir nicht klar, warum der auf Echtheit der magyarischen

Spezialitäten so bedachte Exilungar B. B. meint, man könne in solchen Hirtentöpfen die Zwiebeln nicht anbraten, sondern nur mitkochen. Zumindest bei Töpfen aus Gußeisen bereitet das Anrösten doch keine Mühe.
Sicher aber ist, daß die Steppenhirten Ungarns solche köstlichen Schmorgerichte und eintopfartigen Suppen schon lange kochten und aßen, bevor der Paprika – schließlich stammt ja auch er aus Amerika – nach Europa gelangte. Und da Pfeffer im Mittelalter unerschwinglich teuer war, würzten sie ihr Mahl damals wohl nur mit Salz. Davon zeugt auch die sehr alte ungarische Redensart über die temperamentvollen Mädchen, die ›Salz (und also nicht Paprika!) im Blute‹ haben.

Und nachdem wir nun also wissen, daß für die Ungarn das, was wir Gulyas nennen, Pörkölt ist, möchte ich vorschlagen, daß wir – nach westeuropäischer Gewohnheit – im Nachfolgenden trotzdem mit ›Gulyas‹ nicht die Suppe, sondern das Schmorgericht bezeichnen, wie wir es nun einmal gewöhnt sind.

Gulyasrezept für sehr hartes Fleisch
Eine kleine Abweichung von der orthodoxen Form der Zubereitung erlaube ich mir mitunter: Habe ich es mit einem Fleisch zu tun, das offenkundig wenig abgelagert, sehr hart und zudem sehnig ist, dann brate ich es nicht zusammen mit den Zwiebeln an. Denn wenn das Fleisch beim Braten auch an Aroma stark gewinnt und dieses an die Sauce abgibt, so steigert sich dabei doch auch seine Lederhärte.
In solchen Fällen also bräune ich die Zwiebeln nur mit den Tomaten an und füge die Fleischwürfel erst sehr viel

später, zusammen mit dem Wasser, bei. Das Fleisch bleibt dann ein wenig zarter, schmeckt aber weniger aromatisch.

Gulyas-Varianten

Auch fest tradierte Volksspeisen variieren von Gegend zu Gegend, von Haus zu Haus manchmal ein wenig. Das gilt auch beim Gulyas. Paprika ist obligatorisch, das sagten wir schon. Die Peperoni, die ganzen Paprikafrüchte, dagegen sind fakultativ. Kocht man welche mit, dann soll man sie erst in den letzten 20 Minuten der brodelnden Speise beifügen, in etwa gleich große Stücke zerschnitten wie die Fleischwürfel. Die Peperoni sollen nicht zerkochen, sondern mit ihrer hübschen gelben, roten oder grünen Farbe das eintönige Braun des Gulyas beleben. Aber so gern man in Ungarn und auf dem ganzen Balkan stark gewürzte Speisen ißt: die brennendscharfen Kerne der Peperoni und die weißlichen Samenträger im Innern der Früchte werden trotzdem nicht mitgekocht, sondern weggeworfen.

Tomaten kann man, wenn sie gerade sehr teuer oder schwer erhältlich sind, durch fertiges Tomatenpüree oder, noch besser, durch einige ganze geschälte Tomaten aus der Konserve ersetzen. Sie werden vor allem in Italien so trefflich eingemacht, daß sie es mit jedem hausfraulichen Eigenprodukt ohne weiteres aufnehmen können. Hat man Tomaten weder frisch noch konserviert zur Hand, dann kann man sie notfalls auch weglassen und durch einen Schuß guten Weinessig ersetzen.

Manche kochen in der Gulyas-Sauce auch ein Löffelchen voll Kümmel mit – andere finden das abscheulich.

Daß man das Gericht nach Belieben mit Wein oder Was-

ser oder auch mit beidem aufgießen kann, sagten wir auch schon.
Immer aber soll man daran denken, daß das Gulyas, wie die meisten altmodischen Schmorgerichte und auch anderen Eintöpfe, aufgewärmt besonders gut schmeckt und daß es auch nicht verleidet, wenn man es mehrmals nacheinander auf den Tisch bringt. Man soll also, wann immer möglich, das Quantum gleich für zwei bis drei Mahlzeiten berechnen und auch die Sauce nicht allzu knapp bemessen. Und man soll in diesem Fall mit den Beilagen zum Gulyas abwechseln.

Gulyas mit Gerste, Kascha oder Reis

Man muß das Gulyas auch nicht immer, wie die Magyaren, mit Nocken oder mit Kartoffeln essen. Sehr empfehlenswert ist auch der ostjüdische Brauch, Schmorgerichte von der Art des Gulyas mit Gerstengraupen oder Kascha zu genießen. ›Kascha‹ heißt wörtlich Brei. Aber als ›Kascha‹ bezeichnet man in der Ukraine auch eine grobe Grütze aus Buchweizenkörnern, die eben nicht als Brei, sondern flockig und locker gekocht ist wie der Reis der Ostasiaten. Wie man das macht, habe ich auch in meinen »Koscheren Kostproben« beschrieben. Dorthin gehört die Schilderung, weil ich außer bei frommen Juden aus dem Osten die Verbindung von Kascha und Gulyas nirgends mehr angetroffen habe. Und doch ist Kascha die bei weitem beste Zugabe zum Gulyas, die ich kenne. Denn der Buchweizen ist die aromatischste aller Getreidearten, würziger sogar als Hafer. Und trocken und körnig zubereitet ist Kascha saugfähiger für Saucen als die Kartoffeln oder gar der Reis.
Aber natürlich kommt auch Reis zum Gulyas durchaus

in Frage. Bloß: trocken und ohne Beitat gekocht, ist der Reis doch eher fad. Und als Risotto – das heißt, mit angebratenen Zwiebelscheiben und Tomatenstücklein untermischt – paßt er nicht zu der würzigen Sauce des Gulyas.

Knödel zum Gulyas

Den Nocken nahe verwandt sind die Knödel: sie sind gleichsam runde Riesennocken, genauso saugfähig wie diese und daher als Beilage zu Ragout-Gerichten wie Gulyas sehr geeignet. Die Knödel werden, wenn sie als Begleitung zum Gulyas gedacht sind, natürlich nicht mit Schmalz und Butter übergossen und auch nicht paniert. Am besten schöpft man etwas von der Gulyassauce in eine breite, flache, gut durchhitzte Pfanne, in die man dann die gargekochten Knödel legt. Oder man nimmt eben doch ein wenig Fett – aber nur so viel als unerläßlich, damit die Knödel nicht zusammenkleben.

Knödelrezepte brauchen wir an sich keine anzugeben. Knödel sind nicht mehr Mode. Doch ebendarum findet man die Rezepte unverändert und unverdorben in allen Kochbüchern. Und sollten sie in deinem neuen Kochbuch fehlen, dann kaufe dir ein dickes, altes! Der Antiquar verkauft es billig, und du findest darin Knödelrezepte, soviel dein Herz begehrt!

Und merk dir: Am besten waren die Knödel – und sind folglich auch die Rezepte für die Knödel – aus dem Bereich der alten Donaumonarchie. Man ißt sie dort natürlich nicht nur zum Gulyas, sondern zu jeder Art von Fleischragout oder aber, gefüllt mit Quark oder Früchten, als süße Nachspeise. Man tut ihnen ein wenig Unrecht damit. Sie sind es wert, als Hauptgang und für sich allein genossen zu werden. Auch bei süßer Füllung. Oder zum Beispiel in folgender Form:

Kartoffelknödel als Hauptgang

Die Knödel sollen eigentlich aus frisch abgekochten Kartoffeln zubereitet werden. Aber man kann notfalls auch Kartoffelreste vom Vortag mitverwenden.

2 Pfund frisch gekochte Kartoffeln werden mit dem Stößel zerstampft oder durch das Drehsieb gerieben. Man fügt 60 Gramm Fett hinzu – Butter oder Geflügelfett, aber es geht auch anderes; nur nicht gerade Öl! –, ferner 1 Ei, 100 Gramm Mehl, 2 Eßlöffel geriebene Semmel (Paniermehl), eine Prise Salz. Irgendwelche weiteren Gewürze sind unnötig. Das alles wird gut vermischt. Nach dem Rezept soll es 18 Knödel ergeben – gibt es aber nie! Es sind weniger! Am besten formt man aus dem Teig zwei Rollen, zerschneidet sie und formt die Stücke mit befeuchteter Hand zu Kugeln. Man legt sie in einen weiten Topf mit etwa 3 1/2 Liter kochendem Wasser, dem man etwa 15 Gramm Salz beigefügt hat.

Die Knödel tauchen bald an die Oberfläche und sollen von diesem Augenblick an noch etwa 6 Minuten lang leise kochen. Man ißt gar nichts dazu, auch keinen Salat. Es kommt nur tüchtig braune Butter über die Knödel.

Soll es ein Mittagessen sein, dann gibt man vorher vielleicht noch eine Gemüsesuppe und nachher ein Kompott oder rohe Früchte. Hungrig wird keiner vom Tisch aufstehen!

Knödel in italienisch-bayerischer Küchenallianz

Da wir ohnehin schon bei den Knödeln stehen, sei hier noch rasch ein zweites Gericht aus diesem Bereich eingeschoben. Es ist eine Spende von Frau Dr. med. J. H., Böhmin, die aber jetzt in München lebt. Erst jammert sie in ihrem Brief ausführlich den verschiedenen ›traumhaften‹ Mehlspeisen und speziellen Knödelarten ihrer alten Heimat nach. Dann aber empfiehlt sie als gutes, nahrhaftes und zugleich preiswertes Mittagsmahl eine von ihr selber kreierte Kombination: bayerische Semmelknödel, dazu einen italienischen Sugo (= Saft, Sauce), wie man ihn zu Spaghetti zubereitet. Also etwa einen neapolitanischen, der im wesentlichen aus gewürztem Tomatenmark besteht, oder nach Bologneser Art, das heißt mit gehacktem Fleisch darin. Die Vermengung der beiden Küchenfolkloren tut in diesem besondern Fall keiner der beiden Abbruch. Knödel und Sugo vertragen sich vortrefflich. Zu diesem Gericht serviert die ›eingebayerte‹ Böhmin grünen Salat, und zwar gleichzeitig, nicht als Vorspeise, wie es heute üblich ist! Die Kombination schmeckt garantiert sowohl Bayern wie Italienern.

Gulyas mit Semmeln

Zurück zum Gulyas! Irgendeine mehlhaltige Beilage gehört dazu, das ist sicher. Es müssen aber nicht unbedingt gekochte Zerealien sein: Gebacken, in Form von Brot, passen sie ebensogut dazu. Mit Brot – Gersten- oder Weizenfladen – aßen schon die Homerischen Helden ihr Fleisch. Und in Altösterreich servierte man in kleinen Wirtshäusern zum Gulyas gern die krachend frischen, duftenden ›Schusterlaberln‹.

Gedehntes Gulyas

Wenn Sie nach unserem Rat ein sehr großes Quantum Gulyas auf einmal gekocht haben, dann reicht es für

mehrere Mahlzeiten. Durch wechselnde Beilagen haben Sie zudem dafür gesorgt, daß das Gericht niemandem verleidete.
Allmählich fängt das Fleisch womöglich an, ein wenig knapp zu werden. Nun – dann strecken wir es eben, indem wir etwa rohe Bratwurstmasse in kleinen Portionen direkt aus der Wursthaut in die Sauce auspressen. Nötige Kochzeit: 2 bis 5 Minuten. Dann schwimmen neben den dunklen Rindfleischwürfeln kleine helle Klößchen in der Sauce, die nicht schlecht zu dem Ganzen passen. Allerdings: Sind die Würste nicht von bester Qualität, dann leidet das Aroma der Sauce stark darunter.
Statt Bratwurstkugeln kann man auch eine milde Kochwurst oder Fleischkäse in grobe Würfel schneiden und in die Sauce mengen. In Wien ergänzt man knappe Gulyasreste auch gern mit zerschnittenen Wiener Würsteln, die aber in Wien selbst ›Frankfurter‹ heißen.

Sugo aus Gulyasresten

Und schließlich, ganz zuletzt, zerschneiden wir die Gulyasreste – samt den Wurststückchen in der Sauce – ziemlich fein, erhitzen sie noch einmal gründlich in der Sauce und haben nun für unsere Spaghetti oder Makkaroni einen Sugo, wie man ihn sich nicht besser denken kann. Ob man nun außerdem noch Parmesan dazu servieren soll? Mir scheint: es ist nicht nötig.

Omelette mit Gulyasresten

Oder wir können auch diese zerhackten Reste anstatt zu Sugo dazu benützen, gefüllte Eierkuchen zu bereiten. Ganz dünne, Palatschinken also, oder auch dicke, leichte, aus Ei und Milch und ohne Mehl.

Und da wir schon von Omeletten sprechen, bleiben wir noch ein paar Augenblicke bei ihnen stehen:

Omeletten und Rührei mit Milchzusatz

Die Franzosen gelten allgemein als sehr gute Köche. Sie sind es auch. Doch ihr an sich verdienter guter Ruf hat zur Folge, daß man ihnen auch dort Gefolgschaft leistet, wo andere vorbildlicher wären.

Nehmen wir einmal die Rezepte für Omeletten. Als das Nonplusultra der Kochkunst gelten Omeletten, auf französische Art bereitet, das heißt in heißer, aber nicht angebräunter Butter und nur mit Eiern, ohne Zusatz von Mehl oder Milch.

Was nun das Mehl angeht, so ist es in einer lockeren Omelette sicher fehl am Platze. Es darf nur bei den flachen, dünnen Eierkuchen, den Palatschinken, in den Eierteig gemischt werden.

Milch dagegen verschlechtert die Omelette nicht, sondern verbessert sie. Die Wiener wissen es. Sie mengen nicht aus Sparsamkeit zu Rührei und Omelette einen tüchtigen Schuß Milch, sondern weil die Speise auf diese Art entschieden gewinnt.

Der Grund ist einfach genug: Eine Eierspeise schmeckt nur, wenn sie feucht und locker ist. Sie darf nicht trocken durchgebacken sein. Soll aber eine milchfreie Eiermasse noch richtig feucht sein, dann muß sie, wenigstens im Innern, fast roh bleiben. Halbrohe Eier schmecken aber nicht sehr angenehm.

Die Beimengung von Milch erlaubt nun, die Eier etwas gründlicher durchzugaren, ohne daß die Speise gleich schon trocken würde.

Für Rührei und Omelette nehmen Sie die gleiche Mi-

schung: pro Ei einen Eßlöffel kalte Milch und eine kleine Prise Salz. Gut mengen und zerschlagen! Für die Omelette erhitzen Sie eine schwere Eisenpfanne, lassen rasch ein Stück Butter in ihr schmelzen und schütten die Masse hinein und bei kräftiger Flamme die Unterseite leicht bräunen. Alle paar Sekunden die Omelette mit der flachen Schaufel zur Mitte hin zusammenschieben, damit alles Flüssige von ihrer Oberfläche auf den Pfannenboden fließt und sich ebenfalls leicht bräunt. Kurz bevor die letzte Spur der Flüssigkeit ausgetrocknet ist, nimmt man die Pfanne vom Feuer, faltet oder rollt die Omelette und schiebt sie auf einen vorgewärmten Teller.
Mit etwas Tomatensalat oder in Butter erwärmten jungen Erbschen zusammen – sie können auch aus einer Konservenbüchse stammen! – ist das eine gute kleine Mahlzeit. Knusprige Semmeln passen dazu.

Merkwürdigerweise schmeckt Rührei, obwohl es aus denselben Bestandteilen bereitet ist, dennoch ganz anders. Es verhält sich hiermit ähnlich wie mit den vielen Nudelarten der Italiener, die, je nach der Preßform, bei gleichem Teig einen anderen Geschmack entwickeln. Oder wagt jemand zu behaupten, daß die gewaltigen Hohlnudeln genau gleich schmecken wie die zarten Müschelchen oder langen Spaghettibänder?
Für das Rührei also nimmt man eine leichtere, kleinere Pfanne, man wärmt sie nur ein bißchen vor und schüttet dann Eier und Butter gleichzeitig hinein. Mit einem Schäufelchen löst man nun die Speise immer wieder vom Pfannenboden, so daß sie zuletzt aus Fetzen und Brocken besteht, die aber alle noch sehr feucht sein müssen. Ein dauerndes heftiges Rühren, das die Speise in eine fast

homogene Masse verwandelt, gilt nicht als orthodox und verschlechtert tatsächlich den Geschmack.
Pro Person: je nach Appetit 2 bis 3 Eier. Das Rührei wird in einzelnen kleinen Pfännchen zubereitet und direkt aus diesen Pfännchen heraus gegessen. Es gehören Semmeln dazu.

ALTE GUTE FLEISCHREZEPTE

Wir haben uns beim Gulyas so lange aufgehalten, daß am Ende der Eindruck aufkommen könnte, als wäre dies das einzige Fleischgericht, das kulinarisch zählt. Davon ist natürlich keine Rede. Man kann sogar umgekehrt sagen: Mit Fleisch versteht auch die Modeküche heute umzugehen. Sie weiß vor allem sehr gut, wie man fettfreie, gut abgelagerte Stücke auf dem Grill, am Spieß oder mit sehr wenig Fettzusatz in der offenen Pfanne zubereitet. Hier weitere Anregungen bringen – das hieße Eulen nach Athen tragen.

Aber die altmodischen Fleischrezepte, für die man nicht unbedingt das allerteuerste Fleisch nehmen muß und die, bei langer Kochzeit, dennoch sehr gute Resultate ergeben, geraten heute ein bißchen in Vergessenheit. Von ihnen möchten wir darum noch einige hier beifügen. Zunächst zwei mit Möhren, von denen das eine aus der ostjüdischen Küche stammt, das andere von einer Dame, die zwar in Köln lebte und starb, jedoch in Litauen geboren war. Mag sein, sie brachte das Rezept noch aus ihrer Heimat mit.

Zuerst die Möhrenspeise der litauischen Dame in Köln:

Möhrenspeise mit Fleisch

Etwa gleich viele Rübchen und Kartoffeln werden zerschnitten und mit einem fetten Stück Fleisch zusammen in den Kochtopf gelegt. Salz hinein und nur so viel Was-

ser, wie man unbedingt braucht, damit die Speise gar werden kann, ohne anzubrennen. Je nach der Qualität des Fleisches tut man unter Umständen gut daran, das Fleisch erst ein Weilchen vorzukochen, ehe man die Gemüse beifügt. Zuletzt soll möglichst nur noch wenig Flüssigkeit im Topf sein.

Man fischt das Fleisch heraus, zerstößt Rübchen und Kartoffeln mit dem Stößel schnell zu einem gleichmäßigen Brei, legt das Fleisch wieder hinein und läßt es sorgfältig wieder ganz heiß werden.

Ungefähre Proportionen: auf 3/4 Pfund Fleisch – am besten gutes, fettes Schweinefleisch ohne Knochen – nehme man 1 1/2 Pfund Rübchen und ebenso viele Kartoffeln.

Und nun die altjüdische Variante:

Rindfleisch mit Honigmöhren

Man braucht für die Speise: 1 Pfund fettes Rindfleisch, also etwa Brust, etwa 3 Kartoffeln, 6 Karotten, 1 zerschnittene Zwiebel, 3 Eßlöffel Honig, am besten echten. Ferner kochendes Wasser. Manche fügen etwas Ingwer bei, andere mischen in die Sauce ein bißchen Mehl. Ich finde die Speise aber besser ohne Mehlbeitat. Etwas Salz und, wenn man will, auch Pfeffer.

Fleisch, Salz und kochendes Wasser kommen zuerst in den Topf. Das Fleisch muß vom Wasser überdeckt sein. Man läßt eine Stunde kochen. Dann fügt man die zerschnittenen Gemüse und die zerhackte Zwiebel, Honig und Ingwer bei und läßt wieder eine Stunde auf sachter Flamme kochen, möglichst ohne umzurühren. Notfalls gibt man noch ein wenig Wasser bei. Zuletzt soll aber das ganze Wasser eingedampft sein. Man kann die Verdampfung beschleunigen, indem man, wenn das Gericht schon fast fertig ist, den Deckel abhebt.

Wenn dieser sehr aromatisch duftende Eintopf dazu bestimmt war, eine große Familie mit vielen Kindern zu sättigen, dann pflegten ärmere Ostjuden gerne einen Kloß im gleichen Topfe gar zu kochen, den sie so zubereiteten:

Mehlkloß zum Eintopf
1/2 Pfund rohes Fett vom Kalb, vom Rind, am besten natürlich vom Geflügel, wird sehr fein zerschnitten und mit 1 bis 1 1/2 Pfund Mehl oder noch besser mit einer Mischung aus Mehl und ein wenig Weizengrieß oder auch zerriebenen gekochten Kartoffeln und dem nötigen Salz und Pfeffer gut vermischt. Je nachdem, wieviel Geld man hatte, fügte man diesem Teig 2 bis 4 Eier bei – oder auch nur Wasser. Man formte aus den Zutaten einen festen runden Kloß, den man mit Fleisch und Gemüsen zusammen in dem schweren, fest verschlossenen Topfe gar werden ließ. Zuletzt, wenn die Flüssigkeit im Topfe schon fast ganz eingekocht war, schob man den aufgedeckten Topf gern noch für ein Weilchen in den heißen Backofen, um den Kloß bei guter Oberhitze noch ein wenig zu überbräunen. Er schmeckte dann viel besser.
Es ist ein schweres, gutes Gericht, nicht für Menschen gedacht, deren einzige Sorge darin besteht, möglichst wenig Kalorien aufzunehmen. Und auch nicht für solche, die beim Gedanken an das Cholesterin, das sich beim Genuß tierischer Fette bildet, vor Angst beinahe krank werden. Wer aber zur Abwechslung währschafte, altmodi-

sche schmackhafte Kost liebt, wird einen solchen Eintopf sehr genießen.

›Tscholent‹ und ›Chamin‹

Solch fetten Mehlkloß fügten die Ostjuden besonders gern jener Speise bei, die sie Tscholent oder Scholent nannten. Bei Heine heißt sie Schalet. Der Name stammt ursprünglich aus Frankreich und kommt vom altfranzösischen ›chauld‹, das heißt ›warm‹. Name und Speise hängen mit der Tatsache zusammen, daß die Juden am Sabbat kein Feuer anfachen dürfen. Wollen sie dennoch eine warme Mahlzeit haben, dann kommt nur ein Gericht in Frage, das sie schon vor Anbruch des Sabbat – also am Freitagabend – in den vorgewärmten Ofen schieben und bis Sabbat Mittag langsam gar dünsten lassen. Solche Speisen müssen die Juden schon sehr früh gekannt haben, denn bereits der Talmud kennt einen Ausdruck für sie: Chamin. Das bedeutet ganz genau dasselbe wie Tscholent. Der Talmud aber entstand schon bald nach der Kodifizierung der Bibel, zunächst als mündliche Überlieferung, und seine letzten Teile wurden im fünften nachchristlichen Jahrhundert niedergeschrieben.
Die Juden stammen aus dem mediterranen Raum, und rund um das Mittelmeer herum sitzen lauter kochbegabte Völker. Die Juden bilden keine Ausnahme. Im Gegenteil. Bedenkt man zudem, wie schwer die Juden es im Exil inmitten meist feindlicher Völker hatten und wie streng ihre eigenen Religionsgesetze sind, dann begreift man, daß sie die wenigen Freuden, die ihnen blieben – und folglich auch die der Tafel – besonders liebevoll kultivierten.
Wer also nach schmackhaften Gerichten mit langer

Kochdauer sucht, tut ganz gut daran, sich unter den Tscholent-Rezepten der Juden umzusehen – und zwar auch dann, wenn er selber Nichtjude ist. Wie gut solche Speisen duften und schmecken, weiß nur, wer sie selber gekostet hat. Was für Eindruck sie bei ihren Liebhabern hinterlassen, können Sie aus dem Ausspruch einer ostjüdischen Soziologin in Amerika ersehen, welche schreibt: »Gäbe es den Duft der Sabbatspeisen in Konservenbüchsen zu kaufen, dann hätten wir in Amerika keine jüdische Jugendkriminalität.«

Natürlich irrt sie. Kriminelle Jugend gab es ja auch in den Großstädten Osteuropas unter den Juden und auch in jenen Quartieren, die an Sabbat und Feiertagen regelrecht durchtränkt waren vom Duft jüdischer Festspeisen. Aber wie faszinierend müssen Speisen sein, denen ein wissenschaftlich geschulter Mensch solche Zaubermacht zuschreiben kann!

Nennen wir also noch zwei Tscholent-Gerichte. Wenn Ihnen der Name nicht gefällt, können Sie die Speise als ›Eintopf‹ bezeichnen:

Tscholent mit Bohnen und Gerste

Sie brauchen hierfür ein fettes Stück Fleisch. Überhaupt taugen solche Gerichte wenig, wenn man sie mit mageren Fleischstücken bereitet. Und außerdem brauchen Sie einige Stücke ausgelassenes oder sehr klein zerschnittenes, von den Häuten freigeschabtes tierisches Fett. Und dann noch ein paar Markbeine …

Haben Sie Angst vor Cholesterin? Dann überschlagen Sie die nächsten paar Seiten und lesen Sie sie erst, wenn eine andere Modeangst den Cholesterinschrecken bei Ihnen in den Hintergrund gedrängt hat!

Alle übrigen aber sollen weiter zuhören: Sie nehmen einen schweren Topf – einen eisernen oder irdenen – mit sehr gut schließendem Deckel, geben die Fettstücklein oder das ausgelassene Fett zuunterst hinein, legen das Fleisch und die Markbeine darauf, fügen, wenn Sie wollen, eine zerschnittene Zwiebel hinzu oder noch besser ein paar Knoblauchzehen (wenn Sie sie ganz lassen, können Sie sie später, vor dem Essen, herausfischen und entfernen!) und schütten 1/2 Liter grobe Gerste und ebensoviel weiße Bohnen hinzu. Die Gerste muß gut gewaschen werden, die Bohnen weicht man, wenn sie nicht ganz frisch aus dem Garten kommen, am besten vorher eine ganze Nacht lang ein. Salz und Pfeffer hinein und gut mit Wasser überdecken. Topf gut verschließen und auf kleiner Flamme oder im nicht allzu heißen Ofen langsam, in mehreren Stunden, gar werden lassen. Wenn Sie die Flüssigkeit richtig berechnet haben – aber das lernt man nur mit der Zeit und Übung –, dann ist der Tscholent zuletzt fast trocken. Bleibt noch etwas Brühe, so ist es auch kein Unglück. Wenn Sie unbedingt wollen, können Sie zuletzt noch ein Weilchen den Deckel vom Topf abnehmen, so daß der letzte Rest des Wassers verdunstet. Aber Vorsicht! Trotz des vielen Fetts kann die Speise, wenn man nicht aufpaßt, anbrennen!

Sie schmeckt, wie gesagt, sehr gut. Aber ich möchte raten: Für uns moderne schwächliche Esser genügt es, wenn wir einen solch massiven Leckerbissen einmal im Monat, und zwar im Winter, vorgesetzt bekommen.

Nach einer solchen Mahlzeit hat man ein dringendes Bedürfnis nach ein paar Gläschen gutem klarem Schnaps oder nach Tee mit sehr viel Rum.

Daß aber auch heißes Klima den Appetit an fetten Eintopfgerichten nicht unbedingt zu verderben braucht, beweist eine Tscholent-Variante aus Portugal. Es riecht in ihr nach allen möglichen exotischen Gewürzen – wie sollte es auch anders sein in einem Lande mit abenteuernden Seefahrern und Gewürzhändlern?

Portugiesischer Tscholent
mit Zwetschgen und Kalbsfüßen

Sie brauchen 4 gebrühte Kalbsfüße, halbiert und gespalten. Ferner 1 Pfund gedörrte große Zwetschgen, ein Stücklein Zimtrinde, ein wenig Salz und ein wenig Zukker. Das alles kommt in einen dicken gußeisernen oder irdenen Topf. Gerste oder Bohnen sind hier nicht üblich, wohl aber ein Kloß. Das Rezept kennen Sie schon. Sie fügen aber – wir sind im gewürzereichen Portugal! – dem Teig für den Kloß noch ein wenig Ingwer und Muskat bei.

Alles gut mit Wasser bedecken und langsam, in 3 bis 4 Stunden, gar kochen. Am besten im Backofen, notfalls geht es aber auch auf kleingedrehter Flamme auf dem Herd. Zuletzt muß dann das Fleisch von den Knochen fallen, die Zwetschgen müssen ganz weich und rund gequollen sein, der Kloß goldbraun und saftig und die Flüssigkeit fast ganz eingekocht.

Gemüse mit langer Kochzeit teilen heute das Schicksal der Fleischteile, die nicht in wenigen Minuten gar sind: Sie sind aus der Mode geraten! Und dabei gehören zu den langkochenden Gemüsen gerade jene, die Eiweiß enthalten und von denen ein Mensch sich fast vollständig ernähren kann: die Leguminosen! Am besten kombiniert man sie mit einem Fleischstück, das ebenfalls nur langsam gar wird. Ein solches Rezept brachten wir schon: Tscholent mit Fleisch, weißen Bohnen und Gerste. Es war ein trockenes Gericht, das heißt mit weggekochter Flüssigkeit. Es gibt aber auch eine sehr gute Variante mit Suppe:

Bohnen- oder Erbsensuppe mit Kloß und Fleisch
Sie nehmen wieder den schweren, gut verschließbaren Topf. Den Boden streichen Sie dick mit einem tierischen Fett aus. Am besten schmeckt Geflügelschmalz. Notfalls kommt auch Fett vom Rind oder Schwein in Frage. Letzteres natürlich nur, wenn Sie nicht frommer Jude sind – auch dieses Rezept ist nämlich ursprünglich jüdisch, und den Juden ist der Genuß von Schweinefleisch nach mosaischem Gesetz untersagt. Nun legen Sie breite, flache Knochen in den Topf und ein Stück fettes Rindfleisch darüber. Christen können auch Schweinefleisch nehmen. Markknochen kommen ebenfalls hinein, und dann noch, sofern man will, eine gute, gewürzte Knoblauchwurst. Eine gefüllte Milz paßt aber auch ganz gut zu dem Gericht. Das Rezept geben wir später. Nun die gelben Erbsen oder weißen Bohnen hinein, pro Person ein gehäufter Eßlöffel oder etwas mehr. Von den Bohnen sagten wir bereits: wenn sie nicht frisch aus dem Garten kommen, weicht man sie besser die Nacht zuvor ein. So auch die Erbsen. Salzen. Gut mit Wasser überdecken – diesmal soll es ja eine Suppe geben!
Wenn Sie wollen, können Sie jetzt noch einen Kloß hineinlegen. Das aber tun Sie besser nur im Winter und wenn Sie eine große Tafelrunde streng arbeitender Menschen satt zu kriegen haben. Aber ehe Sie von dem Kloß einem Tischgenossen auf seinen Teller eine dicke Scheibe

legen, deren Duft allein schon sättigt und aus der, wenn sie wirklich durchgegart ist, das goldene Fett herausträufelt – fragen Sie ihn, ob er nachher vielleicht ein motorisiertes Vehikel besteigen muß! Wenn ja, dann bekommt er Suppe und Fleisch, aber nichts vom Kloß! Denn, wie wir schon sagten: ohne einen klaren Schnaps nachher oder wenigstens ein Glas Tee mit viel Rum übersteht keiner so leicht eine solche Mahlzeit.
Die Kochzeit der Suppe? 4 bis 6 Stunden. Mit dem längeren Kochen gewinnt sie an Wohlgeschmack.

Anstelle oder auch neben einen solchen fetttriefenden, herrlich duftenden Kloß legte man in den Tscholent gern auch einen gefüllten Gänsehals, gefüllte Rindsdärme oder eine gefüllte Milz. Manchmal bestand die Füllung aus gehacktem Fleisch, weit öfter aber war sie ähnlich komponiert wie die Teigmasse des Kloßes: aus Fett und Zerealien. Sie mögen es glauben oder nicht: obwohl die fleischlose Füllung billiger ist, schmeckt sie dennoch besser. Bei der Milz allerdings war die Füllung nicht ganz fleischfrei, denn der herausgeschabte Milzinhalt kam mit in sie hinein. Nachfolgend ein gutes Rezept:

Gefüllte Milz in Gersten- oder Bohnensuppe
Die Milz wird an einer Seite aufgeschnitten, und das weiche Fleisch kratzt man heraus. Am besten macht man dies mit einem Blechlöffel. Gut achtgeben, daß die Milz dabei keine Löcher bekommt!
Nun verwiegt man 1/4 Pfund Herz- oder Mickerfett mit einer Zwiebel und Petersilie, fügt nach Belieben entweder drei in Würfel geschnittene oder auch eingeweichte und ausgedrückte Brötchen bei oder auch eine Mischung aus

400 Gramm Mehl und 100 Gramm Weizengrieß. Nimmt man nicht feuchte Brötchen, sondern trockenes Mehl und Grieß, dann kann man ruhig etwas mehr Fett beifügen: 1/2 statt 1/4 Pfund. Nun kommen noch Eier hinein. Wenigstens eines, höchstens drei. Man würzt mit Salz und Pfeffer, wenn man will auch mit Muskat und Ingwer. All das wird mit dem herausgeschabten Milzfleisch gut vermischt und in die Milz eingefüllt. Die Öffnung näht man zu, sticht aber die Milz mit den Gabelzinken an, damit sie beim Kochen nicht aufplatzt.

Die Milz kocht volle 3 1/2 Stunden. Man kann sie für sich allein in Salzwasser kochen, oder, mit Fleisch und Suppengemüse zusammen, in einer gewürzten Brühe. Wurde die Milz in einer solchen klaren Flüssigkeit gar gemacht, dann kann man sie nachher herausnehmen und noch bräunen, sei es im Ofen, zusammen mit einem Braten, oder auf offener Pfanne auf dem Herd.

Man kann die Milz aber auch sehr gut in einer schmackhaften Gersten- oder Bohnensuppe kochen. Suppe und Milz brauchen beide ungefähr gleich lange, um gar zu werden. Und man hat auf diese Weise gleich eine ganze und gute Mahlzeit.

Bleibt von der Milz noch etwas übrig, dann kann man sie erkalten lassen, in Scheiben schneiden und zu einer frischen Semmel essen. Das gibt ein kleines, gutes Abendbrot.

Nicht nur die Ostjuden liebten Bohnengerichte. Auch die Friesen kennen auf dem Lande den fetten Eintopf mit Fleisch und Bohnen. In manchen Häusern hat man dort noch vor kurzem siebenmal in der Woche solche Bohnengerichte zu Tisch gebracht – sie verleideten niemandem. Man braucht sich darüber nicht weiter zu verwundern. In Mittel- und Südamerika essen die armen Leute ja auch nicht viel anderes als Tag für Tag Bohnen und Mais. Es sind die Urspeisen der Indios. Man kann von ihnen ganz gut leben. Zumal, wenn man als Würze noch die Peperoni und die Tomaten hat, die ja beide ebenfalls aus dem Kontinent der Indios stammen.

Aber auch ohne Tomaten und Peperoni schmecken Bohnengerichte ganz vorzüglich. Eine ostpreußische Dame, die mit ihren Kindern im letzten Krieg nach Friesland geflohen war und dort eine Zeitlang auf einem Bauernhof bei der Arbeit mithalf, um dafür mit den Ihren auf dem Hof mitessen zu dürfen, erinnert sich noch gut, wie sehr sie sich anfangs wunderte über das tägliche Bohnengericht. In Ostpreußen wurden Bohnen nur selten gegessen, auf vielen Bauernhöfen kannte man sie kaum. Anfangs dachte sie, sie werde sich später einmal, nach überstandenen Hungerjahren, voll Abscheu sagen: Nie wieder Bohnen! Merkwürdigerweise kam ein solches Gefühl des Überdrusses in ihr nicht auf – weder damals noch später! Vielmehr schickt sie mir heute das nachfolgende Rezept, durchsät von Ausdrücken der Sehnsucht nach jener Bohnenzeit. Es ist eine ähnliche Sehnsucht, wie sie manchmal in uns aufsteigt, wenn wir uns an bestimmte Brotsorten oder Speisen erinnern, die wir seit unserer Kindheit nie mehr gegessen haben.

Grüne Bohnen mit Speck, friesisch zubereitet

Auf manchen Bauernhöfen im Nordwesten Deutschlands scheint ein Mittagessen ohne Bohnen kaum denkbar zu sein. Sobald es warm genug ist im Frühling, werden Bohnen gesteckt. Und dies wiederholt man bis in den

Sommer hinein alle vierzehn Tage, um möglichst lange, bis tief in den Spätherbst, junge frische Bohnen ernten zu können. Man pflückt die Schoten nicht ganz so jung wie im Süden und Westen Europas; es ist auch nicht nötig, denn in dem feuchten kühlen Klima dort verholzen die grünen Hülsen nicht so rasch. Die weißen oder bunten Samenkerne können schon eine respektable Größe erreicht haben – die grüne Schote, die sie umhüllt, ist nach wie vor zart und weich und kann noch gut gegessen werden.

Im Winter, wenn es keine frischen grünen Bohnen gibt, ißt man getrocknete oder in Salz eingesäuerte. Oder aber voll ausgereifte Kerne ohne grüne Hülse.

Nun aber das Sommergericht. Die bereits ziemlich dikken grünen Bohnen werden kurz aufgekocht, dann gießt man das Wasser ab und schüttet frisches, kochendheißes darüber. Wozu es gut sein soll, die Bohnen so zu überbrühen, weiß ich nicht. Vielleicht soll auf diese Weise eine besonders gründliche Reinigung von Staub und Schmutz erreicht werden?

Wichtig ist jedenfalls, daß man weder zuviel noch zuwenig heißes Wasser zu den Bohnen schüttet. Denn genau wie beim Tscholent der Juden soll zuletzt die ganze Flüssigkeit eingedampft, die Speise aber auf keinen Fall angebrannt sein. Und genau wie beim Tscholent werden daher auch bei diesem Friesengericht mehrere Löffel Fett beigefügt, die man aber nicht unten auf dem Topfboden verteilt, sondern ins Kochwasser hineingibt. Salz hinein. Pfeffer scheint nicht üblich, aber mir scheint: eine kleine Prise kann nicht schaden. Zu Bohnen – allerdings vor allem zu ausgekernten, nicht zu grünen – gehört ein wenig scharfe Würze.

Und nun kommt ein tüchtiges Stück Speck hinein, pro Person etwa 1/4 Pfund. Er soll gesalzen und getrocknet sein, aber nicht geräuchert. Der Speck wird, anders als beim Tscholent das fette Fleischstück, nicht unten in den Topf gelegt, sondern er kommt zuoberst hinein, und zwar mit der Schwarte nach oben. Auf diese Weise kann er dann während des Kochens etwas von seinem Fett und Aroma auf die Bohnen herunterträufeln lassen.
Nun wird der Topf fest verschlossen, und auf ganz kleiner Flamme köchelt das Gericht gut 2 Stunden lang. Es soll womöglich während des Kochens nicht aufgedeckt und erst recht nicht umgerührt werden. Hat man Wasserquantum und Flammengröße richtig aufeinander abgestimmt – es gehört natürlich ein bißchen Übung dazu! –, dann ist zuletzt das Wasser aufgesaugt und verdunstet, und die Bohnen glänzen und glitzern vom Schweinefett und Rindertalg.
Zu dem Gericht gehören trockene Salzkartoffeln. Man stellt sie 1/2 Stunde vor dem Mittagessen auf die Flamme, dann ist alles gleichzeitig fertig.

Kochspeck ist, im Verhältnis zum Nährwert und Wohlgeschmack, nicht sehr teuer. Aber es gibt auch andere billige Fleischsorten, die dennoch ein sehr gutes, vollwertiges Mittagessen ergeben:

Kalbslungenragout
Der Name ist irreführend, genau wie der des Wiener ›Kalbs-Beuschels‹! Das Gericht besteht nicht aus Lunge allein: sozusagen immer werden auch Stücke vom Kalbsherz beigefügt. Nun kann man zwar zweifeln, ob das Gewebe der Lunge sehr nahrhaft ist. Ganz bestimmt

aber besteht das Herz aus schönstem Muskelfleisch, und nur irgendeiner Modelaune wegen wird es billiger taxiert als ein Filet-Beefsteak.

Lunge und Herz werden in nicht zu große Würfel geschnitten, ähnlich wie für ein Gulyas. Die Stücke muß man sehr gründlich abwaschen. Dann kocht man sie einige Stunden lang. Und zwar entweder in einer Zwiebelsauce, wie wir sie weiter vorn beschrieben haben, oder in einer Sauce aus Zwiebeln und Tomaten, jedoch ohne Speck darin und ziemlich mild und flüssig. Manche fügen eine Prise Zucker bei oder etwas Mehl.

Oder aber wir kochen die Stücke in einer folgendermaßen gewürzten Flüssigkeit:

Salzwasser mit etwas Paprika, ganzen Pfefferkörnern, Wurzelwerk, einem Kräuterbouquet und einem Glas Rotwein. Hat man keinen, dann kann man notfalls auch ein kleines Glas Essig nehmen. In diesem Falle aber füge man eine Prise Zucker hinzu. Manche geben noch eine Zwiebel hinein, die sie mit ein paar Nelkenkörnern bestecken, andere lieben auch den Duft von Lorbeerblättern in dem Ragout.

Da die Lunge mit Luftbläschen gefüllt ist, steigen die Lungenstücke anfangs hoch an die Oberfläche. Man muß sie von Zeit zu Zeit niederdrücken und die Kochbrühe immer wieder abschäumen, bis sie schließlich ziemlich klar bleibt. Dann erst den Deckel auf den Topf auflegen und lange und sacht kochen lassen.

Wenn die Fleischstücke weich sind, siebt man die Sauce durch und verfeinert sie noch ein wenig. Man kann dies auf zweierlei Weise tun:

Die einen bräunen einen Löffel gutes Fett mit einem Löffel Mehl zusammen, gießen mit der Sauce auf, kochen gut durch und legen die Fleischstücke wieder hinein. Sie fügen mitunter auch ein wenig abgeriebene Zitronenschale hinzu. Das schmeckt nicht schlecht.

Noch besser aber ist die Balkanvariante ohne Mehl: Etliche Eier – zwei genügen für eine kleinere Familie – werden gut zerschlagen, worauf man sorgfältig die heiße Brühe dazugießt. Die Eier dürfen aber nicht etwa kochen, sonst gerinnt die Sauce. Dieser zarten Sauce fügt man gern, wenn der Kochwein sehr mild war, noch ein paar Tropfen Essig oder Zitronensaft und auch eine Prise Zukker bei.
Aber an diesen süßsäuerlichen Einschlag bei Fleisch- und Fischspeisen, den ganz Osteuropa und übrigens auch Ostasien kennt, muß sich der Westeuropäer erst gewöhnen. Die Kombination erscheint ihm fremd und befremdend, viele können sich mit ihr nur schwer anfreunden.

Zu diesem Gericht servieren Sie nicht Salzkartoffeln, sondern Nudeln, Nocken, Spätzle oder Knödel, die aber nur sehr wenig, am besten gar nicht ›abgeschmälzt‹ und schon gar nicht in fettgebräunten Bröseln gewälzt sein dürfen! Sie sollen trocken sein, so daß sie die schöne Sauce in sich aufnehmen.

All diese Speisen, vor allem die Mischgerichte aus Fleisch, Zerealien und Gemüse, sind altbewährt, schmackhaft, billig. Und praktisch! Man hat an ihnen gleich ein ganzes Mahl. Wer mit modernen Kochprinzipien aufgewachsen ist und Fleisch kaum in anderer Zubereitung kennt als gegrillt oder sehr kurz gebraten, ahnt kaum, welche Genüsse der Vorfahren ihm entgehen. Das

Wort ›Eintopfgericht‹ hat – ich weiß nicht seit welchem Zeitpunkt – eine Abwertung erlebt, die von der Sache, von den verschiedenen volkstümlichen Eintopfgerichten her, kaum verständlich ist. Gulyas und die vielen Tscholent-Varianten sind lange nicht die einzigen Eintopfgerichte, die es wert sind, wieder häufig auf unsern Tisch zu gelangen, vor allem dann, wenn wir für eine größere Familie kochen. Es lohnt, zur Anreicherung des Küchenzettels, durchaus, auch in die Eintöpfe fremder Kontinente einen Blick zu werfen. Allerdings wird man nicht alles genau übernehmen können und dürfen: manches ist zu ungewohnt im Geschmack, für anderes sind die Zutaten nicht erhältlich. Wir sprachen schon von diesen Grenzen bei der Übernahme von Fremdgerichten. Nachfolgend aber geben wir Ihnen ein südamerikanisches, in der Urform sehr scharf schmeckendes Eintopfgericht, das von einer passionierten deutschen Köchin geschickt dem mitteleuropäischen Gaumen angepaßt worden ist. Die Speise hat in dieser europäischen Abwandlung eine leichte Ähnlichkeit mit dem Irish-Stew, schmeckt aber doch anders und vor allem viel besser:

Insupade (südamerikanisch)

Wir brauchen 1½ Pfund mageres Rindfleisch. Am besten läßt man sich vom Metzger ein Stück geben, das sich auch für Gulyas eignet. Er kann das Fleisch gleich in passende Würfel schneiden. Das Fleisch wird in reichlich Fett angebräunt, und zwar – anders als beim Gulyas – ohne Zwiebeln.

Man deckt den Topf dann zu und läßt das Fleisch auf kleiner Flamme im eigenen Saft dünsten und halb gar werden. Wenn dann der Zeitpunkt da ist, in welchem man Flüssigkeit aufgießen müßte – sobald nämlich die im Fleisch enthaltene Flüssigkeit trotz fest aufgelegtem Deckel verdunstet ist und die Speise bald anbrennen könnte –, fügt man verschiedene, in kleinere Stücke zerschnittene Gemüse bei. Das Gericht gerät am besten zur Zeit der frischen grünen Bohnen:

Man nimmt etwa $1^1/_2$ bis 2 Pfund grüne Bohnen, etliche Rübchen, 1 bis 2 Rübkohl, etwas Blumenkohl – alles, wie gesagt, in kleinere Stücke zerschnitten. Dagegen werden 1 Teller rohe Kartoffeln, etwa $1^1/_2$ Pfund Tomaten und 1 Pfund Zwiebeln, die gleichfalls hineinkommen, nur in Scheiben geschnitten.

Nun soll das Gericht im fest verschlossenen Topf mindestens 3 Stunden lang leise schmoren, und zwar am besten ganz ohne Wasser. Die Tomaten sondern ja genügend Flüssigkeit ab. Geht es nicht anders, dann fügt man einige wenige Löffel Wasser hinzu. Nicht zu stark salzen. Und wenn man hat, gibt man auch etwas Sauerampfer hinein.

Zum Schluß soll das Gericht ganz ausgedörrt sein, aber natürlich darf es nicht anbrennen.

Und wenn wir schon bei Fleischgerichten sind, die an iberische Vorbilder erinnern, so möge auch die nachfolgende sehr gute Eintopfspeise hier beschrieben sein. Kennengelernt habe ich sie unter dem Namen:

Spanisch-Frico

Ob allerdings die Spanier das Gericht genauso zubereiten, wie ich es in einem deutschen Hause vorgesetzt bekommen, erprobt und sehr genossen habe, ist nicht sicher. Der beigefügte saure Rahm deutet eher darauf hin, daß da mittel- und osteuropäische Kochideen zur Vollendung der Speise beigetragen haben. In Spanien kocht man nur selten mit Rahm, und schon gar nicht mit saurem. Man braucht zu dem Gericht etwas Butter (zum Ausstreichen der Puddingform), 1 1/2 Pfund gehacktes mageres Rindfleisch, 1 Kilo rohe Kartoffeln in Scheiben, 1/4 Liter dicken sauren Rahm.

In die ausgebutterte Form gibt man abwechselnd Kartoffeln und Fleisch. Jede Fleischlage wird mit etwas Sauerrahm beträufelt, der meiste Rahm wird aber zuoberst darübergegossen. Jede Schicht wird gesalzen. Das Gericht darf ziemlich rezent schmecken.

Die Form wird gut verschlossen und 3 1/2 Stunden im Wasserbad gekocht. Wenn zuviel Wasser verdunstet, muß man kochendes Wasser nachgießen: die Form darf nicht zu weit aus dem heißen Wasser herausragen. Beim Anrichten stürzen, aber unbedingt in eine Schüssel mit genügend hohem Rand: der reichlichen Sauce wegen! Das Gericht ist alles andere als trocken.

Die Speise steht und fällt aber mit der Möglichkeit, sich dicken Sauerrahm zu beschaffen. Süßer Rahm mit einem Zusatz von Zitronensaft oder Essig ist kein Ersatz, Joghurt auch nicht und eine säuerliche weiße Mehlsauce schon gar nicht!

Huhn oder Rindfleisch in Pilz- und Gemüsesauce

Nun noch ein zweites Fleischgericht in Sauce, für das es aber keinen bestimmten Namen gibt. Es bewährt sich sehr gut bei der Zubereitung von Rindfleisch oder von Hühnern mit etwas zähem, nicht mehr ganz jungem Fleisch:

Es gehören dazu 4 Pfund Fleisch, sei es vom Huhn oder

vom Rind. Das Huhn wird höchstens in vier Stücke geteilt; das Rindfleisch bleibt am besten unzerteilt. Es sei denn, das Quantum ist für zwei Mahlzeiten bestimmt. Dann halbiert man das Fleisch vor dem Kochen.

Das Fleisch kommt in einen genügend großen, festen Topf. Man umlegt es mit zwei zerschnittenen Zwiebeln, zwei dick gescheibelten Karotten, einem etwas feiner zerschnittenen Peperone (Pfefferfrucht), aus dem man aber die scharfen Körner sorgfältig entfernt hat, und, wenn irgend möglich, einer Tasse zerschnittener Pilze. Zuchtchampignons kommen zwar in Frage, besser aber sind frische Waldpilze, junge Steinpilze vor allem. Sterilisierte Pilze dagegen haben hier wenig Sinn: sie haben ein zu schwaches Aroma. Man fügt ferner mehrere geschälte, entkernte und zerschnittene Tomaten bei. Im Winter nimmt man statt dessen eine Büchse Tomatenpüree. Man würzt mit einem Teelöffel Salz, einer tüchtigen Prise schwarzem Pfeffer und einer oder auch mehreren Knoblauchzehen.

Ein wenig Wasser kommt hinein, dann deckt man den Topf sehr gut zu und läßt das Gericht 4 Stunden lang auf kleiner Flamme kochen. Während des Kochens sollte man den Deckel nicht abheben. Bereitet man die Speise aber zum ersten Male, dann wird man es wohl dennoch tun müssen. Denn es ist unmöglich, genau anzugeben, wieviel Wasser nötig ist, damit die Speise nicht anbrennt, sondern zuletzt noch ein wenig Sauce vorhanden ist. Gibt man aber aus übergroßer Vorsicht heraus von Anfang an zuviel Wasser hinein, dann schmeckt die Sauce nachher fade und wird zu wäßrig.

Zu dem Gericht paßt ein körniger Reis. Es schmeckt aber auch sehr gut zu einer Scheibe knusprigem Weißbrot.

So gut die Speise schmeckt – dies ist Ihnen doch klar, daß man sie aus einem eher derben Suppenhuhn und nicht mit ganz jungen Hühnchen zubereitet? Die wären viel zu schade für eine solche Prozedur und derart lange Kochzeit!

Rezepte für junge Hühnchen kennt man heute zur Genüge. Wir brauchen keine anzuführen. Nur ein Hinweis sei hier erlaubt:

Schinden Sie das Hühnchen nicht!
Wie man ein Wiener Backhendl paniert und bäckt, wissen Sie wohl? Wer es noch nicht kann, findet in jedem einschlägigen Kochbuch die genauen Angaben. Neuerdings hat aber irgendein bequemer oder überlasteter Koch herausbekommen, daß man viel Zeit spart, wenn man einfach die Haut von den Hühnchen herunterreißt, anstatt sich mit dem sorgfältigen Entfernen aller Federn abzuplagen. Das stimmt, es geht auf diese Weise rascher. Nur: das Hühnchen wird, wenn man es der Haut beraubt, nicht halb so zart und gut.
Vielleicht erscheint Ihnen der Rat, die Warnung überflüssig, weil Sie in Ihrem Lebensmittel-Großladen die Hühnchen ohnehin gerupft und ausgenommen erhalten? Dies ist aber sehr oft Importware, tiefgekühlt und viele Wochen alt. Zwar hindert die Tiefkühlung das Verderben und Verfaulen, sie mordet aber das Aroma.
Haben Sie also die Wahl zwischen einem pfannenfertig bereiteten, hygienisch verpackten Importhühnchen und einem frisch geschlachteten von einem inländischen verläßlichen Lieferanten, dann nehmen Sie, wenn es nicht anders geht, das Federzupfen, Absengen und Abbrühen

in Kauf! Aber vielleicht ist Ihr Lieferant trotz Zeitnot und Mangel an Hilfskräften bereit, selber das Geflügel für Sie pfannenfertig herzurichten?
Wie immer: Lassen Sie dem Hühnchen, wie Sie es auch zubereiten wollen, seine Haut!

Suppendüfte

Langgekochtes

Wir haben uns sehr lange beim Gulyas und bei andern langgekochten Fleischgerichten aufgehalten. Obwohl oder vielmehr gerade weil sie nicht in Mode sind. Man liebt heute Speisen mit sehr kurzer Kochzeit. Schuld an der Vorliebe für Rohes und Halbgegartes haben, wir sagten es schon, die modernen Ernährungstheoretiker. Aber warten Sie nur ein wenig! Bald wird es eine neue Mode geben! Es werden andere Diätetiker kommen und genau das Gegenteil empfehlen: gut durchgekochte Speisen. Und abermals wird es an überzeugenden Beweisen bestimmt nicht fehlen. Aus dem einfachen Grunde, weil alle beide im Recht sind, die Rohköstler sowohl wie die Langkocher. Vorausgesetzt, daß ihre Lehre nicht absolut gesetzt und daß sie nur am rechten Ort, das heißt: bei passenden Gerichten, angewendet wird. Gulyas also kocht lang, wie ja die meisten alten Speisen alter Völker. Und bei dem Rösten und dem langen Kochen bildet sich, durch die Gewürze und das Wasser, der Saft, die Sauce, der Sugo. Ein solcher Saft ist wunderbar geeignet, fade Gerichte aus mehliger Substanz im Wohlgeschmack zu steigern und so die Mahlzeit nahrhaft und zugleich sehr lockend abzurunden. Davon war in dem Buche wiederholt die Rede, als wir von Saucen sprachen und vom Gulyas.

Wein
Saure

Der Sinn der Suppe

Nun läßt sich dieser Saft noch weiter strecken, indem man noch mehr Flüssigkeit hinzufügt: Wein oder Wasser, Rahm oder Milch – was eben paßt und was man hat. Dann steht man schließlich vor einer Speise, die – wenigstens nördlich der Alpen – heute in manchem Hause kaum mehr auf den Tisch gelangt: die nahrhafte Suppe nämlich, die, mit einem Stück Brot dazu, früher manchmal als ganze Mahlzeit galt.

Der Minestrone

Im Süden hat die Suppe noch ihre Urbedeutung. Sie ist mit lockernder, streckender Flüssigkeit durchsetzte Synthese vieler Nährsubstanzen und zugleich Symphonie der herrlichsten Gerüche. Sie enthält meist wenig oder gar kein Fleisch – denn sie ist die Suppe eines zwar kochbegabten, aber armen Volkes. Immerhin, etwas Schweinespeck, angebraten und aromaspendend, ist meist in ihr und verströmt Duft und Fett in all die vielerlei Gemüse, die Hülsenfrüchte und die Zerealien: Reis oder kleingebrockte Makkaroni.

Wichtig ist, daß die zerschnittenen Gemüse – welche, dafür gibt es keine Vorschrift; man nimmt halt, was man hat und was die Jahreszeit beschert – zusammen mit den grob zerhackten Zwiebeln und mit etwas Knoblauch und den erhitzten und ausgelassenen Würfelchen Speck sehr gründlich durchgedünstet werden, bevor man Wasser zugibt. Es ist wie bei dem Gulyas: Röststoffe müssen sich entwickeln und ihre Düfte voll entfalten, bevor man ›wässert‹. Darum muß das Gemüse ohne Wasser zunächst so lange schmoren, bis es sich schon ein wenig bräunt und die Gefahr besteht, daß es bald anbrennt.

Gleichzeitig mit dem Wasser kommen auch Bohnenkerne hinein – bunte oder weiße. Die Nacht zuvor sind sie im kalten Wasser drin gelegen, sofern sie nicht ganz frisch gepflückt sind. Gartenfrische Bohnenkerne braucht man nicht einzuweichen.
Und Nudeln oder Reis gibt man erst in der letzten halben Stunde zu. Schwach salzen! Fertig gekaufte Suppenwürzen werden keine beigefügt! Wer wirklich kochen kann, braucht solche Würzen überhaupt nie. Vor allem aber nicht beim Minestrone – so heißt die Suppe. Wenn man sie richtig zubereitet und lang und langsam kocht, entwickelt sie einen solch runden, vollen, starken Duft und Wohlgeschmack, daß vorfabrizierte Würze da nur stören würde.
Dagegen kann man, wenn man will, bei Tisch geriebenen Parmesan dazu servieren.
Der Minestrone ist, genau wie die Bouillabaisse in Frankreichs Süden und die Aalsuppe in Hamburg, eine ganze Mahlzeit. Und eine gute Mahlzeit obendrein!

Russische Suppen
In Rußland gibt es den Schtschi aus frischem oder Sauerkohl, mit saurer Sahne und – so man hat! – auch etwas Fleisch darin. Daneben den bereits einmal erwähnten Borschtsch. Man kann ihn aus gegorenen oder frischen roten Rüben oder auch aus beiden zubereiten; mit oder ohne Fleisch; mit oder ohne Sauerrahm; mit oder ohne Knoblauch; mit oder ohne Eigelb. Alle seine Varianten schmecken herrlich und sind ungemein bekömmlich.

Saure rote Rüben

Am besten schmeckt der Borschtsch aus roten Rüben, die man eingesäuert hat. Und zwar ohne Essig oder Salz – ganz einfach mit Hilfe von kaltem Wasser! Im Osten kennt ein jeder die Prozedur. Sie ist so einfach, daß keiner es glaubt, der es nicht selber ausprobiert hat: Rohe rote Rüben werden geschält, in Stücke geschnitten, in große Einmachgläser oder Steingutkrüge hineingelegt und mit reinem kaltem Wasser übergossen. Und das ist alles. Gut darauf achten, daß die Rote-Rüben-Stücke nicht aus dem Wasser ragen! Notfalls kann man sie mit einem kleinen Teller oder Brettchen unter die Flüssigkeit drücken.

Leicht überdecken, damit kein Staub und Schmutz hineinfällt. Aber nicht luftdicht verschließen! Sonst sprengt die Gärung den Verschluß und überschwemmt den Boden mit blutfarbener Sauce!

Die Flüssigkeit wird rasch rot. Nach rund zwei Wochen schmeckt sie erfrischend säuerlich. In diesem Zustand wird sie für die berühmte Rote-Rüben-Suppe des Ostens verwendet: Borschtsch heißt sie bei den Russen, Barschtsch bei den Polen.

Den besten Borschtsch gab es in Ostgalizien. Den allerbesten bei den dortigen Juden, obwohl sie die Speise nicht aus ihrer mediterranen Heimat mit in den Norden gebracht, sondern erst bei den slawischen Bauern kennengelernt hatten. Sie gaben dem an sich schon herrlichen Bauerngericht noch den mediterranen Schliff. Diese herrlichen jüdischen Borschtsch-Rezepte habe ich in meinen »Koscheren Kostproben« aufgeführt.

Hier sei nur einiges Grundsätzliche festgehalten: Außer roten Rüben gehört in den Borschtsch kein zweites Ge-

müse. Höchstens – bei einer bestimmten Variante, zu der auch Fleischeinlagen dazugehören – zerstoßener Knoblauch, wenn man den als Gemüse und nicht als Gewürz bezeichnen will.
Und ferner: Wer so vornehm ist, daß er nur den Saft und nicht auch die etwas ausgelaugten Rote-Rüben-Stücke nachher verwenden will, der braucht die roten Rüben nicht zu schälen, bevor er sie einlegt. Es genügt dann, wenn man sie sehr sauber schrubbt und wäscht.
Diese rote Grundsubstanz, die man ganz gut auch kalt, mit oder ohne eine Prise Zucker, aus Gläsern trinken kann wie Wein, ergibt die beste Suppe, die ich kenne.

Borschtsch-Karikaturen
Hütet euch aber vor den Borschtsch-Rezepten, die neuerdings in Deutschland herumgegeben werden! Irgendein Witzbold aus der Ukraine muß sich mit einem deutschen Frager einmal einen dummen Scherz gestattet haben: er hat ihm aufgebunden, daß sozusagen alles, was rot ist, in den Borschtsch hineingehört. Neben roten Rüben also auch Tomaten und Paprika zum Beispiel. Und außerdem noch Sellerie und Kapern und was weiß ich! Sagt man aber einem deutschen Kochbuchautor, der darauf hereinfiel, daß das Unsinn ist, dann ist er meist beleidigt und entgegnet: Volksspeisen werden in verschiedenen Gegenden verschieden zubereitet!

Varianten der Volksgerichte
Das stimmt an sich. Jede Volksspeise gibt es in verschiedenen Fassonen, so wie auch Rembrandt und van Gogh ein und dasselbe Motiv mehrfach gemalt und immer wieder anders abgewandelt haben. Jedoch: von diesen

Bildern ist keines Kitsch und Unfug. Alle sind sie Kunst. Und ähnlich ist es auch bei Volksgerichten kochbegabter Völker: sie schmecken sehr verschieden, je nach Gegend, sind aber alle herrlich und richtig komponiert, leicht unterscheidbar von verfälschten Formen.

Und dann, vor allem: Das Volk kocht nur, was es im eigenen Lande hat. Außer für Festgebäck, wo ausnahmsweise importierte Mandeln, Rosinen und Gewürze doch einmal in Frage kommen, kauft oder nimmt es nichts, was in der Gegend nicht gedeiht. Wie sollte es auch anders sein? Und nun auf einmal Kapern in der alten Bauernsuppe aus einem Landstrich mit sehr harten Wintern! Und gar Tomaten! Die Rote-Rüben-Suppe aß man gern den ganzen Winter durch, bis in den Frühling. Wo hätten da Tomaten in die Bauernkaten und in die Küchen der armen Juden herkommen sollen? Ganz davon abgesehen, daß bei sauren roten Rüben die ebenfalls ein wenig säuerlichen Tomaten nichts zu suchen haben. Und Paprika? Der paßt zum Borschtsch wie etwa Butterbrot zu Nudeln! Der Borschtsch hat von der Gärung her eine gewisse leichte Schärfe, ähnlich wie nicht zu süßer Wein. Schütten Sie etwa Paprika ins Weinglas?

Der Duft von Dill

Doch man muß gar nicht in die Ferne, in den Süden oder in die Ukraine schweifen, um gute alte Suppen zu entdecken. Wenigstens zwei gibt es auch im deutschen Osten. Ich gebe die Rezepte wieder, genau wie sie der Spender, ein ostpreußischer Jurist und in der Freizeit passionierter Koch und Zuckerbäcker, mir vorgeschrieben hat:

»Die Erinnerung an die Küche meiner Kindheit, dominiert von der Kochkunst meiner Mutter, ist für mich untrennbar mit dem Duft von frischem Dill verbunden. Natürlich wurden nicht die ganzen Pflanzen samt den groben Stengeln verwendet, sondern nur die feinen Fiederchen. Besonders lieb ist mir das Kraut auch heute noch in der Kartoffelsuppe:

Kartoffelsuppe des ostpreußischen Juristen
Dazu kochen Sie zunächst feste, gelbfleischige Kartoffeln in Salzwasser, und Sie erhitzen gleichzeitig Milch, bis sie fast kocht. Dann zerdrücken Sie die Kartoffeln mit einer hölzernen Reibkeule.« (Anmerkung der Buchautorin: Sie können auch ein Drehsieb hierfür nehmen, ein sogenanntes Passe-Vite.) »Jetzt rühren Sie nach und nach die heiße Milch in die Kartoffeln, bis eine zarte Creme von der gewünschten Konsistenz entsteht. Nun noch reichlich feingehacktes Dillkraut darüber – und das Gericht ist fertig. Wer mag, kann eine winzige Prise Muskat dazugeben – allein es muß nicht sein. Salzen nach Geschmack, jedoch mit Vorsicht. Es ist eine lieblich-milde Suppe!
Ich liebe es«, so schreibt er weiter, »etwas angebräunte Butter dazuzugeben.«
Ich meinerseits – diesmal spricht die Autorin – ziehe es vor, auf altpolnische Art ein Stücklein sehr frische, feste Butter zuletzt in jeden Teller auf die Suppe aufzulegen. Die Butter schmilzt und bindet sich ganz zart und langsam mit der Suppe.

Wassergrieß mit Butter
Auf diese Weise – nämlich mit einem Stücklein sehr frischer Butter darauf – ist, dies nur nebenbei, auch ein dünner, schwach gesalzener Brei aus grobem Weizen-

grieß, gekocht mit Wasser anstatt wie üblich mit Milch, nicht nur eine bekömmliche Diät bei vielerlei Beschwerden, sondern zugleich sehr schmackhaft.

Ostpreußische Kartoffelsuppe und Palatschinken
Als Ergänzung der Mahlzeit, die mit der Kartoffelsuppe anfing, schlägt unser Ostpreuße Pfannkuchen – er meint natürlich Palatschinken oder Plinsen – mit Konfitürefüllung vor.
Ich möchte aber meinen: mit einer Füllung von nicht allzu feuchtem Magerquark, vermischt mit etwas Eigelb, saurem Rahm und eingeweichten oder noch besser aufgekochten Sultaninen, passen die Palatschinken noch besser zu dem Mahl.
Daß aber eine Eierspeise mit der Kartoffelsuppe in jedem Falle eine gute Ehe gibt, darin hat er recht.
Und falls Sie, lieber Leser, katholisch sind: Wie wäre es dann mit einem solchen Mahl am nächsten Freitag? Zuletzt noch etwas rohes Obst dazu!

Aber da ist noch eine zweite Suppe aus dem nordöstlichen, sonst wenig kochbegabten Preußen, die nicht zu verachten ist. Das Rezept stammt aus derselben Quelle wie die Kartoffelsuppe.

Ostpreußische Suppe aus gelben Erbsen
Man braucht dazu getrocknete gelbe Erbsen. Es ist eine nahe Verwandte der Kartoffelsuppe, aber ohne Milch. Geschälte Erbsen sind leichter zu verarbeiten als ungeschälte. Durch ein Haarsieb oder ein feingelöchertes Drehsieb müssen Sie sie aber beide treiben.
Zum Kochen sollten Sie weiches Wasser nehmen. Wenn

Sie mit hartem Wasser kochen müssen, hilft ein wenig doppelkohlensaures Natron. Mit Salz müssen Sie, wie bei allen Hülsenfrüchten, vorsichtig sein! Und daß sich die Erbsen leichter weich kochen lassen, wenn sie die Nacht zuvor im Wasser lagen, das wissen Sie wohl schon. Die Erbsen mit einigen Kartoffeln zusammen im nötigen Wasser weich kochen und passieren. Schwach salzen, das sagten wir bereits.

Und nun, zum Schluß, aber erst, wenn die Suppe völlig fertig ist, sehr reichlich Dillkraut darauf! Und das ist alles.

Varianten der Erbsensuppe

Was jetzt noch kommt, bleibt dem persönlichen Ermessen anheimgestellt: manche kochen ein Stück Sellerieknolle und einen Lauchstengel in der Suppe mit. Beides wird aber entfernt, ehe man die Erbsen durchpassiert! Ich würde sagen: Diese beiden würzenden Bestandteile sollten Sie akzeptieren.

Andere fügen reichlich in Butter angebräunte Zwiebeln hinzu.

Ich würde eher raten: Lassen Sie die Zwiebeln weg! Der süßliche Geschmack der Zwiebel paßt nicht so recht zum Erbsengericht. Harmonischer mischt sich mit den Erbsen der Duft von Knoblauch. Vielleicht versuchen Sie einmal nach altostjüdischem Brauch der fertigen Erbsensuppe ein paar zerstoßene, rohe Knoblauchzehen beizufügen? Wen der Geruch nicht stört, der wird die Suppe in dieser Form ganz herrlich finden.

Andere wieder kochen ein Stück Rindfleisch mit – aber es darf nicht gar zu mager sein, sondern gründlich durchwachsen!

Üblich und ausgezeichnet ist in der Erbsensuppe auch ein Stück Schweinebauch oder Schweinespeck, und schließlich, bescheidener, eine Bockwurst. Fleisch und Wurst werden vor dem Servieren in mundgerechte Würfel geschnitten.
Wieder andere streuen in Butter geröstete Weißbrotwürfel in die Suppe – aber erst im Teller! Ja nicht vorher. Die Würfel sollen noch knusprig sein, wenn man zu essen anfängt.
Persönlich finde ich: ohne solche Brotwürfel schmeckt die Suppe besser.

Klare Suppe mit Knödeln
Ja – und dann gibt es noch die sogenannte klare Suppe, den Saft vom lang und langsam durchgekochten Fleisch. Ihn trinkt man am besten, ohne Zutat, einfach aus der Tasse. Oder man legt in eine solche klare Suppe kleine Knödel ein, die man aus Grieß oder Semmelmehl mit Ei, aber ganz ohne Fett bereitet! Statt dessen wird die Brühe nicht entfettet. Die Knödel saugen sich in diesem Falle voll mit Suppenfett und schmecken herrlich.
Das beste und einfachste Rezept für Suppenknödel: Für je 2 Personen 1 zerschlagenes Ei mit 2–3 Eßlöffeln Paniermehl, Salz und Pfeffer mischen. 10 Minuten ausquellen lassen. Aus der weichen Masse nußgroße Kugeln formen. In der kochenden Brühe 10 Minuten garen. Sie gehen auf doppelte Größe auf.
Und manche lieben in der klaren Brühe feine Nudeln und andere zarte Kleinigkeiten.
Das alles ist, da sich die Brühe beim Kochen ganz von selbst ergibt, sehr sinnvoll. Und mit viel Fleisch, womöglich noch mit Huhn und mit richtig würzenden Gemü-

sen zubereitet, ist solche Brühe wirklich delikat. Man glaubte früher auch, sie wäre äußerst nahrhaft, weil sie gewissermaßen – so dachte man – die Quintessenz vom Fleisch und vom Gemüse verflüssigt in sich trage. Soviel ich weiß, glaubt man es heute nicht mehr. Man genießt solche Brühe vielmehr, weil sie den Appetit anregt und sehr gut schmeckt.

Deswegen ist es nicht sehr sinnvoll, für die echte Brühe ein Konzentrat aus der Fabrik zu suchen, das niemals gleich gut schmeckt. Drum: Habt ihr echte Brühe, dann genießt sie! Und habt ihr keine – nun, dann eßt ihr eure Mahlzeit eben ohne klare Brühe!

Von den harmonischen Fettehen

Wir sprachen eben von fettfreien Knödelmassen für die klare Brühe, und wir nannten auch den Grund, warum man die Knödel ohne Fett bereiten soll: sie sollen die Fettaugen auf der Suppe in sich saugen! Man kann zwar nicht gerade sagen: Einzig dazu sind die Knödel da! Aber eines ist sicher: Nur auf diese Weise werden sie vollkommen!

Bedenken Sie doch nur, was man da sonst für Unsinn treibt: erst entfernt man sorgsam alles Fett der Suppe – und dann fettet man die Speise wieder durch das Fett im Knödelteig!

Fettmesalliancen

Und obendrein: Wer sagt uns, daß beide Fette immer gut zusammenpassen? Nehmen wir an, daß in der Suppe fettes Rindfleisch mit einem Huhn zusammen kocht. Und nun kommt durch die Knödel Butter oder gar Margarine und vielleicht Kokosfett hinzu! Bestenfalls merkt man die Dissonanz zwischen den Fetten nicht sofort heraus. Doch daß der Wohlgeschmack der Speise durch solchen Mischmasch gesteigert werde, wird niemand zu behaupten wagen.

Bevor man in einer Suppe zwei Fette mischt oder einem Gericht ein bestimmtes Fett beifügt, soll man daher immer überlegen, ob es mit der Speise harmoniert.

Zu Palatschinken – Butter

Nehmen wir ein paar Beispiele. Teig für Eierkuchen – wir meinen hier die dünnen, die Palatschinken – mit Mehl und Milch darin: Was wählen Sie für Fett, um solche dünnen, zarten, weichen Scheibchen darin auszubacken? Schweineschmalz etwa, oder Rindertalg? Sicher nicht! Hier muß es Butter sein, und zwar ganz frische, nicht eingekochte! Wozu auch? Der Vorteil der eingekochten Butter besteht doch – außer in der Haltbarkeit – nur darin, daß sie beim Schmoren und beim Braten nicht bräunt und schwarzbrennt. Palatschinken aber sind in wenigen Sekunden gar! Da brennt die Butter ohnehin nicht an.

Zu Bauernomelette – Schmalz

Oder nehmen wir eine andere Eierspeise, eine ganz derbe, deftige: den Bauerneierkuchen. Das sind Bratkartoffeln mit Rühreimasse, zu einem dicken, braunen, saftigen Eierkuchen zusammengebacken.

Werden Sie gleichfalls frische Butter hierfür nehmen? Sicher nicht! Hierher paßt Schweine- oder Gänseschmalz, am besten ganz frisch ausgelassen und zusammen mit den Grieben.

Kohl – mit Schmalz

Nehmen wir nun verschiedene Gemüse. Was mischen Sie zum Kohl? Öl? Oder Butter? Wohl kaum! Zu einem solch winterlich-schweren Gericht gehört das Schmalz von Gans und Schwein, genau wie zu den Bauerneierkuchen! Und zwar egal, auf welche Weise Sie Ihren Kohl bereiten, mit Essig und ein wenig Zucker oder mit Kümmel und mit Salz, mit oder ohne Äpfel oder Zwiebeln.

Tomaten – mit Öl
Weiter. Wie ist es mit Tomaten? Manche nehmen Butter, um Tomatenhälften in der Eisenpfanne ein wenig anzubraten. Man kann das tun. Es ist nicht schlecht. Noch besser aber schmecken sie mit Öl. Die Italiener, die sich hier für Öl entschieden haben, treffen es sicher richtig!

Junge Erbschen – mit Butter
Und frische, junge Erbschen? Die kochen Sie in wenig Wasser, vielleicht mit kleinen, jungen Zwiebelchen zusammen und mit einer Prise Salz und Zucker. Zuletzt, vor dem Servieren, soll noch etwas Fett hinein. Welches? Butter natürlich! Und zwar ungesalzene, frische!

Karotten (Rübchen) – mit Schmalz oder Butter
Und die Rübchen? Nun, wenn man sie mit den Erbschen zusammen kocht – bekanntlich gibt das eine wunderbare Ehe –, dann müssen sie sich wohl die Butter mit gefallen lassen. Sonst aber, wenn man die Rübchen für sich allein bereitet, möchte ich meinen: am liebsten Gänse- oder Hühnerschmalz, wenn möglich ganz frisch ausgelassen, jedoch ohne Grieben! Man kocht die Rübchen, in Scheiben oder Stengelchen zerschnitten, in wenig Wasser, mit etwas Salz und Zucker, und fügt das Schmalz von Anfang an gleich bei. Bis die Rübchen weich sind, ist das bißchen Wasser verdampft und das Schmalz vollkommen aufgesogen. Die Rübchen schmecken auf diese Weise wirklich delikat!

Grieben
Die Grieben sind deswegen noch lange nicht verloren!

Mit etwas Salz zusammen schmecken sie vorzüglich zu einer Schnitte dunklem oder weißem Brot.

Spargel – mit Butter oder Öl

Und Spargel? Mit frischer Butter, hell oder auch gebräunt, schmeckt er herrlich. Oder mit einer warmen, samtig-zarten Sauce Hollandaise, die neben Butter auch Zitronensaft und Ei enthält. Oder mit einer Mayonnaise, also mit Ei und Öl und Essig.

Im Süden liebt man Öl zu Spargel auch in andern Formen: als ›Vinaigrette‹ zum Beispiel, also vermischt mit Essig, Kapern, kleingehackten harten Eiern, Gurken und Gewürzen. Das paßt gleich gut zu warmem wie zu kaltem Spargel.

Linsen, Bohnen, gelbe Erbsen – mit Fleischfett

Zu Linsen oder trockenen Erbsen und Bohnenkernen nimmt man im Norden im allgemeinen tierisches Schmalz. Das paßt vortrefflich.

Die Griechen aber nehmen Öl und fügen dem fertigen Gericht gehackte rohe Zwiebeln bei, und das ist auch nicht schlecht.

Gemüse mit Rahm

Manche Gemüse – etwa die rote Rübe, das weiße Rübchen und der Spinat – lieben auch Rahm. Sie wollen nicht im heißen Fett geröstet werden. Man muß sie sachte kochen oder dünsten, in wenig Wasser. Zuletzt kommt etwas Rahm hinzu, ob süßer oder saurer, darüber kann man nach persönlichem Geschmack entscheiden.

Mehl aber als Ersatz für Rahm liebt nicht ein einziges Gemüse! Weiße Rübchen etwa serviert fast jeder im mittleren Europa in einem weißen dünnen Mehlbrei. Tut es dennoch nicht! Nehmt Rahm! Und habt ihr keinen – dann eßt die weißen Rübchen doch einfach trocken, das heißt mit einem Minimum an Wasser sachte weich gedämpft. Zuletzt kommt noch ein Stücklein frische Butter darüber. Das ist nicht ideal, aber es ist nicht übel.

Billig und lecker

Letzthin brachte eine Klatsch-Illustrierte die Lieblingsspeisen mehrerer Filmstars. Mit wenigen Ausnahmen behaupteten die berühmten Herrschaften, sie liebten leidenschaftlich Kaviar und getrüffelte Gänseleber, allenfalls noch Spargel.

Was ich vom Kaviar halte – auch vom allerteuersten und allerbesten –, sagte ich schon. Und Gänseleberpastete? Die Trüffeln darin sind meist so spärlich verteilt wie die schwarzen Schönheitspflaster dermaleinst auf den rosig geschminkten Wangen der Damen des Pariser Ancien régime kurz vor seinem Sturz. So intensiv die Trüffeln – und noch etliche andere, weniger berühmte Pilze – duften und schmecken: bei solch homöopathischer Dosierung wirken sie in der rosigen Gänseleber höchstens noch ästhetisch, was natürlich auch nicht zu verachten ist. Bloß erzielt man den gleichen Effekt ein gutes Stück billiger mit selbstgesuchten Totentrompeten, die ebenso schwarz sind und – jedoch nur nach dem Trocknen – nicht minder intensiven Geruch verbreiten. Da sie nichts gekostet haben, kann man sie desto verschwenderischer dosieren.

Die zartrosige Leberpaste selbst jedoch stammt von unglücklichen kranken Gänsen, die wochenlang gewaltsam gestopft wurden, bis die Leber zu diesen schrecklichen Dimensionen und zu dieser kulinarisch delikaten, medizinisch höchst fragwürdigen Konsistenz anschwoll und sich altrosa färbte. Selbst wenn man das Mitleid mit

dem qualvoll gemästeten Federvieh einmal ausklammert (was man aber nicht tun sollte!), fragt es sich doch, ob solche Speise derart gesund ist.
Und Spargel schmeckt zwar wirklich delikat, aber wenn man ihn nicht unmittelbar nach dem Pflücken erhält, sondern erst nach ein paar Tagen, dann ist er hautig und holzig, nur ein mäßiger Genuß und seinen hohen Preis nicht wert. Warum gibt niemand offen zu, daß ihm gewöhnlicher Rotkohl, nach Großmutters Rezept zubereitet, im Grunde besser schmeckt? Es muß nicht immer auf bayerische Art sein, an der nordöstlichen deutschen Grenze kocht man Kohl ein wenig süßsauer, wie bei den Nordslawen. Zum Beispiel so, wie ein ›gelernter‹ Ostpreuße mitteilt:

Rotkohl ostpreußisch
Den Rotkohl sehr viel feiner hobeln, als in Bayern üblich. Dann mit Gänseschmalz (zur Not durch Schweineschmalz ersetzbar, aber niemals durch ein vegetabiles Fett oder Öl!), einer mit 3 Gewürznelken gespickten Zwiebel und kleingeschnittenen aromatischen ›altmodischen‹ Äpfeln (etwa Boskop) mit wenig Wasser und Salz weichdünsten. Statt mit Essig und Zucker lieber mit Johannisbeergelee abschmecken oder, wenn zum Rotkohl Wild gereicht werden soll, mit Preiselbeergelee. Süßsaures Kompott aus Preiselbeeren kann man in diesem Fall dann außerdem noch dazu reichen ...
Die Sache hat nur einen Haken. Früher einmal war ein solches Rotkohlgericht mit den genannten Zutaten etwas Spottbilliges. Johannisbeeren bekam man sehr preiswert, und die kulinarischen Spenden der freien Natur – etwa Preiselbeeren oder Pilze – kosteten sprichwörtlich fast

gar nichts: sie waren ›billig wie Pfifferlinge‹ oder ›wie Brombeeren‹.

Das war noch unmittelbar nach Kriegsende so. Eine junge Haushaltshilfe aus dem deutsch-litauischen Grenzgebiet, die damals zu uns kam, erzählte, wie sie nach der Flucht ins westliche Deutschland mit ihren kleinen Geschwistern zusammen Beeren und Pilze für den Verkauf gesammelt hatte. Am Waldrand warteten die Aufkäufer in ihren halbkaputten Autos und zahlten den Kindern fünf Pfennige für das Pfund Blaubeeren. Heute kostet das Pfund – zumindest in der Schweiz – sechs Franken. Ich habe mir daher längst abgewöhnt, Blaubeertorten oder -taschen zu backen, obwohl dies mit Abstand das feinste Obstgebäck ist, das ich kenne. Viele solcher einstigen ›Armeleutespeisen‹ kann sich heute nur noch der Allerreichste leisten.

Löhne der Rezensenten und der Putzfrauen

Schuld daran sind die hohen Arbeitslöhne in den Wohlstandsgebieten des freien Westens. Was viel Zeit schluckt, ist bei uns schon lange kaum mehr erschwinglich. Schon die Johannisbeeren stellen sich sehr teuer, weil sie so klein sind und man die Träubchen einzeln pflücken und nicht einfach von den Ästen schütteln kann wie Äpfel oder Zwetschgen. Bei Waldbeeren und Pilzen geht zusätzlich noch Zeit beim Suchen verloren. Sie sind heute ein regelrechter Luxus geworden. ›Preiswert‹ geblieben ist nur die geistige Arbeit, und zwar auch die solideste ...

Hierzu fällt mir eine kürzlich erlebte Episode ein. Der Redakteur einer sehr seriösen Zeitschrift bat mich um vermehrte Mitarbeit, warnte jedoch: »Leider können wir nur bescheidene Honorare zahlen!« – »Machen Sie sich keine Gedanken darüber«, beruhigte ich ihn, »ich erwarte von Ihnen bestimmt keine Putzfrauenlöhne!« Er lachte aber keineswegs, sondern sagte ganz wehmütig: »Putzfrauenlöhne! Davon wagen wir doch nicht einmal zu träumen!« – Das bestätigte ich und fügte hinzu: »Billige Putzfrauen bekommt man halt nur noch im Ostblock.« – Dies schien uns dann beiden ein ausreichender Trost für die schlecht bezahlte Geistesarbeit bei uns im Westen, von der wir beide leben.

Bühler und Welsche Zwetschgen

Alles aber, was kein aufwendiges Suchen und Pflücken erfordert, ist nach wie vor billig. So im Frühherbst die herrlichen Zwetschgen, die man eben ihres niedrigen Preises wegen zu unrecht viel zuwenig schätzt. In der Schweiz kennen wir zwei Arten. Die sehr feste, etwas säuerliche, große, prachtvolle, aromatisch duftende und schmeckende ›Welsche‹ oder ›Fellenberger‹ Zwetschge, eine sehr alte Sorte. Sie reift im Frühseptember. Sie ist ein Leckerbissen

Ein paar Wochen vorher taucht die ›Bühler‹ Zwetschge auf: kleiner, rundlicher, etwas fader und süßer. Sie ist nicht das Ergebnis einer zielbewußten Züchtung, sondern entstand im 19. Jahrhundert durch reinen Zufall in einem verwilderten Bauerngarten aus einem ausgespuckten Kern. Zum Einmachen sollte man nur die Welsche Zwetschge nehmen ...

Jedenfalls brachten mich die unerschwinglichen Preise der wildwachsenden Beeren auf den Gedanken, nach altmodischen und alterprobten Zwetschgenrezepten für Fleischbeilagen zu suchen. Eines davon habe ich erprobt

und an Freunde Kostproben verschenkt. Alle waren begeistert.
Es gibt zahlreiche Rezepte für süßsaure Essigzwetschgen. Darunter solche für ganze Früchte, die man dann, jede Frucht einzeln, mit einem spitzen Hölzchen mehrfach durchstechen soll, damit der aromatische Essig leichter eindringen kann. Das ist eine langwierige und ermüdende Arbeit. Davon abgesehen kann man bei dieser Methode wurmstichige Früchte übersehen, deren Wurmeier später austreten und unappetitlich im süßsauren Saft herumschwimmen. Zudem bringt man auf diese Art nur ziemlich wenige Früchte im Gefäß unter und braucht folglich mehr Saft, der entsprechend wäßriger ausfällt. Weit empfehlenswerter sind daher Rezepte für halbierte Früchte. Hier ein besonders gutes und einfaches:

Entsteinte ›altmodische‹ Essigzwetschgen
Zunächst die Proportionen. Zu 3 kg Zwetschgen (in Norddeutschland ›Pflaumen‹) braucht man 1,5 l guten Weinessig, 700 g Zucker, eine Stange Zimt, ein Teelöffelchen Gewürznelken. – Sehr schöne, feste ›Welsche‹ Zwetschgen mit scharfem Messer halbieren, entsteinen. Essig, Zucker und Gewürze gründlich durchkochen, bis der Zucker sich ganz aufgelöst hat und die Gewürze ihr Aroma an die Flüssigkeit abgegeben haben. Dann die Gewürze entfernen.
Jetzt etappenweise kleine Mengen der Früchte in die kochende Flüssigkeit schütten, etwa 2 Minuten drinlassen (so lange dauert es ungefähr, bis der Saft wieder zu sieden beginnt), dann die Früchte mit der Lochkelle herausfischen und in große, sehr saubere Krüge oder Einmach-

gläser einfüllen. Warten, bis die Flüssigkeit wieder kocht, nächste Ration Früchte hineinschütten, mit ihr vorgehen wie mit der ersten. Mit der Prozedur weiterfahren, bis alle Früchte aufgebraucht sind. Jetzt den aromatisierten und von den Früchten lila verfärbten Essig noch ein wenig einkochen lassen und über die Früchte schütten. Gefäße zuschließen. Nach 8 Tagen kontrollieren, ob der Saft genügend hoch über den Früchten steht, denn er soll sie ganz überdecken. Was herausragt, verschimmelt rasch. Eventuell den Saft noch einmal von den Früchten abschütten und nochmals aufkochen, ehe man ihn wieder über die Früchte füllt und die Gefäße endgültig verschließt. Sollte es doch einmal passieren, daß ein Glas oben Schimmel ansetzt, Saft abermals durchkochen und jetzt den Inhalt rasch verbrauchen.

Wer punkto Schimmel – es gibt da gerade bei jenen Schimmelbakterien, die sich über eingekochten Früchten bilden, auch solche, die den Krebs fördern –, wer also sehr ängstlich ist, tut vielleicht überhaupt gut daran, die Essigzwetschgen in mehreren kleineren Gläsern einzumachen, damit, falls man schon beim leichtesten Schimmelansatz das ganze Glas fortschütten will, wenigstens kein allzu großes Quantum verlorengeht.

Gut zu wissen: Für das Einmachen von sauer-süßen Zwetschgen kommt kein sogenannter ›Gewürzessig‹ in Frage, weil er immer auch Salz enthält! –

Solche Essigzwetschgen essen wir also mit Hochgenuß zu Schmor- und Siedfleisch und zu heißem oder kaltem Schinken. Und es wäre vielleicht den Versuch wert, dem ›Rotkohl auf ostpreußische Art‹ statt teurem Gelee aus Johannis- oder Preiselbeeren vielleicht ein paar Löffel vom Saft solcher Essigzwetschgen beizufügen, die

Zwetschgen selber jedoch kalt zum Rotkohl und Fleisch zu servieren. –

Wie sind wir eigentlich auf die Essigzwetschgen gekommen? Richtig: auf dem Umweg über die Frage, welche Fette zu welchen Speisen passen, die uns dann zum billigen Rotkohl mit Gänseschmalz führte.

KÜCHENMESALLIANCEN

Die Frage, welche Fette zu bestimmten Speisen passen, führt zu der allgemeinen Frage, was überhaupt im Kochbereich zusammenpaßt und was man besser für ewig voneinander scheidet. Die Frage ist sehr ernst zu nehmen, denn Küchenmesalliancen führen, anders als entsprechende ›Fehltritte‹ bei den Menschen, unfehlbar zu mißratenen ›Kindern‹.
Wir hätten im neunzehnten Jahrhundert die Frage nicht einmal zu berühren brauchen. Denn damals wußten die Köche und die Frauen das alles ganz genau. Doch der moderne Küchensurrealismus hat mit seinen wilden, kulinarisch sinnlosen Mischungen auch dieses Wissen längst zerstört. Und zwar im ganzen Kochbereich und nicht nur in bezug auf Fette. Aber wir können ruhig als Beweis dafür zunächst ein Fettbeispiel zitieren, und zwar in Form von einer wahren Anekdote:

Eierzwiebel mit Kokosfett!
In meinen »Koscheren Kostproben« steht das uralte, einfache und doch ganz herrliche Rezept der sogenannten ›Eierzwiebel‹. Es ist dies eine rezente Mischung aus gehackten harten Eiern, Geflügelschmalz – ganz frisches muß es sein! – und fein zerhackter Zwiebel. Notfalls – so habe ich in meinem Buch geschrieben, das ja nicht nur für Juden bestimmt ist, denen bekanntlich nach ihrem Religionsgesetz das Schweinefleisch und -fett verboten ist –, notfalls also kann man versuchen, die Speise statt

mit Geflügelschmalz mit frisch ausgelassenem Schweinespeck zu bereiten. Zu einem Stückchen frischem Eierzopf und einem klaren Schnaps schmeckt solche rezent gesalzene Eierzwiebel herrlich.

Und in der Tat bekam ich kurz nach Erscheinen meines Buches viele Briefe von Junggesellen, die sich solche Eierzwiebel selber bereitet hatten – es ist ja keine Kunst! – und ganz begeistert waren.

Dann aber kam ein Brief von einer Dame der gehobenen Gesellschaft: Meine Rezepte seien ganz veraltet. Tierische Fette – und schon gar Schweineschmer! – esse doch kein Mensch mehr heute! Es sei nicht Mode, und zudem verbiete es auch die neue Medizin. Auch Butter sei nicht zu empfehlen nach der modernsten Forschung. Sie schlage daher aus Gesundheitsgründen vor: Kokosfett zur Eierzwiebel! . . .

Lieber Leser: Man braucht kein kulinarisches Genie zu sein, um über einen solchen Vorschlag ein leichtes Grauen zu empfinden! Ich setzte mich sofort an meine Schreibmaschine, um die Dame mit einem netten, aber eindringlichen Brief vor solchem Küchensakrileg zu warnen. Ich überlegte lange, wie ich ihr erklären sollte, daß sie hier eine Küchensünde ersten Grades zu begehen plante.

Dann aber hielt ich inne. Denn ich erinnerte mich plötzlich an einen Ausspruch – ich glaube, er ist von Werfel – über religiöse Wunder: »Dem Gläubigen braucht man nichts zu erklären; dem Ungläubigen kann man nichts erklären; so oder so – jede Erklärung ist sinnlos und unmöglich.«

Genauso sinnlos schien mir, die Dame von ihrem Einfall abzubringen: Wenn ihr nicht übel wurde beim Gedanken an rohes Pflanzenkochfett mit gehackten Zwiebeln und harten Eiern – was konnte ich ihr dann noch sagen? Und also schrieb ich ihr: »Sie haben recht! Geflügelschmalz und Schweineschmer sind nicht mehr Mode, und beide enthalten obendrein das gefährliche Cholesterin, das die Arterienverkalkung fördert. Bereiten Sie die Eierzwiebel in Ihrem Hause ruhig mit Kokosfett. Aber vergessen Sie nicht, einem jeden zu erzählen, daß der geniale Kücheneinfall von Ihnen stammt und nicht von mir.«

Perfekte Ehen von Fleisch mit Obst

Mesalliancen gibt es aber nicht nur im Bereich der Fette. Es wimmelt von ihnen in der modernistischen Küche.

Da sind zum Beispiel die Kombinationen von Fleisch mit Früchten. An sich ist wenig gegen sie zu sagen. Etliche kann man geradezu klassisch nennen:

Zu süßlichem fettem Schweinefleisch zum Beispiel paßt Apfelmus vortrefflich. Zum Fleisch von Enten oder Gänsen – aber nicht zu dem von Hühnern! – passen als Füllung Apfelschnitze und Maronen und als Beigabe gekochte Trockenfrüchte aller Art, vor allem Birnen oder Zwetschgen. Denn Gans und Ente haben beide einen leichten süßen Einschlag, genau wie Schweinefleisch.

Zu Wild und Siedfleisch paßt Preiselbeerkompott. Und Gelee und Konfitüre von Stachel- und Johannisbeeren kann man sehr gut bestimmten Saucen zum Wild beimischen.

Früher aß man auch gern Kompott von Stachelbeeren oder sauren hellroten Weichselkirschen zum Siedfleisch – es schmeckt wundervoll zusammen!

All das ist uralt, tausendfach erprobt, restlos bewährt. Und ebendarum interessiert es heute keinen Menschen. So wie ein hochmoderner Maler sich meistens hüten wird, die Augen am Porträt in das Gesicht hineinzusetzen. Das hat man doch schon viel zu oft gehabt! Es muß was Neues her! Augen am Bauch oder schwebend im freien Raum oder hingehängt an den Tannenast!

Modeehen von Fleisch mit Obst

Und ähnlich ist es in der Küche. Wer ißt denn heute noch die Gänse- oder Entenleber mit Apfelstücken, die in der gleichen Pfanne im frischen Fett des Vogels leicht angebraten wurden? Und dennoch schmeckt es unvergleichlich! Auch Orangenscheiben nach französischer Manier passen zum Entenbraten trefflich. Heute aber dekoriert man die Ente mit zuckrig eingekochten Mandarinenvierteln und süßen Cognac-Kirschen.

Das Huhn dagegen dekoriert man mit Erdbeeren und gelben oder grünen Pfirsichvierteln – das sieht doch lieblich aus, etwa nicht? Und wie es schmeckt, ist Nebensache.

Oder man schiebt auf der Schüssel zwischen die scharf riechenden Hammelkoteletts runde, leuchtende, goldfarbene Ananasscheiben aus der Büchse...

Das alles habe ich nicht frei erfunden, sondern in neuen Kochrezepten da und dort gelesen. Doch wenn ich es sogar erfunden hätte – glauben Sie mir: es reicht bei weitem nicht an die volle Kochbuchwirklichkeit der Gegenwart heran!

Früher gab es den Scherzspruch über böse Ehefrauen, sie kochten für den Ehemann nach der Devise: »Eine gute Sau frißt alles!« Das gilt auch heute in sehr vielen Häusern, aber mit dem Wirtschaftskonjunkturzusatz: »Die Sau frißt alles – aber nur, sofern es teuer ist und völlig neu!«

Käse zum Fleisch?

Und dann: der Käse! In Frankreich vor allem, wo die Mahlzeit immer, im Gegensatz zum Norden oder Osten von Europa, ein bißchen knapp gehalten wird, ißt man den Käse zum Nachtisch mit ein wenig Weißbrot. Mit oder ohne Butter – wie man will.

Das ist eine gute, altbewährte Sitte, besonders, wenn dann ganz zum Schluß noch rohes Obst gegeben wird. In Italien, wo der Armut wegen Eiweiß in Form von Fleisch für viele kaum in Frage kommt, streut man den Käse außerdem gerieben auch über Suppen, Nudeln, Reis, Polenta.

Was aber hätte es für einen Sinn, das schwere, eiweißreiche Fleisch noch mit dem gleichfalls schweren, eiweißreichen Käse anzureichern? Und doch geschieht es jetzt bei uns sehr häufig!

Zwar weiß ich, daß es auch in Frankreich zwei Gerichte gibt, bei denen Fleisch mit Käse kombiniert wird: Cordon bleu und Médaillon de veau farci. Es sind Scheiben Kalbfleisch, gefüllt mit Scheiben Käse oder mit Scheiben Speck und Käse. Ich habe diese käsgefüllten Schnitzel nie als Gipfelleistungen der Küche der Romanen empfinden können. Oft habe ich mich gefragt, wozu sie überhaupt erfunden wurden. Vielleicht aus Übermut und Überfluß und aus dem Wunsch heraus, zu zeigen, daß man sich beides leisten kann, Fleisch wie auch Käse?

Käse in Modespeisen

Aber das alles ist harmlos und harmonisch, gemessen an der Modernistenküche. Sie verwendet schweren Käse, als wäre er so etwas wie eine Prise leichtesten Gewürzes. Käse, und zwar in dicken festen Brocken, findet man heute in fast sämtlichen Salaten, woraus sie auch gemixt sind, ob aus Früchten, Fleisch und Fischen oder aus Gemüsen. Zum Beispiel eine Mischung aus fettem Thunfisch, dazu Fleisch und Käse – das wird uns allen Ernstes vorgeschlagen! Ja, und nicht vergessen: über das Ganze legt sich dann noch eine dicke Schicht von kalter fetter Mayonnaise! Als ob nicht die Verbindung von Käse und Thunfisch aus dem Öl schon allein genügte, um auch den stärksten Mann für viele Stunden physisch und geistig zur Strecke zu bringen!

Obzwar – was schadet das? Da das moderne Gesellschaftsleben sich zunehmend darin erschöpft, gemeinsam Whisky in Cocktails oder unvermischt in sich hineinzukippen und, versenkt in Sessel, die Riesenbadewannen gleichen, nebeneinander auf den Fernsehschirm zu starren, kann man sich ruhig bis zum Hals mit Käse und mit Mayonnaise füllen. Doch komme mir keiner mit der Behauptung, daß ihm die Mischung schmeckt und bekommt!

Noch mehr Küchenmodemesalliancen

Sollen wir noch von weiteren Küchenmesalliancen erzählen? Vom Grapefruitsaft im Fleischragout? Oder von Kapern – statt Wacholderbeeren – im Sauerkraut? Oder von kaltem Rührei, zerschnitten in Würfel, gewälzt in Mayonnaise? Das alles klingt nach Fasnachtsscherz, ist aber – wir sagten es bereits und wiederholen es – nicht erfunden. Aber die Beispiele dürften genügen. Das, was wir sagen wollen, wird aus ihnen deutlich: daß es nicht angeht, in der Küche ›ohne Hitze zu phantasieren‹ – so sagt der Wiener, wenn er meint: bei voller Gesundheit unsinnig wie ein Fieberkranker zu reagieren.

Küchenkriterien

Wer auf kulinarischem Felde nicht von Natur begnadet ist, der suche sich an alte, einheimische Rezepte zu erinnern, an ländliche oder auch an solche aus der bürgerlichen Küche. Er schaue sich genau die damals üblichen Kombinationen an und frage sich jeweils: Warum hat man gerade dieses Fett oder Gemüse oder auch Gewürz gerade zu diesem Fleisch oder Fisch hinzugenommen und nicht ein anderes? Ist da eine leichte Verwandtschaft im Grundton des Geschmackes zwischen den Substanzen? Oder wollte man umgekehrt durch Kontrast bestimmte Eigenschaften steigern oder mindern? Ist vielleicht das eine besonders leicht verdaulich und das andere besonders schwer? Oder ging es einfach darum, in ein und demselben Kochtopf möglichst harmonisch alles zu vereinen, was nötig ist für eine sättigende Mahlzeit?
Wenn man sich eine Anzahl solcher Fragen beharrlich stellt, dann wird man, auch bei schwacher kulinarischer Begabung, schließlich erkennen, was sinnvoll ist und was nicht.
Grießpudding mit Kompott oder nicht zu süßem Sirup – das leuchtet ein. Ein Reisauflauf mit Äpfeln und Rosinen – prächtig! Palatschinken mit sozusagen jeder Füllung, süß oder scharf – einfach herrlich! Das heißt: Ausnahmen gibt es doch! Die Palatschinken mit öldurchtränktem Thunfisch aus der Büchse anzufüllen, wie ein modernes Kochbuch rät – das läßt man lieber!

Desserts der bürgerlichen Küche: Poires Hélène

Aber gerade auf dem Gebiet der süßen Nachspeisen wird man schon in der alten, sonst recht guten Bürgerküche manches finden, das mehr verflaust und kompliziert als gut ist.

Da sind zum Beispiel die berühmten Poires Hélène: große halbierte Kompottbirnen mit Schokoladecreme darüber. Ich gebe zu, es geht. Beides, die Schokolade und die gekochten Birnen, schmecken mild und süßlich und schlagen sich nicht im Geschmack. Nur: getrennt schmecken beide besser, sowohl die Birnen wie die Creme aus Schokolade.

Pêches Melba

Und ähnlich ist es mit den nicht minder berühmten und beliebten Pêches Melba. Es ist dies, wie Sie vermutlich wissen, eine hochkomplizierte Nachspeise, die sich aus vielen Schichten aufbaut, und zwar, von unten nach oben betrachtet, aus Vanilleeis, darüber einem gekochten halben gelben Pfirsich, der mit Marmelade blutrot gestrichen und mit Schlagrahmklecksen apart verziert wird. Das Ganze wird mitunter auch noch mit Schokolade- oder Mandelraspeln überstreut.

Sehr imposant das alles, das kann man nicht bestreiten. Und es schmeckt nicht schlecht.

Nur: das Eis für sich und das Kompott für sich schmekken noch viel besser.

Dagegen kenne ich aus meiner ostgalizischen Heimat eine andere Palatschinken-Variante, die ich weiter westlich nirgends angetroffen habe, die aber so köstlich ist, daß es wahrlich lohnt, sie auch außerhalb ihres Ursprungsortes nachzubacken und zu genießen. Es sind dies die

Palatschinken als Briefumschläge

Nicht zu zarte und nicht allzu kleine Palatschinken nach einem der vielen Rezepte hierfür backen, wobei man aber zunächst einmal nur die eine Seite bräunt. Die Oberseite darf nicht mehr flüssig oder auch nur naß sein, wird aber, wie gesagt, einstweilen noch nicht nach unten gewendet und überbacken, sondern man legt alle fertigen Palatschinken auf einem großen Teller übereinander, und zwar mit der blassen, ungebackenen Seite nach unten.

Für die Füllung braucht man für je zwei Personen 300 g Magerquark, ein rohes Eigelb, ein paar Tropfen Zitronensaft und das Abgeriebene von etwa 1/2 (unbehandelten) Zitrone und eine kleine Handvoll Sultaninen (Rosinen), die man mit heißem Wasser überbrüht oder kurz darin aufkocht, damit sie schön weich werden. Diese Bestandteile mischen.

In einer breiten, schweren Eisenpfanne erhitzt man ein nicht zu spärliches Stück frische Butter. Damit sie nicht zu schnell bräunt, fügt man ihr einen kleinen Schuß geruchloses Speiseöl bei.

Nun legt man auf die oberste der aufeinanderliegenden Palatschinken einen gehäuften Eßlöffel der Füllung, klappt die runde Palatschinke zu einem Halbmond über der Füllung zusammen, schlägt dann den gerundeten Rand wieder gegen die Faltkante zurück, so daß man nunmehr einen länglichen, in der Mitte (wegen der Füllung) angeschwollenen Streifen vor sich liegen hat. Jetzt klappt man die Längsenden gegen die Mitte zu übereinander. Das Ganze sieht nunmehr aus wie ein dicker Briefumschlag.

Auf diese Weise füllt man eine Palatschinke nach der andern und läßt sie, zunächst mit der Faltseite nach unten, bei sachter Flamme in der Eisenpfanne nebeneinander bräunen. In wenigen Minuten ist die Unterseite goldbraun. Wenden und Oberseite gleichfalls goldbraun bakken.

Der Sinn der Vorschrift, die jetzt nach außen liegende Seite der Palatschinke nicht von Anfang an zu bräunen, wird nunmehr klar: Hätte man es getan, so wäre diese Außenseite nunmehr, nach doppeltem Backprozeß, hart und ledrig. So aber bleibt sie schmelzend zart.

Nach Belieben bei Tisch noch ein kleines Krüglein Zitronensaft und außerdem Puderzucker dazu reichen. In Ostgalizien servierte man auch dicken Sauerrahm dazu, von dem sich jeder beliebig viel über seine Portion schüttete. Es schmeckt lecker. Ich fürchte aber, daß moderne Diätärzte sich wie *ein* Mann gegen solche Häufung von Kalorien erheben werden. Zumal man solche Palatschinken in meiner alten Heimat nicht etwa als Hauptgang, sondern als bescheidenen Nachtisch nach einem seinerseits schon üppigen Mahl zu verzehren pflegte. Ich meine daher: mit einer nahrhaften altmodischen Suppe davor – etwa einer aus Erbsen, Bohnen oder Linsen, angereichert durch Speckwürfelchen oder zerschnittenen Würstchen – dürften uns Heutigen solche ›Brieftaschen‹ auch ohne zusätzlichen Sauerrahm durchaus als Mittagessen genügen.

Solche Brieftaschen sind aber, wie gesagt, eine altüberlieferte Volksspeise. Sie sind auch relativ rasch und mühelos zubereitet. Von ähnlicher Vollkommenheit sind nur die allerwenigsten Luxusdesserts der modernen Bürger- und Salonküche.

Küchenreverenzen

Aus all dem sieht man, was wir schon mehrfach sagten: Genialität im Küchensektor ist so selten wie in jeglichem Kulturbereich. Nicht jeder, der mit Löffel oder Pinsel herumhantiert und mächtig angibt, kann auch wirklich kochen oder malen. Erweisen wir also den echten Küchengenies der Vergangenheit unsere Reverenz, indem wir ihre großen, altbewährten Erfindungen studieren, goutieren, apperzipieren.

Miß an dem, was jene uns bescherten, die Küchenideen der heute Lebenden – sie werden dir plötzlich fragwürdig und schwächlich erscheinen! Denn unsere Zeit ist schöpferisch auf manchem Felde – nicht aber in der Kunst und in der Küche.

Halte demnach deine eigene Küchenphantasie im Zaum! Begnüge dich damit, an bereits Bekanntem vielleicht ein paar Nuancen zu variieren. Mehr tun ja auch – wir sagten es bereits – die meisten guten Köche heute nicht. Mehr taten wirklich gute Köche auch früher nicht – die wenigen ausgenommen, die Epochales fanden! Dann wirst du nicht mehr straucheln. Dann wird der Gang zur Küche dir vielleicht nicht mehr das große Abenteuer sein wie bisher. Doch was du kochst, das wird dann plötzlich allen schmecken.

Von kulinarischen Passionen und Aversionen: eingemachte Rosen und Chalwa

Wir haben nun soviel von allgemeinen, für jeden oder doch für ganze Gruppen geltenden Gesetzen der Kochkunst gesprochen! Gibt es denn – höre ich Sie voll Empörung fragen – nicht auch ein Recht auf persönliche Vorlieben oder Aversionen?

Natürlich gibt es das! Ein paarmal – im Zusammenhang mit penetrant duftenden und schmeckenden Konfitüren – war auch schon davon die Rede.

Welch wildes Ausmaß aber sowohl die Liebe wie der Abscheu gegen ein und dieselbe Speise annehmen können, habe ich sehr hübsch an einer Balkanleckerei erlebt. Ihr Name ist Chalwa, mit der Betonung auf der letzten Silbe und einem harten, die Kehle kratzenden ch-Laut. In Ägypten heißt die Speise Halaúe; wir kommen noch darauf zurück.

Die Geschichte lief so:

Balkanleckereien

Einmal hatte ich einen jungen Kollegen, einen Gelehrten aus dem Balkan, mit melancholischen Glutaugen, Wangen so rosig wie die Morgenröte und nachtschwarzen Locken. Er sah aus, als wäre seine Mutter eine gefährliche Haremsschönheit gewesen. Die Damen unserer Stadt waren alle hinter ihm her. Doch leider machte er sich nichts aus Damen – er hatte sie vielleicht ein wenig über –, sehr viel dagegen aus Balkanleckereien. Zu seinem Geburtstag wollte ich ihm daher solche Süßigkeiten schenken. Ich sah voraus: es würde nicht so leicht sein, welche aufzutreiben.

Rosenkonfitüre

Kurz vorher wäre das nicht schwer gewesen. Ich hätte ihm ein Glas Rosenkonfitüre mitgebracht. Das gibt es nämlich wirklich, und es ist eine beliebte Balkanspezialität. Das Rezept hatte ich noch von meiner Großmutter her, die nicht weit von Bessarabien auf die Welt gekommen war und die ausgefallensten Speisen des Ostens und Südostens Europas kannte und zubereiten konnte. Nur leider: aus unsern westlichen Rosen gelingt die Konfitüre nicht! Denn sie sind – vielleicht mit Absicht, damit sie sich länger halten – auf harte Blütenblätter hin gezüchtet, und sie verwandeln sich, sobald man sie mit Zucker einkocht, in eine Art von Leder oder Gummi. Nur eine einzige sehr zarte Strauchrose von penetrantem Duft taugt für diesen Zweck, eine rosenrote Zentifolie. Doch die gibt es nicht in unserer Umgebung!

Die Rosen des Pfarrers

Oder vielmehr: es gibt sie doch! Aber nur an einem einzigen Orte, im Garten des katholischen Pfarrers von B., einem reizenden Dorfe am Waldrand. Dort wachsen solche Balkanrosen! Ich habe mich oft gefragt, wie sie dorthin kamen. Ob vielleicht ein Vorgänger des Pfarrers sie noch im Mittelalter von einem Kreuzzug aus dem Orient mitgebracht hatte?
Wie dem auch sei – eines Tages entdeckten wir die Rosen und baten den Pfarrer, uns doch die Blüten, sobald sie ohnehin zerfielen, zu überlassen! Wir unserseits wollten

dafür die Armen seines Dorfes jeweils zu Weihnachten beschenken.
Der Pfarrer war einverstanden. Und das Ganze ging so lange gut, bis er uns eines Tages fragte, wozu wir eigentlich die Rosen brauchten? Er nehme an, für irgendein Parfüm?
Wir sagten ihm die Wahrheit. Denn mit Geheimnissen der Küche soll man an sich zwar kargen. Einen Priester aber belügt man nicht so gern. Der Pfarrer lauschte aufmerksam – und seither war es aus für uns mit Rosenkonfitüre! Denn seither aß der Pfarrer seine eingekochten Rosen selber.
Zwar: der alte Herr lebt längst nicht mehr. Aber was hilft das? Seine Köchin wußte das Rezept! Und der junge Nachfolger scheint den kulinarischen Geschmack des alten Herrn geerbt zu haben. Rosen aus B. bekamen wir nie wieder.
Damit also war es nichts. Und damals wußte ich noch nicht, daß es nicht nur Konfitüre aus Rosen gibt, sondern einen nicht minder feinen Sirup, den man, im Gegensatz zur Konfitüre, aus schlechthin allen roten Rosen machen kann, sofern sie nur stark duften, und also nicht nur aus solchen mit besonders zarten Blütenblättern. Denn für den Sirup braucht man von den roten Rosenblüten nur den Extrakt: Farbe und Aroma. Die ausgelaugten Blütenblätter wirft man nachher fort...
Doch zunächst das Rezept für Rosenkonfitüre.

Rosenkonfitüre

Zentifolien werden heute in gewöhnlichen Gärten – anders als in den eigens für Konfitüren und Parfüms bestimmten Rosenplantagen des Balkans – kaum noch angepflanzt, weil sie gegen Unwetter und Schmarotzer keine Resistenz besitzen. Sollte es Ihnen aber trotzdem glücken, Zentifolien aufzutreiben, dann sammeln Sie doch die Blütenblätter, kurz bevor sie ohnehin abfallen, ein! Hier das Rezept für die Konfitüre:

200 g Blütenblätter der Zentifolie, 1 kg Zucker, 1 Teelöffelchen kristalline Zitronensäure (aus der Drogerie), 2 Tassen Wasser. – Variante: Man kann etliche – natürlich unbehandelte – Zitronen beifügen. In diesem Fall kocht man natürlich erst einmal die fein gescheibelten Zitronen im Wasser weich, weil sie eine viel längere Garzeit haben als die zarten Blüten, und fügt alles weitere der Wasser-Zitronen-Mischung nachher bei.

Das Wasser (oder die Mischung aus Wasser mit den gekochten Zitronenscheibchen) mit dem Zucker zusammen zu Sirup kochen, Blüten hineinstreuen, weiterkochen, bis ein Tropfen der Konfitüre auf einem Tellerchen nicht mehr zerläuft. In diesem Stadium ist die Konfitüre – je nach Zentifoliensorte – grünlich oder matt violett. Jetzt die Zitronensäure beifügen. Die Masse erstrahlt nunmehr mit einem Schlag in leuchtendem Rubinrot. In kleine Gläser abfüllen und verschließen.

Auf dem Balkan, der Urheimat solcher Konfitüren, bereitet man sie auch aus vielen andern Blüten: aus Nelken, Lilien, Veilchen, Akazien und Jasmin. All diese Köstlichkeiten nennt man dort ›Sladko‹ (Süßes), und man ißt sie natürlich nicht zum Brot. Vielmehr serviert man jedem Gast im heißen Sommer zu einem Glas eiskaltem Wasser ein Löffelchen voll Sladko auf einem kleinen Teller. Doch nicht nur die Blütenkonfitüren werden dort so gegessen, sondern auch jene aus Weichseln, festen Himbeeren, winzigen unreifen Walnüssen und grünen Feigen. Man achtet sehr darauf, daß die Früchte unzerdrückt in der aromatischen Zuckerlösung herumschwimmen. In Rußland dagegen ißt man – vor allem im eisigkalten Winter – solche Konfitüren auch statt Zucker im Tee: der Saft vermischt sich mit der heißen Flüssigkeit im Glase, die Früchte oder Blüten bleiben als ›Bodensatz‹ liegen und werden zuletzt andächtig ausgelöffelt.

Und nun das Rezept für Rosensirup, für den Fall, daß du keine Zentifolien auftreiben kannst, aber immerhin andere intensiv duftende Rosen.

Rezept für Rosensirup
Den Rosensirup also macht man so: Sie verschaffen sich frische, rote, duftende Rosenblütenblätter. Aber beileibe nicht von den modernen Supersorten mit den riesenlangen Stielen oder den buschigen Blüten, die man nur für das Auge züchtet und die so duften wie sterile Watte! Es müssen Sorten sein mit intensivem Duft.
Wie Sie sich eine größere Quantität von dieser kostbaren Grundsubstanz verschaffen, ist Ihre Sache. Wenn Sie selber keinen Rosengarten haben und wenn Sie weiblichen Geschlechtes und nett und lieblich anzusehen sind, dann gehen Sie am besten zur Rosenzeit in eine große öffentliche Parkanlage und machen dort dem Gärtner schöne Augen. Dann hat er sicher nichts dagegen, wenn Sie ihm beim Kontrollgang zwischen den Rosenbeeten folgen und alle roten Rosenblüten, die er abschneidet, weil sie bereits zerfallen, in Ihr Körbchen sammeln.
Zu Hause werden die Blütenblätter sauber von den Stielen und Fruchtknoten abgezupft. Stammen die Rosen aus

einer Umgebung mit verschmutzter Luft, dann gründlich waschen! Ja – und vorsichtshalber den Gärtner immer fragen, ob er nicht kurz zuvor die Rosen mit irgendwelchen Giften gespritzt hat! In diesem Falle nämlich verzichten Sie wohl lieber auf Ihren Sirup!

Nun wägen Sie die Blütenblätter. – Nebenbei: Wir sagten, es müßten rote Rosenblüten sein. Nicht der Farbe wegen, aber helle Blüten duften für diesen Zweck zu schwach.

Und nun: Auf 1 Pfund Rosenblüten brauchen Sie 2 Pfund Zucker, 2 Tassen Wasser und den Saft von 2 Zitronen oder 1 Teelöffelchen kristalline Zitronensäure. Das ist alles.

Das Procédé ist so: Erhitzen Sie in einem großen Kochtopf die gesamte Wassermenge, die Sie für alle mitgebrachten Rosenblüten brauchen werden. Sobald das Wasser kocht, werfen Sie etliche Handvoll Rosenblüten hinein. Lassen Sie alles rasch durchkochen. Sie werden sehen – und es wird Ihnen immer wieder wie ein kleines Wunder erscheinen! –, daß sich das Wasser auf der Stelle blaurot färbt und stark zu duften anfängt. Die Blütenblätter aber werden blaß und schlapp und riechen plötzlich fade. Sie sind nun überflüssig, und also fischt und entfernt man sie mit der durchlochten Kelle aus dem roten, parfümierten Wasser, das man neu erhitzt. Sobald es wieder kocht, kommt eine zweite Rate Blüten an die Reihe. Das geht so weiter, bis alle Rosen aufgebraucht sind. Jetzt kommt der Zucker in die Flüssigkeit. Gründlich durchkochen, bitte! Der Sirup, der jetzt paradiesisch duftet, ist dunkel weinrot, ja fast violett.

Nun fügen Sie Zitronensäure bei – und der Sirup färbt sich auf der Stelle strahlend hellrot! Zudem gewinnt er

durch Zitronensäure erheblich an Aroma. Denn nur mit Zucker und Rosen schmeckt er doch gar zu süß.
Das ist das Ganze. Der Sirup wird in nicht zu große Flaschen abgefüllt und zugekorkt. Wollen Sie sicher sein, daß Ihr Rosensirup niemals schimmelt, dann machen Sie es wie die Orientalen: Schütten Sie eine Ölschicht obenauf! Öl konserviert vortrefflich, weil es luftdicht abschließt. Doch hat es einen Nachteil: Die ersten paar Glas aus der Flasche schmecken ein wenig ölig, wie gründlich man den Flaschenhals auch auswischt!

Spinoza aß Rosen

Den Rosensirup kann man, wie jeden andern Sirup auch, vermischt mit kaltem Wasser trinken. Er schmeckt, besonders wenn man ihn mit etwas zusätzlichem Zitronensaft serviert, im Sommer sehr erfrischend. Und er duftet so intensiv und exotisch, daß man beim Trinken ins Träumen gerät. Man kann ihn auch, genau wie Rosenkonfitüre, statt Zucker in den heißen Tee hineintun.
In meiner ostgalizischen Heimat sprach man ihm obendrein bei Halsweh und Erkältung Wunderwirkung zu. Ich erinnere mich noch gut: Wir pflegten ganze Körbe voll von Rosen einzumachen. Das ganze Haus duftete dann tagelang wie ein Paradiesgarten. Und den ganzen Winter hindurch kamen immer wieder ärmlich gekleidete Jüdinnen bei uns vorbei und baten, mit Tränen in den Augenwinkeln, um ein Töpfchen voll von solchem Sirup oder solcher Konfitüre für ihre kranken Kinder.
Daß Rosen auf die Atemorgane wohltuend wirken, wußten aber schon die Juden und Araber Spaniens im Mittelalter. Bekannt ist, daß der jüdisch-spanische Philosoph Baruch d'Espinoza, dessen Familie vor der Inquisition

nach Holland geflohen war, eingemachte Rosen als Medikament verzehrte: Er hatte die Berufung an eine deutsche Universität abgelehnt und es vorgezogen, sein Brot durch Brillenschleifen zu verdienen. Der Glasstaub löste bei ihm eine Schwindsucht aus.

Rosensirup in Desserts und Likörs

Den Rosensirup kann man ferner über etwas fade Biskuitkuchen oder Puddings schütten. Das sieht sehr lieblich aus und schmeckt auch lieblich – vielleicht allzu lieblich! Ich persönlich ziehe für solche Zwecke den prägnanteren Himbeersirup bei weitem vor.

Und Rosensirup kann man schließlich auch mit gebranntem Wasser mischen. Dann hat man den berühmten Rosenlikör – wenn er auch vom Fachmann vermutlich etwas anders zubereitet wird. Solcher Likör ist betäubend süß, stark duftend und ein wenig klebrig. Eine Leckerei für Damen, deren Kehle noch nicht vom Whiskytrinken völlig ausgebrannt ist. Litauische Bauernmädchen gönnten sich früher auf der Kirchweih gerne so ein Gläschen. Dann leckten sie sich die klebrigen Finger, bekamen Wangen so rot wie Rosenblüten, kicherten fröhlich und hatten plötzlich einen Gang wie Mädchen vom Ballett ...

Nun muß ich Ihnen aber noch etwas verraten: nicht jeder liebt den Rosensirup! Gäste aus dem Südosten von Europa verdrehen, wenn sie den Sirup nur von Ferne riechen, verzückt die Augen. Westler dagegen spucken ihn manchmal aus und sagen, er schmecke nach Parfüm! Mir ist das unbegreiflich.

Obwohl mir selber eine zweite Balkanleckerei bekannt ist, der gegenüber meine eigene Zunge restlos versagt.

Und dabei ist doch diese zweite Spezialität noch weit berühmter und beliebter als Rosensirup: es ist die Chalwa, die wir schon erwähnten.

Sirup aus echter Minze

Doch bevor ich Ihnen meine Abenteuer rund um die Chalwa erzähle, möchte ich Ihnen noch das Rezept für einen weiteren Sirup verraten, diesmal nicht einen exotischen mit Haremsduft, sondern aus einer Pflanze, die Sie sich beim nächsten Waldspaziergang mühelos in fast beliebigen Quantitäten verschaffen können: die Pfefferminze. Sie gleicht ein wenig der Brennessel, in deren Gemeinschaft sie auch gerne wuchert, so daß man sich beim Pflücken manchmal die Finger verbrennt. Es gibt sie in Dutzenden von Varianten, größeren und kleineren, mit rundlichen oder mit spitzen Blättern. Auch die aufrecht stehenden lila Blütendolden sind rundlich oder spitz zulaufend. An feuchten Bach- und Wegrändern bildet sie oft ganze Plantagen. Eine Verwechslung mit dem etwas ähnlich aussehenden Waldziest wäre harmlos – auch er ist giftfrei –, ist aber praktisch ausgeschlossen: Der intensive Duft nach Minze ist ein sicheres Merkmal. Der Sirup schmeckt natürlich nur jenen, die Pfefferminze mögen. Mit eiskaltem Wasser vermischt, wirkt er noch erfrischender als der mit Rosen. Und vermutlich beruhigt er die Magennerven genau wie Tee aus Minze. Obwohl aber die Grundsubstanz für diesen Sirup sich so leicht auftreiben läßt und der Sirup so wohlschmeckend und bekömmlich ist, habe ich ein Rezept für Minzensirup bis heute in keinem Kochbuch gefunden. Es entstammt meiner eigenen Kochphantasie und ist denkbar einfach.

Die Grundregel für jeden Sirup, der nicht entweder wegen Überdichte verzuckern oder, weil zu zuckerarm, verschimmeln soll, lautet: auf eine Tasse Saft je ein Pfund Zucker. – Wir pflücken die Pflanzen, ehe sie blühen, denn dann duften sie am heftigsten. Die Blätter von den allergröbsten Stengeln zupfen, waschen, ganz knapp mit Wasser bedeckt aufs Feuer stellen, aufkochen und dann bei kleinster Flamme eine Weile simmern lassen. Ein paar Stunden stehenlassen, damit möglichst viel vom Duft und der Farbe an die Flüssigkeit übergeht: das dauert bei der Minze viel länger als bei Rosenblüten.
Dann die Blätter entfernen und den Saft mit dem entsprechenden Quantum Zucker zum Sirup kochen. Die Flüssigkeit ist cognacfarben. Je Kilo Zucker fügt man ein gehäuftes Teelöffelchen kristalline Zitronensäure bei: dadurch wechselt das Kolorit des Sirups in ein strahlendes Grüngold über. Der Sirup gewinnt noch an Aroma, wenn man etliche (unbehandelte) Zitronen mit den Blättern zusammen durchgekocht hat. – Verwendung: Wie bei jedem anderen Sirup.

Meine Chalwa-Odyssee

Doch nun zu meiner Chalwa-Odyssee. Sie ist insofern originell, als wohl nur selten jemand einer Leckerei zuliebe, die er nicht ausstehen kann, so viel Umtriebe auf sich genommen hat. Ich hatte aber eine Menge Spaß dabei.

Zum ersten Male sah und kostete ich von diesem ›Balkanwunder‹ in Paris. Da kannte ich nämlich geflüchtete Rumänen. Eines Tages sah ich, wie sie mit Tränen der Rührung in den Augen eine graugelbe, helle, fette Masse kauten. Sie heiße Chalwa, wurde mir erklärt. Ich kostete davon. Chalwa ist süß und mürb und fett und klebrig. Ich fand es scheußlich. Ein wenig erinnerten der Geschmack und die Konsistenz an den nicht minder berühmten Nougat Montélimar, den ich genauso gräßlich finde. Nach meiner Meinung taugt er, genau wie die bereits erwähnten Goudaer Waffeln mit der gummösen Melassefüllung, einzig als Brautgeschenk, und zwar für jene Zweifelsfälle, wo es zu konstatieren gilt, ob die Perlenzähnchen der Braut eine Gottesgabe oder ein Kunstwerk des Dentisten sind: der Nougat bringt es an den Tag, denn er klebt verläßlicher als Zementkitt! Chalwa jedoch ist mürber, zarter, fetter. Und wenn ich selber Chalwa auch nicht mochte – eines war sicher: wer aus dem Balkan stammte, der liebte Chalwa. Und also beschloß ich, dem jungen Balkangelehrten ein Päcklein Chalwa zu schenken. Bloß: wo sollte ich sie suchen? Denn damals lebte ich schon lange nicht mehr in Paris, wo man, wie in

allen sehr großen Städten, buchstäblich alles findet. Und damit nahm sie ihren Anfang, meine:

Chalwa-Anabasis

Erst fragte ich in allen Delikateßgeschäften, den teuersten, den originellsten – man kannte Chalwa nicht einmal dem Namen nach. Es blieb offenbar nichts übrig, als Chalwa selber herzustellen.

Also begann ich, Kochbücher zu durchforschen, ausdauernd, systematisch – nichts!

Ich schrieb an den allwissenden Rundfunk, der sonst die tollsten Dinge herauskriegt – er antwortete nicht. Vermutlich, weil er diesmal auch nichts wußte.

Aber es gibt ja eine letzte Quelle der Wissenschaft: das Konversationslexikon! Im Brockhaus stand: »Halva = Arabische Süßigkeit aus Sesamöl und Zucker.« – Puncto Fettgehalt hatte ich mich also nicht getäuscht: Öl war darin! Während der süße Zementkitt aus Montélimar vermutlich völlig fettfrei ist. Sonst aber war die Weisheit aus dem Lexikon nicht sehr praktikabel. Jedoch: was kann man von Männern der Wissenschaft schon mehr erwarten als Art und Namen? Wie man Chalwa bereitet, ist aber eine Frage der Praxis!

Zwar begann ich den Mut ein wenig zu verlieren. Wie, wenn zum Beispiel in ganz Europa kein Sesamöl zu finden war? Außer in »Ali Baba und die Vierzig Räuber« hatte ich von Sesam nie auch nur gehört! Was half mir dann das detaillierteste Rezept?

Anderseits: Sesamöl ließ sich vielleicht durch anderes ersetzen? Ich faßte neuen Mut.

Chalwa an Universitätsbibliotheken

Eine Freundin riet, ich sollte mich doch an eine Universitätsbücherei wenden. An eine uralte, die unter den Bombardierungen des Krieges nicht gelitten hatte und die vielleicht Kochbücher aus der Renaissance besaß. Wer weiß – vielleicht hatten heimkehrende Kreuzritter Chalwa mitgebracht und das Rezept dem Küchenmeister ihres Schlosses preisgegeben? Dann war es durchaus möglich, daß es sich die paar Jahrhunderte hindurch auch bei uns erhalten hatte, wenn auch nicht bei unsern Zukkerbäckern, so doch auf den verstaubten Bücherborden einer alten Bibliothek.

»Schreiben Sie«, riet die Freundin, »an irgendeinen Philologen, etwa in Zürich oder Basel, Sie seien eben an einer Arbeit über ›Wesen und Herkunft der Süßigkeit in der orientalischen Jenseitsvorstellung‹. Es wäre doch gelacht, wenn ein rechter Mann der Wissenschaft nicht darauf hereinfiele, zumal, wenn Sie gleichzeitig auch nach Manna und dergleichen fragen! Dann liefert er ihnen aus arabischen oder spätmittelalterlich-europäischen Quellen ganz sicher das Rezept!«

Der Rat schien gut. Und einen solchen Freund hatte ich damals wirklich. Ich schrieb an ihn. »Zum Dank für das Rezept«, fügte ich bei, »schicke ich Ihnen einen riesengroßen, selbstgebackenen, ganz altmodischen Honigkuchen, nicht einen flachen, gummösen, wie man sie hierzulande kennt und ißt, sondern einen brotförmig dicken; den gleichen, den Sie einmal bei uns so gerne aßen.«

Die Antwort kam sehr schnell. Sie lautete: »Ihre Sorgen möchte ich haben! Wozu brauchen Sie Chalwa? Ein einziges Mal habe ich es gegessen, in der Türkei, weil ich sah, daß jeder Türke, der es aß, verzückt die Augen schloß. Ich habe sogar eine ganze Menge davon verschlungen, weil es mir zunächst so fad und fettig vorkam und ich mit dem besten Willen nicht begriff, warum die Türken es so herrlich fanden. Ich dachte: Vielleicht hilft mir die Quantität, der Sache auf den Grund und den Geschmack zu kommen. – Ja, Kuchen! Zwei volle Tage war mir nachher sterbensübel!

Und nun wollen Sie auch noch anfangen, Chalwa zu fabrizieren? Und ausgerechnet von mir erwarten Sie, daß ich Ihnen dabei helfen soll durch Forschen nach Rezepten?!

Ich will nicht!

Ihr Eduard.

PS: Einen Honigkuchen können Sie mir trotzdem schikken. Das hat mit der Chalwa nichts zu tun.«

Damit also war es nichts.

Chalwa und die Dame aus Israel

Ich hatte aber Glück: aus Israel kam eine Dame zu Besuch. Israel – dachte ich –, das ist doch Levante. Dort essen die Juden sicher gleichfalls Chalwa. Zumal sehr viele von ihnen aus Polen und aus Rußland stammen, wo man die Balkanleckerei gleichfalls kennt und liebt. Sie hatten vielleicht das Rezept aus der alten Heimat in die neue mitgebracht?

Und also fragte ich die Dame. Und wirklich – sie wußte, wie man Chalwa macht! Das heißt: sie sagte, daß sie es wüßte. »Man nimmt«, erklärte sie, »je eine Tasse voll von Wasser, Sesamöl und Zucker, mischt alles gut zusammen und kocht es auf. Dann hat man Chalwa.«

So einfach war das also? Ich war ganz begeistert! Nun galt es also nur noch, auf der Stelle einen Kanister Sesamöl aus Israel zu bestellen ...
Aber am gleichen Tage war ich mit der Dame zusammen im Walde. Wir suchten Pilze. Sie verwechselte alle Sorten – ohnehin kannte sie nur drei, vier Namen –, und was nach ihrer Meinung ungenießbar war, zertrat und zerrieb sie mit den Sohlen. Das sei gut für das Wachstum der Pilze, erklärte sie, als ich sie hindern wollte ... Da kam mir plötzlich eine Anekdote von meinem Großvater in den Sinn – verzeihen Sie, daß ich schon wieder mit einer kleinen Familienreminiszenz komme!

Sprachprobleme im alten Ostgalizien
Das war noch vor dem Ersten Weltkrieg, in der gleichen damals österreichischen und heute ukrainischen Stadt, in welcher auch die andern hier erzählten kleinen Geschichten spielten. Man stand kurz vor den Abgeordnetenwahlen, und ein jüdischer Wahlkandidat, der allgemein als großer Esel galt, hielt seine Rede. Nicht Jiddisch natürlich (er sprach ja nicht nur zu Juden), sondern Polnisch. Denn Polnisch sprach in jener Gegend die christliche intellektuelle Oberschicht. Die Bauern sprachen Ukrainisch.
Mein Großvater lauschte, offenkundig sehr erheitert. Da trat ein armer Jude an ihn heran, der neben Jiddisch zwar perfekt Hebräisch und Aramäisch konnte, jedoch nur mangelhaft Polnisch, Deutsch und Ukrainisch. Talmudisch hochgelehrte Juden dieser Art gab es im Osten häufig. Der arme Jude bat: »Panie Gottesmann, übersetzen Sie mir doch, was jener sagt!« Der Großvater aber meinte: »Wozu? Ihr könnt ja nachher jiddisch mit ihm reden.

Dann werdet Ihr selber sehen, was so ein Mann Euch auf polnisch sagen kann.«

So ähnlich dachte ich auch, als ich der Dame zusah, wie sie Pilze verwechselte und zertrat: »Wenn das nach ihrer Meinung den Pilzen guttut – was kann ihr Chalwa-Wissen dann schon taugen?« Ohnehin war mir das Rezept suspekt erschienen. Wozu das viele Wasser? Die fertige Chalwa enthielt doch sozusagen keines! – Ich bestellte gar nicht erst das Sesamöl.

Chalwa als große Passion des deutschen ›Halbägypters‹

Da kam ich auf eine glänzende Idee: ich richtete an eine große deutsche Tageszeitung die Bitte, mir ihre Spalten für mein Problem zu öffnen! Die Zeitung tat es. Das Ergebnis war erhebend! Es erwies sich nämlich, daß offenkundig auch heutige Menschen starker Leidenschaften fähig sind. Ob in der Liebe – das weiß ich nicht. Rund um die Chalwa aber kristallisieren sich ganz offenkundig wilde Passionen! Aus Dutzenden von Leserbriefen ging das klar hervor.

Hier folgt ein kleiner Auszug:

»Salamtak, ja seti![1]

Ihr Notruf in der Zeitung wurde von einem Amateurkoch gelesen, der eine Küchenkoexistenz zwischen Ost und West für die einzig erstrebenswerte Spitze des kulinarischen Lebens erachtet. Zum Verständnis des Sachlichen muß dieser Amateurkoch etwas über seine Person und Vergangenheit sagen: Die Umstände und die Turbulenz unserer Epoche waren die Ursache eines zwölfjährigen Aufenthalts des Schreibers im schönen Land der

[1] Seien Sie gegrüßt, meine Dame!

Pharaonen. Am Nil und auch am Mahmoudieh-Kanal gibt es eine Süßigkeit, die (transkribiert) ›Halaúe‹ genannt wird und der arabischen Bevölkerung nicht etwa als Leckerei dient, sondern als beliebtes und wohlfeiles Nahrungsmittel.
Sie möge hier zunächst in ihrer Konsistenz beschrieben sein: Große Laibe, etwa in Masse und Form einem Formaggio parmesano vergleichbar, in der Farbe etwas heller als Roggenbrot, in der Konsistenz bröselig-zäh, beim Gekautwerden etwas klebrig und im Geschmack ein Nonplusultra, wenn im Verein mit einem arabischen Fladenbrot genossen.
Dies ist die ägyptische Halaúe. Und wie man sie herstellt? Dies zu erfahren war nicht einfach. Nur die Indiskretion eines Nachbarn, der eine kleine Manufaktur derartiger Produkte betrieb, verhalf dem Schreiber zu den folgenden Kenntnissen:
Halaúe wird hergestellt aus einer nur im Orient bekannten Hülsenfrucht, dem sogenannten Fool, im Verein mit dem Halbfabrikat des Zuckers – in Europa als ›Sirup‹, in Schlesien als ›Saft‹, im Rheinland als ›Kraut‹, allgemein handelsüblich aber als ›Melasse‹ benannt.
Bei besseren Qualitäten werden zerhackte Pistazien oder Mandeln zugesetzt.
Dies das Rezept, wie es dem Schreiber bekannt wurde. Er muß aber gestehen, daß er noch niemals Versuche zur Selbstherstellung unternommen hat. Wenn aber die Feiertage freie Zeit und freie Küche in seinem Haremlik[1] ermöglichen, will er – angespornt durch Ihren Artikel in der Zeitung – solche Versuche unternehmen. Sollten sie

[1] Frauenhaus.

gelingen, so wird er sich erlauben, der hochverehrten Dame eine Kostprobe zuzusenden.
Kullu sanne ente tejeb! [1]
Otto el Nuse-Masri [2].«

Chalwa als große Passion eines Balten

Ein zweiter schrieb:
»Auch ich kann es nicht – nämlich Ihnen das Rezept für Chalwa verraten. Niemand kann es, denn es ist ein wohlgehütetes Geheimnis.
Wie Sie ganz richtig schreiben, stammt Chalwa aus dem Vorderen Orient. Aber seine weiteste Verbreitung fand es wohl im alten Rußland.
Hergestellt wurde es ausnahmslos von griechischen und türkischen Meistern, die ihr Herstellungsgeheimnis ebenso hüteten wie die Likör- und Parfümfabrikanten. Der König der Chalwa-Fabrikanten Rußlands war ein Mann namens Bostanjoglu. Er galt als Grieche, war aber wahrscheinlich türkischer Herkunft. Er belieferte das ganze riesige Reich und wurde vielfacher Millionär. Mit Nougat Montélimar oder Türkischem Honig hat Chalwa gar nichts zu tun. Es wird tatsächlich aus Sesamöl und Zucker hergestellt (fabrikmäßig jedoch nicht aus Zucker, sondern aus Karamelsirup, einem aus Kartoffelstärke hergestellten Zuckerderivat). Es ist zwar süß, darf aber niemals klebrig sein, sondern faserig-krümlig. Eier, Honig oder gar Fett sind nicht darin, wohl aber eine Prise Seifenwurzel. Ob diese aus der Pflanze Saponaria officinalis oder aus Quillaia saponaria stammt, vermag ich lei-

[1] Das ganze Jahr möge es Dir wohl ergehen!
[2] Otto, der Halbägypter.

der nicht mehr anzugeben. Mit diesem Zusatz Seifenwurzel wird die völlig eigenartige Konsistenz der Chalwa erzielt.
Chalwa wird in Blöcken verkauft oder pfundweise in Scheiben geschnitten. Manche Fabrikanten rührten Walnußstückchen hinein, andere Kakao, so daß die Schnitten einem Kakaokuchen glichen. Doch waren das ›neumodische‹ Spielereien.
Mit tiefer Entrüstung las ich, daß Sie und Eduard Chalwa abscheulich finden. Der Herr vergebe Ihnen, denn Sie wissen nicht, was Sie reden! Im übrigen soll man ja auch nicht Perlen vor die ... Nein, verzeihen Sie bitte, das geht zu weit!«
(Anmerkung der Buchautorin: Bis heute weiß ich nicht, was da nach Meinung des Briefschreibers zu weit geht: ob die Tatsache, daß es überhaupt Menschen gibt, die Chalwa nicht mögen, oder die Tatsache, daß er, der Briefschreiber, solche Menschen mit Säuen vergleicht ... Übrigens [wir sind immer noch bei der Zwischenbemerkung der Buchautorin]: Ist Ihnen nie aufgefallen, daß das mit den Säuen und den Perlen ein unsinniger Vergleich ist, weil doch auch Menschen keine Perlen konsumieren? Genauso steht es aber im griechischen Originaltext des Neuen Testamentes! Indes hat die moderne Forschung herausbekommen, daß hier eine ungenaue griechische Übersetzung eines alten aramäischen oder hebräischen Sprichwortes vorliegt, welches auch im Talmud zitiert ist und lautet: Man soll den Säuen kein Geschmeide anlegen. Das hat natürlich Sinn! – Doch zurück zum Briefe!)
»An den Genuß von Chalwa«, so heißt es weiter, »soll und muß man sich gewöhnen. Als ich sie, zehn Jahre alt,

das erstemal aß, schmeckte sie mir auch nicht. Um so besser aber später und ein ganzes Leben lang.
Übrigens – wohnen Sie hier in S.? Wenn ja, dann begeben Sie sich in den Balkangrill beim Hauptbahnhof, essen Sie dort zu Abend, und bestellen Sie sich zum Nachtisch ein Stück Chalwa, dazu eine Tasse starken, ungesüßten Tee. Wohl bekomm's! Und wenn Sie dann noch sagen sollten, die Chalwa tauge nichts, dann täten Sie mir leid!«

Chalwa aus Israel

Auch ein jüdischer Herr aus Israel meldete sich:
»... Vielleicht erwarten Sie ein Rezept von einer Frau und nicht die Ausführungen eines Mannes? Ich kann Ihnen aber nach eingezogenen Erkundigungen folgendes sagen:
Chalwa bereitet man aus Sesamsamenkörnern. Die Chalwa-Bereitung wird in Jugoslawien, im Vorderen Orient und heute auch in Israel vorgenommen, aber nicht wie bei uns zum Beispiel die Kuchen im Haushalt, sondern nur handwerksmäßig.
In großen Kesseln wird die Masse bereitet, deren Zusammensetzung ich allerdings noch nicht erfahren konnte. Es kommen Blocks heraus, ähnlich, wie man sie vom Türkischen Honig her kennt.
In Israel stellt man diese Süßspeise heute in Tafelform, ähnlich wie Schokoladetafeln, her.
Ich bleibe bemüht, Versucherle für Sie und mich zu beschaffen! Bemerkt sei aber noch, daß der Genuß von Chalwa für Männer und Frauen potenzerhöhend wirkt. Also Vorsicht!«

Die ›Versucherle‹

Bald kamen die versprochenen ›Versucherle‹. Einen der kleinen hübschen Blöcke packte ich gleich aus dem Stanniol und aß ihn auf. Teils mit redlichem Bemühen, die Chalwa endlich gut zu finden – denn wer läßt sich schon gern durch einen Mann von Geist und Bildung unter die Säue registrieren? Und teils ein wenig zögernd – wegen der im Schlußsatz des Israelis angedrohten oder meinetwegen auch versprochenen physiologischen Wirkung der Chalwa.

Aber es war nichts zu wollen. Mir wurde prompt von neuem übel, genau wie damals vor Jahren.

Da packte ich den Rest der Chalwa-Blöcke in zwei kleine Schachteln und schickte eine an den ›Halbägypter‹, die andere an den Balten, da doch die beiden so für Chalwa schwärmten. Ich konnte die so gut gemeinte Spende ruhig weiterschenken, ohne dem Spender gegenüber eine Unart zu begehen, denn er selber schrieb, er habe von den ›Versucherle‹ gekostet und finde Chalwa scheußlich. Und beiden Päckchen legte ich ein Brieflein bei mit der Mitteilung, wem die Chalwa zu danken sei, und ich zitierte in den Brieflein die Bemerkung des Israelis über die physiologische Wirkung des Chalwa-Genusses.

Und hier die Antwortbriefe. Zuerst der des ›Halbägypters‹:

Antwort des ›Halbägypters‹

»Der Inhalt Ihres Briefes hat mich zunächst verwirrt. Unter den Auspizien einer potenzsteigernden Chalwa hat sich einem hart arbeitenden Quasimanager die Frage nach den notwendigen Stunden zu einem möglichen Gaukelspiel als glühendes Eisen auf die Seele gelegt.

Denn im Vertrauen: es ist noch Platz – wenn auch nicht gerade räumlich – in meinem Haremlik.« (Anmerkung der Buchautorin: Ein jahrelanger Aufenthalt inmitten der polygamen Moslems mit ihren Harems bleibt offenbar nicht ohne Wirkung auf die seelische Verfassung deutscher Christen!)

»Doch nun ein Versuch, etwas ernster zu schreiben: Die Chalwa aus Israel ist – abgesehen von dem mir unbekannten Vanillearoma – durchaus das, was ich meinte. Die von mir angekündigten eigenen Fabrikationsversuche führten zu einem nur annäherungsweisen Erfolg. Es schmeckte ›so ähnlich‹, wie der Berliner sagt. Aber es sei nun eingestanden: das Produkt war nicht anderen Menschen vorzuführen.

Übrigens ist es unwahr, daß Chalwa die Potenz erhöht. Im Orient liebt man das von vielen Speisen ähnlich zu sagen, wie man bei uns sagt, etwas sei ›gesund‹. Also auch den kostenden Herren keine Angst oder gar falsche Hoffnungen einflößen! . . .«

Antwort des Balten

Der Balte schrieb: ». . . Die Qualität war gut. Also haben nun auch die Israelis es heraus, Chalwa herzustellen. In meiner Heimatstadt Riga gelang dies den bonbonfabrizierenden Juden nicht, und ich weiß noch, wie mein Freund Karavokyros, der lokale Chalwa-König, sich darüber freute. Der war ein Grieche und schon von Berufs wegen schlauer als drei Juden.

Von der von dem Herrn aus Israel erwähnten merkwürdigen Wirkung der Chalwa habe ich, ehrlich gesagt, nie etwas gehört und auch nicht gemerkt, trotzdem ich Chalwa mein ganzes Leben lang gegessen habe. Ich erin-

nere mich noch, daß meine liebe erste, nun verstorbene Frau mir zweimal monatlich nach Erhalt des Haushaltsgeldes ein Pfund Chalwa mitzubringen pflegte...
Indem ich dieses schreibe, stutze ich und versinke in Nachdenken: sollten da etwa Absichten, Motive im Spiele gewesen sein...? Verfügte sie über mir nicht zugängliche Geheiminformationen...? Nein, unmöglich! Sie besaß durchaus keine wissenschaftlichen Kenntnisse. Zudem lag ihr jede Hinterhältigkeit fern. Außerdem bin ich doch ein Mann und weiß als solcher alles. Dazu bin ich noch Dozent für Biologie, bitte sehr!
Nein, man hat Ihnen, verehrte gnädige Frau, einen Bären aufgebunden!
Gerade wie ich dieses schreibe, schellt es, und mein Bruder kommt mich besuchen, ebenfalls alter Herr, Rußlandkenner, Chalwa-Esser, sehr lebenserfahren. Ich konsultiere ihn. Die Antwort lautet: ›Wer sagt das? Saudummes Geschwätz! (Die Ausdrucksweise bitte ich ergebenst, nicht übelzunehmen.) Du weißt doch genau, daß Chalwa nur eine mild purgierende Wirkung hat!‹
Abends kamen Nachbarn herüber, und meine Frau – ich bin wieder verheiratet – saß mit ihnen im Wohnzimmer beim Fernsehen. Ich aber schlich mich hinaus in die Küche, brühte mir einen Tee auf und machte mich über die israelische Chalwa her. Sie war, wie gesagt, gut.
Als meine Frau erschien, bot ich ihr, galant wie immer, den Rest an. Sie lehnte ab: ›Wo du das doch von einer Dame, und sogar aus der Schweiz bekommen hast!‹
Wirklich ein gewichtiges Argument, fand ich und verzehrte den Rest...«

Brief des Chalwa-Meisters

Und auch eine solche Zuschrift kam:

»Ich bin Chalwa-Meister seit 1938. Habe Jahre hindurch Chalwa hergestellt, und zwar in meiner Geburtsstadt Kronstadt in Rumänien. Wer Genaueres wissen will, kann sich an mich wenden ...«

Blaue Blume Chalwa

Mir klopfte das Herz. Da war ich nun mit einem Male dem Geheimnis, wie man Chalwa zubereitet, ganz nahe auf der Spur! Ich brauchte nur dem Chalwa-Meister einen netten Brief zu schreiben und um das Rezept zu bitten!

Schon hatte ich das Briefpapier in die Maschine eingespannt – da stockte ich. Ich schaute mir die Zuschrift noch einmal genauer an. Es war eine Postkarte, ein wenig zittrig und unbeholfen von Hand geschrieben. Ein Exilierter offenbar, der an das Wirtschaftswunder den Anschluß noch nicht gefunden hatte. Vielleicht fand er ihn doch noch? Vielleicht sogar mit Hilfe seiner Chalwa? Wie sollte ich da wagen, einem verwöhnten Balkanjungen zuliebe ihm sein Geschäftsgeheimnis zu entlocken?

Und also zog ich den Bogen wieder aus der Schreibmaschine ...

Dutzende hatten mir auf meine Chalwa-Fragen in der Zeitung hin geschrieben. Keiner von ihnen wußte, wie man Chalwa zubereitet – außer diesem einen. Mit allen andern stand ich längst in freundlich-heiterm Briefkontakt. Der einzige von ihnen, der mir helfen konnte und auch wollte, blieb auch der einzige, dem ich keine Antwort gab. Ich brachte es nicht über mich.

So wird vermutlich die Chalwa-Zubereitung für mich ein

ewiges Geheimnis bleiben, so etwas wie die blaue Blume der Romantik. Ein Traum, der niemals sich erfüllt. Und der junge Balkangelehrte? Dem schenkte ich zum Geburtstag eine Schachtel Schweizer Schokolade...

Das Rezept für die betäubendsüße Chalwa kann ich Ihnen also nicht verraten. Der Abschluß des Buches soll aber dennoch süß sein, genau wie der Nachtisch zu einem guten Mahle. Die leckersten Süßigkeiten, die ich kenne, serviere ich Ihnen darum ganz am Ende:

Nachtisch und Abschiedstrunk

Weichseln mit Himbeeren

Ich werde Ihnen jetzt die allerfeinste aller Konfitüren präsentieren und servieren: Himbeeren mit hellroten Weichseln. Man macht sie so:

Sie nehmen rote – ja nicht schwarze! – Sauerkirschen. Süße dürfen es nicht sein, sonst wird die Konfitüre fade! – Sie entkernen die Weichseln und fügen auf jedes Kilo eine Handvoll Himbeeren bei.

Nun aber kommt der springende Punkt: Sie dürfen die Himbeeren nicht kaufen, ehe Sie eine davon gekostet haben! Neuerdings gibt es nämlich Sorten mit riesengroßen, zapfenförmigen Früchten von märchenhafter Schönheit und Ebenmäßigkeit – jedoch fast ohne Duft und Aroma. Solche Himbeeren kommen hier nicht in Frage. Sie müssen fast betäubend riechen!

Sie kochen die Konfitüre rationenweise, höchstens ein Kilo Früchte auf einmal, mit je dreiviertel oder einem ganzen Kilo Zucker auf das Kilo Früchte ein. Rasch, aber sorgfältig kochen und nicht zuviel und nicht zu heftig rühren! Die Himbeeren sollen nicht zu sehr zerfallen.

Die Konfitüre ist fertig, wenn sie auch bei starkem Kochen nicht mehr wild in die Höhe sprudelt, sondern sich ›gesetzt‹ hat und nur noch mühsam Blasen platzen läßt wie kochender Honig. Wenn Sie die Masse jetzt noch länger kochen lassen, mindern Sie ihr herrliches Aroma. Wie schade das wäre, werden sie sofort verstehen, wenn

Sie von der Konfitüre einmal kosten: eine bessere gibt es nicht!

Sie können solche Paradieseskonfitüre, wenn Sie wollen, ganz profan mit Butterbrot zusammen essen. Sie ist aber hierfür viel zu schade! Man sollte sie ›barfuß‹, nach Balkanart verzehren.

Konfitüre nach Balkanart

Wollen Sie eine Konfitüre nicht zum Brot, sondern auf diese Balkanart genießen, dann können Sie sie auch auf Balkanart einmachen, die von der bei uns üblichen ein wenig abweicht: Zucker und Früchte werden nicht gleichzeitig und ohne Wasser in den Topf geschüttet, sondern man läutert den Zucker vorher, und zwar bis zum zweiten Grad. Sie wissen doch, wie man das macht? Auf 1 Kilo Zucker nehmen Sie 2 Tassen Wasser und kochen die Mischung, bis sie klar und durchsichtig ist. Falls sich Schaum bildet, von Zeit zu Zeit abnehmen.

Für Konfitüre nach Balkanart läutern Sie den Zucker bis zur Fadenprobe. Was das bedeutet, wissen Sie wohl? Ein Tropfen der Zuckermasse zwischen befeuchteten zwei Fingern muß, wenn man die Finger auseinanderspreizt, einen rasch abbrechenden Faden bilden.

Jetzt erst schütten Sie die Früchte in den Zucker, und zwar nicht, wie bei der mitteleuropäischen Konfitüre, im Verhältnis von 1 zu 1 oder gar mehr Früchte als Zucker, sondern genau umgekehrt. Auf 1 Kilo Zucker kommen hier höchstens 1½ Pfund Früchte.

Nicht zu heftig kochen, sehr wenig und mit großer Vorsicht umrühren! Die Früchte sollen nämlich ganz bleiben.

Die Vor- und Nachteile einer Balkankonfitüre der un-

sern gegenüber liegen auf der Hand: die Früchte sehen schöner aus, fast so schön, als wären sie kandiert. Dafür ist die Konfitüre betäubend süß, auch wenn Sie, nach Balkanvorschrift, je 1 kg Zucker ein Teelöffelchen voll kristalliner Zitronensäure beifügen.
Daß man solche Konfitüren am besten zu Tee oder kaltem Wasser ißt, sagten wir schon. Man kann sie aber auch in anderer Form genießen:

Weichseln mit Himbeeren zu Schlagrahm – ›Der Ehemann fällt vor Entzücken in Ohnmacht!‹

In der Türkei gibt es eine ganze Reihe betäubend süßer Nachspeisen, mit denen der Nichttürke meist wenig anzufangen weiß: sie sind ihm einfach zu fad und zu süß. Eine von ihnen, eine besonders berühmte, heißt, ins Deutsche übersetzt, ›Der Ehemann fällt vor Entzücken in Ohnmacht‹. Ich habe die Leckerei einmal gekostet. Ohnmächtig wäre ich tatsächlich fast geworden – aber bestimmt nicht vor Entzücken!
Vielleicht aber liest ein Türke diese Zeilen. Wenn ja, dann schlage ich ihm vor, in Zukunft die Vorstellung des vor Entzücken ohnmächtigen Ehemannes mit einem andern süßen Nachtisch zu verbinden, und zwar mit folgendem:
Jeder Tischgenosse erhält ein Schälchen mit frischem, leicht gesüßtem Schlagrahm, und in die Mitte des leichten weißen Schaumes kommt ein Eßlöffel voll der Konfitüre aus Weichseln und Himbeeren. Versuchen Sie nur einmal, ob das nicht hundertmal besser schmeckt als ähnliche Aufbauten von Schlagrahm mit Ananas aus der Büchse oder mit rohem Fruchtsalat! Besonders an Wintertagen, wenn es an frischen Früchten ein wenig fehlt,

wird man einen solchen Nachtisch ungemein genießen. Und zudem ist er im Handumdrehen zubereitet und sieht mit seinem frischen Weiß und Rot sehr appetitlich aus. Aber vergessen Sie ja nicht, nachher in kleinen Tassen sehr starken, süßen Mokka zu servieren und unbedingt auch einen guten Branntwein und für zarte Damen auch Likör! Der heute so beliebte Whisky paßt nicht als Nachtrunk zu einer Speise mit solch orientalisch-intensivem und zugleich delikatem Aroma. Lieber Cognac oder Armagnac. Und wenn Likör: vielleicht Bénédictine?

Oder, da wir schon bei den Weichseln stehen: Wie wäre es mit einem selbstgemachten Weichsellikör? Und zwar mit einem, den wir nach osteuropäischem Rezept bereiten! Es unterscheidet sich stark von dem unseren.

Likörweichseln nach westlicher Manier
Auch die Likörkirschen – und nicht nur den Kirschenlikör – bereitet man bei uns ja anders als im Osten von Europa. Wir nehmen hier im Westen Weichseln oder auch rote Süßkirschen und legen sie in eine Mischung aus gebranntem Wasser mit Zucker, wo sie sich im Laufe von Wochen oder sogar Monaten mit dem Duft des Alkohols und der Süße des Zuckers durchtränken. Man kann auf diese Weise auch viele andere Sommerfrüchte einlegen. Es ist eine beliebte und wahrhaft ›berauschende‹ Leckerei.
Sie hat nur einen Nachteil: nimmt man kommunen Schnaps, dann schmecken auch die Früchte nachher kommun; nimmt man aber einen teuren Cognac – dann hat man doch das Gefühl, es sei schade um ihn!
Im Osten werden Likörkirschen anders bereitet.

Likörweichseln und Weichsellikör aus dem Osten Europas

Man braucht überhaupt keinen Alkohol dazu. Der bildet sich ganz von selber. Man schichtet in große Einmachgläser entstielte, reife rote Weichselkirschen abwechselnd mit Streuzucker ein. Auf ein Kilo Sauerkirschen nimmt man etwa ein Pfund Zucker. Dann bindet man die Gläser mit einem leichten Tuche ab – auf keinen Fall dürfen sie fest verschlossen werden! Der Inhalt beginnt nämlich schon bald zu gären. Am raschesten und schönsten geht die Gärung vor sich, wenn man die gefüllten Gläser zunächst in die Sonne stellt. Die Früchte fangen schon bald an, Flüssigkeit abzugeben. In kurzer Zeit sind sie von einem trüben rosa Saft ganz überdeckt. Wer will, kann den Vorgang noch beschleunigen, indem er etliche Löffel Wasser beifügt.

Man läßt die Weichseln so lange an der Sonne stehen, wie sie gären. Von Zeit zu Zeit schüttelt man die Gläser ein wenig. Ist der Gärprozeß beendet, füllt man den einstweilen noch trüben Likör in Flaschen, die man verkorkt und in den Keller stellt ...

Man hat mir gesagt, daß der Likör nach drei Jahren etwa am besten schmecke. Aus eigener Erfahrung weiß ich es nicht: bei uns wurde er immer sehr rasch, noch trüb, ausgetrunken.

Die Sauerkirschen sind nach dieser Prozedur nicht so schön rund und leuchtend, als wenn man sie in Cognac einlegt. Vielmehr werden sie weich, runzlig und klein. Man kann sie dennoch essen. In die Flaschen kommen sie auf keinen Fall mit hinein. Man kann sie aber auch gründlich auspressen und dann wegwerfen.

Nach der gleichen Methode bereiten die Bauern in Osteuropa, wie man mir erzählt hat, auch Likör aus Walderdbeeren und aus schwarzen Johannisbeeren. Aus Walderdbeeren muß er herrlich duften und schmecken; schwarze Johannisbeeren hingegen sind Geschmacksache. Ich selber habe beides noch nie gekostet.

Holder, gebacken und als Sekt

Holder gebacken

Wir haben so viel über fremde Speisen berichtet, daß es höchste Zeit ist, wenigstens für den Abschluß in heimische Gefilde zurückzukehren. Wählen wir hierfür zwei sehr alte und altbewährte, köstliche Spezialitäten aus dem alemannischen Raum. Und zwar wieder einmal solche, für die sich die Grundsubstanz mühelos an fast jedem Wald- und Wiesenrand einsammeln läßt: nämlich Holunderblüten.

Gut zu wissen: Früher hieß der Holunder oder Holder Flieder, und was wir heute Flieder nennen, wurde damals als Syringe bezeichnet. In alten Kochbüchern finden wir daher die beiden Spezialitäten unter den Namen ›Gebakkener Flieder‹ und ›Fliedersekt‹. Und auch bei Richard Wagner singt Meister Hans Sachs in der Johannisnacht – also am 24. Juni – »Was duftet doch der Flieder / So mild, so stark, so voll!«, zu einem Zeitpunkt also, wenn es schon seit einem Monat keinen Gartenflieder mehr gibt. Er meint natürlich den Holunder oder Holder, der im Frühsommer mit seinem merkwürdig faszinierenden Duft unsere Landschaft erfüllt.

Die Bereitungsweise der Holderküchlein ist denkbar einfach. Man braucht, wenn die Küchlein als Hauptgang gedacht sind, je Nase 4–6 Blütendolden, im anderen Fall entsprechend weniger. Für 4 Personen bereitet man einen Ausbackteig aus etwa 2 gründlich zerquirlten Eiern, ein wenig Salz und Zucker, einer gehäuften Obertasse

Mehl und so viel Flüssigkeit (nach Belieben Milch, Weißwein, Bier oder notfalls Wasser), daß sich eine Masse von der Konsistenz eines leicht angewärmten Bienenhonigs ergibt. Etwa 1 Stunde stehenlassen, damit das Mehl gut ausquillt.

Die großen, flachen Blütendolden, die natürlich frei von Blattläusen und anderen Schmarotzern sein müssen, am kurzen Stiel fassen, kopfüber in den Backteig tauchen, ein wenig abschütteln und abermals kopfüber, also mit der Dolde nach unten, dem Stiel nach oben, je 2–3 gleichzeitig in einer breiten, schweren, nicht zu flachrandigen Pfanne mit siedendem Schmalz, eingekochter Butter oder notfalls geruchlosem Öl darin in wenigen Minuten goldbraun backen. Die Stiele ragen dabei nach oben aus dem Öl heraus. Ein Umdrehen der Küchlein erübrigt sich, denn die Blütendolden sind so locker und porös, daß auch die obere Seite sich genügend bräunt.

Abtropfen lassen, in einem flachen Teller in Zimt und Zucker tauchen, auf gewärmter Platte sofort servieren. Milchkaffee dazu reichen, den Kindern natürlich Kakao oder Milch.

In Niederösterreich bäckt man diese gleichen Holderküchlein auch ganz ohne Zucker im Teig, mit etwas mehr Salz darin, und man reicht grünen Salat dazu. Ich habe es ausprobiert, finde aber, daß zu dem eigentümlich exotischen Parfüm des Holders, das seine Intensität durch das Backen sogar noch steigert, Zimt und Zucker besser passen als Salz und Salat.

Man kann aber aus diesen gleichen Holunderdolden auch ein herrlich erfrischendes, ganz altmodisches Getränk zubereiten:

Urgroßmutters Holdersekt

Sie brauchen auf 7 Liter Wasser 7 (oder auch etwas mehr) Holunderblütendolden, 1,5 kg Zucker, 3 ganze Zitronen, 40 g kristalline Zitronensäure (aus der Drogerie).

Den Zucker mit einem Teil des Wassers aufkochen und auskühlen lassen. Die (natürlich unbehandelten) Zitronen grob zerschneiden. Alles zusammen in ein genügend großes Gefäß schütten, das natürlich (der Zitronensäure wegen) nicht aus Metall sein darf. Gegen Staub und Fliegen durch einen leichten Deckel schützen. 3 Tage in der Sonne stehenlassen.

Nunmehr alle festen Bestandteile absieben, die Flüssigkeit in gut verschließbare Flaschen füllen, luftdicht zumachen. Die ersten paar Wochen bei gewöhnlicher Zimmertemperatur stehenlassen, später in einem kühleren Raum.

Nach vier Wochen ist der Gärungsprozeß so weit gediehen, daß der Inhalt beim Öffnen der Flaschen sprudelt wie Champagner. Die Gärung steigert sich aber noch weiter. Bis Weihnachten oder Silvester ist sie so weit fortgeschritten, daß man die Flaschen nur noch gut gekühlt über dem Schüttstein öffnen kann, weil sonst der Inhalt bis zur Decke hochspritzt.

Unsere Urgroßmütter pflegten solchen alkoholfreien Sekt jeden Frühsommer anzusetzen. In manchen Häusern war es üblich, ihn den Kindern in der Silvesternacht zu servieren, damit sie sich nicht zurückgesetzt fühlten, während die Erwachsenen einander mit alkoholischem Schaumwein zutranken. Die Kleinen waren dann jeweils sehr stolz, daß ihr ›Champagner‹ so viel schöner sprudelte als der der ›Großen‹.

Nichts hindert uns, diese hübsche alte Sitte wieder aufzugreifen. Und falls Ihre Silvestergäste nachher mit dem Auto heimfahren wollen, werden auch etliche von ihnen sich ganz gern diesem alkoholfreien ›Sektgelage‹ anschließen.

Aber nichts hindert uns natürlich auch, solchen Sekt schon im Sommer eisgekühlt zur Erfrischung zu genießen!

Prost

Liebe Leserin und lieber Leser,
gern würde ich mich noch lange mit Ihnen unterhalten. Nach meinen Klageliedern über die surrealistisch-anorganische Küche der Gegenwart wollte ich noch viele Dutzende, wenn nicht Hunderte von Lobliedern singen auf die Küche der traditionsgebundenen Nachbarländer und der eigenen Ahnen aus allen Ständen: der Bauern, der Bürger, der Hirten, der Adelsherren auf ihren Schlössern. Noch viele altbewährte, fast vergessene Rezepte würde ich Ihnen gerne neu in Erinnerung rufen. Ich wollte mich mit Ihnen auch detailliert darüber auseinandersetzen, welche Neuerungen und Abwandlungen der alten Rezepte mir sinnvoll scheinen und welche nicht. Wir hätten uns vielleicht noch manches Mal gestritten – es schadet nichts! Nicht nur Köche, auch Kunsthistoriker vom Fach sind nicht immer gleicher Meinung. In allem Wesentlichen aber würden wir uns letztlich schon verstehen.

Denn es ist in der Kochkunst – ich sagte es bereits und sage es zum Abschluß jetzt ein letztes Mal – wie in jeder Kunst: Es gibt nicht nur eine einzige wahre Weise, einen Gegenstand zu apperzipieren und zu interpretieren. Man kann es auf viele Arten tun. Und alle sind sie wahre Kunst.

Daneben aber gibt es nicht minder viele Arten, etwas talentlos zu verpatzen, nicht Kunst zu schaffen, sondern Kitsch und Unfug.

Aber ich fürchte, für diesmal ist Ihre Geduld erschöpft. Und darum, liebe Leserin und lieber Leser, wollen wir jetzt mit einem Gläschen von selbstgebrautem Weichsellikör à la russe, sei er nun frisch und noch trübe oder bereits gesetzt, geklärt und abgelagert, miteinander anstoßen, oder aber, falls Sie etwas Alkoholfreies und zugleich Apartes vorziehen, mit einem Kelch voll Holundersekt, ehe wir uns fürs nächste – ich hoffe, für nicht allzu lange Zeit! – voneinander trennen.
Prost! Und auf gute Freundschaft!

Ausführliche Inhaltsangabe

122 Pilzverrückte – herhören!

140 Wo finde ich reines Roggenbrot?

220 Brevier für kalte Küche